Caecilie Seler-Sachs

AUF ALTEN WEGEN IN MEXIKO UND GUATEMALA

Caecilie Seler-Sachs

AUF ALTEN WEGEN IN MEXIKO UND GUATEMALA

Reiseerinnerungen aus den Jahren 1895 bis 1897

Herausgegeben von Gabriele Habinger

FRAUENFAHRTEN
PROMEDIA

Die Deutsche Bibliothek – CIP–Einheitsaufnahme
Seler-Sachs, Caecilie:
Auf alten Wegen in Mexiko und Guatemala: Reiseerinnerungen aus den Jahren 1895 bis 1897 / Caecilie Seler–Sachs. Hrsg. von Gabriele Habinger.– Wien: Promedia, 1992
(Edition Frauenfahrten)
ISBN 3–900478–57–0

Titel der Originalausgabe:
Auf alten Wegen in Mexiko und Guatemala. Reiseerinnerungen und Eindrücke aus den Jahren 1895 bis 1897 (2. Auflage, 1925)
Umschlagentwurf: Gisela Scheubmayr
Druck: Wiener Verlag, Himberg
Printed in Austria
ISBN 9–900478–57–0

Einleitung

Ende des vorigen Jahrhunderts, als Caecilie Seler-Sachs gemeinsam mit ihrem Ehemann Eduard Seler zu einer Forschungsreise durch Mittelamerika aufbrach, entwickelte sich das Land der Azteken, das durch Eisenbahnen zunehmend erschlossen wurde, zu einem immer beliebteren Reiseziel. Die meisten Touristen verließen jedoch kaum die ausgetretenen Pfade und bequemen Verkehrsmittel oder drangen gar auf Pferde- oder Maultierrücken weiter ins Landesinnere vor, um unter beschwerlichen Bedingungen entlegenere Gegenden zu erkunden.

Bereits zum zweiten Mal stellte sich das Ehepaar Seler dieser Herausforderung, um sich dem Studium der alten indianischen Hochkulturen Mittelamerikas, besonders der Azteken und Maya, vor Ort widmen zu können. Anerkennung spricht aus den Ausführungen des Geographen Karl Sapper, der zur gleichen Zeit wie die Selers Mittelamerika bereiste und um die Mühen und Entbehrungen eines derartigen Unterfangens wußte: *Meist sind es abgehärtete Männer, welche sich den Strapazen solcher Wanderungen unterziehen, und der Kenner der Verhältnisse kann ein Gefühl der Bewunderung nicht unterdrücken, wenn er erfährt, daß neuerdings auch eine deutsche Frau, Cäcilie Seler aus Berlin, eine ausgedehnte Reise zu Pferd durch selten besuchte Gebiete des südlichen Mexiko und einen großen Teil der Republik Guatemala zurückgelegt hat.**

Auf der Suche nach Altertümern und seltenen Pflanzen, aber auch, um ethnographische Studien zu betreiben, führte die Reise der Selers – nach einem kurzen Abstecher an den See von Pátzcuaro – entlang der seit der Zeit der Azteken bestehenden Handelsrouten über Oaxaca, den Isthmus von Tehuantepec und quer durch das Innere von Chiapas bis nach Guatemala. Der Höhepunkt ihrer Reise in archäologischer Hinsicht sollte der Aufenthalt in Chaculá sein, wo sich – nach zahlreichen Enttäuschungen – die Möglichkeit umfangreicher Grabungen bot.

Die fast zwei Jahre dauernde Wanderung des Ehepaares Seler, die im Anschluß an den Internationalen Amerikanistenkongreß 1895 in der Hauptstadt Mexiko ihren Ausgangspunkt hatte, war also keine Vergnügungsreise, sondern diente vor allem den Forschungsinteressen Eduard Selers, die Archäologie, Sprachstu-

---

* Rezension zu Seler-Sachs, Caecilie: Auf alten Wegen in Mexiko und Guatemala. In: Globus. Illustrierte Zeitschrift für Länder- und Völkerkunde, Bd. 78, 1900, S. 389.

dien und Botanik umfaßten. Durch seine Arbeiten schuf er die Grundlagen zur wissenschaftlichen Erforschung der alten mittelamerikanischen Kulturen.

Caecilie Seler-Sachs nahm regen Anteil an diesen Forschungen. Sie unterstützte ihren Gatten tatkräftig während der Reisen, zeichnete und vermaß Altertümer, stellte Papierabdrücke der Steinreliefs her, präparierte Insekten und Pflanzen und legte Herbarien an. Bestimmte technische Belange, wie die Anfertigung fotografischer Aufnahmen mit Hilfe der schweren Plattenkamera, überließ Eduard vollständig seiner Gattin. Und als er von starken Fieberanfällen ans Lager gefesselt wurde, führte Caecilie Seler die Arbeiten zu Ende: Sie erledigte die Verhandlungen zum Ankauf einer Sammlung und reiste alleine zurück nach Santa Lucía Cozumalhuapa. Hier legte sie große Felsblöcke frei, kopierte und fotografierte die behauenen Steine. Trotz härtester Arbeitsbedingungen verlor sie nie ihren Sinn für Humor, denn das feuchtheiße Tieflandklima konnte ihrer robusten Gesundheit kaum etwas anhaben. Schwierigkeiten hatte sie nur mit dem eigenwilligen Zeitverständnis der einheimischen Bevölkerung.

Von insgesamt sechs gemeinsamen Forschungsreisen in den Jahren 1887 bis 1911, hauptsächlich durch Mexiko und Guatemala, aber auch Nord- und Südamerika, brachten Caecilie und Eduard Seler für Berliner Museen umfangreiche archäologische und ethnographische Sammlungen und ungefähr 6.000 Pflanzen mit, darunter zahlreiche bis dahin unbekannte Exemplare, von denen 60 Arten zu Ehren der Selers den Namen *Seleriana* oder *Caeciliana* erhielten.* Caecilie Seler-Sachs bewährte sich aber auch als alleinreisende Naturforscherin, als sie während eines Aufenthaltes in Brasilien 1905/06 eine Sammlung seltener Vögel anlegte und dabei geschickt mit der Flinte umzugehen wußte.**

Eine der wichtigsten Voraussetzungen für die wissenschaftliche Karriere Eduard Selers war sicherlich die Herkunft von Caecilie Sachs: Sie stammte aus einer begüterten Berliner Familie und konnte ein sorgenfreies Leben in ihrem Haus auf dem Fichteberg in Berlin-Steglitz gewährleisten.

---

* Vgl. Lehmann, Walter: Seler, Eduard Georg. In: Deutsches Biographisches Jahrbuch, Jahrgang 1923, S. 415.

** Seler-Sachs, Caecilie: Briefe einer deutschen Naturforscherin aus Brasilien. In: Die Frau, 13. Jahrgang, 1905/06, S. 38–46, 94–105, 158–165.

Caecilie wurde am 1. Juni 1855 geboren und genoß vermutlich eine für Töchter aus gutem Hause damals typische Erziehung, die über gewisse Grundkenntnisse jedoch nicht hinausging. In der großbürgerlichen Atmosphäre des Hauses Sachs wuchs eine intelligente junge Frau heran, die vermutlich schon früh mit den Grenzen konfrontiert wurde, die die Gesellschaft ihrem Geschlecht auferlegte; war es doch für Frauen damals nicht möglich, ein Studium durchzuführen, geschweige denn eine wissenschaftliche Karriere anzustreben. Es verwundert also nicht allzusehr, daß sich Caecilie Sachs in späteren Jahren derartig intensiv mit den Interessen und Forschungen ihres Mannes identifizierte. Da die deutschen Universitäten erst viel später für Frauen ihre Tore öffneten, gelang es manchen von ihnen oft nur über den Umweg als Mitarbeiterin oder Gehilfin eines Mannes, in die männliche Domäne Wissenschaft vorzustoßen und ihrem Forscherinnendrang nachzugehen. Der hohe Grad an Identifikation mit den wissenschaftlichen Arbeiten ihrer Männer lag auch daran, daß es sich dabei häufig um das Produkt gemeinsamer Forschungstätigkeit handelte.* Wie groß der tatsächliche Anteil der Frauen an diesen wissenschaftlichen Leistungen ist, läßt sich jedoch nur vermuten.

Diese und ähnliche Erfahrungen weckten bei Caecilie Sachs ein Interesse für die Ziele der Frauenbewegung, denen sie ihr ganzes Leben lang verbunden blieb. Die ungewöhnliche Tatsache, daß sie ihren Mädchennamen nach der Heirat beibehielt, spricht ebenfalls für ihre emanzipatorische Grundhaltung.**

Erst mit 30 Jahren heiratete Caecilie Sachs den um sechs Jahre älteren Eduard Seler, der aufgrund seiner angeschlagenen Gesundheit bei ihrem Vater, dem Arzt Hermann Sachs, in Behandlung war. Das gastfreundliche Heim des Ehepaares Seler entwickelte sich in den folgenden Jahrzehnten zu einem Treffpunkt für Intellektuelle, Künstler und Wissenschaftler der verschiedensten Fachgebiete, aber auch vieler prominenter Vertreterinnen der Frauenbewegung. Im anregenden Ambiente der Villa Seler mit deren umfangreicher Bibliothek konnte sich Eduard aufs beste seinen Studien widmen, und Caecilie war dank der abgesi-

* Vgl. Kullik, Rosemarie: Frauen „gehen fremd". Eine Wissenschaftsgeschichte der Wegbereiterinnen der deutschen Ethnologie. Bonn 1990, S. 78 f.

** Vgl. Hoepfner, Lotte: La vida de Eduard Seler. Recuerdos personales. In: Jahrbuch für Geschichte von Staat, Wirtschaft und Gesellschaft Lateinamerikas, Bd. 25, 1988, S. 767–781 (erstmals veröffentlicht 1949 in der Zeitschrift *El México Antiguo*, Bd. VII).

cherten Existenz von alltäglicher Hausarbeit befreit. Die Ehe der Selers blieb kinderlos, in späteren Jahren nahmen sie jedoch mehrmals die Kinder entfernter Verwandter bei sich auf.

Bis zu einem gewissen Ausmaß nahm Caecilie Seler-Sachs weiterhin eine typische Frauenrolle wahr – häufig wird sie als *unermüdliche, treue Reisegefährtin* und *tüchtige Mitarbeiterin* ihres Mannes beschrieben und auch zu Hause war ihre wichtigste Aufgabe die Unterstützung ihres Gatten, indem sie ihm ein sorgenfreies Arbeiten sicherte, Belastungen fernhielt und durch Vortragsreisen in Deutschland das Interesse für Mexiko weckte.* Doch unterschied sich ihr Leben beträchtlich von dem anderer Frauen aus gutbürgerlichen Verhältnissen – nicht zuletzt aufgrund ihres Verhaltens während der Reisen. Nächtliche Ritte, unerträgliche Hitze oder ein Lager auf freiem Feld konnten sie ebensowenig aus der Ruhe bringen wie karge Kost – so lange sie ihre tägliche Ration der über alles geliebten Schokolade in Ruhe trinken konnte. Eines ihrer liebsten Vergnügen war ein Bad in einem kühlen Fluß. Auf ihrer späteren Reise in Brasilien drang sie durch jedes Dickicht und durchquerte ohne mit der Wimper zu zucken einen Fluß, obwohl sie bis zur Hüfte darin versank.

Trotz ihres intensiven Einsatzes für die Forschungen ihres Mannes blieb Caecilie Seler-Sachs auch Zeit für eigene wissenschaftliche Arbeiten – eine beachtenswerte Tatsache. Ihre Interessen waren breit gefächert. Sie publizierte Artikel zu archäologischen, ethnographischen und botanischen Themen, erstellte private Sammlungen und beteiligte sich an Ausstellungen.

Im Mittelpunkt ihrer ethnologischen und kulturgeschichtlichen Arbeiten stand von Anfang an die Beschäftigung mit den Lebensbedingungen fremder Frauen und deren Stellung in der Gesellschaft. Bereits 1893 erschien ihr Artikel *Die Frau im alten und heutigen Mexiko. Nach Überlieferungen und eigener Anschauung.*** Nicht zuletzt an den Inhalten einiger ihrer wissenschaftlichen Arbeiten läßt sich ablesen, daß die Autorin den Ideen der Frauenbewegung nahestand. Die 1919 erstmals veröffentlichte kulturhisto-

---

* Vgl. Dyckerhoff, Ursula: Einleitung. In: Caecilie Seler-Sachs: Frauenleben im Reiche der Azteken, Berlin 1984, S. VIII f. und Hauser-Schäublin, Brigitta: Caecilie Seler-Sachs. In: dies. (Hg.): Ethnologische Frauenforschung, Berlin 1991, S. 16.

** Dieser Artikel wurde nochmals publiziert in: Hauser Schäublin, Brigitta (Hg.): Ethnologische Frauenforschung. Ansätze, Methoden, Resultate, Berlin 1991, S. 38–55.

rische Monographie *Frauenleben im Reiche der Azteken. Ein Blatt aus der Kulturgeschichte Alt-Mexikos* hat seine Bedeutung bis heute nicht verloren, sie ist nach wie vor der einzige systematische Überblick zu diesem Thema; unter anderem deshalb wurde dieses interessante Buch 1984 neu aufgelegt. Hervorzuheben ist die Sensibilität der Autorin im Umgang mit den verwendeten historischen Quellen, wobei sie vor allem auf deren Entstehungsbedingungen hinweist.

Nach dem Tod ihres Gatten 1922 übernahm Seler-Sachs die Herausgabe seiner nachgelassenen Werke, gestand sich jedoch nicht das Recht zu, irgendwelche Veränderungen vorzunehmen.*

In dem erstmals 1900 veröffentlichten Reisebericht wollte Caecilie Seler-Sachs vor allem die alltäglichen Begebenheiten, ihre persönlichen Eindrücke und Erlebnisse schildern, die Verarbeitung der wissenschaftlichen Ergebnisse der Reise überließ sie ihrem Mann. Anschaulich beschrieb sie die Alltagskultur der besuchten Menschen mit all ihren regionalen Eigenheiten, sie widmete sich ihren Bräuchen, dem Handwerk, der Kunst, ihren Ernährungsgewohnheiten und ihrem äußeren Erscheinungsbild. Ihr besonderes Interesse galt dabei der indianischen Bevölkerung, hier widmete sie den Frauen ebenfalls breiten Raum. Begeisterte Landschaftsbeschreibungen geben einen Einblick in die Vielfalt der durchwanderten Gegenden – von fruchtbaren Hochebenen, schroffen Gebirgszügen bis zu den tropischen Tieflandgebieten mit ihrer üppigen Vegetation.

Fast entschuldigend führte sie an, keine Abenteuer erzählen zu können, *keine Kämpfe mit bösen Menschen oder wilden Tieren, keine Feuersgefahr oder Wassernot, kein Verschmachten im Sonnenbrand, kein Verhungern in dunklen Höhlen,* wie sie im Vorwort zur ersten Auflage ihres Reiseberichts schrieb; dennoch ist es für heutige Leser spannend mitzuerleben, welche Überraschungen ein derartiges Unterfangen für die Reisenden bereithielt.

Das hier vorliegende Buch folgt im Text der 1925 erschienen, leicht gekürzten zweiten Auflage des Reiseberichtes von Seler-Sachs, weitere Kürzungen wurden nicht vorgenommen. Rechtschreibung und Zeichensetzung wurden, wo es notwendig erschien, den heute gültigen Regeln angepaßt; unverständliche Ausdrücke, vor allem die zahlreichen spanischen Wörter, wur-

---

* Vgl. Seler-Sachs, Caecilie: Vorwort. In: Seler, Eduard: Gesammelte Abhandlungen zur Amerikanischen Sprach- und Altertumskunde, Bd. IV, Berlin 1923, S. V.

den in einem Glossar am Ende des Buches erklärt, einige Fußnoten der Herausgeberin in den Text eingefügt. Die Bilder wurden aus den zahlreichen Abbildungen des Originalreiseberichtes ausgewählt, auch die Karte, hier in zwei Teilen abgebildet, ist diesem entnommen; die Fotos stammen, falls nicht anders angegeben, von der Autorin. Seler-Sachs wollte zwar keinen wissenschaftlichen Bericht vorlegen, ihre anschaulichen und informativen Schilderungen sind dennoch geeignet, einen Einblick in das Leben der indianischen Bevölkerung Mittelamerikas zur Zeit der Jahrhundertwende zu geben.

Gabriele Habinger, Wien 1992

Inhaltsverzeichnis

Vorwort

Mexiko und Guatemala sind keine *neuen* Länder, keine Gebiete, die man aufsucht, um unbetretene Strecken zu erforschen oder unbekannte Naturvölker zu entdecken. Wer die nicht ganz unbedeutenden Beschwerden einer Reise durch diese Gegenden auf sich nimmt, tut das nicht, um Neues zu finden, sondern um Altes zu suchen. – So lockte auch uns nicht der Ehrgeiz des Pfadfinders hinaus, sondern der Wunsch, den Spuren alter Kulturen nachzugehen. Nicht *neue* Wege wollten wir wandeln, sondern den *alten* folgen, die schon seit vielen hundert Jahren die Verkehrsstraßen eines handelsfreudigen Volkes bildeten. Denn nicht kriegerischer Geist allein hat dem alten Aztekenreich zu seiner Machtstellung verholfen, sondern ebensowohl weit ausgedehnter Handel. Dieser fand die Wege bis an ferne Küsten, und der Staat schützte die Züge der Händler und Kaufleute durch Anlage von Militärstationen. Die großen Straßen, die das Land heute durchziehen, sind fast ausschließlich die gleichen, von alters her begangenen. Denn wo der Dampf sich noch nicht des Verkehrs bemächtigt hat, folgt dieser naturgemäß den Bahnen, die ihm die Gestaltung des Landes weist.

Mexiko und Guatemala sind keine *wilden* Länder. Der Reisende der sich dorthin begibt, um Völker und Ruinen, Tier- und Pflanzenwelt – oder was sonst das Gebiet seiner Forschungen sein mag – zu studieren, wird eine große Fülle von Wissensschätzen einheimsen, aber Abenteuer wird er kaum zu erzählen haben.

Viel ist im Laufe der letzten Jahre über Mexiko geschrieben worden. Denn seit dieses Land durch Eisenbahnverbindungen leicht zugänglich geworden, wird es viel bereist. Wenige nur entfernen sich weiter als einige Tagereisen von der Bahnlinie. Hauptsächlich wird das zentrale Hochland und der Weg von der Küste herauf behandelt. Über die Mixteca Alta, den Weg von Oaxaca über Tehuantepec, durch Chiapas nach Guatemala ist nichts Zusammenhängendes veröffentlicht worden, seit der englische Mönch Thomas Gage ihn vor zweihundert Jahren getreulich und ergötzlich geschildert hat.

Die Reiseliteratur über Guatemala ist weniger reichhaltig. Aber sie weist ein Buch auf, wie das von Stoll, dem die in jahrelangem Aufenthalt gesammelte Erfahrung erlaubte, ein Bild des Landes und seiner Bewohner zu entwerfen, wie es flüchtige Reiseeindrücke niemals geben können.

Dem *Herzog von Loubat,* der für die Amerikanistik stets großes Interesse und eine offene Hand gehabt hat, drängt es mich zu danken, daß er uns ermöglicht hat, unsere Reise über ein so weites Gebiet auszudehnen und sie erfolgreich zu gestalten.

Auch dem Verlage, der mein Buch einer zweiten, nur wenig gekürzten Auflage wert befunden hat, sage ich Dank.

¿Quien sabe? und ¡mañana! sind die beiden Leitworte jeder Reise in spanisch-indianischen Ländern, und Geduld ist, was man am notwendigsten braucht. Wie selten sind die Tage, da alle Reittiere gesund, der Bursche völlig nüchtern, am Sattelzeuge nichts zerrissen, die Packträger rechtzeitig zur Stelle und mit der Verteilung der Last einverstanden sind, da der Aufbruch früh genug erfolgt und das Nachtlager vor Sonnenuntergang erreicht wird. Irgendwo hapert's immer. Aber die glücklichen Stunden prägen sich dem Gedächtnisse fester ein als die trübseligen, und wenn die Mühe von Erfolg gekrönt wird, ist sie bald vergessen. So mag meine Schilderung manchem zu rosig erscheinen. Wenn ich aber heute auf diese Wanderjahre zurückschaue, so kann ich es nur mit Freude, die allein getrübt wird von der Sehnsucht, noch einmal Ähnliches durchleben zu dürfen.

Steglitz, im Herbst 1924.

Spindelnäpfchen

I.
Ein Ausflug zum See von Pátzcuaro

Der außerordentliche Amerikanisten-Kongreß in der Stadt Mexiko hatte sein offizielles Ende erreicht, und wir beschlossen, einige Tage zu einem lang geplanten und ersehnten Abstecher nach *Michoacán* zu benutzen, einerseits, um uns nach den Kongreßtagen ein wenig an Natur zu erfrischen, anderseits, weil wir den Wunsch hegten, dieses vom alten Aztekenreich stets unabhängig gebliebene Land mit seiner den Mexikanern stammfremden Bevölkerung wenigstens flüchtig kennenzulernen.

Als wir im Jahre 1888 in Mexiko weilten, war uns die Zeit knapp geworden, und wir hatten verzichten müssen. Inzwischen ist eine Bahn gebaut worden, die in *Acámbaro* von der Hauptlinie abzweigt und über Morelia nach Pátzcuaro führt. Hier, mitten im Lande, endigt sie, und es wird noch gute Wege haben, bis sie einmal in die Kaffeegegend von *Uruapam* und bis zum Stillen Ozean fortgeführt wird. Aber unsere Wünsche reichten für diesmal gar nicht weiter. Gerade hier, in dem schönen, durch gleichmäßiges Klima ausgezeichneten Seengebiete von Michoacán ist ein Mittelpunkt der alten *Tarasca*-Kultur gewesen. Und eine sehr hübsche Sammlung von antiken Kleinigkeiten, die wir im Hause des Paters Plancarte, jetzigen Bischofs von Campeche, der in dieser Gegend heimisch und begütert ist, gesehen hatten, bestärkte uns noch in unserem Wunsche, dorthin zu gehen. Ganz besonders war uns in dieser Sammlung eine Reihe kleiner zierlicher Schälchen aufgefallen, die dazu dienten, die Spindel darin laufen zu lassen, wie wir das in den alten Bilderschriften dargestellt finden. Sie zeigen in ihren Zieraten ähnliche Motive wie die Spinnwirtel: Vögel, Affen, Wirbelornamente und Blumen (siehe Kopfleiste dieses Abschnitts).

So verließen wir am 27. Oktober 1895 die Stadt Mexiko, während die beiden Schneegipfel in wundervoller Abendglut erglänzten, und fuhren in die vom halben Mond schwach erleuchtete Nacht hinein. Um halb vier Uhr morgens wurde *Acámbaro* erreicht, wo wir bis gegen acht Uhr warten mußten. Wir gingen spazieren. Der Mond war untergegangen, und die Sterne erglänzten am klaren Himmel: hoch oben der Orion und nicht weit von ihm die Plejaden; ziemlich tief im Norden der Große Bär. Drüben unter einem Baume brannte ein Feuer, und verheißungsvoll tönte das Klatschen der Tortilla-Bereitung zu uns herüber. Wir versuchten in der Dunkelheit vergebens, das dichte Gestrüpp zu durchdringen, das uns von dem Ausgangspunkt dieser verlokkenden Töne trennte.

Die Stadt lag in tiefem Schlummer. Nur eine Schänke, in der es Schnaps gab, war hell, und einige fragwürdige Gestalten taumelten aus der geöffneten Tür hervor. Auf der Mitte der Straße erglänzte zur Beruhigung für friedliche Staatsbürger das kleine Laternchen eines Sereno (Nachtwächters). Das ist alter spanischer Brauch, der noch heute in allen mexikanischen Städten, sogar in der durch elektrisches Licht genügend erleuchteten Hauptstadt befolgt wird.

Inzwischen stieg der Morgenstern groß und herrlich leuchtend am Himmel empor, und wir entdeckten bei der zunehmenden Helle, daß bei jenem lockenden nächtlichen Feuer eine Bande Vogelhändler unter einer Gruppe schöner Pfefferbäume ihr Lager aufgeschlagen hatte. Sie kamen aus Zacapu in Michoacán und zogen viele Tagereisen weit nach Mexiko zu Markte. Denn die Mexikanerinnen lieben es, in den offenen Gängen, die den Hof umgeben, Käfige mit Singvögeln aller Art aufzuhängen. Eine Unzahl aus Bambusstäben gefertigter Gebauer beherbergte munter umherhüpfende Jilgueros, Clarines und den schönen blauen Mulato Real. Die Leute führten zwei Mahlsteine mit sich, auf denen die Frauen das Futter für die Tiere zubereiteten: gekochte Kichererbsen (Garbanzos), die zu einer Paste zerquetscht wurden, in derselben Art wie der Mais zu Fladen.

Acámbaro liegt am Rand einer schönen Ebene, die von Kanälen durchzogen und wohl zu bewässern ist, am Rio de Lerma, der, vom Hochtal von Toluca kommend, dem großen See von *Chapala* zufließt. Seine trüben Fluten bespülen ein hohes, lehmiges Ufer, das die letzten Häuser der Stadt trägt, während das gegenüberliegende von einer dichten Reihe hoher Weidenbäume eingefaßt wird. Mitten im Flußbett steht der Bogen einer zerstörten alten Steinbrücke, und nicht weit davon überspannt in ziemlicher Höhe die neue, feste, im vorigen Jahrhundert erbaute Brücke den Fluß. Unmittelbar über der Stadt erheben sich hohe Hügel, mit Agaven, Nopalen und allerlei Gesträuch bewachsen, und in der Ferne sieht man hohe, bis zum Scheitel mit Buschwald bedeckte Berge. Die Stadt hat, wie alle größeren mexikanischen Städte, eine stattliche Kathedrale und eine geräumige, von schönen großen Bäumen – hier waren es Eschen – beschattete Plaza, auf der wir bei unserer Rückkehr einen lebhaften Sonntagsmarkt fanden, der uns Gelegenheit bot, von den eigentümlichen, grell bemalten Holzschüsseln und Tongefäßen einige zu erwerben.

Jetzt aber fuhren wir unserem Ziel entgegen. Der Personenwagen lief am Ende des Zuges; so konnten wir, auf der hinteren Plattform stehend, ein gutes Bild der Gegend in uns aufnehmen. Bald hinter der Ebene von Acámbaro kamen wir auf einen richtigen Lavastrom, in den ein Bach sein Bett hinein genagt hatte, und der von Nopalen und Akazien überwachsen war. Der Morgen war herrlich, und wenngleich die Vegetation schon erkennen ließ, daß die Regenzeit vorüber war, und die Sonne seit kurzem ihre volle Wirkung tat, so blühten doch noch eine Fülle von Stauden und anderen Gewächsen. Besonders erfreut begrüßten wir die mit großen weißen Windenblüten bedeckten Cazahuate-Bäume als alte Bekannte unserer ersten Reise. Die langen Aufenthalte des Zuges benutzten wir eifrig zum Botanisieren, wodurch wir die Neugier und freundliche Teilnahme unserer Mitreisenden erregten. – Da der Bau dieser Strecke nach der Zahl der durchlaufenen Kilometer bezahlt wurde, so hat man mit großer Kunst Brücken und Tunnels zu vermeiden gesucht, und die Bahn umzieht in unendlichen Windungen alle Täler und Schluchten. Bald erreichten wir die Ufer des schönen, abflußlosen, salzigen *Cuitzeo-Sees*, an dessen Ostrand sich hohe Berge erheben, während von seinem Südufer eine schöne, von Bächen durchschnittene Ebene sich bis nach Morelia hin erstreckt. Die Bahn erreicht den See an seinem Ostende, zieht sich längs des Ufers hin und bietet entzückende Blicke über die Wasserfläche mit malerischen Inselchen, vorspringenden Uferbergen und der Kette höherer Berge im Hintergrunde. Die steinigen Hügel zur Linken sind mit Buschwerk und Gesträuch üppig überwachsen. Es folgt ein breiter Streifen flachen, mit kurzer Grasnarbe bedeckten Uferlandes. Hier wird seit alter Zeit das Salz durch Auslaugen gewonnen, in der primitiven und mühsamen Art, wie sie von den alten Azteken auf dem Hochland von Mexiko betrieben wurde. Der salzhaltige Boden wird künstlich berieselt und dadurch das Salz an die Oberfläche gezogen. Nach Verdunsten des Wassers wird die dünne Kruste, die auf dem Boden sich niedergeschlagen, abgeschabt, durch verschiedene Schlemmprozesse das anhaftende Erdreich abgeschieden und die übrig bleibende Sole in irdenen Töpfen eingedampft. – Vor einiger Zeit hatte ein Franzose hier eine Fabrik zur Salzgewinnung angelegt. Die Indianer jedoch, die sich in ihrem mühsamen und kümmerlichen Erwerb bedroht sahen, zerstörten die Fabrik und erschlugen die Insassen. Trübselig ragen die Ruinen der Gebäude empor. – Jenseits *Queréndaro* biegt die Bahn vom See ab, durchzieht eine Ebene mit schwerem, schwarzem Erdreich und weiterhin welliges Gelände zur Seite eines Baches, der die Wurzeln prächtiger Sabinos (Taxodium distichum) bespült, auf deren Wipfeln sich eine schöne Loranthacee in großen, orange schimmernden Büscheln angesiedelt hat. Auf der Höhe eines Hügels liegen die Gebäude der malerischen Hacienda *Quirio*; weißes Mauerwerk, von Veranden umgeben, von hohen Bäumen überragt und am Fuße des Hügels wieder das lichte Grün der Sabinos, aufgehellt von den warmen rötlichen Farben der Loranthacee.

Morelia, die Hauptstadt des Staates Michoacán, auf einem flachen, schildförmigen Hügel gebaut, macht mit ihren Kirchen einen stattlichen Eindruck. In einer elenden Bretterbude, nahe beim Bahnhof, die von einem schönen Pfefferbaum beschattet war, gab es für billiges Geld eine gute Mahlzeit. – Die Hügelrücken, die von der Bahn aus sichtbar werden, waren alle noch vor kurzem dicht bewaldet. Die Waldverwüstung ist eine beklagenswerte Begleiterscheinung der Eisenbahnen. Bau und Betrieb der Bahnen verschlingen die herrlichen Waldbestände auf Meilen. Man heizt mit Holz, da die Kohlen zu teuer sind, und die Waldbesitzer schlagen ihr Holz gern zu guten Preisen los. An Aufforstung denkt niemand, und so läßt sich die betrübende Aussicht auf allmähliche Entwaldung weiter Strecken nicht abweisen. Schon heute machen sich stellenweise die schlimmen Folgen durch unregelmäßige Regenfälle bemerkbar.

Die Bahn durchschneidet die Ländereien der Hacienda Huerta, die sich über ein Gebiet erstrecken, das manchem europäischen Fürstentum überlegen sein dürfte. Am Fuße eines niedrigen PlateauAbsturzes lagen die nicht sehr stattlichen Baulichkeiten im Grün versteckt. Hier begegneten uns zum erstenmal die mächtigen Büsche der *Parácua* (Montanoa grandiflora), die über und über mit großen weißen, unseren Margeriten ähnlichen Blüten bedeckt sind und in dieser Jahreszeit einen hervorstechenden Zug in den Landschaftsbildern des Sees von Pátzcuaro bilden.

Durch einen Einschnitt im Porphyrgestein gelangt man in eine kleine Klamm, vom Flusse durchströmt, der hier einen Wasserfall bildet, und in eine Talerweiterung, deren Grund gut bestellte Äcker einnehmen, von bewaldeten Hügeln überragt. Diese Ländereien gehörten einst den Indios von *Tiripítio*. Die Aufteilung des Gemeindelandes und die Verkaufserlaubnis haben das Land in die Hände der Fremden gebracht, und die ehemaligen Besitzer sind heute Arbeiter im Solde fremder Herren. Jenseits des nächsten Hügels stieg die Bahn in die von Bergen umstandene Einsenkung des *Pátzcuaro-Sees* hinab. Sein Spiegel erglänzte im Licht der Abendsonne, an seinem Ufer standen ein paar hölzerne Fischerhütten, von einer Reihe der charakteristischen Chupiríbäume (einer baumartigen Wolfsmilch) beschattet. Noch einen allerletzten Hügel umfuhr der Zug, dessen rötliches, vulkanisches Gestein, von Schluchten zerrissen, von Grün bedeckt, im Schein der Abendsonne eine prächtige Farbenstimmung gab – und das Ziel war erreicht. Reittiere und Wagen standen bereit, die Ankömmlinge zur Stadt zu befördern. Nach halbstündiger Fahrt über schlechtes Pflaster gelangten wir glücklich zum Marktplatz von *Pátzcuaro*, wo wir im Hotel Concordia freundliche Wirte und gutes Unterkommen fanden.

Pátzcuaro ist eine hübsche Stadt, auf einer Terrasse über dem See gelegen, etwa eine halbe Stunde von ihm entfernt. Sie hat zwei schöne Plätze, die Alameda mit der Kathedrale und den Kaufläden unter den Lauben und den großen Marktplatz mit schattenden Bäumen und dem laufenden Brunnen. Wunderhübsch war das Bild von unserem Fenster auf den Abendmarkt. Es werden da bei Fackelschein an kleinen niedrigen Tischen Eßwaren feilgehalten: Kaffee, Schokolade, erfrischende Getränke, Tortillas, süßes Gebäck, Chile-Sauce und was dergleichen Herrlichkeiten mehr sind. Das Gelände bringt es mit sich, daß die Straßen sich nicht durchweg dem sonst beliebten Schachbrettsystem anschließen, was höchst erfreulich wirkt. Die niedrigen Häuser sind fast durchgängig mit Lauben – *Portales* – versehen, deren

Dächer auf leichten, manchmal hübsch geschnitzten Säulen ruhen. Es wird berichtet, daß schon die alten Tarasca-Indianer den Holzbau pflegten, im Gegensatz zu anderen Stämmen. Ob sich diese Vorliebe auf ihre späteren Nachkommen vererbt hat? Jedenfalls macht Pátzcuaro durch diesen Baustil einen anderen Eindruck als andere mexikanische Städte. – Unweit der Stadt bot ein mäßiger Hügel eine wundervolle Aussicht über den See mit seinen Buchten und Inseln und das hügelige Gelände, alles umbuscht von der prächtigen, weißblühenden Parácua. Hier war herrliche Gelegenheit zum Botanisieren. Wir mußten aber die unangenehme Wahrnehmung machen, daß auch Klapperschlangen den stillen, sonnigen Ort zu schätzen wußten.

Im Hotel wurde mir die seltene Gelegenheit, eine ganze Gesellschaft *Tarasca*-Indianer photographieren zu können. Die Männer der Gemeinde von *Cuanajo* waren zur Stadt gekommen, um ihre Ländereien ins Grundbuch eintragen zu lassen, damit nicht ein Fremder das unregistrierte Land von der Regierung erwerben könne. Ob der Advokat und der Hacendado, die mit ihnen verhandelten, ihnen die Sache in dem für die Indios oder in dem für sie selbst günstigen Sinne auslegten, wurde mir nicht klar. Der Staat hat ja ebensowohl ein Interesse daran, den Eingeborenen ihren alten Besitz zu erhalten, als auch möglichst viel Land nutzbar zu machen; das geschieht natürlich durch die Fremden viel intensiver. Die alten Familien, die ziemlich stark gemischten Nachkommen der spanischen Eroberer, haben oft großen Landbesitz, den sie nur zum kleinsten Teile durch Bebauung oder zur Viehwirtschaft nutzbar machen. Damit es nun den Leuten, die das Land auszunützen gewillt sind, ermöglicht werde, Land zu erhalten, verlangt die Regierung eine genaue Angabe aller Ländereien, auf die der Besitzer Anspruch zu haben sich berechtigt glaubt. Indem für die ungenützten Flächen die gleiche Steuer erhoben wird, wie für die angebauten, glaubt man die Leute williger zur Hergabe von Land zu machen. – Es ist mir nicht gelungen, zu erfahren, ob dies Gesetz nur auf dem Papier steht oder auch tatsächlich in Kraft ist.

Am anderen Ufer des Sees, an seinem Ostende, liegt *Tzintzuntzán*, die alte Königstadt von Michoacán.

Michoacán – das Land der Leute, die Fische haben – war dem großen, mächtigen Aztekenreich nie unterworfen, sondern bewahrte seine Selbständigkeit bis zur Eroberung. Die Bewohner des Landes sprechen noch heute ihre alte Sprache; die wenigen Altertümer, die man in Museen und Privatsammlungen findet, zeigen eigentümlichen Stil. Da der See von Pátzcuaro mit der Eisenbahn zu erreichen ist, so wundert man sich nicht, allerorts hören zu müssen, daß die meisten Altertümer fortgegeben sind. Nun finden die Leute zwar fortwährend neue Dinge, sind aber trotz der wachsenden Nachfrage zu sorglos zum Sammeln und zerbrechen vieles oder werfen es fort. Nur längerer Aufenthalt, sorgfältiges Fragen, eigenes Nachgraben könnten Ergebnisse liefern. Auf der Historischen Ausstellung in Madrid im Jahre 1892, wo die Altertümer von Mexiko durch Schönheit und Menge einen ausgezeichneten Platz einnahmen, war von Michoacán nicht allzuviel vorhanden, obgleich die Regierung auch hier, wie in allen Winkeln des Landes, für die Ausstellung hatte sammeln lassen.

In Tzintzuntzán aber wollten wir die „Yácata“ in Augenschein nehmen, wie hier die Reste alter Bauten aus vorspanischer Zeit bezeichnet werden, die man in Oaxaca „Mogote“, in der Huaxteca „Cu“ nennt.

Wie schon erwähnt, liegt Tzintzuntzán am anderen Seeufer, am jenseitigen Abhang eines Vorgebirges, das sich weit in den See vorschiebt. So kommt es, daß man zu Wasser ebensolange braucht, es zu erreichen, als zu Lande. Da wir uns vor die Wahl gestellt sahen: Boot oder Gaul, entschieden wir uns für diesen, weil es unbedingt unterhaltlicher ist, drei Stunden zu reiten, als sich im engen, unbequemen Einbaum langsam vorwärts rudern zu lassen, während einem die Sonne unbarmherzig auf den Schädel brennt. Zudem steht die Lagune in dem Ruf, gegen Abend oft recht unangenehm zu werden.

Also unser erster Ritt nach sieben Jahren! Was würden unsere ungeübten und so viel älter gewordenen Knochen dazu sagen? Es ging merkwürdig gut, obgleich die Steigbügel des Herrensattels zu kurz, und mein Sattel zu eng war; aber auf eigenen, passenden Sätteln und leidlichen Reittieren konnten wir uns die für die geplante Reise notwendigen, oft recht langen und mühseligen Ritte wohl zutrauen.

Der Weg führt zuerst ein Stück auf der alten Landstraße nach Morelia entlang, die jetzt, seitdem es die Eisenbahn gibt, und zumal so kurz nach der Regenzeit, in vollständig verwahrlostem Zustande war. Wo die Landstraße rechts um den Berg biegt, ging unser Weg geradeaus zum See hinunter. Dort, an seinem seichten, östlichen Ende, ist ein breiter Damm durch das Wasser geführt, dessen erste Anlage wahrscheinlich in vorspanische Zeiten zurückreicht. Die alten Indios waren sehr geschickt in Dammbauten, das wissen wir aus den Berichten der Eroberer. Sie schnitten sicherlich schon den großen Umweg ab, den ein Umgehen dieses sumpfigen Seezipfels bedeutet. Jenseits dieser Straße reitet man auf steinigem Weg am Ufer des Sees entlang, rechts den mit blühendem und duftendem Gestrüpp überwucherten Berghang. Dann folgt ein zweiter, ziemlich langer Damm durch einen tief einschneidenden Zipfel dieses vielarmigen Sees – und das Vorgebirge, an dessen nördlichem Abhange Tzintzuntzán liegt, war erreicht. Noch ein recht unangenehmes Stück steinigen und arg zerrissenen Weges – und wir waren am Ziel.

Daß der Glanz alter Königstädte verblaßt, daß sie verfallen und dem Untergange geweiht sind, ist ja nichts Seltenes, und zumal in diesem Lande, wo hohe alte Kulturen vernichtet und ausgerottet wurden, ohne daß die Eroberer vermocht hätten, etwas anderes an die Stelle des Zerstörten zu setzen. Alles sah schmutzig und verkommen aus: Menschen, Häuser, Gärten; nur die Pracht des blühenden Gesträuches, das alle Hügel und Täler überzog, war die alte. – Ein wenig außerhalb des Dorfes, auf der Höhe, lagen die alten Ruinen. Gerade in der Mittagstunde, als es die Sonne am besten meinte, kletterten wir, zwischen Maisfeldern und Gestrüpp, dort hinauf. Wir suchten uns vergeblich einen Überblick über die ausgedehnte Anlage zu verschaffen. Alles war übersponnen von Vegetation, und nicht flüchtige Stunden, sondern tagelange, angestrengte Arbeit würde erforderlich sein, genaue Aufnahmen zu machen. An einer Stelle, wo das bastionartig vorspringende, in schmalen Stufen aufsteigende Mauerwerk ein wenig freier lag, gelang es mir, einige photographische Aufnahmen zu machen. Aber nur der fest zugreifenden Hand meines indianischen Begleiters und den eisernen Spitzen des Stativs verdanke ich, daß ich nicht mitsamt der Mauer, die noch ganz fest und vertrauenerweckend aussah, in die Tiefe stürzte.

Wieder ins Dorf zurückgekehrt, versuchten wir mit den spärlichen mitgebrachten Vorräten unseren Hunger zu stillen; im Orte war nichts als Schnaps zu haben. Auf einem Gange durchs Dorf aber konnten wir noch einige kleine Altertümer erhandeln und mußten dann, da es mittlerweile vier Uhr geworden war, an den Heimweg denken. Wir hatten gute drei Stunden zu reiten, und um sechs Uhr bricht die Nacht an. Wir trösteten uns damit, daß der fast volle Mond die Nächte herrlich erleuchte, und ritten ab.

Die Regenzeit war zwar seit etwa drei Wochen vorüber, aber man macht in dieser Hinsicht stets neue Erfahrungen, da das Klima nach Höhenlage, Bewaldung, Windfall große Verschiedenheiten zeigt. In dem nahen Gebirge schien es noch viel zu regnen, und offenbar üben auch die Seen dieser Gegend einen nicht unerheblichen Einfluß auf die Feuchtigkeit der Atmosphäre aus. Fiel es uns doch schon auf der Herreise auf, daß der kleine Hügelrücken, der das Tal von Tiripítio vom Seenbecken von Pátzcuaro trennt, eine klimatische und vegetative Scheide bildet. Um halb sechs, kurz ehe die Nacht hereinbrach, bedeckte sich der Himmel mit schwerem Gewölk, im Gebirge begann es zu regnen, dumpfer Donner grollte hinter uns, und starkes Wetterleuchten zuckte über den dunklen Himmel. Der See war bewegt und schlug mit heftigen Wellen gegen das felsige Ufer. Wir waren froh, nicht in dem schwanken Einbaum, sondern auf dem Rücken sicher dahinschreitender Gäule zu sitzen. Das dunkle Gewölk blieb jedoch hinter uns in den Bergen zurück, der Mond brach langsam durch, die Luft war frisch, und als wir das abscheuliche Pflaster der alten Landstraße erreichten, stiegen wir ab und gingen die letzte halbe Stunde neben unseren Pferden her, vergnügt, unsere steif gewordenen Glieder wieder strecken zu können. Auch später war es mir stets unbehaglich, wenn die Dunkelheit uns überraschte, ehe wir unser Nachtquartier erreichten. Wenn es dann der Weg nur irgend erlaubte, stieg ich ab und ging zu Fuß und ließ mich darob ruhig von jedem Mexikaner auslachen.

Von den vielen Ruinen, die an den Ufern und auf den Inseln des Sees verstreut liegen, wollten wir bei unserer kurz bemessenen Zeit nur noch die beim Dorf *Iguátio* besuchen. Dorthin ließen wir uns am nächsten Morgen rudern. Da Allerheiligen war und großer Markt in Pátzcuaro, wimmelte der See von großen und kleinen Einbäumen, mit Menschen angefüllt, die von allen Ufern her der Stadt zustrebten – ein heiterer und malerischer Anblick.

Iguátio ist ein hübsches großes Dorf, war aber heute wie ausgestorben, da alles zum Markte war. Wir gingen durch den Ort hindurch zu den Yácata, die hier weit klarer sich darstellen und eine ausgedehnte Anlage von Pyramiden mit umgebenden und verbindenden Mauern besser erkennen lassen als in Tzintzuntzán.

Um die Mittagsstunde dachten wir an die Rückkehr; der leichte Wind, der jeden Tag um diese Zeit sich aufmacht, brachte Kühlung, so daß es eine angenehme Fahrt gab. Von unseren beiden Ruderern zeigt das Bild den, der in Iguátio den Führer machte, im Feiertagsstaat, nämlich im frisch gewaschenen Hemd, mit dem großen, mit reicher Silbertresse verzierten mexikanischen Hut. Beide versprachen, am nächsten Tag alten Scherbenkram zu bringen, aber sie ließen sich vergeblich erwarten. – Als wir vom Seeufer zur Stadt hinaufgingen, begegneten uns schon viele der vom Markte zurückkehrenden Leute, die vor dem Abend ihre Heimat erreichen woll-

Abbildung 1: Tarasca-Indianer von Iguátio im Feiertagsstaat, der große Hut mit Silbertresse verziert.

ten; viele zurückrudernde Boote hatten wir schon getroffen. Es sieht sonderbar aus, daß Männer und Frauen stets mit ihren seltsam geformten Rudern vom See heraufkommen, die sie nie im Boote liegen lassen. Diese Ruder werden in der nahen Sierra aus einem bestimmten Holze gefertigt und kommen als Handelsware in die Seengebiete herunter. – In der Stadt war noch lebhaftes Treiben von Indios, Ladinos und feinen Leuten; Hacendados zu Pferde, ja sogar eine Familie im Wagen waren im Hotel eingetroffen.

Die Röcke der Indianerweiber, die in ganz Mexiko und Mittelamerika nur aus einem um die Hüften gelegten Tuche bestehen, waren hier von festem, dunkelblauem Stoff und in eine Menge kleiner Falten gelegt, die ich für genäht hielt. Da die Frauen aber kein Wort Spanisch verstanden und zu mißtrauisch waren, sich von einer Fremden berühren zu lassen, gelang es mir erst durch die freundlichen Dolmetscherdienste einer Ladeninhaberin, mich davon zu überzeugen, daß auch dieses mühsame Faltenwerk nur gelegt und von der schmalen Binde zusammengehalten wird. Die Gebärdensprache, die mir sonst in solchen Fällen oft gute Dienste geleistet, versagte hier völlig.

Gegen Abend gingen wir noch einmal den schönen Hügel hinan, um von dem herrlichen Landschaftsbilde mit seiner Fülle blühender Parácuasträucher Abschied zu nehmen. Der nächste Tag führte uns wieder nach der Hauptstadt zurück.

Zapotekische Altertümer

II.

Oaxaca

Unter den vielen Bildern, die an meiner Erinnerung vorüberziehen, gehört der Aufenthalt in *Oaxaca* und der Ritt durch die *Mixteca* zu den hellsten, freundlichsten der ganzen Reise. Kein Wunder! Wir waren frisch und tatendurstig, die Jahreszeit war für diesen Winkel die günstigste; warme Gastfreundschaft und freundliche Hilfe ward uns in Oaxaca von allen Seiten zuteil. Die Mixteca bot verhältnismäßig geringe Mühseligkeiten und belohnte uns durch unerwartet günstige Erfolge.

Als wir vor sieben Jahren von der Hauptstadt nach Oaxaca reisten, konnten wir die Eisenbahn bis *Esperanza* benutzen, von dort ging's mit einer Maultierbahn, die damals – es war im Mai – einigemal im Schmutz stecken blieb, bis *Tehuacán*; dann in einer kleinen Postkutsche – *Goayin* – bis *Tecomavaca*, und schließlich waren noch zwei Tagereisen zu Pferde oder in Sänften, für die ein regelmäßig organisierter Postdienst bestand, zurückzulegen. Jetzt führt von Puebla eine Bahn in einem Tage nach Oaxaca und hat somit diese Stadt der Außenwelt ein gut Stück näher gerückt. Die Bedeutung einer Eisenbahn liegt hier nicht nur in der Zeitersparnis, sondern ebensosehr in der Möglichkeit, zu jeder Zeit Waren und Menschen befördern zu können, während es früher keine Seltenheit war, daß Reisende zur Regenzeit tagelang zwischen den reißend angeschwollenen Flüssen wie in einer Mausefalle saßen, aus der kein Entrinnen möglich war. Und erst die schweren zweirädrigen Ochsenkarren, die im unergründlichen Schmutz steckenblieben und oft neue Wege in den Wald hauen mußten, um vorwärts zu kommen!

Diesmal bestiegen wir am frühen Morgen des 13. November den Zug. Herrlich und groß erhoben sich vor uns die beiden Schneeberge, ohne vorgelagerte Ketten, unmittelbar, und daher weit mächtiger als im Tal von Mexiko über der Hochebene aufragend. Die Bahn folgt der Straße, die seit uralten Zeiten von den reisenden Kaufleuten begangen wurde, und die von dem alten Emporium Cholula über Tepeyacac und Tecamachalco in das große, durch den Zusammenfluß zweier Ströme gebildete Flußtal führt, durch das der Weg – nach Oaxaca läuft, und von dem links die alte Handelstraße nach Tabasco abzweigt.

Zur Linken hat man den schönen Berg, der in alter Zeit der Wasser- und Erdgöttin heilig war und den Namen *Matlalcueye* trug, das heißt *die Frau mit dem blauen Rock*. Ein lebendiges Beispiel der phantasiereichen und bezeichnenden Namengebung der alten Indianer, denn wahrlich, wie ein dunkelblaues Gewand schmiegt sich der Wald an die Flanken des Berges, während darüber, nackt und kahl, das vulkanische Gestein aufragt. Heute trägt der Berg den Namen der *Malinche*, der Geliebten des Cortés, ein Name, der nicht selten an die Stelle altheidnischer Bezeichnungen getreten ist. Ehe man Tepeyacac erreicht, treten die Berge zurück, eine weite Fläche öffnet sich, und für wenige Minuten umfaßt das Auge mit einem Blicke die drei mächtigsten, mit ewigem Schnee bedeckten Gipfel Mexikos: den *Popocatépetl*, die breit hingelagerte *Iztaccihuatl* und die schöne Pyramide des *Poyauhtecatl* oder *Citlaltépetl*, der heute Pico de Orizaba genannt wird.

Tepeyacac liegt an einem der Ausläufer der kahlen Kalkberge, die zur Rechten der Straße sich hinziehen, das besagt auch der Name des Ortes, der „vorn am Berge", an der Bergnase, bedeutet.

Bald über lehmige, fruchtbare Felder, bald über trockene, kalkige, staubige Flächen geht die Bahn in großen Schleifen abwärts nach *Tecamachalco*. Diese Gegend ist das alte Wohngebiet eines besonderen, vielleicht den Mixteken verwandten Stammes, der *Popoluça*. Hier ist man den Bergen, die den östlichen Rand der Hochebene bilden, schon nahe, und schon sieht man, wie sich die Schlucht bildet, indem auch die Ketten zur Rechten schärfer abbrechen und höher aufragen. Die Bahn wendet sich nach Süden immer abwärts, abwechselnd zwischen bestellten Feldern und aus Akazien bestehender Buschsteppe hin. Neben den Dörfern und Gehöften erheben sich von Busch und Bäumen umstandene, breite, viereckige Hügel: Wasserbehälter zur Versorgung von Haus und Hof. Denn es mangelt hier an Quellen und fließendem Wasser. Das auf allmählich abfallender, blendender Kalkplatte gelegene *Tehuacán* ist bald erreicht. Vor sieben Jahren hatten wir das alte Pueblo besucht, das weit entfernt vom heutigen Ort, am anderen Ufer des Flusses, näher dem Fuße der östlichen Berge liegt. Lange Zeit bildete die rote, nach Süden schauende Felswand, hoch über dieser Stelle aufragend, eine weithin sichtbare Landmarke. Die niedrigen Hügel am jenseitigen Ufer sehen in der Ferne wie behaart aus, so dicht sind sie mit senkrecht aufragenden Säulenkakteen besetzt. Bestellte Felder und grüne Flächen ziehen sich in den Schluchten in die Höhe. Die weißen Häuschen drüben sind das Dorf *Cozcatlan*. Endlich wird der Fluß erreicht und überschritten. In dem Geröll seines Bettes erkennen wir die hohen Bäume mit weidenartigen Blättern und trichterförmigen goldgelben Blüten, die *A-xochitl* – Wasserblume – genannt werden. Auf den Feldern zu seiten des Flusses aber begrüßen wir zum ersten Male die lichtgrünen Büschel des Zuckerrohres. – Bei *Venta salada* – dem Wirtshaus am Salzfluß – waren wir in die tiefe und heiße Schlucht gelangt, und die Sonne stand hoch am Himmel. Die alte Straße führt hügelauf und hügelab durch die Gesteinsmassen, die den ursprünglichen Boden der Schlucht bildeten. Kahl und steil ragen die Abhänge auf, von trockenem, stachligem Steppengebüsch überzogen. Der Fluß selbst ist jetzt nur eine dünne Ader in breitem, sandigem Bett von hohen Bäumen umsäumt, über die eine rankende Winde mit großen weißen Blüten dicke grüne Teppiche spinnt. Die Station *Tecomavaca* ist weit vom Ort entfernt, der an der alten Karrenstraße liegt, von der Bahn aus aber unsichtbar bleibt. Dickes Gewölk lagerte über den östlichen Bergen, insbesondere über dem schmalen Spalt, in dem der Fluß von Quiotepec nach der atlantischen Seite durchbricht; dort regnete es augenscheinlich stark; auch wir bekamen einige Tropfen. – Weiter durch ein Gewirr niedriger, trockener Hügel. Bei *Quiotepec* wird der *Río Salado* überschritten und nach kurzer Fahrt auch der südliche Arm, der *Río de Cuicatlán.* Die alte Straße zieht an seinem linken, westlichen Ufer, steigt stellenweise stark an und senkt sich wieder, die ins Flußbett sich vorschiebenden Riegel zu überschreiten. Noch führt der Fluß reichlich Wasser, aber schon umsäumen Sandstreifen seine Ufer. Jenseits derselben breiten sich mit Bäumen bestandene Flächen, über denen allerhand Schlinggewächs eine üppige Vegetation bildet. Wasserlachen und Hinterwässer zeigen an, daß in der Regenzeit auch diese Flächen überflutet werden. Ja, häufig wird der Bahndamm auf weite Strecken unterspült und weggeschwemmt.

Die Ansiedlungen bleiben unsichtbar; sie liegen teils hinter den Hügelketten, die die Wand der Schlucht bilden, teils hoch oben in den engen Tälern versteckt, die die Ketten durchbrechen. Nur hin und wieder sieht man auf dem schmalen Talboden lichtgrüne Zuckerrohrfelder und ein paar Hütten von Palmen überragt. Die nahen Abhänge sind trocken und mit Stachelgewächsen bestanden. Oben aber sind die Wände mit dunklem Grün bekleidet: dem aus Eichen und Erikaceen gebildeten lichten Bergwald, der überall in einer gewissen Höhe auftritt.

Die Haltestelle *Cuicatlán* liegt wieder weit ab von dem Ort, der alten Hauptstadt eines kleinen, den Zapoteken verwandten Stammes. – Eine kurze Strecke weiter, in *Tomellín,* war Mittagsstation. Chinesen machten hier Köche und Kellner. Sie kommen wie andere Bedürfnisse des Bahnbetriebes – Wellblechdächer, Eisenbahnschwellen und Lokomotiven – mit den amerikanischen Bahnen, aber zum Glück auch nur für diese, ins Land. – Während die alte Straße der Schlucht bis ans Ende, bei *Dominguillo,* folgt und dann in steilem Anstieg die Höhe erklimmt, verläßt die Bahn das Haupttal und steigt in einem von links herabziehenden Nebental, einer endlos langen und schmalen Schlucht, hinan. Die Fahrt durch diese Enge dauert fast fünf Stunden, ohne doch ermüdend zu werden, da die Hänge und die kulissenartig sich verschiebenden Bergriegel stets neue und fesselnde Bilder bieten. In der Abenddämmerung erreichten wir *El Parian,* wo rechts der Weg nach der Mixteca abzweigt. Um acht Uhr endlich fuhren wir in Oaxaca ein.

Wir waren nicht fremd in *Oaxaca,* und da wir diesmal kein Wirtshaus aufzusuchen brauchten, sondern im gastlichen Haus unseres Konsuls, des Herrn Gustav Stein, als gern gesehene

Freunde weilten, fühlten wir uns bald ganz heimisch in der hübschen Stadt. Das inmitten der Stadt gelegene Haus der Familie Stein hatte vom letzten Erdbeben heftig gelitten. Die Familie hatte ein Haus in dem neuen Stadtteil bezogen, der in der Nähe der Klöster Carmen und Santo Domingo, in der Richtung nach San Felipe en Agua, einem beliebten Ziel für Ausflüge zu Pferde und zu Wagen, entstanden ist. Wenn wir aus der Haustür traten, so sahen wir am Ende der Straße den mächtigen, waldreichen Berg von San Felipe aufragen, dem Oaxaca eine große Wohltat verdankt, nämlich sein herrliches Wasser, das schon in spanischer Zeit durch eine gemauerte Leitung der Stadt zugeführt wurde, und das heute in jedem Hof in die steinernen Brunnenbecken rinnt. Nur hat man leider nicht daran gedacht, Staubecken anzulegen und den Röhren verschließbare Hähne zu geben. So ist es denn keine Seltenheit, daß der köstliche Reichtum während der heißen Frühlingsmonde versiegt, gerade wenn er am nötigsten wäre. Dem Hause gegenüber lag eine gut eingerichtete Badeanstalt inmitten eines blumenreichen Gartens. Sie besaß zwei mit kaltem Wasser gefüllte Becken, das aber so kalt war, daß ich mich den einfach, aber gut und sauber eingerichteten Wannenbädern zuwandte, die viel begehrt waren. Als wir aber im April des folgenden Jahres wiederkamen und bei der lastenden Hitze nach Erfrischung lechzten, gab es weder hier, noch in einer der anderen Badeanstalten der Stadt Bäder, wegen Wassermangels.*

Wir hatten mancherlei in Oaxaca zu tun. Bis hierher hatte uns die Eisenbahn gebracht, jetzt aber galt es, Pferde und Sattelzeug zu kaufen, einen Burschen zu mieten, die notwendigen amtlichen und persönlichen Empfehlungsschreiben für die Weiterreise zu beschaffen; es waren Sammlungen zu besichtigen, zu erwerben, zu verpacken. So kam es, daß wir uns mehrere Wochen aufhalten mußten, denn so freundliche Hilfe wir auch hatten, besonders durch unseren lieben Gastfreund, so will doch gut Ding Weile haben, und im spanischen Amerika noch mehr als anderswo. So blieb uns reichlich Zeit, Umschau zu halten, und das taten wir mit besonderer Vorliebe in der schönen und stattlichen Markthalle, nach der wir fast täglich unsere Schritte richteten, um immer wieder Neues zu sehen und zu lernen.

In unmittelbarer Nähe *Oaxacas*, am Fuße des *Monte Albán* liegen die großen Indianerdörfer von *Cuilapa* und *Zaachila*. In alter

* Die Wasserleitung ist inzwischen ausgebaut und modernen Bedürfnissen angepaßt.

Abbildung 2: Bei der alten, spanischen Wasserleitung von San Felipe.

Zeit drängte sich hier eine dichte Bevölkerung, denn hier lag die zapotekische Königstadt. Sicher trug die ragende Höhe des Monte Albán das Heiligtum und zugleich die Zitadelle, und die alten Baureste dort oben sind die Grundmauern von Tempeln und Befestigungen. Auf den Abhängen des Berges und auf den Feldern der Gemarkungen von Cuilapa und Zaachila werden zahlreiche Altertümer gefunden: große Tonfiguren und Bruchstücke von solchen; Püppchen, Pfeifen, Tonköpfe, die einen eigenen, ganz bestimmten Stil zeigen. Die Indianer dieser Dörfer sowohl als anderer, in weiterer Entfernung liegender, sind die Verkäufer in der Markthalle. Neben Lebensmitteln aller Art werden da auch Arm- und Halsbänder aus kleinen Früchten, denen besonders wohltätige Wirkungen innewohnen sollen, feilgeboten, sowie alle Arten von Heilkräutern gegen jegliches Gebresten von Mensch und Tier. Die Bewohner der entlegenen Dörfer des Gebirges kamen an bestimmten Tagen zur Stadt und brachten ihre kleinen Erzeugnisse zu Markte; unter anderem auch die bunten Binden, mit denen die Frauen ihre Röcke, die Männer ihre Hosen über den Hüften festhalten. Diese schmalen *Fajas* werden in Breiten von etwa 2–5 cm gefertigt, ihre Grundfarben sind schwarz und weiß oder rot und weiß, die Kettfäden oft grün und violett. Tanzende Figuren, Tiere, Blumen sind hineingewebt, die manchmal fast an alten Stil erinnern. Ferner findet man da die hübschen bunten Hangmatten aus Pitafaser, die ohne Knoten geflochten sind, zierliche Täschchen aus gefärbtem Palmstroh und *Pichanchas*, das heißt Siebe aus Kalabasse, an den Rändern mit eingeätzten und braungemalten Blattornamenten versehen. Kurz, mancherlei Dinge, an denen die Geschicklichkeit der eingeborenen Bevölkerung immer noch deutlich zutage tritt. Bei der großen Kinderfreundlichkeit aller Mexikaner – wes Stammes und Blutes sie auch sein mögen – kann die Fülle des Spielzeuges kaum überraschen, die nicht nur hier, sondern auf allen größeren Märkten einen breiten Raum einnimmt. Alle nur denkbaren Formen der gebräuchlichen Haus- und Küchengeräte findet man da in kleinstem Maßstabe.

Die Indianer, die zu Markte in die Stadt kommen, bilden auch einen bedeutenden Teil des kaufenden Publikums der kleinen, um die Markthalle herum liegenden Läden und der großen Importgeschäfte, in denen man vom einfachsten Handwerkszeug bis zur eleganten Salonlampe ungefähr alles haben kann, was in der Hütte des Armen und im Hause des Reichen gebraucht wird. Außer Handwerkszeug und anderen unentbehrlichen Dingen sind die Indianer Käufer von Musikinstrumenten, da manche der wohlhabenden Gemeinden ein ganzes Orchester besitzen. Die Musikanten kommen hin und wieder abends zur Musik in die Stadt, um zuzuhören. Da sie keine Noten kennen, ist dies ihre ganze musikalische Ausbildung. Man hört viel deutsche Musikstücke auf der Abendpromenade, da die deutschen Handelshäuser mit den Instrumenten auch zugleich die Noten einführen.

Die großen Importgeschäfte aller Art waren übrigens nicht sehr begeistert von der Eisenbahnverbindung, die Oaxaca der Außenwelt so viel näher gebracht hat. Die Art des Geschäfts muß sich mit der Art der Verkehrswege naturgemäß ändern. Der reisende Kaufmann tritt jetzt unmittelbar mit dem Abnehmer in Verbindung und sendet ihm die bestellten Waren ins Haus, was bei dem früheren umständlichen Verkehr durch Ochsenkarren und auf Maultierrücken seine Schwierigkeiten hatte. Nun, solche Klagen sind nicht neu, sondern nur die Bestätigung des alten Spruches: *Wat den eenen sin Uhl, is den annern sin Nachtigall.*

Kurz ehe wir die Hauptstadt verlassen hatten, waren wir bei dem Präsidenten der Republik, *Porfirio Diaz*, gewesen, um ihn persönlich um die nötigen Empfehlungsschreiben für die Reise zu bitten. Seine Liebenswürdigkeit, sein lebhaftes Interesse für alles, was seinem Lande in irgendeiner Beziehung von Nutzen sein kann, also auch für die Erforschung der Vergangenheit, seine Förderung rein ideeller Bestrebungen auf wissenschaftlichem Gebiete sind bekannt. So war dieser Besuch für uns nicht nur durch die persönliche Beziehung zu einem so hervorragenden Manne erfreulich, sondern auch im höchsten Grade nützlich, denn Don Porfirio gab uns nicht nur amtliche Empfehlungsbriefe, sondern auch solche an persönliche Freunde.

Unter diesen befand sich einer an den Erzbischof von Oaxaca, Monsignore Gillow, den wir gleich in den ersten Tagen unseres Aufenthaltes abgaben. Der Erzbischof wohnte im Kloster Carmen. Im Mittelpunkte der Stadt war ein neuer erzbischöflicher Palast im Bau, der sehr kostbar und prächtig zu werden versprach. Er wird dort wahrscheinlich bequemer wohnen als in dem alten Kloster, aber die herrliche Aussicht von der Galerie, die freie Lage und der schöne Garten sind Reize, die dem neuen Palaste mangeln. Monsignore Gillow ist von Geburt Engländer, in Rom erzogen und viel gereist; er spricht Englisch, Französisch, Spanisch und Italienisch. Aus dem reichen, gesunden Gesicht des hochgewachsenen Mannes spricht Klugheit und Freude auch an der irdischen Welt. Er war sehr liebenswürdig und führte eine lebhafte Unterhaltung, in deren Verlauf er uns manche beachtenswerte Mitteilung über den heutigen Götzendienst der Indianer machte, der überall als Unterströmung ihres Christentums noch vorhanden ist. In seinem Besitze befand sich ein hölzernes Gefäß, das ein visitierender Priester im Jahre 1898 in einem Gebirgsdorfe der *Mixe* vom Altare genommen hatte, wo es friedlich neben einem Kruzifix und einem Muttergottesbilde gestanden hatte.* Außer diesen nützlichen Aufschlüssen aber erhielten wir auch wertvolle Empfehlungen, denn hier tun die geistlichen Briefe oft bessere Dienste als die der weltlichen Behörde.

Der Staat Oaxaca war in alter Zeit und ist noch heute in seinem Hauptteil von verschiedenen Stämmen der zapotekisch-mixtekischen Sprachfamilie bewohnt, die es, gleich den Mexikanern, zu einem hohen Grade der Kultur gebracht hatten. Er ist daher reich an Altertümern, und in seiner Hauptstadt gibt es genug Leute, die sich für dergleichen interessieren. Außer dem Museum, dessen Bestand sich seit unserem letzten Besuche vor sieben Jahren nicht wesentlich vermehrt hatte, waren einige Privatsammlungen zu besichtigen. Unter diesen an erster Stelle die des Doktor Sologuren, eines ebenso tüchtigen Arztes als Altertumskenners. Wir hatten seine und seiner Sammlung Bekanntschaft schon bei unserem ersten Aufenthalt in Oaxaca gemacht; er besaß damals schon wundervolle Sachen, aber wir waren nicht wenig erstaunt, als wir sahen, in welchem Maße sein Museum angewachsen war. Dr. Sologuren kommt als Arzt weit im Land umher, und alle seine dankbaren Patienten, deren er unter Ladinos und Indios zählt, wissen sehr wohl, womit sie ihm eine Freude machen können. Mancher arme Teufel, der nicht bezahlen kann, trägt seine Schuld durch eine schön bemalte Schale ab, auf die sein primitiver Pflug beim Ackern stieß. Zudem besitzt Dr. Sologuren eine ausgebreitete Vetterschaft, die im Lande zerstreut wohnt und für ihn sammelt. Kein Wunder, daß seine Sammlung nicht nur umfangreich, sondern auch ausgesucht schön ist und neben den allgemein bekannten Formen auch ganz absonderlich geformte Stücke enthält. Auch kleine Kostbarkeiten aus Grünstein und anderen geschätzten Steinen und manches alte Schmuckstück aus Gold sind da zu sehen. Da wurde nun gezeichnet und photographiert und erzählt und debattiert. So sehr der Doktor an seinen Schätzen hing, verkaufen wollte er sie doch. Aber er verlangte einen Preis, der uns fabelhaft schien.

Andere Sammlungen waren da, von denen auch wir einiges erwerben konnten. Aber soviel auch verkauft werden mag, nach kurzer Zeit sind wieder neue Schätze angehäuft, denn das Land steckt voll von Altertümern. Überall kommen sie zutage.

Inzwischen waren unsere Reisevorbereitungen mit Hilfe unseres Wirtes gut gediehen: Es standen Tiere bereit, es war ein Bursche

* Götzendienerei unter den heutigen Indianern Mexikos von Dr. Eduard Seler. Globus LXIX Nr. 23 u. Gesammelte Abhandlungen Bd. II.

gemietet. Luis war nicht mehr ganz jung, als zuverlässig bekannt und wußte gut mit Pferden umzugehen. Da er ein Mixteke war, so war er für den vorerst geplanten kurzen Ausflug in die Mixteca doppelt schätzenswert. Für diesen Abstecher, der nur für acht Tage berechnet war, genügte ein Packtier, ein braver, alter Schimmel, der auch später getreulich bis Tonalá aushielt, wo er erkrankte und wir ihn zu unserem Kummer zurücklassen mußten.

Bei der Art in jenen Ländern zu reisen, bei den besonderen Zielen, die wir auf unseren Wegen verfolgten, konnten wir nie genau vorher wissen, wie lange ein Ausflug wirklich dauern würde. Statt der acht Tage waren drei Wochen ins Land gegangen, ehe wir von dem Ritt in die Mixteca alta nach Oaxaca zurückkehrten. Und es wurde allmählich Zeit, ernsthaft an den Aufbruch zu denken. Ehe wir aber fortgingen, mußten unsere Sammlungen verpackt werden. Schon hier, in der großen Stadt, machte die Beschaffung von Kisten und Packmaterial einige Mühe und gab uns einen Vorgeschmack von dem, was unser später harrte.

Hie und da blieb auch eine Stunde zum Spazierengehen frei, und da erinnere ich mich mit besonderem Vergnügen der abendlichen Promenade über den Berg, der die Vorstadt *Xochimilco* vom *Marquesado* trennt. Marquesado heißt die nördliche Vorstadt von Oaxaca. Sie heißt so nach dem Eroberer Cortés, der als Lohn für seine Verdienste den Titel „Marques del Valle“ erhielt, das heißt des Tales von Oaxaca, das er zum großen Teile, nebst anderen guten Ländereien, als Erb- und Eigentum erhielt. Dieser niedrige Berg, der die beiden Vorstädte trennt, bot hübsche Blicke und botanisch reiche Ausbeute.

Auch an abendlichen Vergnügen hatte es während unseres Aufenthaltes nicht gefehlt. Der Zirkus Orrin gab Vorstellungen, die recht gut waren, und eine Truppe Schauspieler gab solche, die recht schlecht waren. Das Theater war stets gefüllt mit der besten Gesellschaft, darunter manche Leute, die in der Hauptstadt, ja in Europa schon wirkliche Kunstgenüsse kennengelernt hatten; und doch wohnten sie hier jeder Vorstellung bei.

Nicht nur ein Vergnügen, sondern eine wahre Erfrischung waren die abendlichen Spaziergänge unter den Orangenbäumen des Platzes vor dem Regierungspalast. Hier traf man Bekannte, plauderte, saß, promenierte und sog mit Behagen die kühlere Abendluft nach der Arbeit und Hitze des Tages ein.

Inzwischen war Weihnachten herangekommen; zwar keine deutschen Weihnachten, aber ein deutscher Weihnachtsbaum. Die deutschen Familien geben ihren indianischen Holz- und Kohlenlieferanten schon wochenlang vorher den Auftrag, ihnen einen Nadelholzbaum zu besorgen. Aus den Wäldern des San Felipe wird er pünktlich zur Stelle geschafft, wird geputzt und mit Lichtern besteckt. Und am Abend des 24. Dezember brannten etwa ein halbes Dutzend Weihnachtsbäume in Oaxaca. Aber trotz alledem, trotz der reichbeschenkten Kinderschar – die rechte Weihnachtstimmung war doch nicht vorhanden. Draußen war Sommer und eine Menge, die nichts von dem wußte, was der Weihnachtsbaum in Deutschland bedeutet. Der Baum allein aber tut es nicht, das habe ich erfahren, so oft ich auch dies Fest im Auslande gefeiert habe.

Die Mexikaner feiern ihre Weihnachten durch die *Veladas,** die schon während der Adventszeit beginnen. Es vereinigen sich mehrere Familien zu dieser Feier, in der kindliche Andacht und weltliches Vergnügen sonderbar verknüpft sind. Man kommt die letzten Wochen vor Weihnachten am Abend zusammen, in der Sala ist eine Art Altar errichtet, auf dem eine Darstellung der Jungfrau auf dem Esel zu sehen ist, von Kerzen und Blumen umgeben. Frauen und Kinder knien davor mit Kerzen in den Händen und singen seltsam kindliche Melodien, eine Art Litanei; dann wird von außen an die Tür geklopft und die auf der Reise Obdach suchende Jungfrau gebeten, hereinzutreten. Manchmal auch zieht die singende, Kerzen tragende Schar durchs ganze Haus. Es handelt sich also um die Überbleibsel einer dramatischen Darstellung der Geschehnisse, die der Geburt des Heilandes vorausgehen. Die Musikinstrumente, die den Gesang begleiten, sind kleine Pfeifen aus Blech, an deren einem Ende ein rundes hohles Blechstück sitzt, das einen Resonanzboden bildet. Die Töne, die auf diese Weise hervorgebracht werden, sind durchdringend, aber nicht unangenehm. Es gehört jedoch eine gewisse Übung dazu, das Pfeifchen, das einem Kinderspielzeug gleicht, richtig zu gebrauchen. – Den Abend beschließt jedesmal eine Tertulla, eine harmlose gesellige Zusammenkunft, bei der Zuckerwerk herumgereicht wird. Am Heiligen Abend ist die Darstellung der reisenden Jungfrau durch die Krippe verdrängt, und an Stelle der Tertulla findet ein Ball statt.

Heiligabend ist großer Radieschenmarkt in der Halle. Alles strömt dorthin, um *Rábanos* zu kaufen, zu essen, sich gegenseitig anzubieten. Den Grund dieser sonderbaren Sitte vermag ich nicht anzugeben.

---

* Auch unter dem Namen *Posadas* bekannt.

Aber auch die Indios feiern um diese Zeit ein großes, vermutlich auf altheidnischer Überlieferung beruhendes Fest, das der *Señora de la Soledad*, die eine stattliche Kirche am Eingange zur Stadt besitzt. An der Mauer der Kirche sprudelt eine Quelle, und neben der kirchlichen Feier besteht der Gebrauch bei den Indianern, die im Laufe des letzten Jahres geborenen Kinder in dieses kalte, heilsame Wasser zu tauchen. Natürlich überstehen nur die kräftigen und gesunden Kinder diese Wasserweihe.

Für den zweiten Feiertag hatte Dr. Sologuren eine Landpartie auf den *Monte Albán* vorbereitet. Es sollten Aufgrabungen an einer Stelle vorgenommen werden, wo man auf Reliefdarstellungen gestoßen war. Obgleich man seit langem weiß, daß er mancherlei Reste verschiedenster Art trägt, daß er eine Befestigung von Bedeutung vorstellte, wozu er durch seine Lage in hohem Maße geeignet erscheint, sind seine Ruinen noch wenig erforscht; erst nach und nach beginnt sich einige Klarheit über ihre Lage zueinander und die Bedeutung der einzelnen Teile zu verbreiten. Jede Unternehmung dort oben fördert Neues ans Licht. Schon *Mühlenpfordt* hat die Ruinen untersucht, und sein Atlas von Mitla, der in der Bibliothek von Oaxaca aufbewahrt wird, enthält auch einen Plan der Ruinen des *Monte Albán*.* Oben sind Maisfelder und Buschwerk, so daß eine Übersicht sehr erschwert ist. Um diese zu erhalten, müßte einmal der ganze Berg gereinigt werden.

Morgens – das heißt nach landesüblicher Art eine Stunde später als angesagt – versammelten sich etwa zwanzig Reiter, und in heiterer Stimmung ritten wir zuerst durch den breiten, aber jetzt schon ziemlich wasserarmen Fluß, und dann den Berg hinauf. Oben besichtigten wir gruppenweise die verschiedenen Gebäudeanlagen, es wurde botanisiert, photographiert, geschwatzt, bis uns ein mitgebrachtes Frühstück unter dem spärlichen Schatten eines Bäumchens auf der Plaza vereinigte, da wo mehrere größere Mauerreste und Pyramiden sich um einen weiten Raum ziemlich regelmäßig gruppieren; eine Anlage, die sich bei allen bedeutenden Ruinen wiederholt. Nachdem wir diesem wichtigen Abschnitt des Tages die nötige Zeit und Aufmerksamkeit gewidmet hatten, wobei es gerade so heiter und ungezwungen herging wie bei einer deutschen Landpartie, wurde die Aufgrabung in Angriff genommen. Es zeigte sich, daß die Reliefplatten einen sich neigenden und verjüngenden Gang bildeten, der zu einem unterir-

* Veröffentlicht in *Peñafiel*, Monumentos del Arte Antiguo Mexicano.

dischen Raume führte. Leider fehlte die Zeit zu genaueren Untersuchungen und Messungen.

An dem Ausfluge, der zu allseitiger Befriedigung verlief, nahmen außer uns noch zwei Deutsche teil: der inzwischen leider verstorbene jugendliche Sohn der Familie Hinrichs und ein bayerischer Brauer, der sich in Oaxaca aufhielt, um die dortige Brauerei nach neuestem Muster einzurichten und zu betreiben. Denn es gibt dort eine Brauerei, so wie an vielen anderen Orten der Republik. Wenn ich nicht irre, waren es zur Zeit vierzehn, natürlich alle in *Tierra fría* oder *templada*. Aber das einheimische Bier wurde in langen Maultierzügen nach allen Teilen des Landes verschickt und machte dem Importbier erfolgreichen Wettbewerb, da es schmackhaft und viel leichter und billiger ist als das eingeführte echte.

Es war ein sehr merkwürdiges Bild, das der zur Brauerei gehörige, draußen neben der Alameda gelegene Biergarten an den Nachmittagen bot, an denen die Musik spielte. Wie auf einem bescheidenen Münchener Keller standen lange hölzerne Tische und Bänke dort, die meist von durstigen Seelen der Gesellschaft besetzt waren. Die Reiter aber, die an solchen Promenaden-Nachmittagen ihre schönen Pferde und Anzüge spazieren führten, um vor den Damen zu glänzen, kamen in den Garten hereingeritten, um ein Stegreifseidel zu trinken. Die malerische mexikanische Reitertracht, der große, spitze, von Silbertressen strotzende Hut, die prächtig aufgezäumten, lebhaften Pferde und dazu Bier! Einer jener Anachronismen, an denen dieses Land so reich ist.

Inzwischen war auch das Weihnachtsfest vorüber, aber nun wollte man uns nicht vor Jahresschluß ziehen lassen. Und so verbrachten wir noch einen sehr vergnügten Silvesterabend in der liebenswürdigen, an frischer Jugend so reichen Familie Hinrichs. Lebende Bilder aus deutschen Märchen, ein brennender Baum, Tanz, Bowle und Volkslieder von allen gegenwärtigen Deutschen – es waren etwa fünfzehn – aus voller Kehle angestimmt. Die Mexikaner, die zugegen waren, staunten ob der überschäumenden Lust. – Es war ziemlich früh am Morgen, als wir auseinandergingen, und da ein kalter Nordwind durch die Gassen blies, wurde uns ganz heimatlich zumute.

Am 2. Januar nahmen wir endlich von unseren lieben Gastfreunden Abschied, und das eigentliche Reiseleben begann. Die meisten Leute, die von Mexiko oder Oaxaca nach Guatemala wollen, benutzen die Bahn nach Veracruz, schiffen sich dort nach Coatzacoalcos ein, fahren mit der Isthmusbahn nach Tehuantepec und Salina Cruz, um sich mit einem Küstendampfer nach San

José zu begeben, von wo die Eisenbahn sie bis zur Stadt Guatemala befördert. Klappt auf diesem Weg alles – was natürlich niemals der Fall ist –, so kann man in vierzehn Tagen Guatemala erreichen. Auf dem Wege, den wir wählten und den in seiner ganzen Ausdehnung zu machen heute nur noch wenige Veranlassung haben, braucht man zum mindesten vierzig Tage. Wir waren aber über drei Monate unterwegs, da wir uns oft aufhielten und manchen Kreuz- und Querzug unternahmen.

Unser Aufenthalt in Oaxaca, der freundlichen Stadt, an der viel liebe Erinnerungen hängen, die uns auch durch persönliche Beziehungen stets Heimatgefühl gegeben, war durch den Ausflug in die Mixteca Alta unterbrochen worden, von dem im folgenden Abschnitt Näheres berichtet wird. Er bedeutete eine der hübschesten, verhältnismäßig mühelosesten Episoden unserer mexikanischen Reisen.

Indianische Gürtelbinde aus dem Tal von Oaxaca

III.
Ein Ritt in die Mixteca Alta

Endlich waren wir soweit reisefertig, um den kleinen Abstecher nach der *Mixteca* antreten zu können. Es war gleich eine kleine Probe für die Pferde und den Burschen Luis. Die einen und der andere bewährten sich, und die drei Reittiere hielten später die Reise bis Guatemala aus, wo sie reisemüde, aber gesund eintrafen, so daß wir sie ohne Verlust verkaufen konnten. Dies hatte allerdings seinen Grund darin, daß im Staat Oaxaca die Pferdezucht blüht und man sehr billig Tiere kaufen kann, während in Guatemala ziemlich hohe Preise gezahlt werden. Luis, der uns später leider nur bis Tehuantepec begleiten konnte, war aus der Mixteca gebürtig, also doppelt brauchbar für diese kleine Reise, die eigentlich auf etwa acht Tage berechnet war, sich aber über drei Wochen ausdehnte. Wir haben auch später noch häufig genug die Erfahrung machen müssen, daß wir stets mehr Zeit brauchten, als wir vorhersehen konnten. Das „mañana" spielt neben den vielen nicht vorherzusehenden Zwischenfällen eine gar zu große Rolle.

So verließen wir denn Oaxaca am 26. November „en el tren de cuatro patas" – in dem vierbeinigen Eisenbahnzuge –, wie man scherzhaft sagt. Die erste Tagereise führte uns auf demselben Wege aus dem breiten und langen Tal heraus, den wir vor sieben Jahren, als es noch keine Eisenbahn gab, entlang geritten waren. Soweit sich dieses Tal erstreckt, das heißt von *Etla* bis *Mitla,* stellt er eine breite fahrbare Straße dar. Damals hatte die beginnende Regenzeit über die grauen Berge einen grünen Schleier gezaubert; diesmal waren Staub und glühende Sonne unsere Begleiter. Der Weg ist einförmig genug. Auch die Stadt *Etla* – mit ihrem zapotekischen Namen *Loo-huana,* das ist *Ort der Lebensmittel* – bietet nichts. Auf dem Felsriegel, der sich quer ins Tal vorschiebt, bezeichnen einige Hügel, zwischen denen ein Kirchlein sich erhebt, die Stelle der alten Niederlassung. Aus der Gegend von Etla stammen viele der zapotekischen Altertümer in den Sammlungen. Eine Reihe herrlich gearbeiteter Grabplatten ist im Hofe des Museums von Oaxaca aufgestellt.

Ein Stück weiterhin fällt ein langgestreckter Berg auf, der sich von der nördlich das Tal begrenzenden Kette ablöst. Schon von weitem heben sich die künstlichen Hügel, die Überreste von Tempelbauten, Gräbern, Häusern ab – im Zapoteken-Lande als *Mogotes* oder *Teteles* bekannt –, die den Ort der alten Stadt *Uiya-zoo,* Kriegswacht, bezeichnen, der Grenzfeste, die die aus der großen Cañada von Dominguillo und Tecomavaca heraufführenden Wege bewachte. Als *Quauhxilotitlan* – Ort der Quauhxilotes (einer eßbaren Baumfrucht) – ist die Stadt in der Tributliste der mexikanischen Könige aufgeführt, was von den Spaniern in *Guajolotitlan* – Ort der Truthähne – verwelscht worden ist. Der von den Mönchen ins Tal verlegte Ort besteht heute aus drei zusammenhängenden Dorfgemeinden, die gemeinsam den Namen *Huitzo* (aus Uiya-zoo) führen und den Heiligen Jago, Pablo und Francisco zugehören. Dies war als Ziel unserer ersten Tagereise vorgesehen. Wir hatten noch das große Unterkunftshaus in angenehmer Erinnerung, in dem wir damals übernachtet hatten, ohne zu bedenken, daß der inzwischen eröffnete Eisenbahnbetrieb die Verhältnisse geändert hatte. Die großen Wirtshäuser an der alten, von Reisenden nicht mehr belebten Straße, die früher mit staatlicher Unterstützung erhalten wurden – eine Art Posthalterei – sind eingegangen. Aber zwei der landesüblichen Holzpritschen waren doch zu erlangen und auch ein gutes Nachtessen.

Unser Weg am nächsten Tage führte durch zwei Schluchten, zwischen denen die Wasserscheide überschritten wurde; auf der Höhe ist der Ort *Las Sedas* gelegen. Auf- und Abstiege waren steil, und wir hatten Not, auf den schmalen Wegen an den bepackten Maultierkarawanen vorüberzukommen, die uns in langen Zügen begegneten. Die umfangreichen, in Matten eingenähten Bündel enthielten Baumwolle, die von Jamiltepec und Juquila an der pazifischen Küste auf dem Wege durch die Mixteca nach der Bahn geschafft wird. – Der Abhang, der in die Schlucht hinabführte, war schön bewaldet. Das dichte, schattende Laubdach unserer heimischen Wälder sucht man freilich ebenso vergeblich in diesen Bergwäldern wie hochaufragende Stämme. Dagegen hat in dem lockeren Bestande jeder Baum die Möglichkeit, sich frei und individuell auszuwachsen. Und das Auge erfreut sich an der Mannigfaltigkeit der Formen und des Laubwerks. Zum ersten Male begegnete uns hier eine Thuya, zusammenhängenden Bestand bildend, die wir später in der Mixteca noch oft antrafen. – Die Schluchtbilder waren typische: Wo es der Raum zwischen Bach und Berg gestattete, kleine Ackerstückchen und primitive, von Bäumen beschattete Hütten, und davor in friedlicher Eintracht Schweine, Hunde und nackte Kinder. Die abwärts ziehende Schlucht war lang, und wo sie sich fast klammartig verengte, mußten wir noch einmal die Höhe erklimmen, wofür wir durch einen herrlichen Blick belohnt wurden: in die tiefe Schlucht hinab und vorwärts auf hohe Gebirgsmassen, auf deren uns zugewandtem Abhang unser Weg in die Mixteca als schmaler weißer Streif zwischen dunklen Wäldern und weiter hinan die Kirche von *San Pedro Adeque* sichtbar ward. – Noch war eine abscheuliche Wegstrecke, die durch den Bahnbau nicht verbessert worden, im Bachbett entlang über Felsblöcke und Geröll zu überwinden, ehe wir die unordentlichen Hütten von *El Parian* erreichten. Wir konnten im Stationsgebäude nächtigen, die Pferde wurden in einem eingehegten Weideplatz an der jenseitigen Berglehne untergebracht.

Briefe aus der Mixteca

3. Dezember 1895.

Wer da denkt, daß es unter den Tropen immer heiß sei und während der trockenen Jahreszeit ein ewig blauer Himmel lache, der möge hierher, in das mixtekische Bergland reisen, um eines Bessern belehrt zu werden. Diese Hochtäler haben einen ziemlich kalten Winter; im Januar und Februar soll Frost nicht selten sein, und jetzt wickeln wir uns morgens und abends fröstelnd in unsere Zarapes und decken uns nachts mit allen unseren wärmenden Hüllen zu. Da auch der Himmel oft von Wolken umzogen ist, leiden wir auch tagsüber selten von der Hitze. Aber wenn der Himmel klar und blau ist, brennt die Sonne gehörig. Trotzdem hat man den Eindruck eines Tropenlandes gar nicht, sondern glaubt sich bald in europäisches Karstgebiet, bald nach Italien, zuweilen fast ins deutsche Mittelgebirge versetzt; zumal da hier viel Gerste und Weizen, ja sogar Hafer neben dem Mais gebaut wird. Aber während jetzt im Norden alles im Schnee vergraben ist, sind hier die Felder grün, die Bäche rieseln, und im Bergwald blüht es trotz der trockenen Jahreszeit. Dieser Bergwald bildet eine unaufhörliche Quelle des Entzückens für uns. Da sein Bestand nur locker ist, zeigt er die herrlichsten, zu vollster Individualität entwickelten Bäume, meist von dem knorrigen Charakter, der den Bäumen eines rauhen Gebirgslandes unter allen Breiten eigen zu sein pflegt; weitästige Eichen von zweierlei Art: der „Encino amarillo" – hier Encino de Agua genannt –, eine der Qu. purpurea ähnliche Art mit fallendem Laub, und der immergrüne „Encino blanco" mit graugrünen, auf der Unterseite weißfilzigen Blättern; baumartige Erikaceen (Arbutus) mit rötlichen Stämmen und weißen und rosa Blüten zwischen dem dunklen Laube, und Lebensbäume. Alle Kronen hängen voll mit Tillandsien, Orchideen und anderem blühenden Zeug in bunten Farben und sonderbaren Formen. Freilich, diesen Wald kann man in Europa nirgends finden.

In diesem Landstriche, der so lange schon eine Lockung für uns war, reiten wir nun seit acht Tagen umher, Altertümer und Pflanzen sammelnd, begleitet von einer wunderschönen schwarzen Hündin, deren Freundschaft wir uns in El Parian in so hohem Grad erwarben, daß sie, als wir in aller Morgenfrühe abritten, mit uns lief und uns nicht wieder verlassen hat. Nachts liegt sie vor unserer Lagerstatt und am Tage als Hüter vor unseren Sachen. Wenn wir nach El Parian zurückkehren, wird der Trennungsschmerz beiderseits nicht gering sein.

Es war noch dunkel, als wir von El Parian aufbrachen, und auch in dieser tiefen heißen Schlucht frisch und kühl; über der dunklen Wand der Schlucht leuchtete der Morgenstern, und unsere Gäule gingen munter vorwärts. Lauter Kalkfels. Von einem schmalen Sattel bot sich ein schöner Blick auf eine weite Gebirgswelt und in die Schlucht, aus der soeben der Pfiff der Lokomotive ertönte. – Die Eisenbahn scheint mir in diesen Gegenden immer wie ein Anachronismus, wie etwas, das ohne Berechtigung in eine stille Welt dringt und deren Ruhe brutal und gewaltsam stört. Sie bringt Bedürfnisse ins Land, die man bisher nicht kannte; sie bringt die ganze, allermodernste Kultur. Aber ob das ein Glück bedeutet?

Der Weg zog sich weiter durch Wald, allmählich ward es ebener und kahler; endlich waren wir auf der Hochebene: frisch gepflügtes, aber steiniges Feld, eine Schar langsam dahinwandelnder Rinder; vor uns die ersten Hütten von *Cuauhtlilla.* Der erste Ort der Mixteca war erreicht. Unser Weg von hier nach *Nochistlán* führte durch wechselnde Landschaften: kahles Kalkgestein, Felder, vereinzelte *Ranchos,* mit blühenden Büschen und Stauden bewachsene Hügel, schönen lichten Wald; an der hohen weißen Kirche von *San Pedro Adeque* vorbei, die schon gestern von ferne zu uns herübergeleuchtet hatte, und neben der die strohgedeckten Häuser wie Sandkörner sich ausnahmen, über eine mit spärlichem Buschwerk bestandene Hügelkette, an deren Fuß die beiden Nachbardörfer *San Miguel* und *San Pedro Quilitongo* sich lehnten, zu einer Höhe, die mit einem Kreuz bezeichnet war und von der wir unser nächstes Ziel – die Distriktshauptstadt *Nochistlán* – vor uns liegen sahen.

Nochistlán sieht geradeso aus wie die meisten mexikanischen Städte: die ebenerdigen, flachgedeckten Häuser schachbrettartig angeordnet, an der weiten, mit Arkaden umgebenen Plaza eine große Kirche mit hellblau und rot angemalter Kuppel. Es ist ein lebhafter Ort, da hier die verschiedenen Straßen der Mixteca sich treffen. Die Karawanen erreichen von hier in einem Tage die Eisenbahn in El Parian oder ziehen über Las Sedas weiter ins Zapotekenland hinein. Fortwährend waren wir auf dem Wege von El Parian herauf langen Lasttierzügen begegnet. Wir fanden in dem großen reinlichen *Mesón de la Soledad* des Don Luis Fernandez gute Unterkunft und Nahrung für Mensch und Vieh oder, wie hier die stehende Redensart heißt, „Para cristianos y bestias". Die gutmütige indianische Köchin kochte sogar regelmäßig einen Brei von Abfällen für unsere schwarze Hündin Estación. Die Ernte an allerlei Kleinkram von Altertümern gestaltete sich ziemlich reich. Der Handel mit den Leuten, die uns Sachen brachten, ließ sich meist heiter an.

Am ersten Tage gingen wir früh die Hügel hinan, auf denen in alter Zeit das große Indianerdorf lag, bis die Mönche die Bewohner veranlaßten, ins Tal hinunterzuziehen. Der alte Ort muß ausgedehnt gewesen sein, denn die ganze Reihe niedriger Hügel, die die Stadt im Nordwesten wallartig umziehen, ist an Scherben, Obsidianmessern, kleinen Krügen – deren es hier in der ganzen Gegend überall in Menge gibt – sehr reich. Aber kein Monument, keine Steinwand, keine Pyramide ragt dort auf. Ob der kleine, aus Erdreich und Steinen bestehende Hügel am östlichen Ende des Walles von Menschenhand aufgeschüttet war, blieb unentschieden. Ausgrabungen, teils von ungefähr, teils mit Vorbedacht unternommen, haben Gräber aufgedeckt, aus denen eine Anzahl prächtig bemalter feiner Tongefäße ans Licht gezogen wurde, in Stil und Machart den schönen bunten CholulaGefäßen ähnlich und von den bekannten zapotekischen Grabgefäßen vollständig abweichend.

An den Jefe político, den Landrat, hatten wir zwar Briefe abzugeben, aber er war beschäftigt und konnte oder wollte uns nicht behilflich sein. Dagegen fanden wir sehr wirksame Unterstützung bei dem freundlichen und verständigen Regidor, das ist Gemeindevertreter, Don Timon, der mit uns gemeinsam den ganzen Barrio *Chocan*, den am Fuße des Hügels gelegenen Außenstadtteil, nach Altertümern absuchte. Es war wie gewöhnlich: auf die erste Frage nach solchen zuerst ein verwundertes Kopfschütteln, dann die stehende Antwort: so was haben wir nicht. Auf wiederholte, dringendere Nachfrage: ja, dergleichen finden wir wohl, aber die Kinder spielen damit, werfen es fort, zerbrechen es. Darauf besinnt sich irgendein Familienmitglied, daß in dieser oder jener Ecke noch dies und jenes liegen müsse; schließlich kommt einiges zum Vorschein, man erwirbt es für wenige Centavos und erlangt das Versprechen: wir werden suchen und es bringen. Das ist mit geringen Variationen der Verlauf in allen Hütten. Es gehört schon ein wenig Übung und Geduld zu diesem Geschäft. Aber die Leute hielten Wort, und an diesem Abend und dem folgenden Tage war unser Zimmer belagert von Frauen, Männern, Kindern, die Sachen brachten, gute und schlechte, ganze und zerbrochene, feine und grobe. Ein fein bemaltes Gefäß, Metallschmuck und einige andere interessante Sachen konnten wir vom Pfarrer des Ortes erwerben. Und anderwärts noch manches hübsche Stück. Kurz und gut, wir hatten eine stattliche kleine Sammlung zusammengebracht, die noch durch die ganz ungewöhnliche Höflichkeit eines Amerikaners vermehrt wurde. Wir hatten ihn in seinem kleinen Laden, in dem er ein Wechsel- und Agenturgeschäft betrieb, aufgesucht, um ihm einige Stücke, die er besaß, abzukaufen, was er ablehnte mit der Begründung, er gedächte die Sachen einem Freund in Puebla zu schenken, der sich für dergleichen interessiere. Einige Stunden später schickte er eine Anzahl Stücke ins Gasthaus mit einem höflichen Brief, worin er mich ersuchte, sie als ein Geschenk anzunehmen, als eine Art Huldigung für eine deutsche Frau, die eine solche Reise im Interesse der Wissenschaft unternähme; augenscheinlich hatte er dergleichen bisher nur seinen Landsmänninnen zugetraut.

Am dritten Tage brachen wir auf, um nach *Yanhuitlán* zu gehen. Ein freundlicher Nochisteke, Don Antonio Alejandrez, hatte uns dorthin einen Brief mitgegeben und uns zugleich geraten, den kleinen Umweg über *Tillo* nicht zu scheuen, wo wir gewiß manches finden würden. – Der Weg dorthin ist der „Camino real", das heißt die große Straße, die ihrem stolzen Namen in den seltensten Fällen Ehre macht. Sie umzieht in der jetzigen Jahreszeit den Südwestfuß der Hügel des alten Ortes. In der Regenzeit ist der feste rötliche Ton dieser Hügelränder derart aufgeweicht, daß die Reisenden einen weiten Umweg durch die Ebene zur Linken machen müssen. Auf einem schon von weitem sichtbaren isolierten Hügel erhebt sich der Grenzstein der Gemarkungen *Nochistlán* und *Silacastla*, dessen zerstreute Hütten auf einem kahlen Kalksteinrücken vor uns liegen, wiederum überragt von einer hohen weißgetünchten Kirche. Der Ort hat, wie viele der auf den Höhen gelegenen Orte der Mixteca, kein Wasser. Hart an der Straße, am Fuße des Hügels liegt sein einziger Brunnen. Durch ein von Schluchten zerfressenes Gelände steigt man in ein schönes, weites Tal hinab, das von hohen bewaldeten Ketten begrenzt wird. Vor uns liegt *San Jago Tillo*, am anderen Ende des Tales wird das hohe Kirchenschiff von *Yanhuitlán* sichtbar.

Tillo muß in alter Zeit Bedeutung gehabt haben; der Hügel, der es überragt, ist von Menschenhand erhöht und einige Pyramiden auf ihm deutlich erkennbar. Man erzählte uns, daß frühere Ausgrabungen einen unterirdischen Raum aufgedeckt hätten, aus dem man neben anderen Dingen skulpierte Kalksteinplatten hervorgezogen habe. Sie sollen nach Mexiko oder Oaxaca geschickt worden sein. Genaues über ihren Verbleib war leider nicht zu ermitteln, aber im Gehöft des Don Antonio Viascan waren noch einige Bruchstücke zu sehen, auf denen wir eine Adlerklaue, die ein Steinmesser hielt, und ein Stück eines Vogelschwanzes erkennen konnten. Vielleicht waren hier die Gräber alter heimischer Könige. – Wir waren wohl beraten, als man uns nach Tillo wies: zwei Alabastergefäße, einige schöne Grünsteinsachen, ein merkwürdig geformtes Tongefäß und eine ganze Anzahl Kleinigkeiten bildeten einen willkommenen Zuwachs unserer Sammlung.

Am Nachmittag verließen wir den Ort mit seinen strohgedeckten, von Pfefferbäumen beschatteten Hütten, die von einer gelben Flachsseide – Zacatlaxcalli, Grasfladen – dicht übersponnen waren, und zogen talaufwärts nach Yanhuitlán. Der Himmel war blau, und die Sonne brannte heiß, aber die grünen Saaten von Weizen und Gerste, das rote tonige Erdreich und die Waldberge darüber gemahnten uns wieder an einen Sommertag im deutschen Mittelgebirge. Die alte, stattliche, aber ruinenhafte Kirche – eine Berühmtheit und ein Stolz der Mixteca – beherrscht das ganze Tal. Sie ist ein deutlicher Beweis von der ehemaligen Bedeutung des Ortes. Hier war der Mittelpunkt eines reichen, dichtbevölkerten Gebietes: zwölftausend indianische Familien sollen zur Zeit der Conquista hier gelebt haben; vermutlich nicht in einer geschlossenen Ortschaft, sondern – wie das auch heute noch vielfach bei den Indianern Sitte ist – in verstreuten Ranchos. Denn Spuren einer alten Niederlassung – eines Pueblo viejo – sind nirgends in der Nähe. Dagegen bekamen wir auf die Frage, wo dies oder jenes Stück gefunden sei, stets die Antwort: „dort drüben in den Bergen", und dazu die übliche unbestimmte Handbewegung, die einen zur Verzweiflung bringen kann, wenn sie eine Wegangabe begleitet, da sie stets ungefähr den ganzen Gesichtskreis umfaßt.

Das Tal von *Yanhuitlán* war eine *Encomienda*, das heißt es war mitsamt seinen Einwohnern einem Spanier geschenkt worden. Etwa ein halbes Jahrhundert nach der Eroberung des Landes war Don Francisco de las Casas, Caballero de Trujillo, ein Verwandter des Marqués del Valle, Encomendero des Tales von Yanhuitlán geworden, das seiner Fruchtbarkeit, seines herrlichen Klimas, seines Wasserreichtums wegen von den Zeitgenossen nicht weniger gepriesen wird als die Gewandtheit, Geschicklichkeit, die Wohlhabenheit und der gute Charakter seiner Bewohner. Als Don Francisco nach seinem neuen Besitze kam, schien es ihm unwürdig eines so großen und reichen Ortes, daß ihm eine enge Hütte als Kirche diene, und unwürdig der Dominikanermönche, die das Land christianisierten, in einer ärmlichen Rancherie zu leben. Er beschloß, ein Kloster und einen prächtigen Tempel zu bauen. Baumeister und Werkleute verschrieb er aus Spanien, und man schickte ihm von denen, die beim Escorial gearbeitet hatten. Sechstausend arme Indianer wurden zur Arbeit gepreßt, die in wechselnden Schichten von je sechshundert die Steine vom Bruch zur Baustelle schleppen mußten. Der Grundstein wurde mit großer Feierlichkeit und Gepränge gelegt, und da Don Francisco aus diesem Leben abberufen wurde, ehe er sein gottgefälliges Werk vollendet, führte sein Sohn Gonzales es zu Ende. Zur Ausmalung des Innern kam ein Maler aus dem Mutterlande herüber, der als der „Apeles de esta Nueva España" gerühmt wird, Andrés de Concha mit Namen. Fray Francisco de Burgoa rühmt am Ende des achtzehnten Jahrhunderts noch die unverminderte Pracht und Schönheit des Gotteshauses. Erdbeben, zunehmende Verarmung und damit verbundene Vernachlässigung haben den heutigen Stand der Zerstörung zuwege gebracht.

Heute sind Kirche, Kloster und Ort Ruinen. Nur am Hauptplatz finden sich einige gutgehaltene Häuser und die üblichen Kramläden, weiter hinaus Verfall und Armut; auch auf dem Markte kamen nur die notwendigsten Lebensmittel zum Verkauf.

Im Hause des Don Augostin Sanchez fanden wir gute und billige Unterkunft, und da wir am Abend noch fleißig Umfrage gehalten hatten, entwickelte sich am nächsten Tag ein schwunghafter Antiquitätenhandel. Unser Zimmer war von früh bis spät umlagert, so daß wir zeitweise genötigt waren, die Tür zu schließen. Die Leute unterhielten sich köstlich, und wir konnten die Überzeugung mit uns nehmen, ihnen einen ungewöhnlich vergnügten Tag bereitet zu haben. Die Verhandlungen wurden unter guten und schlechten Scherzen und Lachen geführt, und manche von den Leuten bewiesen ein unleugbares Handelstalent. Wir machten unsere Preise, und wenn auch manchmal ganz unvernünftige Forderungen gestellt wurden, so wurden wir schließlich immer handelseinig, mußten freilich auch allen Schund nehmen. Aber es waren gute Sachen darunter und ganz auffallend die Menge der aus mehr oder weniger kostbarem Stein geschnittenen kleinen Figürchen, die, zu Halsketten aufgereiht, ein beliebtes und geschätztes Schmuckstück der Alten bildeten. Hier erwarben wir auch eine wundervolle Tlalocmaske von grünem, schön glänzendem Stein.

Bezeichnend für die Art, in der die Leute hier Handelsgeschäfte auffassen, ist folgendes Gespräch, das ich mit einer Frau in Tillo führte. Sie fragte mich: „Was hat Don Sisto für die beiden Gefäße gefordert?" – „Zehn Pesos." – „Was haben Sie ihm gegeben?" – „Sechs Pesos." – „Und was sind sie wert?!"

Alle Straßen, die von Yanhuitlán aus weiter führen, ziehen über den Berg: nordöstlich nach San Bartolo und Chachuapam; nordwestlich nach Tamazulapam; südwestlich nach *Teposcolula*. Dies war unser Weg. Bald nachdem wir den Ort verlassen, begannen wir den von Schluchten arg zerrissenen Fuß des Gebirges zu erklimmen.

Dann ging es in halber Höhe in lichtem Walde weiter. In dem klaren Bergwasser, das unter dem Schatten der Bäume munter dahinfloß, tränkten wir unsere Pferde. Noch floß der Bach dem *Río Verde* zu, der die gesamten Bäche der südlichen und östlichen Mixteca und des Valle de Oaxaca sammelt. Zwischen Wald und Feld ging es dahin, in eine bewaldete Schlucht, in ein offenes Tal. Wir hatten eine Wasserscheide überschritten, denn hier hat der Bach einen westlichen Lauf; er gehört zum Stromgebiet des *Río Mixteco*, der, mit dem *Atóyac** von Puebla vereinigt, seine Wasser dem großen *Río de las Balsas* zuführt. Der Wald tritt zurück; drüben auf kahlem Hang liegen die zerstreuten Häuser von San Juan; hinter uns werden die bewaldeten Kämme der hohen Sierra sichtbar, die die Täler von Nochistlán und Yanhuitlán von dem Gebiet von Teposcolula trennt und die wir eben überschritten haben. Auf den Maisfeldern ist man gerade mit der Ernte, „pisca", beschäftigt. Das einfache und praktische Werkzeug, das dazu benutzt wird, der „piscador", ist eine Art Messer aus Knochen oder Hirschhorn, dessen Spitze und Schneide gerundet und bei dem von uns erstandenen Exemplar durch den Gebrauch blank poliert sind. Mit einem kleinen Riemen wird dieses Werkzeug an den beiden letzten Fingern der rechten Hand befestigt, die den Kolben umhüllenden Scheideblätter werden oben aufgeschnitten, die freien Finger der Rechten fassen den Kolben und brechen ihn heraus.

Einen fernen Hügel am Ende des freundlichen, bewässerten Tales bezeichnet unser Mozo als Pueblo viejo von *Teposcolula*. Es war noch eine gute Strecke Wegs, den Bach entlang über felsige Hügel, mit einem Gewirr von zerfressenen Kalksteinblöcken, mit rotem, verwittertem Erdreich dazwischen und niedriger Gestrüppvegetation, bis wir uns gegenüber dem Hügel der alten Niederlassung befanden. Ein steiler, steiniger Abstieg brachte

* *Atóyac* heißt Fluß, und häufig führen Flüsse keinen anderen Namen.

uns auf den Boden des Tales. Als wir um einen Hügelvorsprung bogen, lagen Häuser und Kirche unmittelbar vor uns.

In dem an der Plaza gelegenen Hause des Don Abram Castillo y Caramillo fanden wir sehr freundliche Aufnahme. Es ist eine Verkaufsstelle des Zuckerbranntweins, der in der Hacienda de la Concepción (im Distrikt Tlaxiaco, am Fuße der Cuesta de Chicahuastla gelegen) hergestellt wird, und Konsul Stein hatte uns aufs angelegentlichste empfohlen. Wir fanden aber nicht nur gute Aufnahme, sondern auch eine liebenswürdige und angenehme Familie.

Der Ort ist nicht groß, aber ordentlich und sauber. Der geräumige Hauptplatz liegt im Tal, die Häuser ziehen sich am Hang in die Höhe. Auch hier ein großes Kloster, das auf eine ehemals dichte Bevölkerung, und eine mit reizender Steinmetzarbeit gezierte Kapellenruine, die auf Wohlhabenheit schließen läßt. Erdbeben haben leider das schöne Gebäude zerstört. Eine spätere Zeit hat eine plumpe, weißgetünchte Kirche daneben gesetzt, von deren Dach sich eine schöne Aussicht und eine gute Orientierung über die Lage des alten und des neuen Teposcolula gewinnen ließ. Von einer besseren früheren Zeit zeugen auch die Reste gepflasterter Straßen, die von der Stadt aus am Fuße der Höhen entlangziehen. Sonst gibt es nichts Bemerkenswertes. Die Häuser in den Außenstraßen sind auch hier einfache *Jacales*: ein auf vier Pfosten ruhendes Dach, die Wände aus Reisern und Stangenholz an Querhölzer gebunden. Die einfache Hausform, die wohl schon in den alten Zeiten die allgemein übliche war. Als Dachbekleidung fanden wir hier vielfach Ocote-(Kiefer-)Zweige verwendet. Die hellbraunrote Farbe der welken Nadeln gab den Dächern von weitem das Ansehen von Ziegeldächern.

An einigen Häusern fanden wir das altindianische Schwitzbad, den *Temazcal*. Es ist das eine Art Backofen aus *Adobe* (Luftziegel) aufgemauert, der an die eine Wand der Hütte stößt. Mit deren Innern steht er durch ein enges Loch in Verbindung, das gerade groß genug ist, um einen Menschen hindurchschlüpfen zu lassen. Die im Temazcal ausgesparte Feuerstelle ist ebenfalls der Hütte zugekehrt. Hier wird nun ein offenes Feuer gemacht oder Glut vom Herdfeuer hineingebracht. Nachdem man noch Schalen mit Wasser hineingestellt hat, kriecht der Mensch in den Backofen, und die Öffnung wird hinter ihm mit Steinen oder Ziegeln geschlossen. Er benutzt das Wasser entweder zum Abspülen des schwitzenden Körpers oder erzeugt ein Dampfbad, indem er es auf die heißen Steine gießt. Von dieser Art zu baden erzählen uns schon die alten Schriftsteller. Sie wird nicht nur zur Reinigung benutzt, sondern vorwiegend als Heilmittel – und wahrscheinlich mit Erfolg – bei den verschiedensten Krankheiten. In alter Zeit gingen die Frauen vor der Niederkunft in den Temazcal, wodurch die Geburt erleichtert werden sollte. Im alten Mexiko war vor den Schwitzbädern, die gegen Entgelt zur öffentlichen Benutzung gehalten wurden, das Bild der Erdgöttin, *Toci*, der Mutter aller Götter, der Beschützerin der Weiblichkeit, aufgestellt. Daher einer ihrer vielen Namen: „Temazcalteci", Großmutter der Schwitzbäder.

Der alte Ort, dessen mixtekischer Name *Yucundaa*, „Bergarm", lautet, während der mexikanische Name *Teposcolula*, „am Ort des gekrümmten Beiles", heißt, liegt auf einem Berge, der nach drei Seiten ziemlich steil abfällt und nur durch einen schmalen Rücken mit den dahinter liegenden Bergketten zusammenhängt. Der Ort war für eine Ansiedlung sehr gut gewählt: der breite Rücken des Berges, das Tal und die angrenzenden Höhen boten Platz für ausgedehnte Kulturen, die von hier aus beherrscht werden konnten. An Wasser ist kein Mangel, da außer dem Bache, der den Ost- und Nordfuß des Berges bespült, am Abhang verschiedene Quellen sprudeln. An einer Stelle wurden uns drei dicht beieinander gezeigt, deren Wasser verschiedenen Geschmackes sind.

Der Jefe político und der Presidente municipal – sagen wir Landrat und Bürgermeister – hatten uns schon am Abend unserer Ankunft ihre Aufwartung gemacht, sich entschuldigt, daß sie am nächsten Morgen nicht mit uns reiten könnten, das alte Dorf zu besichtigen, und einige andere Bürger mit ihrer Vertretung beauftragt. – Um den kurzen, für die Pferde zu steilen Aufstieg zu vermeiden, zogen wir um den schön bewaldeten Hügel herum und begannen, ihn auf der Südseite zu erklimmen. Hier ist der Hang terrassiert, um für die Maisfelder Halt zu gewinnen. So mußten wir immer die steilen, schrägen Terrassenwände hinauf: eine harte Arbeit für die Pferde, so daß wir schließlich lieber zu Fuß gingen. Wir fanden oben ausgedehnte Anlagen und beträchtliche Mauerreste, aber so zerstört und durcheinandergeworfen, daß es nicht gelang, sich ein Bild von dem Plane derselben zu machen. Überall zwischen den Mauerresten waren Felder angelegt und der Boden eingeebnet, Mauerwerk niedergerissen und Schutthaufen aufgeschüttet, auf denen Mais und Weizen wuchs. An einer Stelle fanden wir noch die vier Umfassungsmauern eines Hauses. Sie waren von dem massiven Kalkstein des Berges – *Adique* genannt – solide aufgemauert. Das Innere war durch eine Wand in einen schmalen und einen breiten Raum geteilt. Von einer ganzen Anzahl paralleler Räume fanden sich nur noch die Fundamente. Nichts war zu finden als ein paar sehr grobe Topfscherben. Wohl aber stoßen die Leute beim Ackern mitunter auf unterirdische, mit Steinen verschlossene Räume, die man uns als viereckig und in den Fels gehauen schilderte; Grabkammern, in denen man neben dem hockenden Toten Beigaben gefunden hat. Ähnliche Kammern sollen auch auf den Bergen oberhalb der heutigen Stadt gefunden werden. Von den Funden selbst war nichts mehr vorhanden; verkauft, meist aber achtlos beiseite geworfen. Nur das ungefüge Steinbild eines *Tlaloc* (Regengottes), das man uns brachte, stammte angeblich von einem solchen.

Mixtlan, Wolkenland, nannten die alten Mexikaner das Bergland, das sich vom Hochtal von Puebla nach der Küste des Stillen Ozeans hinzieht. Und keinen treffenderen Namen wüßte ich für diesen Landstrich zu finden. Fast jeden Nachmittag bedeckt sich der Himmel mit Gewölk, das sich am Abend zu dichten und drohenden Massen zusammenballt, von prächtigen, schier unheimlichen Farben durchglüht.

Als wir nach herzlichem Abschied von unseren Gastfreunden aufbrachen, war der Himmel grau, und ein leichter, feiner Sprühregen versprach einen staubfreien Reisetag. Die Entfernung nach *Tlaxiaco* beträgt ungefähr zehn Leguas (1 Legua etwa 5 km), eine normale Tagereise. Aber wir reiten nicht flott vorwärts, da wir Pflanzen sammeln, in den Dörfern nach Altertümern fragen, absteigen, um die Pflanzen einzulegen und auch mal ein Stückchen gehen. Wir durchritten die Dörfer: *Tizá, San Felipe, Yolomecatl, San Martín,* das zwischen Kaktushügeln liegt. Hier machten wir kurze Mittagsrast. Mit Mühe konnten wir ein paar Eier, schwarze Bohnen und Tortillas auftreiben und für die Gäule ein wenig Mais. – War bisher der Weg kahl und sonnig gewesen – es hatte sich gegen Mittag aufgeklärt –, so kamen wir jetzt in eine romantische, bewaldete Gebirgsgegend. Aber wieder zogen sich dichte Wolken zusammen, in den Bergen zu unserer Rechten regnete es stark, und auch wir kamen nicht ohne einen warmen Regenschauer davon. Als es sich zu dunkeln anschickte, ritten wir gerade in eine prachtvolle Waldschlucht hinein, so daß uns bald Nacht umfing. Aus dem Walde hervor blinkten die Feuer einsamer Ranchos, rechts neben uns erhob sich eine bewaldete Berglehne, links hörten wir ein Wässerlein rauschen. Als wir endlich aus der Schlucht heraus waren, hatten wir einen breiten Weg unter uns, in den Wolkenlücken blinkten ein paar verlorene Sterne. Vor uns, in der Richtung, wo unser Ziel lag, erhob sich eine dicke Wolkenwand, in der es fortwährend blitzte, lauter Feuer schien der Himmel dort, und von Zeit zu Zeit hörte man fernen Donner rollen. *Tlaxiaco*: der Ballspielplatz des Regengottes! Ein Flüßchen war noch zu durchreiten, ein Hügelrücken zu überschreiten, und wir fühlten das Pflaster einer der vielen, zerstreut um Tlaxiaco herumliegenden Vorstädte unter uns. Rechts und links, aus Schluchten und Höhen blitzten Lichter auf, und nach wenigen Minuten war die Stadt erreicht.

Das große und stattliche Haus, in dem wir erwartet wurden, gehört – wie das des Don Abram in Teposcolula – zur Hacienda de la Concepción, die von hier nur fünfzehn Leguas entfernt ist. Der junge Verwalter des Hauses, Don Ranulfo Bravo, war erst seit wenigen Wochen verheiratet, daher wohl die für ein mexikanisches Provinzhaus merkwürdig reichliche Einrichtung. In der Sala – dem Empfangszimmer – prangten neben den üblichen Wiener Möbeln, die in kanonischer Ordnung standen, ein paar sehr elegante Lampen, einige Gestelle mit allen möglichen Nippes besetzt. Obgleich genug andere Räume vorhanden sind, hat man uns das eheliche Schlafgemach mit zwei sehr guten amerikanischen Betten und einem üppigen Toilettentisch eingeräumt. Das ist nun einmal Sitte, wenn gut empfohlene Fremde kommen; da nützt kein Widerspruch.

Tlaxiaco ist der größte, lebhafteste Ort der Mixteca. Wir hatten das Glück, gerade einen Markttag zu treffen, mit buntem Gewimmel. Von allen Dörfern und Höfen strömt es herein, größtenteils Indianer, die die Erträgnisse ihres Bodens: Mais, schwarze Bohnen, spanischen Pfeffer, allerhand Gemüse und die Erzeugnisse ihrer Hände: Körbe, Matten und anderes zu Markte bringen und die Gelegenheit benutzen, ihre Bedürfnisse an Handwerkszeug, Salz und was sie eben nicht selbst verfertigen, in den Läden der Stadt einzukaufen. Die Männer bieten nichts Besonderes, unter den Weibern aber – zumal den alten – sind prachtvolle Charakterköpfe. Es war leider nicht möglich, sie auf die photographische Platte zu bannen. Die Scheu und das Mißtrauen vor dem Apparat sind groß. Nur vom flachen Dache des Hauses aus gelang es mir, eine Aufnahme von dem bunten Gewühle zu erhaschen. Übrigens verstanden die meisten kein Wort Spanisch.

Abbildung 3: Markt in Tlaxiaco, Distriktstadt der Mixteca Alta.

Der Jefe político war ein gebildeter Mann und machte einen energischen und intelligenten Eindruck. Es muß anerkannt werden, was auf diesem Posten geleistet wird. Daß freilich, um Ordnung zu schaffen und zu erhalten, manche Ungesetzlichkeit mit unterläuft, wird man beklagen, darf sich aber unter den obwaltenden Verhältnissen nicht allzusehr darüber wundern. Es mag keine Kleinigkeit sein, einen Bezirk, in dem die indianische Bevölkerung überall in einzelnen, im Walde liegenden Ranchos und in verstreuten Dörfern wohnt und nur zum kleinsten Teile Spanisch spricht, in leidlicher Ordnung zu halten. Aus unserem Gespräch, dem wir manchen nützlichen Fingerzeig verdanken, will ich eines anführen, was uns Señor Cordoba erzählte. Vor einiger Zeit habe er mit Mühe und Kosten Ausgrabungen in der Nähe von Etla veranstaltet und eine ganze Anzahl guter und wertvoller Stücke an das Museum von Oaxaca geschickt, auch von dort eine Empfangsbescheinigung erhalten. Als er wenige Monate später das Museum besucht habe, sei nicht ein einziges der Stücke dort gewesen! Solche Fälle stehen nicht vereinzelt da. Als wir nach Tapana kamen, erzählte uns unsere freundliche Wirtin, daß sie Altertümer sammle, um sie dem Museum in Oaxaca zu schenken. Sie beschrieb uns ein Prachtstück, das sie vor einiger Zeit dorthin gesandt hatte; und dieses hervorragende Stück hatten wir in Privatbesitz gefunden und erworben! Kann man es unter solchen Umständen den Leuten verdenken, wenn sie ohne Skrupel dem Fremden Altertümer verkaufen, die Beamten selbst zur Erwerbung behilflich sind, und sich niemand an ein Ausfuhrverbot kehrt, mit Ausnahme der Zollbeamten, die Vorteil davon haben? Kann man sich wundern, daß die Sammlungen nicht wachsen, sondern seit Jahren auf demselben Punkte stehen bleiben?

San Miguel Achiutla

Wir hatten früh von Tlaxiaco aufbrechen wollen, aber wieder einmal nicht damit gerechnet, daß die Mexikaner Langschläfer sind. So waren wir längst marschfertig, ehe sich jemand blicken ließ, und schließlich mußte sogar noch der Führer geholt werden, den uns der Jefe schickte, denn wir wollten nun nicht weiter der großen Straße folgen, die zur Küste hinunterzieht, sondern östlich in die Sierra hinein, nach *Achiutla*, an das sich die Sage von einem alten Idol knüpft – einem mächtigen Smaragden (?),* das Herz der Welt genannt. Auch von Opfern und Festen wird erzählt, die hier gefeiert wurden, ja das ganze Kultusleben der Mixteca soll hier seinen Brennpunkt gehabt haben. Von alledem ist nichts mehr vorhanden, kaum Ruinen, nur ein Hügel wird als Pueblo viejo bezeichnet, auf dem kümmerliche Überbleibsel alter Steinsetzungen zu sehen sind, und an dessen Abhang sich die zerfallenden Reste einer Kirche befinden, allerdings ein sicheres Zeichen dafür, daß

* Die Spanier nannten die grünen Steine, vornehmlich Nephrit, Smaragd und die blauen Saphir.

dies die Stätte des alten Tempels ist. Denn die christianisierenden Mönche folgten überall dem klugen Grundsatz, die neue Kultusstätte auf den Trümmern der alten zu errichten.

Den größten Teil des Weges begleiteten uns die *Ocotes*, die immer heimatliche Gefühle wecken, weil sie unseren märkischen Kiefern gar so ähnlich sind. – Gegen Mittag hielten wir in dem ärmlichen, auf kahlem Bergrücken gelegenen Dorfe *San Cristóbal Amoltepec* kurze Rast. Da wir in den Bezirk, der hier jedes Gotteshaus umfriedet, ahnungslos hineingeritten waren – wir konnten dem Blockhaus wirklich nicht ansehen, daß es eine Kirche war –, kamen alsbald ein paar Leute, um uns zu büßen: ein Real fürs Pferd. Sie waren im Recht, und die Strafe, die sie forderten, nicht zu hoch, aber die Leute waren stumpf und so unfreundlich, daß wir eilten, aus ihrem Bereiche zu kommen. – Noch ein paarmal hinauf und hinab, bis sich der Blick in ein breites Tal und auf einen dasselbe längs durchziehenden Höhenrücken senkte. Auf diesem Hügel liegt die alte Ansiedlung und die Kirche, das Tal, das von einem klaren, schnell dahineilenden Wasser durchflossen wird, weithin beherrschend. Wir stiegen steil hinab und fanden am Ufer des Baches die herrlichsten Sabinos. Jenseits desselben ging es über einen flachen Sattel, der in den Hügelrücken zwischen alter und neuer Kirche einschneidet, und vor uns breitete sich das hübsche Dorf *San Miguel Achiutla*. Im weiten, fruchtbaren Tale liegen die einzelnen Gehöfte zerstreut, von dunkellaubigen Bäumen umgeben.

Mit unserem Brief vom Jefe von Tlaxiaco ritten wir beim Dorfschulzen vor, der Weisung hatte, uns unterzubringen. Die gute Eierspeise, die wir vorgesetzt erhielten, war leider nach landesüblichem Gebrauch und ohne jegliche Berücksichtigung europäischer Gaumen, das heißt mit so scharfer Chilebeize zubereitet, daß uns die Augen übergingen und die ganze Mundhöhle wie verbrannt war. Wir hielten uns an die schwarzen Bohnen, die außer ihren vielen anderen angenehmen Eigenschaften auch die haben, den vom Chile hervorgerufenen Brand zu lindern. Als Lager diente uns das übliche Brettergestell mit einem darüber gebreiteten Leder. – Wir sind hier in ziemlich warmer Gegend: lichtgrüne, mit Zuckerrohr bepflanzte Stückchen leuchten überall zwischen den trockenen Maisfeldern hervor; Bananen stehen in den Gehöften, und die Granadita gedeiht. Aber der eisige Nordwind, der am Abend vom Gebirge ins Tal herunterfiel, ließ uns das fest gebaute Haus mit gut verwahrtem Innenraum sehr angenehm empfinden.

Heute vormittag wurde dem Ruinenhügel ein Besuch abgestattet, und dann stiegen wir auf der anderen Seite noch einmal zu dem

Flüßchen mit den schönen Sabinos hinab. Da wir infolge der behördlichen Empfehlung Gäste des Dorfes waren, hatten wir uns während des ganzen Tages der Begleitung des Schulzen und einiger Gemeindevertreter zu erfreuen. Die Leute empfanden ein lebhaftes Vergnügen, ein paar so seltene Vögel einmal ordentlich ausfragen zu können, was sie ernsthaft und verständig besorgten, so daß wir gern Auskunft gaben.

Zu unseren reichen Erfahrungen in bezug auf schlechte Wege fügte gestern unser Ritt nach *Tilantongo* eine neue hinzu. Wenn ich daran zurückdenke, wundere ich mich nur, daß wir alle vier Pferde mit heilen Gliedern hierher gebracht haben. – Von Achiutla aus ging es zuerst auf gutem Wege nach *Yucuañi*. Beide Dörfer, deren Gemarkungen aneinander stoßen, liegen seit langem in Grenzstreitigkeiten miteinander, hier gerade keine Seltenheit. Yucuañi ist ein sehr großes, reiches Indianerdorf. Die Gehöfte, die nicht verstreut liegen, sondern in Straßen aufgereiht sind, sahen stattlich aus, obwohl die Hütten nur aus Holz- und Flechtwerk bestanden. Um den Ort breiteten sich wohlbestellte und gut bewässerte Äcker und Gemüsepflanzungen aus. Wir mußten hier haltmachen, obgleich wir noch nicht lange unterwegs waren, denn die Führer, die uns in Achiutla mitgegeben worden waren, gingen nicht weiter und sollten hier von anderen abgelöst werden. Die Leute wollen nur zu zweien gehen, weil sie sich fürchten, den Rückweg allein zu machen. Wovor? Vor irgend etwas Unheimlichem, das außerhalb der Wohnstätten lauert. Es sind alte, heidnische Vorstellungen, die auf dem Grunde jeder Indianerseele ruhen. – Wir mußten also den Gemeindevorsteher, den Presidente, haben, denn ohne ihn waren natürlich keine Leute zu beschaffen. Da der nun erst aufgesucht werden mußte, wollten wir die Zeit benutzen, eine kleine Mahlzeit zu nehmen, denn unser Weg war noch weit. Aber in einem Indianerdorf ist für den Fremden nur schwer etwas zu haben. Endlich machten wir ein Haus ausfindig, in dem die Frau einige spanische Wörter verstand und auch bereit war, uns etwas zu essen zu geben. Wir kauften ihr für 3 Medios 9 Eier, für 1 Real 10 Tortillas und für 1 Centavo Salz ab.*

Während sie mit Mühe das Wasser für die Eier zum Sieden brachte – es ist das eine langweilige Sache mit den offenen Töpfen

---

* Der mexikanische Peso wird offiziell in 100 Centavos geteilt, daneben aber geht die alte Rechnung nach Real, Medio und Tlaco, und zwar: 1 Peso = 8 Real; 1 Real = 2 Medios; 1 Medio = 2 Quartillos; 1 Quartillo = 2 Tlaco. Tlaco ist ein aztekisches Wort und bedeutet „halb".

am Reisigfeuer –, hatte ich vollauf Zeit, die Hütte zu mustern. Es war augenscheinlich das Besitztum einer wohlhabenden Familie, denn es mangelte nicht an Vorräten aller Art, aber es sah aus, als ob die Leute noch in der Zeit lebten, da man hier im Lande das Eisen nicht kannte, das die Spanier erst mit herübergebracht haben. Die Wände der Hütte bestanden aus Rohrstäben, die an querlaufenden Holzstangen mit Weiden festgebunden waren. Den Fußboden bildete die fest gestampfte Erde. Das Dach war sehr sauber aus Palmblättern geflochten und hatte vom Rauch das schöne, glänzende Schwarz angenommen, das schon häufig unsere Bewunderung erregt hat. Die Form des ganzen Raumes war ein längliches Viereck. In der Querachse lief oben unter dem Dach ein breiter Balken, auf dem Töpfe, Vorräte, Matten aufgestapelt waren; diesem parallel liefen ein paar runde Holzstangen, die als Dachspreizen dienten und an denen an Riemen wiederum allerlei Bündel, leere und volle Körbe, Töpfe, Felle hingen. Desgleichen waren an den Wänden noch mancherlei Dinge aufgehängt, aber in dem ganzen Raume war nirgends ein Nagel zu sehen. Vor der Hinterwand hing eine Matte, vor dieser einige grellbunte Heiligenbilder, darunter ein roh aus Stangen zusammengebundener Tisch; in einer Ecke ein Schlafgestell und über den ganzen Fußboden verstreut Matten, Körbe, Tompiates, Guajes, Jicaras und Tongefäße. Mitten dazwischen am Boden das Feuer und seitwärts der Metate, der Mahlstein. So hat es wohl vor vierhundert Jahren auch hier ausgesehen. Statt der bunten Heiligenbilder zierten damals ein paar bemalte Tonfigürchen den Hausaltar.

Am Feuer hockte ein Weib, um es zu unterhalten. Ein zweites brachte mir eine Matte zum Niederkauern. Die Indianerweiber sitzen niemals, sondern kauern oder hocken in einer für uns unerträglichen Stellung, genau so, wie sie in den alten Bilderschriften dargestellt sind. Ich begann wegen eines ebenso hübschen als schmutzigen Hemdes zu unterhandeln. Die Frau am Feuer verstand zwar kein Spanisch, begriff aber, was ich wollte, und lachte verneinend. Darauf holte die andere ein frisch gewaschenes aus einem Korb und forderte einen unverschämten Preis, denn diese konnte die Zahlwörter und die Nahrungsmittel auf spanisch sagen. Ich schüttelte den Kopf und zeigte auf das hübsch gestickte eines kleinen Mädchens. Man suchte mir begreiflich zu machen, daß man nach einer Frau schicken wolle, die ein solches habe. Als diese erschien, entspann sich ein Handel in der Fingersprache, der schließlich zu beiderseitiger Zufriedenheit abgeschlossen wurde. Ich gab zwar nicht soviel, als sie verlangte, aber immer noch reichlich soviel, als es wert war. Nachdem wir unsere Eier verzehrt, noch einen steinernen Götzen erhandelt und vom Schulzen unsere Führer erhalten hatten, zogen wir ab.

Eine mächtige und hohe Sierra liegt zwischen diesem Tal und dem, welchem wir zustrebten. Mit ihrer starken Bewaldung und den ziemlich ungebrochenen Linien gleicht sie von weitem einer dunklen Mauer, die unheimlich und erdrückend vor uns steht. Es ging gleich steil und steinig hinan durch Palmenwald, der aber recht traurig aussah, denn die Bäume waren ihrer Blätter beraubt, die zum Eindecken der Hütten und als Sonnenschutz für die jungen Gemüsepflanzungen verwendet werden. Weiter hinauf aber kamen wir wieder in den Bergwald, und es eröffneten sich immer herrlichere Blicke auf unendliche, in der Ferne verblauende Bergketten. – Der Weg war inzwischen immer schlechter geworden: breite, glatte Steinplatten, hohe Stufen, Geröll, Wurzeln, umgestürzte Stämme. Dabei immer streng bergauf. Mein kleines, braves Pferdchen kletterte sehr geschickt und ausdauernd. Endlich hatten wir eine Höhe erreicht, auf der der Weg ein Stück eben dahinging, so daß wir uns des herrlichen Waldes freuen konnten, dessen Wipfel mit roten Tillandsien, gelben und lila Orchideen üppig behangen waren. Aber schon fing ein heftiger, kalter Wind zu wehen an, der sich im Laufe des Nachmittags fortwährend steigerte und dem wir gerade entgegenreiten mußten. Es wurde allmählich so kalt, daß mir Hände und Füße froren, trotz des hellen Sonnenscheines. Auf der weiten Fläche jenseits des Waldes, die wieder mit entlaubten Palmen bestanden war, dehnten sich weite Felder, die teils abgeerntet waren, teils neu bestellt wurden. Ein einsames Gehöft beherbergte den Besitzer derselben und großer Viehbestände. Es war ein alter, struppiger Kerl, sein Sohn noch struppiger, das Haus eine jämmerliche Holzhütte.

Lange durften wir uns des ebenen Weges nicht erfreuen; bald ging es auf schauderhaftem Abstieg hinunter, wieder hinauf, hinunter, hinauf und endlich zum letztenmal tief hinunter. Unter uns ein tiefes, gewundenes Tal, dahinter in der Ferne blaue Bergketten und über diesen die leuchtende Schneespitze des *Pico de Orizaba* in den wolkenlosen Himmel emporragend. Das Dorf *San Juan Diuxi* blieb links liegen, ein Stück noch im Tal entlang, und eine letzte Anhöhe übersteigend, gelangten wir zu den ersten Häusern von *Tilantongo* und einen allerletzten Hügel hinanreitend zum Pfarrhaus, wo wir freundlich aufgenommen wurden.

Das Dorf ist zwar groß, besteht aber aus lauter weit verstreuten Ranchos. Kirche und Pfarrhaus liegen wunderschön auf einem hohen Hügel, der in alter Zeit den Tempel trug, der ja häufig zugleich Festung war, rings von tiefen, wasserreichen Schluchten umgeben. Über die Hügel hinan und in die Schluchten hinunter ziehen sich die Hütten des Ortes, von reichen Feldern umgeben.

Der Pfarrer war augenscheinlich erfreut, einen Abend mit Leuten von „draußen" verplaudern zu können. Er ist ein noch junger Mann, dem man seine Geistlichkeit nicht anmerkt. Seine Mutter, die das Haus führt, ist eine richtige alte Indianerin – natürlich hispanisiert in Tracht und Sprache –, mit der keine große Unterhaltung zu führen war, die aber gar löblich für unser und unserer Tiere leibliches Wohl sorgte. Nicht nur wir und unser Mozo bekamen reichlich aufgetischt, auch unsere brave schwarze Hündin, die den ganzen Tag gehungert hatte, da das verwöhnte Vieh keine Tortillas frißt, wurde gesättigt. Die Pferde aber kamen in einen gut gedeckten Stall, was bei der kalten Nacht nach dem strammen Marsch nicht zu unterschätzen war. Zeigte doch das Thermometer kurz vor Sonnenuntergang die nichts weniger als tropische Temperatur von knapp 9° R.*

Warum auch mußte die brave Frau *Guadalupe* heißen? Der 12. Dezember ist der Tag der Mutter Gottes von Guadalupe, jener mexikanischen Nationalheiligen und ganz besonderen Schutzheiligen der Indianer, deren Heiligtum in der Nähe der Hauptstadt, im Laufe dieses Jahres aufs kostbarste erneuert, mit großen Festlichkeiten neu geweiht wurde, die in der Krönung der Maria ihren Höhepunkt erreichten. Von der „Coronación de la Virgen de Guadalupe" war alles voll, als wir im Herbst nach Mexiko gekommen waren. Nun also, der 12. Dezember ist der Tag dieser Madonna und daher auch der Namenstag aller Leute, die an ihm geboren wurden, denn hier trägt eben jedermann den Namen seines Kalenderheiligen, wie in vielen katholischen Gegenden. Sonderbar ist, daß diese Art der Namengebung auch schon in vorspanischer Zeit landesüblich war. Doña Lupe feierte also heute ihren Geburtstag, und man brachte ihr gestern abend ein Ständchen, und der Lärm und Spektakel dauerte bis tief in die Nacht hinein, so daß von Schlafen nicht viel die Rede war, obgleich man uns zwei richtige, mit Wolle gestopfte Matratzen auf

* R. = Abkürzung für *Réaumur*: Temperaturskala, bei der der Abstand zwischen Gefrier- und Siedepunkt des Wassers in 80 gleiche Teile unterteilt ist; 9° R entsprechen etwa 11° C (Fußnote der Herausgeberin).

die Erde gelegt hatte. Tagsüber hatten wir im Dorfe fleißig Umfrage nach Altertümern gehalten, die auch recht erfolgreich gewesen war. Begleitet hatte uns als ortskundig ein flinker Indianerbursche, der so aussah wie Kainz als Küchenjunge in Grillparzers „Weh dem, der lügt!" – Spätabends hatte uns noch der Presidente mit feierlichem Gefolge – sechs Topiles* – und angetan mit einem reinen Hemde, aufgesucht, um uns zwei kleine Tonköpfchen zu verhandeln, die wir ihm zu einem seiner Würde entsprechenden Preis abkaufen mußten. Er versprach dann am anderen Morgen noch mehr und hielt auch Wort. Als wir heute schon zu Pferde saßen, wurden die Sachen gebracht, die wir nur mit Mühe und Not noch unterbringen konnten.

Trotz der musikalischen Nacht waren wir schon früh marschfertig, um nach Nochistlán zu reiten, wo wir den Kreis schließen wollten. Man hatte uns geraten, den weiteren Weg über *San Pedro Tidá* und *Santa Madalena Yodocomo* zu nehmen, weil der nähere über *Tecomatlan* gar zu schlecht sei. Der Mann jedoch, der uns die neu erhandelten Sachen trug, die wir unserem braven alten Schimmel nicht mehr zu seiner gewohnten Last hatten hinzufügen wollen, redete uns natürlich eifrig zu, den kürzeren zu nehmen, und wir haben nicht bereut, ihm gefolgt zu sein. Der Weg ist von großem landschaftlichen Reiz, da er sich eine lange Strecke auf einem mit Eichen bestandenen schmalen Rücken hinzieht, mit freiem Blick in die Täler zu beiden Seiten. Als ich unterwegs meinen photographischen Kasten aufgestellt hatte, um ein Vegetationsbild aufzunehmen, kamen einige Leute, die fragten, ob wir damit sehen könnten, wo Schätze verborgen lägen! Was dem klugen Europäer hier alles zugetraut wird!

Der Abstieg in die breite Talebene von Nochistlán ist wieder unbeschreiblich schlecht und mußte zu Fuß zurückgelegt werden. Eine Stunde etwa vor der Stadt ritten wir durch die Hacienda „El Molino", die denselben Besitzer hat wie der Kramladen am Bahnhof von El Parian, Don Egidio Sanchez Gavita, und wo die Heimat unserer schönen schwarzen Hündin ist. Sie fand hier auch ihre ganze Familie, Geschwister und Kinder, mit denen sie sich freudig begrüßte, aber sie blieb nicht, sondern folgte uns. Wie wird die Trennung werden?

Mit dem behaglichen Gefühl, das einen stets überkommt, wenn man an einen Ort zurückkehrt, an dem man sich wohl be-

---

* Das heißt Stockträger, Gemeindebeamte, die zum Zeichen ihrer Würde einen Stock tragen. Alte Sitte.

funden hat, ritten wir am frühen Nachmittag in den Mesón de la Soledad ein, wo auch wir freudig als gute Bekannte, als „amigos" begrüßt wurden. Nicht ohne Grund hat dies Haus in der ganzen Mixteca einen guten Ruf.

In Nochistlán waren keine Esel aufzutreiben. Wir verbrachten noch einen ganzen Tag mit Sammeln, Verpacken und Eselsuchen; kamen auch heute vormittag erst so spät fort, daß wir den Zug in El Parian nicht mehr erreichen konnten, und entschlossen uns, in *Cuauhtlilla* zu übernachten.

Das Wirtshaus ist ganz auf den Arriero-Verkehr eingerichtet, der, wie ich schon kürzlich erwähnte, auf dieser Straße sehr bedeutend ist. Von drei Uhr nachmittags an beginnt sich der umfriedigte, zum Aufenthalt der Tiere bestimmte Hof mit Tieren, Packsätteln, Lasten aller Art zu füllen. Es ist vergnüglich und lehrreich, dem Treiben zuzuschauen. Die Tiere werden zuerst entlastet und die Päcke aufgestapelt, dann wird der Trupp zum Wasser geführt. Erst wenn die Tiere von der Tränke zurückkommen, werden ihnen die Packsättel abgenommen, und sie dürfen sich auf dem Boden wälzen, was sie mit größtem Behagen tun. Das ist den Tieren nicht nur angenehm, sondern auch zuträglich. Danach werden sie abgerieben, und wundgedrückte Stellen gewaschen und kuriert. Der Hof hat ringsumlaufend ein Schutzdach; unter dieses werden die Tiere gebracht, die zusammengehörigen durch einen Strick von den fremden getrennt, und sie erhalten Futter für die Nacht: in jetziger Jahreszeit trockenes Maisstroh, *Zacate seco*. Die Maultiere, als die wertvolleren und leistungsfähigeren, werden sorgfältiger behandelt als die Esel, aber diese sind nicht nur anspruchsloser, sondern auch viel liebenswürdiger und gutmütiger als ihre hinterhältigen Bastarde. Pferde kommen bei großen Lastzügen nur wenig zur Verwendung. – Abends brennen dann in allen Ecken des Hofes die Feuerchen, an denen die Treiber ihre bescheidene Mahlzeit bereiten.

Die Ruinen von Cuauhtlilla bestehen nur aus einigen zerbröckelten, mit Gesträuch überwachsenen Mauern.

Als wir am nächsten Tage in die heiße Schlucht von El Parian hinunterstiegen, lag die Mixteca hinter uns. – Unsere treue Begleiterin, die schöne, schwarze Hündin Estación, begrüßte ihre Freunde mit lebhaften Umarmungen und wurde vom Freudengebell ihres Sohnes empfangen. Die Trennung aber war schwer, und erst als sich der Eisenbahnzug in Bewegung setzte, begriff sie, daß die Scheidungsstunde geschlagen hatte.

In dieser Nacht legten wir uns wieder unter dem gastlichen Dach des Steinschen Hauses zur Ruhe.

Kleine Steingötzen aus der Mixteca

IV.

Zum Stillen Ozean

Wir hatten ohne Frage die beste Reisezeit gewählt, um zur Küste hinunterzureiten, aber die schönste war es nicht. In meiner Erinnerung malt sich ein Gewirr von Hügeln in grauen Farben, unterbrochen von wenigen freundlichen und farbigen Noten. Trotz des Staubes und der heißen Sonnenstrahlen ein herbstliches Bild, denn was bei uns die Kälte tut, bringt hier die Trockenheit zuwege: laublose Wälder. Freilich wirft hier und da eine Schlingpflanze ihre leuchtenden Blüten über eine entblätterte Baumkrone, und buntfarbige Vögel beleben das Bild; aber der Gegensatz des Abfalles nach dieser Küste zu dem nach der Golfküste kann gar nicht groß genug gedacht werden. In meiner Erinnerung lebten noch die berauschend schönen Gegenden, die wir vor etlichen Jahren durchritten hatten, als wir von *Ciudad del Mais* aus durch die Huaxteca nach *Tampico* zogen und zurück über die Sierra Madre. Wie groß war meine Enttäuschung, als dieser Weg nichts Ähnliches bot: keine rauschenden Wasserfälle, keine Baumfarne, keine blühende Wildnis, keine dunklen, schattigen Wälder. Nur hier und da in einer etwas tieferen Schlucht ein klares Wasser, das auch der Pflanzenwelt in seiner Nähe Leben gab. Dann wieder eine leider nur zu kurze Strecke mit schönem Eichwald. – Einen unvergeßlichen Eindruck hinterließ mir der erste Blick von der bewaldeten Höhe herab auf den breiten, silberschimmernden Fluß von Tequiziztlán mit seinen steilen Ufern. – Auch die Bevölkerung dieser Gegenden ist nicht angenehm, sondern unfreundlich und mißtrauisch, und die Indianer sind unzugänglich und verschlossen, im auffallenden Gegensatz zu der heiteren und freundlichen Bevölkerung der Ebene von Tehuantepec.

Die Briefpost legt den ganzen langen Weg zwischen Oaxaca und Tehuantepec in zweimal vierundzwanzig Stunden zurück, was natürlich nur durch wiederholtes Wechseln von Mann und Maultieren ermöglicht werden kann. Ein gut berittener Reisender ohne Packtier braucht etwa fünf bis sechs Tage, und wir ritten acht Tage, da wir durch die Zwecke, die wir verfolgten, oft genug aufgehalten wurden. Späterhin hatten wir auch mit der zunehmenden Reisemüdigkeit unserer Pferde zu kämpfen. Denn es ist ein Unterschied, ob der Hacendado sein gutes und gut ausgeruhtes Pferd sattelt, um eine Reise von etlichen Tagen zu unternehmen, oder ob dasselbe Tier monatelang Dienst tun muß, allen Unbilden der wechselnden Temperaturen ausgesetzt und ungleichmäßig genährt. Trotzdem sind gerade die Tiere, zu denen man sehr bald in ein persönliches Verhältnis tritt, eine fortwährende Quelle der Freude, freilich auch oft der Sorge. Wenn sie behaglich ihren Mais knabbern, freudig wiehern, sobald sie das Rauschen des Maisstrohes hören, das unterwegs ihre Hauptnahrung bildet, wenn man sie bei strömendem Regen oder eisigem Höhenwind unter einem Dach oder wenigstens einem schützenden Baum geborgen weiß, so erfüllt einen das mit ebenso großer Zufriedenheit, als wenn man selbst ein sicheres Unterkommen und ausreichende Nahrung findet.

Das erste Stück des Weges war uns von früher her bekannt. Auch vor sieben Jahren hatte uns der erste Tag bis *Tlacolula* geführt, an dem weltberühmten Baum von Santa Catarina *Tule* vorüber. Damals hatten wir von Tlacolula aus in Begleitung des Richters Don Fausto Moguel einen Ritt nach der alten Niederlassung unternommen und in seinem Hause, in dem eine junge Frau schaltete, einige angenehme Stunden verplaudert. Doña Lupe erzählte von einer Reise, die sie kürzlich mit ihrem Mann über Tehuantepec nach Chiapas unternommen hatte, um dessen Familie zu besuchen. Und obgleich sie noch voller Entsetzen über die Beschwerden war, beneidete ich sie doch und wäre gern an ihrer Stelle gewesen. Diesmal nun sollte mein Wunsch von damals in Erfüllung gehen, und auch die Familie Moguel sollten wir im Verlaufe dieser Reise, freilich unter sehr veränderten Verhältnissen, wiedersehen.

Während wir damals bei *San Lucas* die große Straße verlassen hatten, um uns nach *Mitla* zu wenden* und erst nach längerem Aufenthalte daselbst über *San Dionisio* nach *Totolapam* weiterzugehen, langten wir diesmal am Abend des zweiten Reisetages dort an. Ziemlich spät, denn es war ein Ritt von dreizehn *Leguas*, das heißt ungefähr zehn deutschen Meilen.** Der Weg, der von der Höhe in die tiefe Schlucht hinabführt, über deren Öffnung sich in südlicher Richtung eine ganze Welt ferner, blauer, sich übereinanderschiebender Ketten aufbaut, schien, seitdem wir ihn geritten waren, verbreitert und verbessert. Was damals im Dunst der Regenzeit verschwamm, hob sich heute scharf und klar an dem vom Nordwind blank gefegten Himmel ab. Die Hänge, damals im frischen Blattschmuck prangend, waren heute grau und kahl, und der Wind raschelte in dem dürren Laub, das den Boden bedeckte. Da wo ein paar ärmliche Rohrhütten am Flüßchen stehen, erfreuten uns einige mit weißen Blüten überschüttete Laozaa-Bäume, das erste Zeichen eines neuen Floragebiets. Wie sehnsüchtig hatte ich vor sieben Jahren dem damals mächtig dahinfließenden Wasser nachgeblickt; ging doch sein Lauf dem Stillen Ozean zu, führte in jene märchenhaften Gegenden, aus denen die alten Azteken die Schätze geholt hatten, um ihre Tempel und Paläste zu schmücken, und die Genußmittel, die die Tafeln und Gewänder ihrer Fürsten verschönten: Gold und Schmuckfedern, Kakao, Vanille und Baumwolle. Diesmal durfte ich seinem Laufe folgen. Es war der Beginn so mancher Enttäuschung.

Bald hinter Totolapam, da wo der schmale Weg in halber Höhe am linken Flußufer entlangführt, trafen wir die Post: zwei mit gefüllten Briefbeuteln beladene Maultiere und einen berittenen Treiber. Die bei der schnellen Gangart lebhaft klingenden Schellenbehänge der Tiere mahnten schon von weitem, auf Ausweichen Bedacht zu nehmen, damit ja kein Aufenthalt entstehe. Was auf dieser Strecke meine Aufmerksamkeit erregte, war die Menge der langen, beutelförmigen Nester der Webervögel, die wie sonderbare Früchte von den kahlen Baumästen herniederhingen. Als der Weg sich zum Flusse hinabgesenkt hatte, ging es im Bette selbst entlang, was nur in der trockenen Zeit möglich ist, denn wenn die Regen niedergehen, ist schon das überschreiten nicht

* Siehe „Reisebriefe aus Mexiko" und „Die Wandmalereien von Mitla" von Eduard Seler.

** 1 deutsche Meile = 7,42 km (Fußnote der Herausgeberin).

ungefährlich. Hohe, felsige Ufer, mit Bäumen, Gestrüpp und *Organos* (Säulenkaktus) bewachsen, begleiteten uns. Wo eine Biegung des Flusses zwischen Bett und Hang ein Fleckchen freiläßt: kleine Ranchos zwischen Pflanzungen von Zuckerrohr, Bananen und dunkellaubigen Fruchtbäumen. Eine weiße, rankende Asclepiadee und eine schöne blaue Passiflore waren zur Zeit in Blüte. Weiter abwärts bog der Weg rechts vom Fluß ab, im trockenen, sandigen Bett eines Regenbaches in die Höhe.

Hatte bisher der Fluß die Landschaft belebt, so ging es jetzt stundenlang in trostlos ermüdender Einförmigkeit zwischen niedrigen, grauen Hügeln dahin, die jeden freien Ausblick wehrten. Nur die großen, bunten Blüten laubloser Bäume und Schlinggewächse und ab und zu ein Blick von einer Höhe auf ferne, blaue Ketten brachten spärliche Abwechslung. Und wir hatten lange zu reiten, bis wir im trockenen Bachbett eine Stelle fanden, wo zwischen Felsstücken genügend Wasser war, um unsere durstigen Pferde zu tränken. Als eine steile Höhe erklommen war, belohnte uns frische Luft und schönes Grün der Eichen, und wir beschlossen, an der anmutigen Stelle zu nächtigen. Der *Rancho Escondido* führt seinen Namen von einer klaren, nie versiegenden Quelle, die verborgen zwischen Felsen hervordringt. Es fand sich eine leere Hütte, ein Schlafgestell, Bohnen und Tortillas für uns, Mais, Stroh und eine schützende Baumkrone für die Pferde. Am nächsten Morgen erfuhren wir, daß in einer nicht entfernten Höhle Altertümer gefunden wurden; wie gewöhnlich war alles zerbrochen und fortgeworfen, aber es erhellte doch aus dem Bericht, daß dieser hübsche Platz auch schon in alter Zeit besiedelt war.

Am nächsten Tage ging es vorerst im grünen Walde von immergrünen Eichen und Ocotes, den mexikanischen Kiefern, auf der Höhe weiter, dann über laubbeschattete Bäche, die idyllische Rastplätze boten, abwärts bis auf den Boden einer breiten, flach eingeschnittenen Schlucht, wo wir wieder südlichere Pflanzenformen trafen: einen Stachelbaum mit großen weißen Blüten, einen zur Zeit ebenfalls blattlosen Baum mit großen gelben Blüten, den man Huirambo nannte, und einen mit schönen rosafarbenen Blütentrauben. Endlich gelangten wir in das breite Bett eines Wasser führenden Baches und erreichten den Distriktsort *San Carlos*, mit seinem vollen Namen: *San Carlos Borromeo Corral de Piedra*, auch fälschlich San Carlos Yauhtepec genannt, welcher Name eigentlich dem Orte San Bartolo gebührt, der früher Distriktsort war. Der Ort besteht nur aus wenigen Häusern, hat nicht einmal eine fertige Kirche, aber einen neu angelegten, sehr stattlichen öffentlichen Garten, mit dem unumgänglich notwendigen Musiktempelchen, dem *Zócalo*, der dem Mexikaner so wichtig scheint, daß er sogar den größten Platz der Hauptstadt – einen der schönsten Plätze der Welt – kurzweg *El Zócalo* nennt.*

Wieder ging es zuerst durch dieselbe einförmige, trockene Hügellandschaft, die wir nun zur Genüge kannten. Dann steil an wasserzerrissenen Kalksteinfelsen in die Höhe und oben in prachtvollem Eichwald weiter. Es war das schönste und zugleich das einzige wirklich schlechte Wegstück der ganzen Strecke. Von einem Sattel aus fiel wieder der Blick auf kahles Gesträuch und Organos, von schmalen, lichtgrünen Zuckerrohrfeldern unterbrochen, aber die fernen Berge blauten in der wunderbaren Beleuchtung der Steppenländer, die uns bisher nur von Neu Mexiko und Arizona und dem Hochland der Pyrenäischen Halbinsel bekannt war. An der unteren Grenze des Eichwaldes konnten wir in dem blühenden Gesträuch am Rand eines Baches neue Pflanzentypen begrüßen.

Plötzlich, als wir am Fuß einer steilen Lehmwand entlangritten, bot sich ein seltsames Bild. Zwei junge Indianerweiber drückten sich in Angst vor unseren Pferden dicht an die Felswand; wie sie dort standen mit tiefblauen Hüfttüchern, leuchtend roten Hemden, mit goldschimmernden Perlen um Hals und Nacken, große Wachskerzen in den Händen, die sie wohl einem Heiligen darbringen wollten, unbeweglich in der klaren, leuchtenden Luft, schienen sie ein Abglanz aus längst versunkenen Tagen. – Da wir bald am hohen Ufer eines Flüßchens standen, gegenüber dem auf ansehnlicher Fläche sich ausbreitenden Ort *San Bartolo Yauhtepec*, entrollte sich vor unseren Augen ein anderes eigentümliches, ungewohnt buntes Bild; ebenso lebhaft bewegt wie das vorige stumm. In dem von der brennenden Nachmittagssonne beschienenen Wasser standen Frauen und wuschen sich und ihre Kleider. In dem flimmernden Sonnenschein erglänzten die grellen Farben der Hemden und Röcke, die goldigen Perlen auf der samtenen, bräunlichen Haut der entblößten Oberkörper fremdartig bunt und schimmernd.

Hier trat uns zuerst die eigentümlich malerische Frauentracht von Tehuantepec entgegen, die von der Weibertracht des Hochlandes nicht unwesentlich abweicht. Der Rock – wie in ganz Mexiko und Mittelamerika die „manta enrollada", das heißt das

* Plaza de Armas oder Plaza Mayor.

meist bis an die Knöchel reichende, von bunter Binde um die Hüften festgehaltene Hüfttuch – ist hier von leichterem Stoff als im Tal von Oaxaca.* Er war in San Bartolo und auch weiterhin in den Dörfern überall dunkelblau, mit dem im Lande gebauten Indigo gefärbt. Die Schönen von Tehuantepec und Juchitan bevorzugen die rote Farbe. Die mit importiertem türkischen Rot gefärbten Hüfttücher sind teurer, am teuersten aber die mit echtem Purpur gefärbten. Denn an der Küste von Tehuantepec dient heute noch der Saft der Purpurschnecke zum Färben. Ob die Alten diese Sitte schon kannten, oder ob erst die Spanier sie eingeführt haben, ist nicht mit Sicherheit zu entscheiden. In den alten Berichten ist keine Stelle bekannt, die davon erzählt. Da die Schnecke nicht sehr häufig ist, oft bis nach Huatulco hinauf gesucht werden muß und nur wenig Farbe liefert, zahlte ich für einen purpurnen Rock achtzehn Pesos. Sorgfältig wird die Schnecke von der Felswand abgehoben, angeblasen oder angespien. Sie gibt dann einen wasserhellen Saft von sich, durch den man den weißen Faden zieht, der sich beim Trocknen im Licht rotviolett färbt. Die Schnecke wird wieder ins Wasser gesetzt, nachdem sie getan, was man von ihr verlangt. Soviel mir bekannt, wird sonst nirgends in der Welt dieser echte Purpur des Altertums zum Färben verwendet, als an den Küsten des Stillen Ozeans. Thomas Gage, der im Jahre 1624 schrieb, berichtet, daß in ähnlicher Weise die Indianer von Nicoya an der pazifischen Küste von Costa Rica die Schnecken am Meeresufer sammeln und die daselbst gesponnene Pita damit färben, wodurch sie einen besonderen Handelswert erhalte. Diese Industrie hat sich dort bis auf den heutigen Tag erhalten. Von daher hat Professor v. Martens mit dem Safte der Purpurschnecke gefärbtes Baumwollgarn und einige Exemplare der Schnecke selbst erhalten. Es ist die *Purpura patula*, die zu den wenigen Arten gehört, die in ganz ähnlichen Formen an beiden Küsten Mittelamerikas vorkommen. Da auch in alten Gräbern der Küstengegend von Peru purpurgefärbte Gewebe gefunden werden, so nimmt Professor v. Martens an, daß diese Färberei nicht erst von den Spaniern eingeführt sein könne.** Das *Huipilito,**** das Weiberhemd, wird nicht aus selbstgewebtem und gesponnenem Baum-

---

* Siehe „Frauenleben im Reiche der Azteken" von Cäcilie Seler-Sachs. 1919 bei Dietrich Reimer, Berlin.

** Siehe die Mitteilung des Professors v. Martens in den Verhandlungen der Berliner Anthropologischen Gesellschaft 1898, S. 482–486.

*** *Huipil* ist das aztekische Wort für Weiberhemd; *ito* spanische Diminutivendung.

wollzeug hergestellt, wie sonst fast überall im Lande, sondern von eingeführtem, schlechtem, buntem Kattun. Es ist meist rot, in der Stadt aber von allen möglichen Farben, oft auch noch mit Börtchen und Säumchen benäht, ist manchmal auch von Seide. Es reicht nicht wie die Hemden des Hochlandes weit herunter, sondern ist so kurz, daß es den oberen Rand des Hüfttuches gerade erreicht, so daß bei jeder lebhaften Bewegung die braune Haut zum Vorschein kommt. Der Halsausschnitt ist tief, die Arme nackt, daß nur die Brüste bedeckt sind.

Zur Tracht gehört der Goldschmuck, an dessen Stelle auf den Dörfern häufig goldschimmernde Glasperlen treten. Dieser Schmuck besteht aus zwei Ketten: die eine, aus großen facettierten Perlen, umschließt eng die Kehle; die andere hängt weit über die Brust herab und besteht aus kleineren Goldperlen. Sie trägt einen zierlich gearbeiteten, oft mit bunten Glassteinen gezierten Anhänger, der seiner Form wegen „palomita"* genannt wird. Bei großem Reichtum erreichen die Perlen manchmal die Größe der kleinen Murmeln, mit denen unsere Kinder spielen. Die Kette reicht oft mehrmals um den Hals, und außer der Palomita hängt wohl auch noch ein Goldpeso daran. Auch große, lange Ohrgehänge sind beliebt.

Zu alledem gesellt sich in Tehuantepec noch eines der merkwürdigsten Kleidungsstücke, das ist der Kopfschmuck. Ursprünglich war es ein Hemd, wird daher auch *Huipil* genannt. Es ist meist von europäischem, kunstvoll besticktem Tüll gearbeitet und hat am kreisrunden Halsausschnitt und um den unteren Rand eine breite, in falten gelegte, steif gestärkte Spitze, eine gleiche um den unteren Ärmelrand. Dieses Kleidungsstück dient als Sonnenschutz. Für gewöhnlich wird es über den Kopf gehängt, so daß die breite Spitze des unteren Randes das Gesicht schützt und der runde Halsausschnitt auf dem Rücken sitzt. Bei festlichen Gelegenheiten wird der Kopf durch das Loch gesteckt, und zwar wird bei Kirchgängen die gesteifte Spitze so um das Gesicht gelegt, daß dieses wie von einer Aureole umrahmt erscheint. Beim Tanze umgibt die Spitze den Hals. Immer aber hängen die Ärmel als unnütze Anhängsel herunter. So unsinnig diese Benutzung eines Stückes, das seine ursprüngliche Bedeutung eingebüßt hat, auch sein mag, es läßt sich nicht leugnen, daß die Anwendung, die es gefunden, im höchsten Maße malerisch ist.

---

* *Palomita* heißt eigentlich Täubchen, wird aber häufig für Schmetterling – eigentlich *mariposa* – gebraucht.

Die tehuanischen „Damen" ersetzen das kleidsame, schmiegsame Hüfttuch durch einen runden, steifen Rock, der ungefähr den Schnitt eines spanischen Hofkleides aus dem siebzehnten Jahrhundert zeigt. Er ist aus bunter Seide, reich mit Goldstickerei verziert und bis zum Knie abgesteift, ebenso wie die weißen Unterröcke. Das Geräusch, das diese gestärkten Rocksäume auf den steinernen Treppenstufen der Kirche verursachen, wenn die so angetanen Frauen aus der Messe kommen, ist sprichwörtlich geworden. Es sieht aus und hört sich an, als ob die hölzernen Heiligenfiguren ihre Postamente verlassen hätten, obzwar die Frauen von Tehuantepec keineswegs im Geruche der Heiligkeit stehen.

San Bartolo ist berüchtigt wegen der ablehnenden und unfreundlichen Haltung seiner Indianerbevölkerung den Fremden gegenüber. So hatten wir uns denn vom Jefe político in *San Carlos* einen Brief an die Behörden geben lassen, ritten am Gemeindehaus vor und fragten nach dem Presidente, dem Vorsteher. Der war natürlich nicht da, aber es fand sich ein Regidor, der lesen konnte, oder doch so tat, bedächtig den Brief prüfte und nach unseren Wünschen fragte. „Quartier, Futter für die Pferde, Speise für die Menschen" – „Comida para cristianos y bestias". Das würden wir wohl bekommen, aber der Presidente müßte darüber befinden. Es wurde zwar einer der Topiles, ein mit dem Autoritätsstock bewaffneter Gemeindediener, nach ihm geschickt, aber der Herr kam nicht, wollte vermutlich nicht kommen und ließ uns und unsere müden Lasttiere ruhig in der brennenden Sonne warten. Der Platz vor dem Gemeindehaus war zwar sehr hübsch, aber das konnte unsere ungemütliche Lage nicht verbessern. Die geräumige Laube vor dem Hause war von einer Schar reisender indianischer Händler besetzt – wir waren ratlos. Da sah ein Arriero, dessen Bekanntschaft wir unterwegs gemacht, unsere Not und wies uns in das einzige von Ladinos bewohnte Haus, dessen Besitzerin uns wohl aufnehmen werde. Die Wirtin war eine freundliche Frau aus Oaxaca, von der wir mancherlei dienliche Auskunft erhielten; es fand sich ein Raum zum Schlafen, Futter für Mensch und Tier. Leider war es durch diese Verzögerungen zu spät geworden, um noch photographische Aufnahmen machen zu können.

Später erschien der Presidente, wozu er sich wohl des behördlichen Schreibens wegen verpflichtet fühlte. Er kam, wie üblich, in Begleitung einiger Regidores und Topiles; bei allen waren Hemd und Hose mit gestickter roter Borte versehen. Es war aber von keinem irgendeine Nachricht über Ruinen und Altertümer zu erhalten. Obgleich wir ziemlich sichere Angaben hatten, daß dergleichen hier nahebei bestehen müsse, gab es doch auf alle eindringlichen Fragen nur die Antwort: dergleichen hätten sie noch nie gesehen. Das war offenbar gelogen. Entweder war es einfache Unfreundlichkeit und Übelwollen, oder Mißtrauen und Aberglauben spielten uns, wie schon so oft, wieder mal einen Streich. Ich neige dem letzteren Grunde zu und würde im übrigen den Indianern auch den ersteren nicht übelnehmen in Anbetracht der üblen Erfahrungen, die sie jahrhundertelang in ihrem Verkehr mit Europäern gemacht haben. Dem passiven Widerstand eines Indianers gegenüber richtet aber auch eine amtliche Empfehlung nichts aus. Daß die Indios von San Bartolo an alten heiligen Stätten Wachskerzen und Speisen opfern, wird überall mit Bestimmtheit versichert, aber es ist noch niemals Weißen gelungen, zu diesen Orten zu dringen. Selbst einem Lehrer, der durch langjährige Tätigkeit ihr Vertrauen in hohem Grad erworben hatte, wurden doch diese Stätten und die dort geübten Bräuche verheimlicht.

Wieder folgte ein Tag voll ermüdender Eintönigkeit durch graues Hügelland, über leere Bachbetten. Erst am Nachmittag erreichten wir einen tief eingesenkten, Wasser führenden Fluß, den *Río Hondo*. Wir hatten gehofft, in dem Rancho, der an dieser Stelle stehen sollte, während der heißen Stunden rasten zu können, aber der Rancho war abgebrannt, seine Stätte leer. So trieb uns der Hunger von dem schönen Platz mit seinen hohen Schattenbäumen bald wieder fort, auf die trockene Höhe hinauf. Hier trafen wir unseren Freund, den Arriero, der ermüdet am Wege rastete, und als wir fragten, wie weit es noch nach *Las Vacas* sei, die tröstliche Antwort gab: „Muy poquitito falta."* Aber dies poquitito bedeutete wieder einmal eine Stunde. Wir haben später einmal auf einer kurzen Strecke vier verschiedene Leute gefragt, wie weit es noch bis zum Ziele sei, und vier vollkommen unvereinbare Antworten erhalten, die zwischen zwei und acht Stunden schwankten. Die einzig verläßlichen Angaben sind solche wie: zu Ave Maria werdet Ihr dort sein; oder: mit dem letzten Tageslicht werdet Ihr ankommen.

Wir brachen am nächsten Morgen auf, noch ehe es zu dämmern begann. Als es tagte, befanden wir uns in einer Schlucht, die die Bergkette im Norden des Flusses von *Tequiziztlán* durchbricht

* „Es ist nicht mehr weit, es fehlt nur mehr sehr wenig" (Fußnote der Herausgeberin).

und gerade auf das Flußtal zuführt. Zur Seite hatten wir hübschen, von der Feuchtigkeit des Baches genährten Baumwuchs, jenseits hohe Hänge mit trockenem Grase.

Unter den Bäumen fanden sich als Unterholz in Fülle zwei Arten von Jacquinia, einem dunkelgrünen Strauche mit stachelspitzigen Blättern. Die eine Art war uns bekannt. Die andere Art erwies sich als neu. Ihre Zweige und Blätter werden hier und in einem großen Teil von Chiapas zum Fischfang benutzt, indem man sie ins Wasser streut. Die Fische werden davon betäubt und kommen in Scharen an die Oberfläche, wo sie dann ohne Mühe gefangen werden.

Jacquinia Seleriana Urban et Loesener n. sp. Fischgift

Immer mehr verbreiterte sich die Schlucht und führte auf eine bewaldete Terrasse, auf der der Weg breit und sandig, aber eben dahinlief. Bald schimmerte durch die Bäume ein breiter, grüner Streif, und plötzlich standen wir an dem hohen Ufer des Flusses, der glitzernd und rauschend zu unseren Füßen dahinschoß; ein unvergleichlicher Anblick! – Aber steil fiel die Lehmwand zum Fluß ab, und es war keine Möglichkeit, an das Wasser hinunterzugelangen. Unsere durstigen Gäule mußten noch über einen Hügel und ein gutes Stück sandigen Weges durchmessen, ehe die Straße zum Fluß abbog, um ihn zu kreuzen. Jenseits ging es noch eine Weile zwischen sandigen Hügeln weiter, dann war *Tequiziztlán* erreicht. Am Eingang zum Orte waren Reisighütten und Corrales für Arrieros. Aber aller verfügbare Platz war besetzt, teils von Treibern und ihren Tieren, teils von einer wandernden Schauspielertruppe. Im Orte selbst gibt es recht stattliche, aus Adobe und Stein erbaute Häuser, aber kein Gasthaus. Nach vielem vergeblichen Hin- und Herfragen fanden wir endlich Unterkunft in einem stattlichen neuen Hause, das von einem halben Dutzend höchst fideler Frauenzimmer, einer Anzahl nackter Kinder, Hunden und kleinen Papageien bevölkert war. Wir wurden in der Sala untergebracht und erhielten Nahrung für uns und unsere Tiere. Auch an Unterhaltung fehlte es nicht. Beim Umlegen der Pflanzen sahen unsere Wirtinnen zu und wußten manches zu erzählen. Die eine kannte auch die Sprache des Ortes, der das Zentrum einer kleinen Sprachinsel ist, mitten im zapotekischen Sprachgebiet.

Der Ort liegt auf dem hohen rechten Ufer des Flusses. Rings umher die sandigen, mit laublosem Wald bedeckten Hügel, nur nahe dem Flusse bewässerte Gärten und Äcker. Wir machten noch einen Abendspaziergang und badeten in einem der Bewässerungsgräben; ein lang entbehrter Genuß.

Von hier aus kann man Tehuantepec in einem Tag erreichen, aber es ist ein sehr langer, heißer Tagesmarsch, der keinen Ort berührt. Wir zogen es daher vor, mit einem kleinen Umweg über *Jalapa* zu gehen und dort noch ein letztes Nachtquartier zu machen. Leider hatte man uns höchst unvollkommene Nachricht über den einzuschlagenden Weg gegeben. So kamen wir an den Fluß weit oberhalb der Stelle, wo er durchritten werden muß. Wir stießen auf eine Felswand und einen Viehrancho, fanden aber keinen Weg, der weiterführte. Wohl oder übel mußten wir, um die richtige Übergangsstelle zu erreichen, im Flußbett abwärtsreiten: ein hartes Stück Arbeit für die Tiere, über weite Geröllflächen, durch dichtes Buschwerk, bald über einen Flußarm und bald über den anderen. Da sich aber zu beiden Seiten dichter, trockener Wald hinzog, blieb kein anderer Ausweg. Beim Durchreiten des Flusses sahen wir an den Stellen, wo das Wasser ruhig, klar und durchsichtig war, seltsame Fische sich lustig tummeln. Sie waren etwa von der Größe einer Forelle, mit stark vortretenden Augen wie die der Teleskopfische und huschten wie die

Schwimmkäfer dicht unter der Oberfläche hin und her. Endlich erreichten wir die richtige Furt. Bis hierher können in jetziger trockener Jahreszeit die großen, schweren Ochsenkarren gehen, für die es in der ganzen Ebene von Tehuantepec bis nach *Tonalá* und ein Stück landeinwärts bis nach *Tuxtla Gutiérrez* brauchbare, breite, sandige Straßen gibt. Der Weg führte durch belaubten Wald angenehm weiter, bog kurz vor Jalapa vom Fluß ab, um über sandige Hügel das Tal des Hauptflusses zu erreichen.

Jalapa heißt Sandwasser, und an Sand war kein Mangel, nur die Terrassen der beiden Flüsse bestehen aus fruchtbarem Erdreich, sind leicht zu bewässern und geben reiche Ernten. Daher denn dies Gebiet in alter Zeit dicht bevölkert war und von den Mönchen als ein Paradiesesgarten gepriesen wurde. Altertümer aber werden nur in der Regenzeit gefunden, wenn die heftigen Regengüsse das Erdreich am Ufer abspülen. Ähnliche Verhältnisse waren uns schon von früher her vom *Río Pánuco* bekannt. Dort aber waren die Leute „más curiosos" gewesen und hatten nicht alles fortgeworfen und zerbrochen.

Nachdem der Fluß von Tequiziztlán noch einmal überschritten war, ging es im Tale des Flusses von Tehuantepec weiter, der hier in breitem, sandigem Bett zwischen bewaldeten Bergen zur Zeit mit spärlichem Wasser dahinfließt, so daß viele Ochsenkarren auf dem Wege, den das Flußbett selbst bildet, verkehrten. Sie brachten Mais und *Zacate** nach Tehuantepec hinunter. Die im Januar häufigen Nordwinde machten die Luft frisch und rein. Auf den Sandbänken wuchsen Akazien und eine unserer Weide ähnlich sehende Komposite; die kleine blaue Passiflore mit roten eßbaren Fruchtkapseln und die Asclepiadee von Totolapam umrankten die Bäume. Auf den sich deltaartig ins Flußbett vorschiebenden kleinen Terrassen sind Ranchos, kleine, mit Mais und Baumwolle bestandene Felder von hohen Bäumen eingefaßt, die eine prächtige, violettrote Bignonie mit buntem Teppich bedeckt.

Noch einmal steigt der Weg in die Höhe und führt über die bewaldeten Hügel hin. Der Blick schweift über die breite grüne Ebene, die der Fluß in zwei Armen durchströmt, nachdem er die Gebirge, die zu beiden Seiten umbiegen, endgültig verlassen hat. Zur Rechten sieht man gezackte Kämme, unter denen der *Quiengola* wie ein mächtiger Eckturm sich heraushebt; vorn tauchen isolierte Felskuppen aus dem flachen Land auf – einzelne Brok-

* *Zacate* ist das mexikanische Wort für Gras, wird aber auch für das trockene Maisstroh gebraucht, das den Pferden zur Nahrung dient.

ken, Überreste der aufgelösten äußersten Kette der Küstengebirge: der *Cerro del Tigre,* von dem Tehuantepec seinen Namen hat, der Berg von *Huilotepec,* der von *Quazontlan* und weiterhin die ansehnlichere Masse der Berge von *Salina Cruz.*

Bei *La Mixtequilla* treten auch die Berge zur Linken zurück – wir sind in der Ebene. – Zum ersten Male fanden wir hier Kokospalmen, die überall in der Nähe der südlichen Meeresküste angepflanzt sind und deren süßer Fruchtsaft uns immer eine willkommene Morgenerfrischung war.

Da es sehr heiß war, rasteten wir ein paar Stunden in dem stattlichen und sauberen Hause des Don Andrés Reyes, das wenige Tage später den Ausgangspunkt für unseren Ausflug auf den Quie-ngola bilden sollte – an dessen Bewohnern wir angenehme und brauchbare Gehilfen für unsere Unternehmungen fanden.

Die letzte kurze Wegstrecke führte durch Pflanzungen von Zuckerrohr, Baumwolle und Bananen. In den buschigen Hecken, die den Weg einfaßten, war blühendes Rankenwerk, unter anderem die reizende Panuquera (Paullinia fuscenceus Ktth.), die wir in der Ebene des Pánuco zuerst getroffen hatten. Der Weg selbst zeigte die unangenehme Schwellenbildung, die man auf lehmigem Erdreich, das von Reit- und Lasttieren viel begangen wird, so häufig findet und die dadurch entsteht, daß ein Tier immer in die Stapfen des anderen tritt. Dadurch gibt es in der nassen Zeit, wenn der Boden weich ist, Hügel und Täler, die dann, wenn es trocken und die Erde ausgedörrt ist, quer über den Weg verlaufende Schwellen bilden. Mehrfach stand Wasser in den Vertiefungen: der Überfluß dessen, was zur Bewässerung der Pflanzungen gedient hat; und mitten im Weg lag ein toter Esel, an dem die kleinen schwarzen Geier, die *Zopilotes,* ihre Arbeit taten und vor dem unsere Pferde einen scheuen Seitensprung machten. Kurz vor dem Ort führte der Weg noch einmal auf den breiten, sandigen Strand am Flusse, und zwischen Kokoshainen, Rohrhütten und den Schienen der Isthmusbahn erreichten wir endlich die von Sand erfüllten, von erhöhten Bürgersteigen eingefaßten Straßen der Stadt. Im Hotel Europa, beim Gascogner Tocaven, gab es leidliche Unterkunft für Mensch und Tier.

Das also war Tehuantepec! Seit meiner Schulzeit haftete an diesem Namen ein gewisser Glanz, und er hatte meine Phantasie seit langem beschäftigt. Nun, als das Ziel nach heißer, ermüdender Reise erreicht war, ergab der erste Eindruck eine starke Enttäuschung.

Es ist ein sauberer, verschlafener Platz; ich hatte mir eingebildet, eine lebhafte kleine Hafenstadt zu finden. Der eigentliche Kern der Stadt, der um die Hauptkirche *Santo Domingo* herum und dicht am linken Ufer des Flusses liegt, ist wenig umfangreich. Die Vorstädte mit ihrer hübschen und heiteren Indianerbevölkerung sind weit ausgedehnter. Die am weitesten vom Flußufer entfernten Häuser von *Santo Domingo* klettern am Cerro del Tigre hinan, der der Stadt den Namen gab. Ebenfalls zwischen Fluß und Hügel liegt *San Pedro Pixana;* am entgegengesetzten Fuße des Berges und landeinwärts *San Blas.* Am rechten Ufer *Santa María.* Da keine Brücke über den Fluß führt – nur weit unterhalb der Stadt überspannt ihn die Eisenbahn nach Salina Cruz –, so ist die Verbindung mit diesem Ortsteil in der nassen Jahreszeit oft wochenlang unterbrochen. Jetzt freilich befand sich so wenig Wasser im Flußbett, daß er mit Leichtigkeit zu durchwaten und der Verkehr ziemlich lebhaft war. Kostete es uns doch Mühe, außerhalb der Stadt einen Platz zum Baden aufzufinden, der genügend Wasser hatte, um den ausgestreckten Körper notdürftig zu bedecken.

Hügel und Fluß bieten gewiß zur Regenzeit manch hübsches Bild, das Anmutigste aber sind doch die schlanken, kräftigen Frauengestalten mit ihrer malerischen Kopftracht und dem aufrechten, leichten Gang, der überall eine Folge der Gewohnheit ist, leichte Lasten auf dem Kopfe zu tragen. Die großen, bunt bemalten Schalen, in denen Früchte und Mais getragen werden, machen den Anblick der Gestalten noch bunter und heiterer. Diese Schalen – *Jicapetzle* genannt, mexikanisch: *xicalli petztic* – werden in Chiapas gefertigt und kommen nur bei den beiden großen Jahresmärkten zum Verkauf. In Chiapas werden auch ganz schmucke *Jicaras,* Trinkschalen aus der Frucht der Crescentia cujete, gefertigt. Eine solche, sehr zierlich mit Gold- und Silberstreifen und Vögeln bemalte erhielt ich vom Bischof Mora zum Geschenk. Wir hatten an diesen eine Empfehlung von Monsignore Gillow und freuten uns gegenseitig, eine alte Bekanntschaft zu erneuern. Die Briefe, die wir von ihm an einige Dorfvorstände erhielten, erwiesen sich wirksamer als die Regierungsschreiben, da es sich um Indianerdörfer handelte. Gegen alles, was von der Regierung kommt, ist der Indianer mißtrauisch, gegen das, was von der Kirche kommt, ist er freundlich gesinnt. Die Kirche hat ihm nur seine alten Götter genommen, und die hat er längst vergessen. Der Racker von Staat will fortwährend etwas von ihm: Geld, Soldaten und oft sogar Land für andere Leute.

Die Frauen von Tehuantepec genießen aber nicht nur im ganzen Lande – und sicher mit Recht – den Ruf der Schönheit, sondern auch Klugheit, Tatkraft und politischer Sinn wird ihnen nachgerühmt. Ich weiß nicht, mit welchem Recht, aber man behauptet, daß es nie eine Revolution gegeben habe – und es hat deren in dieser Gegend eine ganze Reihe gegeben –, ohne daß die Tehuanerinnen und die Juchitekinnen in erster Linie daran beteiligt gewesen seien. Frauen, die ihre großen Besitztümer selbst und hervorragend gut verwalten, sind hier nicht selten. Als Typus einer solchen Frau wurde uns Doña N. N. genannt, eine energische Parteigängerin von Don Porfirio. Sie war der Tyrann von Tehuantepec: Jeder kannte sie, jeder hatte mit ihr zu tun; wenn wir etwas wissen wollten, hieß es: da müssen Sie Doña N. N. fragen. Sie war eine freundliche, fette alte Dame, der man bei flüchtiger Bekanntschaft weder ihre einstige Schönheit, noch ihre Herrschsucht anmerkte.

Zu unserem Erstaunen trafen wir hier fünf Deutsche. Wo überhaupt Europäer leben, sind sicher Deutsche darunter. Der deutsche Kaufmann erobert die Erde langsam und sicher. Auf unserer Reise haben wir Engländer gar nicht getroffen, Amerikaner nur, wo Eisenbahnen gebaut werden, in Minendistrikten und in den großen Städten. Häufiger Franzosen, aber am häufigsten Deutsche. Man macht den Deutschen oft den ungerechten Vorwurf, daß sie allzu leicht sich fremdem Wesen anbequemten, aber gerade diese Leichtigkeit, sich in der anderen Art hineinzufinden, ihre Sprache schnell zu erlernen, ermöglicht ihre Erfolge. Im Herzen bleiben sie doch deutsch, werden es vielleicht noch mehr. Daß sie hier draußen manches anders ansehen als daheim, wird ihnen niemand verargen. – Unter unseren Landsleuten in Tehuantepec fanden wir auch einen jungen Arzt, der sich schon über Jahr und Tag hier aufhielt. Da er alle Leute in weitem Umkreis von ihren Augen- und Ohrenleiden – wofür er Spezialist war – bereits befreit hatte, so wollte er den Wanderstab ergreifen und weiterziehen. Wir trafen ihn später noch einmal in Quezaltenango, wo er im Begriff war, ein medizinisches Examen in spanischer Sprache abzulegen, was von den Ärzten, die sich im Gebiet von Guatemala niederlassen, verlangt wird.

Dann war da der deutsche Konsul Langner, dessen liebliche Gattin eine Enkelin des böhmischen Naturforschers Sumichrast ist, der sich hier auf dem Isthmus heimisch gemacht und mit einer Mexikanerin verheiratet hatte. Herr Wingartz, der Chef der Firma Larrañaga, lebt seit vielen Jahren hier und war uns nach allen

Richtungen behilflich. In der luftigen Galerie seines Geschäftshauses haben wir manche heiße Stunde verträumt und verplaudert, auf dem geräumigen Hofe mit Hilfe seines Faktotums all unsere Kisten gepackt. Herr Löschmann aber stellte seine während mehrjährigen Aufenthaltes erworbene gründliche Kenntnis von Land und Leuten in freundlichster Weise in unseren Dienst.

Obgleich das Klima uns sehr angenehm schien – es ist trocken und den frischen Winden aus dem oberen Flußtal zugänglich –, klagten doch alle Ausländer darüber. Die andauernde Hitze, weit mehr als ihre Grade, erschlafft den Kälte gewohnten und bedürftigen Körper des Europäers auf die Dauer, so daß er seine Widerstandsfähigkeit verliert. Wiederholte Fieberanfälle, chronische Verdauungsstörungen, Herzschwäche sind Dinge, denen alle mehr oder weniger bei dauerndem Aufenthalt unterworfen sind. Die häufig eintretende Herzschwäche veranlaßt zum Alkoholgenuß, der im heißen Klima noch bösere Folgen hat als im Norden. Man warnte uns auch vor zu häufigem kalten Baden, da es ermatte und erschlaffe. Wir haben an uns selbst die gegenteilige Erfahrung gemacht. So oft Zeit und Umstände es erlaubten, haben wir in Seen, Bächen, Flüssen oder in laufenden Brunnen unser Bad genommen und stets wohltätige Erfrischung verspürt.

Altertümer aus der Gegend von Tehuantepec sind nicht allzu zahlreich in den Sammlungen vertreten, und auch unsere Ernte war an großen und schönen Stücken nicht sehr ergiebig. Figürliches gab es gar nicht, aber viel Scherben, teils aus grobem, mit Sand vermengtem, rot gebranntem, teils aus fein geschlemmtem, schwarzem Ton; ganz gleich dem, der noch heute von Oaxaca bis zur Küste zur Anfertigung von Wasserkrügen und anderen Gefäßen dient. Selten findet man feinere, bemalte Scherben. In großer Menge dagegen trafen wir die sehr charakteristischen Füße dreibeiniger Schalen, sogenannter *Cazuelas*, die meist in Schlangen- oder Vogelköpfe, manchmal auch in Jaguar- oder andere Tierköpfe auslaufen. Wir haben sie zu Dutzenden erhalten und gefunden.*

Eine Besonderheit sind bauchige, dickwandige, krugähnliche Gefäße von über einem Meter Höhe, die in der ganzen Umgegend gefunden werden, mit der Mündung nach oben in die Erde eingegraben. Eine flache Schale dient als Deckel. In *La Mixtequilla* haben wir selbst ein paar aufgegraben; manche enthalten Asche

* Leider sind die mit wenigen, aber guten Stücken gefüllten Kisten, die wir nach Europa schickten, verlorengegangen.

und Kohlenreste, andere Knochen, und in einigen werden menschliche Skelette gefunden. Diese mögen Bestattungszwekken gedient haben; Bestattung in großen Töpfen kommt auch anderwärts vor. In der Hauptsache haben sie wohl die gleichen

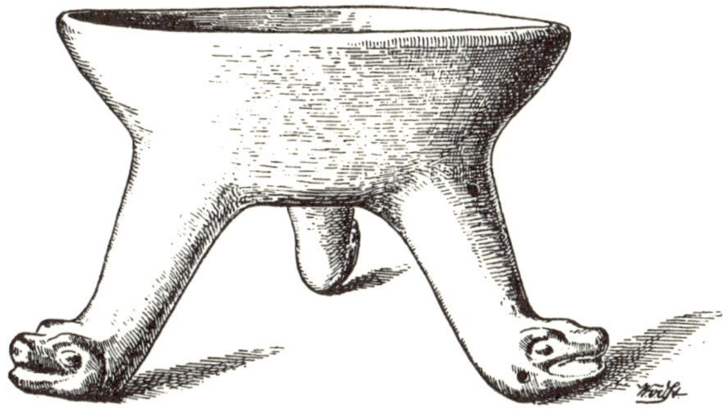

Dreibeinige Schale mit Schlangenköpfen aus Tehuantepec

Dienste geleistet, zu denen auch heute noch in diesem Gebiete ganz gleiche Gefäße verwendet werden: nämlich als Backofen für die „Tortillas Juchitecas" – die Maisfladen auf Juchiteken-Art. Diese werden auf folgende Weise zubereitet: Der neben dem Hause in die Erde gegrabene Topf wird geheizt wie ein richtiger Backofen durch ein Feuer, das man darin anmacht; dann werden die Kohlen herausgenommen und die rohen, flachen Maisfladen um die geheizte Innenwand des Topfes gelegt, dieser mit einer Schüssel zugedeckt und Erde darübergeschüttet. Wie langer Zeit es bedarf, bis der Backprozeß vollendet ist, weiß ich nicht anzugeben. Sein Ergebnis sind die *Totopostles*, ein wohlschmeckender, hart gebackener Maiskuchen, der vor der sonst üblichen, auf dem *Comal* (flacher Tontiegel) gebackenen Tortilla den Vorzug hat, längere Zeit haltbar zu sein, während jene, sobald sie kalt geworden, zäh wie Leder ist. – Wie das Schwitzbad, der Mahlstein, der flache Tontiegel, kurz die meisten Geräte und Einrichtungen des täglichen Lebens, hat sich dieser tönerne Backofen trotz Eroberung und Zerstörung durch die Jahrhunderte hindurch gerettet. An den praktischen Dingen halten die Völker zäher fest als an ihren Göttern.

Es steht nicht im Widerspruch mit diesem Gebrauch der großen Tongefäße, daß sie auch als Totenurnen dienten; war es doch vielfach Brauch, den Toten, wenn nicht unter dem Boden des Hauses selbst, so doch in unmittelbarer Nähe des Gehöftes mit

Hab und Gut zu begraben. Es scheint ein Rest dieser Sitte zu sein, daß in Chiapas und Guatemala die Verstorbenen häufig nicht auf den gemeinsamen Friedhöfen, sondern auf eigenem Grund und Boden beerdigt werden. Oft genug tauchen am Wegrand die weißgetünchten, gemauerten, sarkophagähnlich gestalteten Gräber plötzlich, fast gespenstisch leuchtend aus dem Waldesgrün auf. Auch das Bestatten der Toten in den sogenannten *Hermitas* – kleinen Kapellen – in manchen Gegenden von Guatemala, im oder beim Dorfe, die dann zugleich dem Fremden als Unterkunftshaus dienen, scheint mir auf diese alte Sitte zurückzugehen.

Wir erhielten hauptsächlich Altertümer in dem Stadtteil San Pedro, wo der Lehm zur Anfertigung von Luftziegeln gegraben wird, wobei natürlich manches Stück zum Vorschein kommt. Mitten in der Stadt findet man die vorerwähnten großen Töpfe und die zum Brennen des Geschirrs im Boden ausgehöhlten Öfen. Bei Hausbauten sind früher wiederholt Goldsachen gefunden worden. Sie sind teils eingeschmolzen worden, teils in alle Winde zerstreut.

Da, wo das breite Tal des Flusses von Tehuantepec zur Ebene sich erweitert, ragt die dunkle Masse des sagenumwobenen *Quiengola*, des „großen Steines" am rechten Flußufer empor. Wir hätten sicherlich die Gegend von Tehuantepec nicht verlassen, ohne seinen Ruinen einen Besuch abgestattet zu haben, auch wenn der Präsident, Porfirio Diaz, uns bei dem Empfang, den er uns gewährte, nicht einen dahingehenden Wunsch geäußert hätte. Don Porfirio ist Oaxaqueño mit einer starken Beimischung von indianischem Blute, und so war sein Interesse nicht nur archäologischer, sondern lokal-patriotischer Art. Der Quie-ngola spielt eine bedeutende Rolle in den Erzählungen, die an das Vordringen der Azteken nach den Küstengegenden und den siegreichen Widerstand der Zapoteken und der ihnen stammverwandten und zu Hilfe geeilten Mixteken anknüpfen. Diese Erzählungen darf man wohl in das Gebiet der historischen Sagen verweisen, aber es dürfte nicht mit Sicherheit festzustellen sein, wie weit sich in ihnen Wahrheit und Dichtung mischen. Jedenfalls werden noch heute die Namen des Cocijoeza und seines Sohnes Cocijopij und der schönen mexikanischen Königstochter „Baumwollflocke" genannt. Aber wie uns der Padre Burgoa diese Geschichten erzählt, scheinen sie doch stark hispanisiert. Auch die Kämpfe mit den Huave spielen hinein, und so ist ein schier unentwirrbares Durcheinander entstanden.

Nur das unterliegt keinem Zweifel, daß die Spanier auch hier auf ihrem Eroberungszuge sich unmenschliche Behandlung der Fürsten haben zuschulden kommen lassen.

So ritten wir denn eines Tages gegen Abend nach La Mixtequilla hinaus, von wo am anderen Morgen der Aufstieg unternommen werden sollte. Wir hatten schon einige Tage vorher in der Nähe dieses Ortes ein paar Hügel aufgegraben, die zwar keine reiche, aber ganz interessante Ausbeute geliefert hatten, unter anderem eine mächtige Urne von über zwei Meter Höhe und eine ganze Anzahl der schon vorhin erwähnten schlanken Füße dreibeiniger Schalen. Bei der Gelegenheit wurde mit Don Andrés Reyes alles Nötige verabredet. In der luftigen Veranda seines Hauses verbrachten wir die Nacht; er beschaffte die Leute, die wir zur Arbeit brauchten, und sorgte für die Verpflegung. Die Reyes sind eine wohlhabende und angesehene Familie, die Frau und die Töchter echte Tehuanerinnen, schön und stattlich. Das Haus war groß und sauber und mit weißem Putz versehen. Es gehörte ein Kramladen dazu und ein Weideplatz, der hinter dem Hause lag. Die Rückseite des Hauses wurde von einer geräumigen Veranda gebildet, die bei der Hitze als Schlafraum diente. Sie öffnete sich auf einen großen, sauber gepflasterten Hof, an dessen Seite sich der Küchenraum befand.

Lange vor Sonnenaufgang machten wir uns auf den Weg, und hier sah ich zum ersten Male das Südliche Kreuz erstrahlen, das ich so lange vergeblich gesucht hatte. Ich war zuerst enttäuscht, aber ich gewann es bald von Herzen gern. Es war meine Uhr auf nächtlichen Ritten, es war ein freundlicher Anblick, dieses scharf und deutlich aus einem sternenarmen Himmel herniederleuchtende Sternbild, und ich begriff sehr gut, daß es den Conquistadoren ein Zeichen war. Für unsere unbefangenen Augen ist es freilich kein Kreuz, sondern ein etwas verschobenes Trapez. Für jene Männer aber, die gekommen waren, das Kreuz zu predigen, konnte es sehr wohl die Gestalt eines solchen annehmen, dessen Enden sie gewohnt waren mit Edelsteinen geschmückt zu sehen. Bald gewöhnt sich das Auge daran, die verbindenden Linien zwischen den vier leuchtenden Punkten zu ziehen.

Wir ritten den Weg zurück, den wir vor wenigen Tagen von Jalapa her gekommen waren, etwa eine Legua weit bis zu der Stelle, wo wir den Fluß zum letzten Male durchritten hatten. Jenseits aber ging es sogleich im Walde bergan. Hier wurden die Pferde zurückgeschickt, und wir mußten zu Fuß weiter. In dichtem, trockenem Walde stiegen wir in einer Rinne über Steinplatten leidlich bequem in die Höhe. Halbwegs trafen wir auf eine Mauer, aus den Kalksteinplatten des Berges ohne Bindemittel geschichtet. Quer über die Schlucht laufend, sperrte sie einst den Zugang, so wie andere, längere Mauern an der Schluchtseite eine Umgehung hinderten. Heute ist sie zerstört, und wir mußten mühsam über ihre Trümmer hinwegklettern. Weniger steil ging es immer in der Schlucht weiter, hier und da zwischen Resten von Haus- und Hofmauern hindurch. Schließlich kommen wir auf eine ganz ebene, freilich dicht mit Wald bestandene Fläche, die künstlich durch Steinschichtungen hergestellt ist, und sind nun zur Stelle. Zu unserer Rechten erheben sich die geschwärzten, mit Stuck belegten Wände einer Stufenpyramide mit den Resten einer breiten Freitreppe an ihrer Vorderseite, die wir alsogleich erklimmen, um oben durch einen herrlichen Blick belohnt zu werden: unmittelbar unter uns das Gewirr der Baumkronen, das den ganzen Berg bedeckt und alle seine Schluchten erfüllt. Über ihnen erhebt sich eine zweite Pyramide und andere Mauerreste. Durch einen Einschnitt zwischen den Bergen aber schweift das Auge hinaus auf die Ebene mit ihren Felseninseln, hinter ihr die Lagunen und noch weiter ein hell schimmernder Streif: der Stille Ozean.

Der eingeebnete Platz, an dessen Westseite wir uns befanden, war wohl der Mittelpunkt der ausgedehnten Anlage. Auf seiner anderen Seite erhob sich eine zweite Pyramide, die dritte Seite war von einem Ballspielplatz – einem Tlachco – begrenzt. Außerdem fanden wir noch viele Reste von mancherlei Art, Einfriedigungen, Häusermauern, ein verwickeltes Durcheinander von Räumen, die vermutlich zu einem Palast gehörten. Von ihm führen zehn Stufen zu einem Hofe von elliptischer Form hinunter – die einzige Stelle auf dem ganzen Berge, wo sich eine Anlage zur Wassersammlung, eine Art Zisterne, vorfand. Am entgegengesetzten Ende führen zwanzig Stufen aufwärts auf den äußersten, nach Süden gerichteten Felsvorsprung, der, von einer kleinen Pyramide gekrönt, eine natürliche Warte darstellt. Aber die Fürsten, die hier hausten, sei es in Kriegszeiten, sei es während der heißen Monate des Jahres – denn alle diese Tempel und Paläste wurden gewiß nicht nur im Kriegsfalle benutzt –, werden auch die Schönheit dieses Ortes empfunden haben. Der Blick ist fast der gleiche wie von der Pyramide, aber freier, weiter, unmittelbarer, da man wie auf hohem Altane über der Ebene steht. Statt der wirren, trockenen Baumkronen bildet welkes, goldig schimmerndes Gras den Vordergrund, rotes Schlinggewächs und gelbe Huiramboblüten leuchten aus dem grauen Astgewirr, und hinter der vom Silberband des Flusses durchzogenen Ebene schimmert in der Abendbeleuchtung der Ozean.

Abends am Feuer erzählte Don Andrés den Leuten Geschichten. Ich lag in der Hangmatte und lauschte mit Erstaunen, denn was er vortrug, waren Erzählungen des Neuen Testamentes. Den übrigen aber waren sie fremd, und doch waren alle fromme Katholiken. Sie nahmen lebhaft Partei für und wider die Personen der Erzählung, besonders gegen Petrus, wie er den Herrn verleugnet, und gaben ihm wenig schmeichelhafte Namen. – Gewiegt von den Stößen des einherbrausenden Nordwindes verfiel ich allmählich in einen leichten Schlaf.

Zwei Tage verbrachten wir hier, zeichnend, photographierend, messend, bei schmaler Kost und geplagt von Ameisen und Insekten aller Art. Besonders unangenehm war eine kleine schwarze Fliege, die mit Vorliebe in Augen, Ohren und Nase flog und das Arbeiten manchmal zu einer Qual machte, und eine rote Ameise, die sich durch empfindliches Brennen rächte, wenn man unvorsichtigerweise mit dem nackten Fuß aus der Hangmatte auf den Boden glitt.

Leider sind die Ruinen auf dem Quie-ngola von den vandalischen Händen der Schatzgräber arg zerstört. Noch vor wenigen Jahren ist von einem Deutschen der Versuch gemacht worden, sie mit Dynamit zu sprengen. Ein älterer Mann, der mit uns heraufgekommen war, wußte von verschiedenen merkwürdigen Funden zu berichten, deren Ergebnisse leider verschollen sind. Wir trafen auf ein sonderbares Bildwerk, ein pfeilerartiges Gebilde in Gestalt eines doppelköpfigen Reptils. Der Kopf an dem einen Ende zeigte die Merkmale, die in den alten Bilderhandschriften der Schlange zugehören, der am anderen Ende war als der eines Krokodils gekennzeichnet. Die Schuppung auf der Schlangenseite erklärten unsere Leute für Schriftzeichen, die sie nicht lesen könnten. Eine Auffassung unverständlicher Ornamente, die uns öfter begegnet ist und uns früher oft irregeführt hat. Das Bildwerk war aus einem Kunststein gefertigt und in zwei Stücke auseinandergebrochen. Es hatte ursprünglich aufrecht gestanden, mit dem Schlangenkopf nach unten, war aber von Schatzgräbern umgestürzt. Um es vor gänzlicher Zerstörung zu retten, ließen wir es nach Tehuantepec schaffen und schickten es von dort nach der Hauptstadt, in deren Museum es jetzt aufbewahrt wird.

Auch Scherben fanden wir, feine und grobe, von Schalen und Krügen, und die oft erwähnten Gefäßfüße. Was wir aber vergebens suchten, war Wasser. Es ist ja klar, daß hier keine Stadt, keine dauernde Niederlassung vieler Menschen gewesen sein kann, sondern daß wir einen Tempelbezirk und eine Fürstenresidenz vor uns haben. Aber auch die Priester und Fürsten und ihre Bediensteten können nicht ohne Wasser gelebt haben, Und wie wurde es, wenn im Kriegsfall Besatzung und die Einwohnerschaft bedrängter Städte hier oben hausten? Und wie verhält es sich mit der Überlieferung, daß hier große Teiche bestanden haben, die zur Zeit der Belagerung mit Fischen aus dem Flusse besetzt wurden? Diese Frage hat sich uns oft aufgedrängt; nicht nur auf dem Quie-ngola, auch an vielen anderen Stätten alter Niederlassungen. War hier Wasser in alten Zeiten und ist durch Naturereignisse verschwunden? Im Kalkboden versickert? Haben die Indianer, wenn sie ihre Heimstätten, ihre Heiligtümer verließen, das Wasser abgegraben, damit nicht andere nach ihnen sich hier niederließen?

Als wir am Abend des zweiten Tages nach Tehuantepec zurückritten, sahen wir vor uns im Süden einen weißen Schein am Himmel. Wir nahmen an, daß es das Zodiakallicht wäre, was dort so fahl leuchtete, da wir keine andere Erklärung fanden. Noch einige Male nahmen wir es wahr, während nächtlicher Ritte, aber nicht wieder, nachdem wir den Isthmus verlassen hatten. Spät am Abend trafen wir in Tehuantepec ein. Den Schatz des Cocijoeza hatten wir freilich nicht gefunden, aber manches, das auch seinen Wert hatte.*

Nahe dem Meere, an der großen Lagune und auf einigen ihrer Inseln wohnen die *Huave*, stammfremde Leute, deren Sprache nach Süden hinweist. Der Pater Burgoa erzählt, daß ein Priester, der etliche Jahre in Nicaragua gelebt hatte, alles verstehen konnte, was er einen Huaveknaben in der Kirche von Tehuantepec sprechen hörte. Den Sagen nach scheinen sie als Eroberer ins Land gekommen zu sein, das sie bis nach Jalapa hinauf in Besitz nahmen und bis an die von Mixe-Indianern bewohnten Gebirge hin besetzten. Heute sind sie auf wenige Dörfer – man nennt sechs oder sieben – beschränkt und sollen mehr und mehr zurückgehen. Aus alten Flurkarten aber scheint mit einiger Gewißheit hervorzugehen, daß sie früher in vielen anderen Orten ansässig wa-

* Näheres in dem Aufsatz von Eduard Seler: „Die Ruinen des Quie-ngola"; in der Bastian-Festschrift 1896.

ren. Sie sind wohlhabende Herdenbesitzer; auf den ausgedehnten Flächen dünenartigen Charakters ist gutes Weideland für zahlreiche Rinder- und Schafherden. Die Huaves aber essen kein Fleisch, sondern neben pflanzlicher Nahrung nur Fische, die ihnen die Lagune und das nahe Meer in Fülle liefern. Sie bringen jedoch niemals ihren Fang in die Stadt, sondern warten, bis die Tehuaner mit ihren großen, zweirädrigen Ochsenkarren kommen, Fische zu holen.

Diese gedachten wir in ihrem Dorfe *San Mateo del Mar* aufzusuchen, und Herr Friedrich Löschmann, der seit sieben Jahren in Tehuantepec lebt und auch schon etliche Male bei den Huaves gewesen war, wollte uns begleiten. Am 21. Januar machten wir uns auf den Weg nach Süden. In der Nacht hatte uns ein heftiger Erdstoß geweckt, da aber kein zweiter folgte, schliefen wir wieder ein. Was könnte auch Schlimmes entstehen? Die aus leichtem Material bestehenden Häuser sind ebenerdig, schweren Hausrat gibt es nicht. Nur die hochaufragenden, massiven Kirchenbauten sind gefährdet und zeigen auch oft nicht unbedenkliche Risse. – Durch die weit ausgedehnte Vorstadt San Blas ging unser Weg in die Ebene hinaus. Sie besteht aus feinem, sandigem Erdreich, das der Absatz aus dem ruhigen Wasser von Seenbecken oder Strandlagunen zu sein scheint. Soweit bewässert werden kann, herrscht üppige Fruchtbarkeit: Zuckerrohr und Baumwolle gedeihen herrlich, der Mais gibt dreifache Ernte im Jahr, Bananen, Kokospalmen, Mangobäume tragen reiche Frucht. Die Bewässerung umfaßt aber nur einen ziemlich schmalen Streifen längs des Flusses: jenseits dehnt sich der weite Buschwald. In alten Zeiten wurden vermutlich weitere Flächen mit Mais bestellt, die dann nur auf die sommerlichen Regen angewiesen waren. Aber das Klima von Tehuantepec ist trocken, und die Regen fallen in manchen Jahren spärlich: da werden Hungersnöte nicht ausgeblieben sein. Auch diesmal wurde über unzulängliche Regenmengen geklagt – ein Lied, das man schon oben im Valle de Oaxaca gesungen hatte – und daß der Ertrag der Maisernte erheblich hinter dem anderer Jahre zurückbleibe. Ob sich schon die Folgen der zunehmenden Entwaldung des Hochlandes geltend zu machen beginnen?

Der Weg geht langweilig zwischen abgeernteten Maisfeldern und trockenem Buschwerk hin. Hier und da bedeckt eine üppige Schlingpflanze die graue Kahlheit mitleidig mit bunten Blüten, und eine nie gesehene Fülle buntfarbigen Gevögels zwitschert in der Krone eines Ceibabaumes – *Yaga-zee* nennen ihn die Zapoteken und *Yax-che* die Maya, was beides „grüner Baum" bedeutet. Die Hecken werden schier undurchdringlich, die Blütenfülle nimmt zu, und die Bewässerung scheint reichlich. Nach wenigen Stunden ist *Huilotepec* erreicht, ein freundliches Tierra-caliente-Dörfchen, dessen luftige, mit Palmstroh gedeckte Hütten, zwischen schattenden Bäumen über eine Lichtung verstreut sind, am Fuße eines hohen, bewaldeten Berges, der als eine Insel aus der flachen Ebene aufragt. Jenseits des Buschwaldes der in breitem Bette dahinfließende Strom.

Wir überreichten dem Dorfschulzen unser bischöfliches Empfehlungsschreiben, worauf er uns vorerst höflich in sein Haus führte, das mit einer Vorhalle versehen war, deren Wände und Bedachung aus Reisig bestanden und deren Eingang an der Hausseite lag. Zwei Hangmatten und ein Mahlstein, einige Töpfe und Netze bildeten die Ausstattung dieses Raumes, der in den trockenen Monaten den bevorzugten Aufenthaltsort der Familie darstellt. Wir fanden freundlichstes Entgegenkommen. Das völlig leere, nie benutzte Schulhaus – eine landesübliche luftige Reisighütte, in der wir unsere Hangmatten aufhängen konnten – wurde uns zum Nachtquartier angewiesen. Eine Frau verkaufte uns Pferdefutter und versprach, für Essen zu sorgen. Wir begannen unsere Umfrage nach Altertümern, „cosas de benni-golaza", wie der landesübliche Ausdruck lautet. Die Hauptausbeute bestand wieder in etlichen der oft erwähnten, schlangenköpfigen Gefäßfüße.

Wir hatten in Erfahrung gebracht, daß Huilotepec, wie manche anderen Orte, im Besitz eines sogenannten „Lienzo" sei, das heißt einer auf Baumwollzeug gemalten Flurkarte, wie solche in der allerersten Zeit nach der spanischen Eroberung vielfach angefertigt wurden, um alte Besitztitel festzulegen. Diese Lienzos sind ganz im Stile der vorspanischen Bilderschriften, aber häufig mit erläuterndem Text versehen, was sie für das Studium ungemein wertvoll macht. Solche Dinge sind selten zu erwerben, ja oft schwer zu Gesicht zu bekommen, denn mit all dergleichen treiben die Indianer Geheimniskrämerei, und besonders diese Lienzos zeigen sie ungern, da sich ihre Besitztitel noch heute darauf gründen und sie in den unzähligen Streitigkeiten um Ländereien immer noch als Dokumente dienen.* Nun hegen sie aber – und leider oft mit Recht – gegen jeden Fremden, gegen jeden „Gente de Razón"** – wie sich

* Durch einen Zufall konnten wir eine solche bemalte Leinwand von vier Meter im Quadrat erwerben, die aus dem Dorfe Coaixtlahuaca stammt.

** „Menschen mit Verstand, Vernunft" (Fußnote der Herausgeberin).

die Spanier in höchst unchristlicher Überhebung den Eingeborenen gegenüber bezeichneten – das Mißtrauen, daß er ihnen mit oder ohne Berechtigung Land wegnehmen will, weshalb sie ihm nur widerwillig Einsicht in ihre Urkunden gewähren. Hier nun war uns die geistliche Empfehlung von weit größerem Nutzen, als eine behördliche hätte sein können. Der zusammenberufene Gemeinderat beschloß, uns das Lienzo in feierlicher Sitzung zu zeigen, was noch in später Abendstunde beim glänzenden Scheine zweier Kerzen geschah, von denen die Stearinkerze uns gehörte. Es war eines der vielen Bilder, die man leider nur im Gedächtnis festhalten kann; dort aber bleiben sie unauslöschlich haften: Die ernsten, feierlichen Charakterköpfe der Dorfältesten um den langen Tisch, auf dem die Bilderschrift lag, davor als Mittelpunkt der Dorfschulze und wir drei Europäer. Mit gespannter Aufmerksamkeit folgten sie den Worten meines Mannes und gaben auch ihrerseits Erklärungen. Dazu der ungewisse Schein der beiden ärmlichen Kerzen, der die eindrucksvolle Feierlichkeit des Augenblicks erhöhte. Das Lienzo ist im besten Stile gemalt und sehr gut erhalten. Es zeigt eine Anzahl Ortshieroglyphen mit den in zapotekischer Sprache beigefügten Namen; die letzten Zapotekenkönige mit Hieroglyphe und Namen; die Häuptlinge der betreffenden Ortschaften ebenfalls mit Namen in Wort und Bild. Eine ähnliche Karte soll auch der auf einer Laguneninsel gelegene Ort San Dionisio besitzen.

Am nächsten Morgen machten wir den kleinen Umweg über den Rancho *Quazontlan*, der am Orte der alten Ansiedlung gleichen Namens liegt. Obgleich heute alles umher vom Buschwalde bedeckt ist, geht doch aus alten Berichten und der Unzahl von Topfscherben hervor, daß hier einst ein volkreicher Ort lag, wahrscheinlich von Huaves bewohnt, während Huilotepec von jeher zapotekisch gewesen zu sein scheint. Der Name, der „Haupthaar" bedeutet, ist vermutlich von einer eigentümlichen Felsbildung genommen, die an einem benachbarten Berge hervorragt. Die Ländereien gehören heute zu einem großen Viehrancho.

Die letzte Strecke vor San Mateo führt über Weideland. Der tiefe weiße Sand des Weges deutet die Nähe des Meeres an, dessen Rauschen wir schon während der Nachtstille in Huilotepec vernommen hatten. Es war ein heißes Stück Wegs. Löschmann, der sich mit Mordgedanken trug, schoß ein Kaninchen, das nachher ein leckeres Mahl gab. Dazu konnten wir im Dorfe noch frisch gesalzene Fische, Schildkröteneier, Bananen und Tortillas erhandeln und fanden eine Ladina, die das alles zubereitete: es war ein

Fürstenmahl; kein Essen, zu dem man um acht Uhr abends im Gesellschaftsanzug erscheinen muß, kann besser munden! Diese sandigen Flächen wimmeln von großen, braun und weiß gefärbten Kaninchen, die man rudelweis sich tummeln sieht. Schon die ersten spanischen Berichterstatter zählen unter den mannigfachen Reichtümern der Ebene von Tehuantepec die Fülle der Kaninchen auf, die nahe der Küste ihr Wesen treiben.

Das Dorf *San Mateo* führt ein abgeschlossenes Dasein; die Einwohner schlichten, wenn es irgend angeht, auch ihre Streitigkeiten am liebsten untereinander und kommen gern aus, ohne die staatliche Obrigkeit anzurufen. Sie kommen auch nur nach Tehuantepec, wenn sie etwas von der Kirche wollen, mit der sie – wie alle Indios – auf sehr gutem Fuße stehen, das heißt wenn sie eine Taufe, Hochzeit oder sonst ein Fest feiern wollen, zu dem sie einen Priester als Beistand wünschen. Trotz dieses guten Verhältnisses zu ihren geistlichen Hirten sollen die Einwohner sämtlicher Huave- oder, wie sie auch genannt werden, Mareño-Dörfer noch eifrig Götzendienst treiben. Es wird behauptet, daß auf einer schwer zugänglichen Laguneninsel alte Heiligtümer verehrt würden. Gewisses weiß keiner darüber. Um zu erfahren, wie die Dinge stehen, müßte man jahrelang mit ihnen leben, ihre Sprache sprechen, ihr höchstes Vertrauen erwerben, und selbst dann bliebe es noch zweifelhaft, ob man eingeweiht würde.

Sie waren freundlich, und wir konnten mancherlei erhandeln: Spindeln, mit denen die Baumwolle für die Fischnetze gezwirnt wird – eine Arbeit, die von den Männern während des Gehens auf dem nackten rechten Schenkel ausgeführt wird, weshalb bei den meisten das rechte Hosenbein hochgestreift ist; angefangene Netzstrickereien und Webereien von erstaunlicher Feinheit, die Muster zum Teil in purpurfarbenen Fäden eingewirkt. Diese feinen Weiberhemden waren das einzige der Tracht Eigentümliche. Sonst unterscheidet sie sich in nichts von der anderer Eingeborener. – Von Altertümern gab es gar nichts, und bei der knapp bemessenen Zeit konnte nur ein kleines Wörterverzeichnis aufgenommen werden.

Ein etwa halbstündiger Spaziergang führte uns durch zur Zeit völlig ausgetrocknete salzhaltige Hinterwässer, über tiefen Sand zum Strand, und zum ersten Male rauschten uns die mächtigen, langen Wellen des Stillen Ozeans entgegen. Das Eindrucksvolle solcher Augenblicke liegt in der Idee, nicht in dem Anblick. Was wir vor uns sehen, ist das südliche Meer, gleich herrlich und wundervoll an jedweder Küste; was wir vor uns sehen, ist das großartige Farbenspiel von Luft und Wellen, von Wasser und Sonne erzeugt, sind die langen Brandungswogen, die in ewig ununterbrochener Reihe heranrauschen. Aber sobald der Gedanke in uns lebendig wird: es ist der Große Ozean, an dem wir zum ersten Male stehen, es sind Wellen, die nicht von der Heimat kommen und nicht zur Heimat gehen, sondern Küsten bespülen, die durch unendliche Weite von ihr getrennt sind; es ist das Meer der neuen Zeit, das die griechisch-römische Welt nicht kannte – da rauschen die Wogen geheimnisvoller, da glitzern die Sonnenlichter bunter, da wird das große Schauspiel überwältigend.

Spätabends ritten wir zurück. Bei Mondschein ritt sich's besser über die kahle Fläche, denn während der Nachtkühle schreiten die Pferde munter aus. Das Rauschen des Meeres begleitete uns: ein Zeichen, daß noch der Wind aus Süden wehte. Er trieb dichte Wolken zusammen, und als wir in Huilotepec eintrafen, gab es einen leichten Regenschauer. Auch die nächste Nacht regnete es stark, in jetziger Jahreszeit eine Seltenheit, über die die Besitzer von Baumwollpflanzungen nicht sehr erbaut waren.

Die Sage erzählt, daß auf dem Berge von Tehuantepec* einst viele Jaguare gehaust hätten, die die umherwohnenden Menschen arg bedrängten. In ihrer Not wandten sich diese an die Huave. Die Huave sandten einen Zauberer, und ihm gelang es, die Jaguare zu bannen und in Stein zu verwandeln. Er selbst aber wurde zu einer Schildkröte, und sowohl Schildkröte als Tiger seien noch heutigentags auf dem Berge zu sehen. Diese Sage lebt noch heute im Volk, aber ihr Ursprung scheint ziemlich spät zu sein. Ich möchte sie in die Rubrik der sogenannten Wappensagen verweisen, die, von einem bereits vorhandenen Namen und Wappen ausgehend, deren Entstehung nachträglich zu erklären suchen. Das Wappen aber ist da, nicht künstlich für den Namen Tehuantepec erfunden, sondern von der Natur gebildet. Denn als wir am Morgen von Süden kommend auf die Stadt zuritten, sahen wir deutlich auf dem Berg einen laufenden Jaguar, ganz wie er in den alten Bilderschriften gezeichnet wird, mit über dem Rücken erhobenen Schwanz. Auf dem Abhange der westlichsten, höchsten Erhebung der Hügelgruppe, die den Namen Cerro del Tigre, „Tigerberg", führt, zeichnet sich das weiße, vegetationslose Gestein eines Quarzganges von dem grauen, mit Busch bedeckten Granit des Berges in dieser Form ab. An ausgeprägte Formen

* Tehuantepec heißt Jaguarberg, auf spanisch *Cerro del Tigre*, da der Spanier den Jaguar als Tiger bezeichnet.

im Gestein aber knüpfen ja Volkssagen überall gern an, man denke nur an Hans Heiling, die Lorelei und viele andere. Die Huave aber waren ein stammfremdes Volk, also nach einer ebenfalls häufigen Vorstellung unheimlich, geheimnisvoll; daher der die Jaguare bannende Zauberer von ihnen kommt. Nach der Schildkröte habe ich vergeblich ausgeschaut. Die ersten Mönche sahen an Stelle des Jaguars eine kniende, beichtende Frau.

An einer Seite des großen Platzes, in dessen Mitte der von dürftigen Gartenanlagen umgebene Zócalo prangt, während seine drei übrigen Seiten von niedrigen Häusern mit vorgelagerten Holzlauben eingefaßt sind, in denen sich alle am Orte vorhandenen Läden und Tiendas befinden, zieht sich der überdachte Markt hin. Er bot nicht viel außer Lebensmittel und auch unter denen wenig Bemerkenswertes. Die einzige Besonderheit bildeten die großen Eidechsen, die hier einen beliebten Leckerbissen abgeben. Die Art, wie sie zu Markte gebracht werden, ist eine scheußliche Tierquälerei: Man zieht aus zwei Füßen die Sehnen heraus, bindet sie zusammen und steckt einen Stock hindurch. Obgleich ich Monsieur Tocaven, unseren Wirt, einigemal bat, uns Iguanafleisch vorzusetzen und er sonst sehr aufmerksam war, hatte er doch jeden Mittag eine andere Ausrede; er hatte augenscheinlich eine Abneigung dagegen, und so habe ich leider keine eigene Erfahrung über den Geschmack des Fleisches, der dem des Hühnerfleisches gleichen soll.

Das Interessanteste aber sind die kaufenden und verkaufenden Frauen; kein Mann befindet sich darunter; es ist fast, als ob die Männer sich scheuten, diesen Boden zu betreten, der ihnen vielleicht zu heiß ist. Von Waren, wie sie auf dem reichen Markte von Oaxaca zu finden sind: landesüblichem Schmuck, schmalen, bunten Rockbinden, bunten Schalen, Spielereien, Hausrat und was dergleichen Dinge mehr sind, auf die der begierige Fremde sein Hauptaugenmerk richtet, war nichts vorhanden. Das mußte ich in verschiedenen Häusern zusammenkaufen, und eines von den hübschen Tüll-Huipiles mußte ich mir anfertigen lassen.

Allmählich wurde es Zeit, an den Aufbruch zu denken, was nicht ohne Bangen geschah. Wollte uns doch unser Bursche, der uns bisher ein treuer und sorglicher Begleiter gewesen war, der unsere Bedürfnisse kannte, die Pferde verständnisvoll und wohlwollend behandelte, Luis Ramírez aus Teposcolula wollte uns verlassen. Als er zuerst zu uns kam und erzählte, er hätte Nachricht erhalten, sein Vater sei schwer krank, er müsse nach Hause, glaubten wir, es sei ein Vorwand, um nicht weiterreisen zu müssen. Denn die Mexikaner entfernen sich nur ungern weit von ihrer Heimat; sie denken an den spanischen Spruch: „Quien va lejos de su casa, no la halla como la deja."* Wir überzeugten uns jedoch, daß seine Angaben auf Wahrheit beruhten und mußten daran denken, Ersatz zu schaffen, und das war nicht leicht. Die Tierra-caliente-Leute sind lässig, verstehen nicht mit Pferden umzugehen und eignen sich überhaupt nicht sehr zu Reisedienern. Nach langem Suchen fanden sich endlich zwei jungen: Cornelio und Turibio, die uns begleiten wollten, bis nach Guatemala und wieder zurück. Cornelio war seines Zeichens ein Maurer, ein hübscher, flinker, anstelliger Bursche von achtzehn Jahren, der es bald lernte, mir beim Photographieren und beim Trocknen der Pflanzen an die Hand zu gehen. Er wurde uns von seinem Vater noch ganz besonders als unverdorbener Bursche ans Herz gelegt, und die Verantwortlichkeit, die wir dadurch gewissermaßen auf uns nahmen, hat uns später noch manche schwere Stunde bereitet. – Turibio war ein zwanzigjähriger Bauernsohn; er ließ Frau und Kind bei seinen Eltern daheim, um ein Stück Geld zu verdienen und sich in der Welt umzusehen. Er war ein echter Zapoteke; nicht so leicht zu behandeln wie Cornelio, schnell beleidigt, aber zuverlässig und gutmütig. Ihm fiel die Hauptsorge für die Tiere zu, mit denen er allmählich umzugehen lernte. Mit diesen beiden zogen wir nach Guatemala.

Ein paar Tage vergingen noch mit dem Verpacken von Altertümern und Pflanzen, die mehrere Kisten füllten. Ach, die Pflanzen! Oft genug haben sie mir unterwegs Kummer bereitet. In der Regenzeit haben wir manchmal jedes einzelne Blatt Löschpapier am offenen Feuer getrocknet. Und wenn wir müde in unser Nachtquartier einrückten, mußte erst noch das Herbar in Ordnung gebracht werden, ehe wir die müden Glieder strecken durften. Versäumten wir es ja einmal, so waren gewiß am nächsten Tage soundso viele Exemplare verschimmelt. Am schlimmsten aber war es hier in Tehuantepec, trotz des trockenen Klimas. Wir hatten die mastigen, dicken Tropenpflanzen des heißen Landes in den Bündeln, und das Zeug wollte nicht trocknen; wenn man denkt: jetzt wird es! so gliedert es plötzlich völlig auseinander. Um schneller zum Ziel zu kommen, legten wir dünne Bündel auf das Dach in die glühende Sonne, aber da entstand im Innern eine förmliche Gärung. Zudem konnten wir doch auf Ausflügen nicht

* Wer weit von seinem Hause geht, findet es nicht, wie er es verlassen.

immer das ganze gesammelte Material mitschleppen und mußten die Pflanzen tagelang ihrem Schicksal überlassen. Ein Wunder, daß trotzdem ein großer Teil zwar keine schönen, aber brauchbare Resultate gab. Um so wunderbarer, als eine Kiste mit Isthmuspflanzen das Mißgeschick hatte, erst nach anderthalb Jahren ihren Bestimmungsort zu erreichen, während von den hier gesammelten Altertümern leider der größte Teil verschollen ist.

Wieder einmal waren wir reisefertig und nahmen Abschied. So enttäuscht ich bei der Ankunft war, so ungern schied ich, und obgleich es uns heftig vorwärtsdrängte, immer verfolgte uns der Gedanke, was es hier für Arbeit gäbe, die aber nur bei langem Aufenthalt erledigt werden könnte. Aber dieser Gedanke kam uns hier nicht zum ersten und viel weniger zum letzten Male. Überall ist hier viel zu tun auf ethnologischem und archäologischem Gebiete, so viel auch schon getan ist. Sind doch – trotzdem Mexiko ein vielbereistes Land ist – noch nicht alle seine Sprachen erforscht, seine Pflanzenwelt nicht vollständig bekannt. Aber das ist auch wiederum eine Freude, daß man überall Neues findet, daß es überall Arbeit gibt auf diesen alten Wegen, die zwar viel begangen, aber doch noch recht unbekannt sind.

Hieroglyphen Totolapán, Tehuantepec, Jalapa

V.

Im Südosten des Isthmus

Der Südwind hatte seine Herrschaft an den Nordwind abgetreten, der uns im Verlauf der Reise noch zu schaffen machen sollte. Der offene Eisenbahnwagen, der uns nach *Comitancillo* beförderte, gewährte ihm und dem Staube freien Durchzug. An zwei Abenden in der Woche, wenn der Zug von *Coatzacoalcos* die wenigen Reisenden gebracht hat, belebt sich die Unterhaltung im Hotel, und dann merkt man, daß Tehuantepec durch den Schienenweg mit der Außenwelt verbunden ist. Nach *Salina Cruz* aber verkehren nur Züge zu den ankommenden oder abfahrenden Schiffen. Wir hatten unsere Pferde vorausgeschickt. Herrn Löschmanns Begleitung, der Land und Leute kennt, war uns von großem Nutzen.

Nach einer kleinen Stunde Eisenbahnfahrt saßen wir zu Pferde, um nach dem nahen *Tlacotepec* zu reiten, wo wir im gastlichen Hause des Licenciado Rueda und seiner liebenswürdigen Frau freundlich willkommen geheißen wurden. – Ein wenig bergauf im Walde ist eine Stelle, die den Namen führt „Das Bad der Königin". Ein kurzer, heißer Spaziergang führte uns dorthin. Aber wenn hier in alten Zeiten ein königliches Bad war, so muß es anders ausgesehen haben als jetzt. Vermutlich war durch Stauung und Ausschachtung ein Wasserbecken geschaffen, wo heute ein sumpfiger Tümpel steht.

Auch kann man annehmen, daß hier einstmals heiße Quellen sprudelten, die heute versiegt sind. Von alten Anlagen war keine Spur zu sehen – eine trostlose Stelle.

Als wir zum Hause zurückkamen, fanden wir eine Menge Leute mit kleinen Altertümern unser harrend, einen nach europäischer Art gedeckten Tisch und ein vorzügliches Mittagsmahl. Dankbar verabschiedeten wir uns von dem Ehepaar Rueda, um schon am Nachmittag unseren Weg nach *Lao-yaga* fortzusetzen.

In der Finca des Señor Solana wurden wir gern aufgenommen. Es war eine Junggesellenwirtschaft, die von zwei Chinesen sehr gut besorgt wurde. Im Dorfe, durch das ein Bach floß, standen schöne Kokospalmen, und seitwärts breitete sich eine prächtige Mangopflanzung aus. Hier machte ich zum erstenmal eine Erfahrung, die ich noch oft bestätigt fand. Das Wasser, das mir Cornelio am Morgen brachte, war ganz warm, aber nach seiner Angabe frisch aus dem Bache geschöpft. In der Tat ist die Verdunstung tagsüber so stark, daß das Wasser abends kühl erscheint im Vergleich zur Lufttemperatur.

Am nächsten Morgen ging's weiter nach *Chihuitan*, einem schönen, baumreichen Dorfe, wo wir in einem luftigen Hause einige Stunden rasteten und mit Unterstützung des Gemeindevorstandes etliches aufstöberten. Auch dieses Dorf ist gut bewässert und gleicht daher, wie Lao-yaga, in der trockenen Jahreszeit einer Oase in der Wüste.

Weiter nach dem Rancho *San Pablo*. Sein Besitzer, Señor Jivez, ist französischer Abkunft und mehrere Jahre in Europa gewesen. Er hat sich ein neues Holzhaus gebaut, mit Sorgfalt und Geschmack gefügt.

Er bat uns, bei ihm unser Mittagbrot einzunehmen. Da hier Zucker gebaut wird, kam auch *Melado* auf den Tisch, das ist der frisch ausgepreßte, dicke, braune Sirup aus dem Zuckerrohr, dessen herrliches Aroma bei der Reinigung des Zuckers völlig verlorengeht. Abends hatten wir in *San Geronimo* wieder die Bahn erreicht und fanden gute Unterkunft. Überhaupt ging es uns in diesen Tagen in leiblicher Beziehung sehr gut.

Zwei Stunden von San Geronimo entfernt, im Buschwald, in der Richtung nach Tehuantepec liegt die „*Piedra pintada*", der „bemalte Stein". Erzählt hatte uns der und jener davon, dagewesen war natürlich keiner. Nach manchen Umwegen gelangten wir an seinen Fuß, wo wir die Pferde anbanden, um hinaufzuklettern. Wir standen bald vor einer schräg überhängenden Felswand, die ein natürliches Schutzdach bildete, und diese ziemlich glatte Wand war allerdings über und über mit Bemalungen in roter Farbe und im Stile alter Bilderschriften bedeckt. Mein Mann zeichnete sie, und ich versuchte sie zu photographieren. Noch ist ihre Deutung nicht gelungen, obgleich jede einzelne Figur deutlich gezeichnet und die Erhaltung gut ist. Meiner Ansicht nach stammt die Malerei aus der ersten Zeit nach der Eroberung, denn sie erinnert an den Stil der Humboldt-Handschriften, und es ist fraglich, ob die einzelnen Figuren einen Zusammenhang haben.

Es war schattig und hübsch dort oben; über das Buschwerk hinweg ein freier Blick. Am Nachmittag ritten wir nach *Iztaltepec* hinunter. Wir fanden ein kleines Wirtshaus mit Landesüblicher Kost, konnten einige Altertümer einhandeln und am nächsten Morgen ein erfrischendes Bad im Flusse nehmen, der jetzt in schmaler Rinne in dem breiten, sandigen Bette dahinfließt.

Gegen Mittag wurde abgeritten, und am Nachmittage waren wir in Juchitán.

Juchitán (Xochitlan, Blumenort) ist eine große, blühende Distriktsstadt. Sie war die Hauptstadt der alten indianischen Bevölkerung, während in Tehuantepec die mit Encomiendas bedachten Nachkommen der spanischen Eroberer wohnten. Nachdem in den Unabhängigkeitskriegen und durch die ewigen Revolutionen die Macht der örtlichen Autoritäten vernichtet war, führte der alte Haß der Indios gegen die Spanier in der Mitte des neunzehnten Jahrhunderts zu einer förmlichen Schilderhebung Juchitáns im Verein mit anderen Indianerdörfern gegen Tehuantepec, wobei Tehuantepec erobert und geplündert wurde und ein ganzes Jahr in den Händen der Aufständischen blieb. – In späteren Jahren war die einfache Tatsache, daß die Ladinobevölkerung von Tehuantepec der von General Miramon geführten, sogenannten konservativen (kirchlichen Partei) zuneigte, ausreichende Veranlassung, daß die Juchitecos begeisterte Anhänger der Liberalen und des Präsidenten Juarez wurden, wie sie denn auch den Kern der Truppenmacht des seinerzeit in Tehuantepec kommandierenden Generals, des heutigen Präsidenten Porfirio Diaz, bildeten. Aber selbst die Regierung hatte Mühe genug, Ruhe und geordnete Zustände zu schaffen. Noch vor gar nicht langer Zeit genoß die Einwohnerschaft von Juchitán einen keineswegs glänzenden Ruf. Don Pancho Leon, der hier den schwierigen Posten des Jefe político innehatte, ehe er Gouverneur von Chiapas wurde, hat sich große Verdienste um die Wiederherstellung der Sicherheit erworben. Ihm verdankt die Stadt manche Verbesserung, unter anderem ein auffallend stattliches Regierungsgebäude, das seine Entstehung nur den Bußen und der Arbeit von Sträflingen verdanken soll. Wer wegen Trunkenheit, Prügelei oder ähnlichen kleinen Vergehen eingeliefert wurde, mußte eine Anzahl Steine als Strafe liefern; die zu Gefängnis Verurteilten mußten die Mauerarbeit ausführen. – Das Gesetz verpflichtet jeden mexikanischen Staatsbürger, jedes Jahr eine bestimmte Menge Wegearbeiten auszuführen oder für sein Geld ausführen zu lassen. Mit Hilfe dieser Maßregel hat es Don Pancho verstanden, einen breiten, fast geradlinigen Karrenweg von Tehuantepec über Juchitán nach Niltepec zu bauen und überhaupt die Wege seines Distrikts zu verbessern. Man könnte ihm wohl den Beinamen des Wegebauers geben, denn auch in seinem neuen Wirkungskreis baut er rüstig weiter, in der richtigen Erkenntnis, daß nur die Verbindung mit der Außenwelt dem Innern des Landes zu dem Emporblühen verhelfen kann, zu dem es durch seine herrliche Natur berechtigt ist. – Hier kann der rechte Mann am rechten Ort den größten Einfluß auf die Gestaltung der Verhältnisse gewinnen.

Die Juchitecos widmen sich vielfach dem Arrierohandwerk und sind als Maultiertreiber weit umher bekannt. Auch werden hier die kleinen, ganz niedrigen Lehnstühle gefertigt, die eine besondere Eigentümlichkeit der Gegend bilden, mit Leder oder Tigerfell bespannt. – Noch Brasseur de Bourbourg erwähnt die Verschiedenartigkeit der Bevölkerung von Tehuantepec und Juchitán, den Gegensatz von Ladino- und Mischlingsfamilien zu reinem Indianerblut, der ein Hauptgrund für die Feindseligkeiten war. Heute ist von diesem Unterschiede nichts mehr zu merken; in beiden Orten findet man alle Klassen vertreten: Indios, Ladinos und Mischlinge. Da der Jefe ein Vetter des früher erwähnten Dr. Sologuren in Oaxaca war, einem der eifrigsten und kenntnisreichsten Sammler im Lande, wanderten von hier aus viele Altertümer in seine Sammlung, und wir konnten an Erwerbungen gar nicht denken. Doch überreichte uns der höfliche Herr mit den von uns erbetenen Empfehlungsbriefen zugleich einige hübsche Sachen als Gastgeschenk.

Nachdem wir in dem sauberen Gasthause der Doña Rosalia Gomez genächtigt hatten – geschlafen kaum, denn es war unerträglich heiß, seit der Wind wieder nach Süden umgesprungen war –, brachen wir morgens auf, um unseren Weg nach Ishuatán fortzusetzen. – Ishuatán hat am 2. Februar seine Fiesta, Candelaria, Mariä Lichtmeß. In seiner stattlichen Kirche wird an diesem Tag ein großer Ablaß gewährt, und wie überall, so ist auch hier mit dem Kirchenfest ein mehrtägiger Markt verbunden. Schon in San Mateo hatte man uns gefragt, ob wir nicht die Fiesta in Ishuatán mitmachen würden, da dieser Tag von der ganzen Mareño-Bevölkerung besonders hochgehalten wird, und da wir den 29. Januar schrieben, hatten wir Aussicht, einiges von dem Festestreiben mitanzusehen.

Man darf annehmen, daß die Huave auch vor der Christianisierung um diese Jahreszeit ein großes Fest feierten, da die klugen Missionare Zeit und Ort bedeutender Kultushandlungen beibehielten, auf den Tempeltrümmern eine Kirche bauten und an Stelle des heimischen Gottes einen Kalenderheiligen schoben. Als ich aber in San Mateo fragte, warum man gerade diesen Tag besonders feierlich begehe, erhielt ich die verblüffende Antwort: Die Candelaria sei die Mutter ihres Schutzpatrons, des heiligen Matthäus, gewesen! – Ich kann mir diese sonderbare Auffassung nur so erklären, daß im ganzen spanischen Amerika die Sitte herrscht, die Kinder auf den Namen ihres Geburtstages zu taufen. So kommt es, daß alle am 2. Februar Geborenen Candelaria heißen. Also war es den Leuten zum weiblichen Vornamen geworden, und sie wußten gar nicht, daß es sich um ein Marienfest handelte.

Es sind fünfzehn Leguas von Juchitán bis nach Ishuatán, und unterwegs muß ein Lagunenarm übersetzt werden, was geraume Zeit erfordert, so daß wir die Strecke nicht in einem Tage zurücklegen konnten. Wir ritten ein langes, langweiliges Stück auf der obenerwähnten breiten Fahrstraße, die von Tehuantepec über Juchitán nach Niltepec führt. Zerfahren, sandig, von grauem Buschwald eingefaßt, aber eine Fülle buntester Vögel: Guacamayos, grüne Papageien, ein schlanker weißer Vogel, ganz blaue, ganz rote, ganz grüne; einer mit einem sonderbaren Schopf und schönem langen Schweif, große und kleine, singende und kreischende. – Bei *Union Hidalgo* bogen wir nach Süden ab, um auf kürzerem Wege Chicapa zu erreichen. Es ging durch einen Palmenwald, der zwar nicht zu den schönsten seiner Art gehörte, jedoch immerhin anmutiger war als der bisher verfolgte Weg, sich aber bis vor wenigen Jahren noch eines recht üblen Rufes erfreute. Hinter dem öden Chicapa wird der Wasserarm überschritten, der den erfreulichen Namen „Espanta Perros" – Hundeschrecken – führt, weil er von Krokodilen wimmelt, die jeden Hund, der durch das Wasser will, unweigerlich verspeisen. Wir und die Last wurden in Booten befördert, die Pferde wurden nachgezogen. Übrigens war so wenig Wasser darin, daß wir getrost hätten hindurchreiten können. Von Krokodilen bekamen wir nichts zu sehen. Sie treiben in der Dämmerung ihr Wesen, und kein Fährmann würde – selbst für hohen Lohn – nach vier Uhr nachmittags hinüberfahren. Ochsenkarren wurden über das Boot geschoben, und die Tiere wateten hindurch. Es war sehr lebhaft an der Furt und auf dem ganzen Weg; alles strömte nach Ishuatán. Schon von Iztaltepec ab war uns, wenn wir im Vorüberreiten die Leute nach ihrem Ziele fragten, der Bescheid geworden: „En viaje para la fiesta!"*

Wir machten kurz vor Eintritt der Dunkelheit auf freiem Felde, in unmittelbarer Nähe der Landstraße, halt zur Rast. Wasser hatten wir in *Guajes* (Kürbisflaschen) mitgeführt, auch war nicht allzu weit entfernt hinter einer Baumgruppe ein Viehrancho, wo am Morgen mehr geholt werden konnte. Bald loderte ein Lagerfeuer; wir kochten Schokolade; die Pferde weideten behaglich, und wir legten uns zur Ruhe auf einer Stelle, wo der Boden hart und eben war wie eine Tenne; über unseren Köpfen spannten wir unsere Sonnenschirme auf, zum Schutze gegen den starken Nachttau, und schliefen so gut es eben ging. Als wir aufbrachen, stand noch der Mond am Himmel, dessen Licht in diesen heißen Landstrichen lieber zum Reisen benutzt wird als der Sonnenschein. Waren doch morgens um zehn Uhr nahezu 30° R.

* „Auf dem Weg zum Fest!" (Fußnote der Herausgeberin)

Der Weg wurde immer belebter von Ochsenwagen, Reitern und Fußgängern, je mehr wir uns Ishuatán näherten, das wir gegen Mittag erreichten. Nur mit großer Mühe und mit Hilfe des Gemeindevorstehers eroberten wir so viel Platz, um unser Gepäck unterbringen und unsere Hangmatten aufhängen zu können, unter einem Vordach, dessen Schutz wir noch mit etwa einem Dutzend anderer Menschen teilten.

Meine Feder erlahmt bei dem Versuche, ein Bild dessen zu geben, was sich unseren Augen bot, die vielgestaltige Buntheit der mannigfachen Bilder in einem Gesichtspunkte zu sammeln, alles zerflattert in eine unendliche Fülle von Einzelheiten. Es war ein buntes Treiben: Ochsenkarren waren zu einer Wagenburg zusammengeschoben und dienten den Familien, die darin gekommen, zur Wohnstätte; Frau und Kinder schliefen unter dem von Matten gebildeten Schutzdach, der Mann, in seinen Zarape gewickelt, daneben auf der Erde. Unter jedem Vordach hingen so viel Hangmatten, als irgend Platz finden konnten. Auf vier Pfählen ruhende Palmblattdächer waren neben den Häusern errichtet, um Gäste aufzunehmen. Überall waren Pferde angebunden, weideten die von den Karren losgeschirrten, paarweise zusammengekoppelten Ochsen. Eine Straße von Buden mit Eß- und Trinkwaren zog sich neben der Kirche hin. Eine zweite stieß im rechten Winkel darauf. Hier gab es Waren aller Art, sowohl minderwertige europäische, wie auch einheimische: Sattelzeug und Blechwaren, Handtücher, bunte Kattune, leichte Seidenstoffe, Eisengeräte und was es sonst für einheimische Herzen Begehrenswertes gibt. – Die Buden, von leichten Holzstangen aufgerichtet, ebenso wie die Vordächer der Häuser und die ad hoc aufgeschlagenen Hütten zur Beherbergung von Fremden nahmen sich mit den von frisch grünen Palmblättern gebildeten Dächern und Wänden gar lustig aus. Dazu die wimmelnde heitere Menge, noch nicht ganz betrunken, Kunstreiter, ohrbetäubende Musik an allen Ecken und Enden.

Bis an das Ufer des selbst in dieser Jahreszeit reichlich Wasser führenden Flusses wogte das bunte Treiben. Hier bot sich ein heiteres und bewegtes Bild. Vor dem Festtag wollten alle am Orte versammelten Weiber augenscheinlich ihre Wäsche waschen. Die weißen und bunten Lappen hingen über allen Büschen, und im Wasser selbst trieb sich alt und jung, Männer, Frauen und Kinder umher. Dazu die Menge der Zugtiere, die zur Tränke geführt wurden. Und wo die Furt durch den Fluß führt, ein fortwährendes Herzuströmen von Reitern, Karren und Wanderern. – Das

Bad im Flusse war erquickend nach des Tages Müh und Hitze, denn ein wenig oberhalb fanden sich stillere Stellen, wo das Wasser tief genug zum Schwimmen war und der Ufersand so fein und rein wie Meeressand. – Abends wohnten wir noch einem Tanzvergnügen bei, das in einem aus Stangen und Reisig errichteten Raume stattfand. Zu meinem Erstaunen entpuppte sich der berühmte „Zapatero" – man könnte Schuhplattler übersetzen – als derselbe Tanz, den ich aus der Huaxteka als „Huapango" kannte und den man überall im Lande wieder antrifft. Es scheint ein verdorbener Fandango zu sein, wird steif und ernst, wie eine Arbeit, betrieben und ist daher ziemlich langweilig. Nur in den seltenen Fällen, wenn die Tänzer lebhaft werden, ist er interessant. Dann aber wird er manchmal nach anderer Richtung unerfreulich. Es war mir lieb, einmal die tehuanischen Huipiles als Tanztracht zu sehen. In dem mit bunten Laternen und Lichtern erhellten Raume herrschte eine erstickende Hitze.

Für unsere Zwecke war das Fest nicht sehr günstig, denn kein Mensch hatte Zeit oder Lust, in allen Winkeln nach Altertümern zu suchen. „Nach der Fiesta" war denn auch der schlechte Trost, der uns überall auf unsere Anfrage wurde. Trotzdem erhielten wir einige ganz interessante Stücke. So war denn zwar die Sammlung von Tehuantepec nach Ishuatán nicht gerade bedeutend, aber doch ausreichend, ein Bild der hier vorhandenen Typen zu geben. – Vor einigen Jahren hat die Regierung im ganzen Lande sammeln lassen, um die Ausstellungen von Madrid (1892) und von Chicago (1893) würdig beschicken zu können; ein halbes Jahr vor uns hat ein sammelnder Amerikaner den Isthmus bereist; Pfarrer und Landräte sammeln zu eigener Freude, für ihre Freunde oder zu gelegentlichem Verkauf. Wenn man noch bedenkt, daß vieles von dem Gefundenen fortgeworfen oder den Kindern als Spielzeug gegeben wird, so ist es ein Beweis für die Menge des Vorhandenen, daß man immer noch Sachen bekommen kann. Die Erzählungen von Höhlen, in denen Altertümer gefunden werden, von Bergen mit Ruinen, voller Figuren und Töpfereien sind zahllos. Man könnte aber all diesen Weisungen nur folgen, wenn man Jahre zur Verfügung hätte, und würde wahrscheinlich auch dann viele Enttäuschungen erleben.

Am Nachmittag des 1. Februar brachen wir mit sinkender Sonne auf, rasteten ein paar Stunden in dem kleinen Rancho *Las Anonas* und ritten vor Tau und Tag wieder ab, durch schönen, hohen Wald. Seit langer Zeit hatten wir zum ersten Male wieder den Eindruck voller Tropenschönheit. Woran es liegen mag, daß es hier auf einmal frisch ist – auch die Berghänge leuchteten grün, die bisher ein winterliches Grau gezeigt –, vermag ich mir nicht zu erklären, denn die Wasserläufe waren alle trocken. Vermutlich sammelt sich versickerndes Wasser nicht allzu tief unter der Oberfläche, denn es sind viele Viehranchos in der Gegend, die gegrabene Brunnen haben. – In heißer Sonnenglut langten wir in *Tapana* an, wo wir in einem reinlichen und freundlichen Hause Unterkunft fanden, dessen Wirtin einen französischen Namen trägt. Ihr Vater war Franzose, eine Schwester ist mit einem Schweden, eine andere mit einem Schweizer verheiratet. Es ist hier eine Gegend der Mischfamilien. Der Isthmus scheint seit langer Zeit eine Anziehungskraft für Europäer besessen zu haben. Viele von ihnen mögen mit der Absicht gekommen sein, nur etliche Jahre hier zu bleiben, dann nach der Heimat zurückzukehren. Unter den mancherlei Gründen, die sie festgehalten haben, mag der Reiz der Frauen nicht der kleinste gewesen sein. Fast alle leben mit eingeborenen Frauen, teils in wilder, teils in legitimer Ehe. Das eine wird für ebenso berechtigt und natürlich angesehen wie das andere. Als ich in Ishuatán vor dem Hause saß, gesellte sich eine Frau zu mir: „Sie kommen aus Tehuantepec? Kennen Sie dort Don Fulano de Tal?“ Es war ein Europäer, nach dem sie mich fragte; natürlich kannte ich ihn. „Oh, dann kennen Sie auch meine Schwester, mit der lebt er ja zusammen.“ Das sagte sie als etwas vollkommen Selbstverständliches. – Ähnliche Verhältnisse habe ich späterhin vielfach zu beobachten Gelegenheit gehabt. Am häufigsten in Guatemala, und unsere Landsleute machen keine Ausnahme von dieser Regel. Viele der deutschen Pflanzer lebten mit einheimischen Frauen, hatten Kinder mit ihnen. Dagegen ist wenig einzuwenden, denn sie leben in richtiger Ehe, die sie wahrscheinlich vor manchem Schlimmen bewahrt, und führen ein meist gutes Familienleben. Was mich aber stets peinlich berührt hat, war, daß sie ihre Frauen vor uns verleugneten und versteckten. Wenn sie mit ihnen Kinder haben und ihnen die Behaglichkeit ihres einsamen Lebens verdanken, so dürfen sie sich auch ihrer nicht schämen. Diesen Mangel an Mut habe ich den Herren stets übelgenommen. Mancher erzählte mir, was er für seine Kinder zu tun gedenke, aber nicht einer erwähnte die Mutter dieser Kinder. Bei allen ist der Gedanke an die einstige Rückkehr ins Vaterland lebendig. Dahin aber wollen und können sie die Frauen nicht mitnehmen, wollen auch die Möglichkeit behalten, in Europa eine anerkannte Ehe zu schließen. Als gesunde Verhältnisse vermag ich das nicht anzusehen.

Aus der grauen Ebene von Tehuantepec waren wir heraus; Tapana liegt schon wieder zwischen Bergen, an einem Fluß mit vielen tiefen Stellen, so daß an Wasser kein Mangel ist. Auch der alte Thomas Gage lobt Tapana – oder, wie er es nennt, Tapanatepeque – als einen reichen, heiteren Ort, wo kein Mangel sei an Nahrung und an Wasser, und er dachte noch oft in kommenden mühseligen Tagen an die Fleischtöpfe von Tapana zurück. Auch uns blieb der hier verbrachte erfrischende Ruhetag noch lange der „lichte Regenbogen der Erinnerung auf den trüben Wolken der Gegenwart".

Unzweifelhaft hat eine Mondscheinnacht ihre Reize unter jedem Himmelsstriche. Wenn man aber einige hintereinander zu Pferde verbracht hat, ist man ganz zufrieden, trotz des herrlichsten Mondscheinglanzes, sich auf irgendeinem landesüblichen Lager ausstrecken zu können und den Schlaf des Gerechten zu schlafen. Es war aber so heiß, daß wir das hier allgemein übliche Nachtreisen vorzogen, zumal die Wege eben, breit und meistens offen sind, so daß sie bis nach Tonalá von den schwerfälligen Ochsenkarren befahren werden können. So bestiegen wir denn beim Mondaufgang unsere Pferde, begleitet von einem ortskundigen Mann, der uns den etwas kürzeren Weg über die Hacienda *La Guadalupe* führen sollte, und einem jungen Dorfköter, genannt Bravo, den einer unserer Burschen geschenkt erhalten hatte und der uns getreulich bis nach Guatemala begleitete, wo er sich im städtischen Treiben verlor, wie so manches Landkind. Da die Pferde in der frischeren Nachtluft lustig vorwärts gingen, erreichten wir um zehn Uhr morgens *La Junta* – ziemlich müde, zumal es während der letzten Stunden schon wieder sehr heiß gewesen war. Der Weg hatte streckenweise durch schönen Wald geführt, aber von einem schweigenden Walde, von einer stillen Nacht kann man hier nicht sprechen; unendliche fremde Stimmen sind wach, und selbst die Vögel scheinen die Nachtkühle der Tageshitze vorzuziehen. – Von dem Orte ist nichts zu berichten. Wir verschliefen den Tag, badeten, ordneten unsere Pflanzen und saßen um ein Uhr nachts wieder im Sattel, um zu leidlich früher Morgenstunde, noch ehe es die Sonne zu gut meinte, in *Tonalá* einzureiten.

Tonalá ist Distriktshauptstadt, einziger Hafenplatz des großen Staates Chiapas – das heißt, es liegt ebenso wie alle Plätze dieses Küstenstriches einige Meilen vom Meer entfernt und besitzt überhaupt keinen Hafen, sondern nur eine Reede. Es ist Durchgangsstation für viele Maultierkarawanen, hat eine nette, mit Gartenanlagen versehene Plaza, um die ein paar hübsche, saubere Häuser stehen, aber kein Wirtshaus. In einem geräumigen, aber schmutzigen und schlecht gehaltenen Hause, dessen Besitzverhältnisse nicht ganz klar waren, kamen wir unter. Bald spielte sich ein Schneider als Eigentümer auf, bald Doña Carmen. Zwar bot uns Don Samuel Ordoñez, an den wir empfohlen waren, in seinem hübschen Haus am Platz Wohnung an, aber dann hätten wir uns von den Pferden trennen müssen, und so brav sich Cornelio und Turibio bisher gezeigt hatten, die alleinige Sorge für die Tiere konnten wir ihnen leider nicht überlassen. So blieb keine Wahl: Wir zahlten dem Schneider ziemlich hohe Miete für ein großes Zimmer mit zwei Feldbetten und der Doña Carmen einen ebenfalls ansehnlichen Preis für Verpflegung, die allerdings – die Gerechtigkeit muß ich ihr angedeihen lassen – vorzüglich war. Im Gegensatz zum Hochland, von dem wir kamen, war alles teuer, und man bereitete uns darauf vor, daß wir es nirgends in Chiapas anders finden würden, ja daß es weiterhin an der Küste, nach *Tapachula* zu und darüber hinaus, noch bei weitem teurer sei. Es schien, als ob die hohen Preise von Guatemala ihre Wirkung bis hierher verspüren ließen. Diese aber waren entstanden durch das Emporschnellen der Kaffeepreise, das die Plantagenbesitzer zu vermehrten Ausgaben und ziemlichem Luxus veranlaßte, und die zur gleichen Zeit sich stetig verschlechternden Silberverhältnisse, wodurch der Wert aller eingeführten Waren ganz unnatürlich gesteigert wurde. Der Staat Chiapas aber hat lebhafte Fühlung mit Guatemala; kein Wunder, da er lange genug mit Guatemala politisch verbunden war und erst in den Kämpfen am Anfange dieses Jahrhunderts sich mit Mexiko vereinigte, eingedenk des spanischen Sprichwortes: „Mejor cola de león, que cabeza de ratón."*

In den Gartenanlagen des Platzes lag ein großer skulptierter Stein. Da seine beiden Seiten bearbeitet waren, wurde er von ein paar Soldaten umgedreht, wobei zum Entzücken der versammelten Straßenjugend eine ganze Schar von Kröten aus ihrer beschaulichen Ruhe aufgestört wurde.

Aber unser Sinn stand nach dem alten Orte, und der liegt auf einem, die heutige Stadt im Norden überragenden Bergrücken. Der alte Mann, der uns hinaufführte, glaubte uns einen ganz besonderen Gefallen zu erweisen, indem er behauptete, wir könnten hinaufreiten. So bestiegen wir denn die Tiere und hatten das

* Besser Löwenschwanz als Mausekopf.

Vergnügen, sie fast den ganzen Berg hinan führen zu müssen, da wir uns ziemlich steil durch eng verwachsenes Buschwerk einen Weg suchen mußten. Zuletzt ging es ein langes Stück auf dem Plateau entlang mit einem herrlichen Blick über die Lagune hinweg auf den Ozean; draußen auf der Reede lag der Dampfer, dessen Ankunft von Tehuantepec am vergangenen Tag erwartet worden war. Der ganze Berg ist Weidegrund, von vielen Pferde-, Rinder- und Schafherden belebt. Zwischen dem hohen, jetzt gelben Grase blühte es so reich und bunt, daß es eine Lust war; überall führten die Bergbäche reichlich Wasser und waren üppig von Bambusdickichten, von Baum- und Strauchwerk umgrünt. Ein leichter Wind mäßigte die Hitze und machte den Mangel an Schatten weniger fühlbar.

Die Ruinen sind ausgedehnt und die nicht allzu hohen, aber breiten Stufenpyramiden zum Teil wohlerhalten. Weithin über das Plateau und über die Abhänge zerstreut finden sich Funda-

Der Stein auf der Plaza von Tonalá

mente. Es läßt sich vermuten, daß hier einst eine volkreiche Ansiedlung lag. Die günstigen Wasserverhältnisse, die gegen Angriffe leicht zu verteidigende Lage, der frische Hauch, all das machte den Platz wohl geeignet zu einer Stadtanlage, die sicher weder vom Fieber noch von Insekten so zu leiden hatte wie das heutige Tonalá, das als ziemlich ungesund gilt. Ein weiter Platz am Rande des Plateaus ist von größeren und kleineren Pyramiden und Bastionen umgeben. Ein wenig seitwärts liegt ein einzelner, hoher, gut erhaltener Stufenbau, an seinem Fuß ein mächtiger runder Stein, der an vier Seiten ausgehauene Tierköpfe trägt. Dies war das einzige Stück, das figürlichen Schmuck zeigte, und auch von Scherben war nichts zu sehen. Weiter unten soll es in der Nähe eines Ranchos noch einen gemeißelten Stein geben, doch bekamen wir ihn nicht zu Gesicht, da wir den dorthin führenden Weg verfehlten und nur mühsam durch dichtes Gebüsch den Abstieg fanden. Bemerkenswert war eine breite, gepflasterte Straße, die von der Höhe eines Hügels in das tiefe, Wasser führende Bett eines grünumbuschten Baches hinabführt.

Trotz des unbequemen Rückweges kehrten wir befriedigt heim mit neuen Eindrücken, wohlgefülltem Herbar und etlichen photographischen Aufnahmen. Aber ein bitterer Tropfen fiel in unseren Freudenkelch, als wir die Entdeckung machten, daß Turibio das Stativdreieck zum photographischen Apparat verloren hatte. Was nun? Wir schrieben zwar sofort nach Berlin, aber auf zwei dreiecklose Monate mußten wir uns gefaßt machen. Und so lange keine Aufnahme? Unmöglich. Wir setzten uns also mit einem Schmied und einem Tischler in Verbindung. Der Schmied erwies sich als ein intelligenter Mensch. Aber seine Schrauben paßten nicht, und es machte Schwierigkeiten, an dem hölzernen Dreieck die zur Aufnahme der Stativbeine nötigen Zapfen anzubringen. Schließlich kam ein leidlich brauchbares Ding zustande, aber leider erwies sich seine Stabilität schon nach wenigen Tagen als höchst unzulänglich, und bis Tuxtla-Gutiérrez konnte ich meine Aufnahmen immer nur mit dem Vorbehalt machen: wenn das Stativ nicht rutscht; und es rutschte leider sehr oft! So ist denn die bildliche Ausbeute dieses Reiseabschnittes recht gering ausgefallen!

Eine Idylle ist der Fluß von Tonalá! Sein klares Wasser kommt vom Gebirge herunter und rinnt und rieselt über Felsbrocken und zwischen grünen und blühenden Gesträuchen dahin. Kleine Arme laufen unter schattigem Laubdach einher und bieten den Frauen kühle Waschplätze. Ein Arm läuft durch den Ort; er trennt die eigentliche Stadt von einer Vorstadt, und eine Brücke führt hinüber. Dieser Arm war zur Zeit trocken und eine Sammelstelle jeglichen Unrats. Bis an diese Brücke reichen die städtischen Häuser, jenseits kommen leichtere, hüttenartige Wohnungen und große Schutzdächer für die Arrieros, daneben weite, eingezäunte Höfe für die Lasttiere. Jeden Abend vor Sonnenuntergang lenkten wir unsere Schritte hierher. Wo die Häuser zu Ende waren, ging es noch ein Stückchen durch Busch und Sand, dann waren wir bei den Wäscherinnen. Seife ist ein seltener und teurer Artikel, sie benutzen daher in altgewohnter Art eine Frucht, die die Seife ersetzt. Noch ein Stück weiter und wir waren am Flußufer und konnten unsere von Insektenstichen, vom roten Hund, von Zeckenbeulen gequälten Glieder in die erfrischende Flut tauchen. Nirgends und niemals haben wir in gleichem Maße gelitten unter dem unerträglichen jucken und Brennen, das die Hitze erzeugt, vermehrt durch die Stiche unzähliger Tierchen. An ruhigen Schlaf war nicht zu denken. Manchmal hatte ich die Empfindung, als wäre am ganzen Körper kein heiler Fleck. Die Zecken oder Holzböcke, *Garrapatas*, haben sich vermutlich durch das mit den Spaniern ins Land gekommene Rindvieh stark vermehrt. Sie scheinen sich jedenfalls in dem warmen Klima weit wohler zu fühlen als in Europa, wenigstens ist mir dort keine Gegend bekannt, wo sie so gedeihen.

Auf vielfaches Fragen erfahren wir, daß der Stein auf der Plaza aus dem Walde bei *El Paredón* stamme, einem ärmlichen Fischerdorf an der Lagune. Es sollten noch mehr der Art dort liegen, auch klang der Name – El Paredón heißt „die große Mauer" – recht verheißungsvoll. Im leichten amerikanischen Buggy fuhr uns ein alter Chicagomann, der seit Jahren in der Gegend lebt, ein Gasthaus am Hafen hat und außerdem Kutscher, Arzt, kurz alles, was gerade verlangt wird, vor allen Dingen aber Geschäftsmann ist, nach El Paredón ein paar Leguas durch den Busch. Natürlich war nichts dort von dem, was wir zu finden gehofft hatten. Spuren einer alten Ansiedlung waren wohl auf einer erhöhten Stelle im Walde, die in der Regenzeit wie eine Insel aus den Fluten ragt, aber keine Spur von Bildwerken, nur einige große, behauene, aber schmucklose Steine. Manche Kleinigkeiten werden gefunden – aber immer wieder derselbe trostlose Bescheid: „Das heben wir nicht auf; das haben die Kinder zerbrochen." Hübsch war es an der Lagune;

wenn man die Reisighütten nicht sah, so konnte man sich an das Ufer eines norddeutschen Landsees versetzt glauben. Als wir aus dem Walde herauskamen, bemerkte ich mit Schrecken, daß mein weißes Kleid mit rötlichen und schwarzen, winzig kleinen Punkten ganz besät war. Das waren Zecken von der kleinsten Art, *Pinolillos,* die ich vermutlich beim Vorübergehen von einer Pflanze abgestreift hatte. Die Pinolillos sind die schlimmsten, denn ihrer Kleinheit wegen kann man sie nicht entfernen, und der Gedanke, diese Scharen demnächst in meiner Haut zu beherbergen, war ganz dazu angetan, mich mit Schauder zu erfüllen. Ich zog das Kleid aus und hing es in die Sonne, die sie nicht vertragen können. Aber da zeigten auch die Unterkleider das unheimliche Punktmuster. So fiel eine Hülle nach der anderen, und mir blieb keine Rettung, als im Wasser Schutz zu suchen. Das war ein köstliches Bad in den weichen, warmen Fluten, und als ich ihnen nach einer halben Stunde entstieg, hatte die liebe Sonne ihre Schuldigkeit getan: das Teufelszeug war matt und ließ sich abschütteln.

Jetzt hieß es von Tonalá Abschied nehmen, dem wir eine Reihe freundlicher, landschaftlicher Eindrücke verdankten. Da uns Zeit und Geld gebrachen, umfangreiche Arbeiten bei den Ruinen auf der luftigen Höhe vorzunehmen, so steht die archäologische Ausbeute weit hinter der ästhetischen zurück.

Wir hatten hin und her überlegt, welchen Weg wir von hier aus einschlagen sollten, um nach Guatemala zu gelangen: übers Gebirge, quer durch Chiapas oder an der Küste entlang über Tapachula. Dieser war der kürzere, und da wir schon viel mehr Zeit auf der Reise zugebracht hatten, als im ursprünglichen Plane lag, entschlossen wir uns, ihn einzuschlagen. Aber nachdem wir einen kurzen Vorstoß in dieser Richtung gemacht hatten, kehrten wir um und führten doch den zweiten Plan aus, was wir nicht bereut haben.

Eine Tagereise war es bis zur reichen und schönen Hacienda von *San Pedro;* guter Weg durch parkartige Landschaft, zur Rechten offen, zur Linken von buschbewachsenen Höhenzügen begleitet. Überall Spuren alter Besiedlung im Busche versteckt, Wegsperren, Befestigungen, niedere künstliche Hügel. Unterwegs schlossen sich uns einige Reiter an, im Hochlande von Chiapas ansässige, einheimische Hacendados, die ihre Ranchos hier an der Küste besichtigen wollten. Die Unterhaltung mit ihnen machte uns in unserem Beschlusse wankend. Der ältere meinte, soviel ihm bekannt, wäre für unsere Zwecke auf dem eingeschlagenen Wege nicht viel zu erwarten, dagegen verspräche der andere um so mehr, und ganz gleiche Auskunft erhielten wir in San Pedro selbst. – Es war eine stattliche Zuckerhacienda, in der Nähe des Hauses Arbeiterhütten und regelmäßig angepflanzte Kokosalleen. Aber das behagliche Nachtquartier, auf das wir hier zu hoffen berechtigt waren, wurde uns nicht, denn kurz vor uns waren von der anderen Seite her Soldaten eingetroffen, die den ganzen weiten Hofraum in ein Lager umgewandelt und deren Offiziere jeden verfügbaren Raum im Hause belegt hatten. Es waren die Truppen, die von der guatemaltekischen Grenze zurückkehrten, wo man während der letzten Monate ziemlich bedeutende Massen zusammengezogen hatte, da Grenzstreitigkeiten – durch das Vordringen mexikanischer Holzfäller am Usumacinta hervorgerufen – eine Kriegsmöglichkeit hatten auftauchen lassen. Guatemala hatte schließlich die Ansprüche Mexikos auf die herrlichen Wälder anerkannt, da es sich in das Abenteuer eines Krieges mit dem mächtigen Nachbarn verständigerweise nicht stürzen wollte.

Man wies uns in ein Nebengebäude, wo wir in einem Winkel unterm Vordach ein Plätzchen für unsere Hangmatten fanden. Es war kein erquicklicher Aufenthalt, und an Schlafen war nicht zu denken. Ununterbrochen tönte der Ruf der Wachen, mit denen das Lager so dicht umstellt war, als gälte es, einen Gefangenentransport zu bewachen. Außerhalb dieses umzingelten Bezirks lagerte der Troß der Weiber und Kinder im wüsten Durcheinander mitgeführten Hausrats von allerlei Art: ein Lagerbild vergangener Zeiten. Nicht viel anders mag es in einem Kriegslager im Mittelalter ausgesehen haben. Wären aber auch die Wachen nicht gewesen, so hätte uns doch die entsetzliche Plage dieser Küsten, die *Jejenes*, nicht schlafen lassen. Das sind kleine, schwarze Insekten, so klein, daß man das einzelne Tierchen kaum bemerken würde, aber sie kommen in schwarzen Wolken heran und erfüllen die ganze Luft; selbst ein Moskitonetz schützt nicht vor ihnen, da die Maschen des dünnen Gewebes sie hindurchlassen.

Diese widrigen Umstände erleichterten uns die Umkehr nach Tonalá. Gewiß ist auch in der Küstengegend gar mancherlei für den Altertumsforscher zu finden, aber in den dichten Wäldern jedenfalls nur bei langdauernder Arbeit, nicht auf flüchtiger Reise. Für uns war der Rat ein Schicksalswink, ohne ihn wären wir nie nach *Chaculá* gekommen, und Chaculá wurde der Höhepunkt unserer archäologischen Reiseergebnisse.

Hieroglyphenstein von Ococingo

VI.

Quer durch Chiapas

Länder, auf deren Boden sich Nationen begegnen, Kulturen vermischen, Gegensätze aufeinanderstoßen, haben stets und überall einen großen Reiz, weil sie Rätsel aufgeben, aber oft auch Rätsel lösen. Ein solches Land war Chiapas von alters her. Hier saß das kriegerische Volk der *Chiapaneken*, den übrigen Nationen rings umher stammfremd. Das ganze Gebirgsland war ihm eine natürliche Festung; selbst der überall machtvoll vordringenden mexikanischen Herrschaft gegenüber bewahrte es seine Unabhängigkeit, und es kostete die Spanier gar harte Kämpfe, ehe sie Sieger blieben. – Zu der Chiapanekenbevölkerung aber gesellten sich von allen Seiten her andere Stämme mit anderen Kulturen: Maya, Mixe, Zoque, Mexikaner, so daß eine große Mannigfaltigkeit an Sprachen und Kulturen in diesem Gebiete vereinigt ist. Noch vor fünfzig Jahren konnte Mühlenpfordt schreiben: „Von diesem Staate ist bis jetzt wenig Genaues bekannt.“ Das läßt sich freilich heute nicht mehr sagen, denn auch hier zieht der zunehmende Verkehr immer weitere Kreise, wenn auch langsam genug. Von der pazifischen Küste führt sogar ein fahrbarer Weg bis zur Hauptstadt des Staates. Aber die übrigen chiapanekischen Wege sind sprichwörtlich geworden wegen ihrer Beschwerlichkeit, und von allen Seiten muß man den Zugang durch die Ersteigung rauher Gebirge erkämpfen. Es kommt noch hinzu, daß die Bevölkerung überwiegend indianisch ist, daß sich in dem gebirgigen Lande mancherlei Sagen und Erzählungen an Höhlen knüpfen, daß weite Gebiete von dichten Urwäldern bedeckt sind, um den geheimnisvollen Reiz des Landes zu erhöhen; um es auch dem Forscher wünschenswert erscheinen zu lassen, hier näher einzudringen. – Zur Zeit der spanischen Herrschaft war Chiapas mit Guatemala vereinigt. Und noch heutigentages sind die Verbindungen von Chiapas mit Guatemala sehr lebhaft, und mancher kleine Zug im modernen Leben weist auf die frühere Vereinigung hin.

Obgleich sich uns auf der großen Straße nicht viel von den Geheimnissen des Landes enthüllte, bot die Reise gar viel des Interessanten.

Wir hatten die Wahl zwischen zwei Wegen, um von Tonalá aus ins Innere von Chiapas zu gelangen: dem alten, bis vor wenigen Jahren einzigen, schlechten über *Calera*, und der neuen Straße über *Cintalapa*. Der alte Weg ist der kürzere, aber von jeher wegen einer sehr schlechten, bei dem hier häufigen, starken Winde geradezu gefährlichen Stelle berüchtigt. Alle, die dieses Weges gezogen sind, brechen in die gleichen Klagen aus, die alten Berichterstatter ebensowohl wie die heutigen Maultiertreiber. Ja, es ist nichts Ungewöhnliches, daß die Maultierzüge am Fuße des Gebirges tagelang warten, da sie den Aufstieg zur *Sierra de Macuilapa* bei heftigem Winde mit den beladenen Tieren nicht wagen. Schaudernd erzählt der Mönch Thomas Gage in seinem Reiseberichte, wie er mit seinen Begleitern drei Tage hungernd am Fuße des Aufstieges harrte, daß der Wind sich legen sollte. Da sie vergeblich warteten, wagten sie endlich hinaufzugehen, krochen aber über die böse Stelle auf allen vieren hinüber, aus Angst, vom Schwindel erfaßt oder vom heftigen Winde hinabgeweht zu werden. Ihre Maultiere aber ließen sie von ihren indianischen Führern am Zügel hinüberführen, denen sie somit ein leuchtendes Beispiel von Mut und Gottvertrauen gaben! Schon dieser alte Reisebericht gibt der Verwunderung Ausdruck, daß man das Gebirge nicht auf einem geringen Umweg überschreite, anstatt Mensch und Tier solchen Gefahren auszusetzen. Aber erst vor wenigen Jahren hat sich diese Erkenntnis soweit Bahn gebrochen, daß man statt des alten Indianerwegs eine neue fahrbare Straße angelegt hat, die den bösen Übergang in weitem, nach Westen gerichteten Bogen umgeht und den Rand des Gebirges an einer verhältnismäßig niedrigen Stelle, der *Cuesta de San Fernando*, überschreitet.

Sie hat außerdem noch den Vorzug, das weite, fruchtbare *Valle de Cintalapa* und die großen Hacienden dieses Gebietes mit der Außenwelt zu verbinden, ihnen die Einführung von Verbesserungen und die Ausführung ihrer Erzeugnisse zu erleichtern. Natürlich fehlte es auch nicht an Klagen über die Verkehrserleichterung. Die letzten Jahre hatte der großen Trockenheit wegen schlechte Maisernten gebracht, und man jammerte, daß nunmehr fremdes, amerikanisches Korn billiger ins Land käme als das einheimische. Man sieht, daß es überall in der Welt die gleichen agrarischen Klagen gibt. Bessere Verkehrsbedingungen werden im Anfange stets und überall Klagen derjenigen hervorrufen, die dadurch geschädigt werden, ob nun der Saumpfad durch eine Landstraße oder diese durch eine Eisenbahn ersetzt wird.

Wir wählten den neuen Weg, denn es hatte sich ein heftiger, sturmartiger Nordwind erhoben, und schwere, dunkle Nebel hingen über dem Gebirge. Vor einigen Jahren hatte eine Gesellschaft einen Eisenbahnbau unternommen, der ins Innere zu führen bestimmt war. Er ist jedoch nur wenige Leguas weit gediehen. Ob das Geld ausging, ob die entgegenstehenden Schwierigkeiten sich als zu groß erwiesen, ist mir nicht bekannt. Bei der Hacienda *Aurora* endigen die Schienen, die schon jetzt zum Teil vom Sande bedeckt sind, und eine halb versunkene Lokomotive zeugte von verschwundener Pracht.* Der großen Hitze wegen machten wir am ersten Tag in dem Dorfe *Jalisco* halt, wo wir während des Bades im *Arroyo* von einem in dieser Jahreszeit ungewöhnlichen Gewitter überrascht wurden. Am zweiten Tage mußten wir des heftigen Windes wegen in der Hacienda *Las Marías*, am Fuße des Aufstieges, übernachten. Das Haus sah ganz stattlich aus, aber in dem großen Raum, in dem wir mit etlichen anderen Personen gemeinsam schliefen, war das Dach halb abgedeckt und der Wind hatte freien Zutritt. Draußen lagerten verschiedene Lasttierkarawanen, aber als wir am nächsten Morgen aufbrachen, meinten die Führer, sie könnten bei dem Winde mit ihren beladenen Tieren nicht hinüber. Der Ritt war trotz des ziemlich guten Weges beschwerlich genug, da er dem stürmischen Nordwind stracks entgegenging. Als wir höher hinaufkamen, blieb nichts übrig als abzusteigen, wie es auch die uns entgegenkommenden Reiter, die doch der Wind im Rücken faßte, getan hatten. Die Pferde hatten für sich selbst Arbeit genug, wir aber konnten uns

* Die Bahn ist seither weitergebaut worden, aber an der Küste entlang bis nach Guatemala.

nicht auf dem Sattel halten. Auch zu Fuß kostete es mich Mühe, vorwärts zu kommen, stellenweise mußte ich mich Schritt für Schritt am Felsen entlang ziehen, und um eine Felsecke konnte ich nur mit Hilfe des Burschen gelangen.

In der großen Hacienda von *San Miguel*, jenseits des Paßüberganges, machten wir schon früh halt. Auf dem mit einigen breitkronigen Bäumen bestandenen Platz vor dem Hause lagerte ein Trupp Soldaten, der von der Grenze her auf dem Rückmarsch war und einen malerischen Anblick gewährte. Die Leute machten einen besseren Eindruck als die, die wir an der Küste getroffen hatten. Sie hatten auch nicht den aufreibenden Marsch von Tapachula her hinter sich und waren nicht so erschöpft von Hitze, Insektenstichen und schlechtem Klima. Trotzdem trafen wir am nächsten Tage etliche marode Nachzügler, unter anderem einen Fieberkranken, der sich nur von einem daneben gehenden Manne gestützt auf dem Pferde halten konnte. – Trotz der vielen Gäste war das Haus groß genug, auch uns noch unter seinem gastlichen Dach zu beherbergen. Die töchterreiche Familie rückte zusammen, man räumte uns das Zimmer von zwei Schwestern ein. Es waren sieben oder acht erwachsene Geschwister anwesend, alle lebhaft und gesprächig. Der Verkehr zwischen den jungen Mädchen und Offizieren war etwa der gleiche, wie er sich bei uns zu entwickeln pflegt, wenn es auf dem Land Einquartierung gibt.

Der nächste Tag sollte uns eine sonderbare Begegnung bringen. Auf dem ganzen Weg sind keine Dörfer, die meist stattlichen Haciendas sind daher darauf eingerichtet, Reisende zu beherbergen; man reitet ungescheut heran und fragt am nächsten Morgen, was man schuldig sei;* manchmal steht sogar angeschrieben, daß Herberge und Essen zu haben sei. So gelangten wir, jenseits *Macuilapa*, wo der alte Weg über Calera einmündet, zur Hacienda *La Razón*, die uns schon vorher als eine der größten und schönsten gepriesen worden war. Wir wußten, daß sie einer Familie Esponda, einer Witwe mit mehreren Kindern, zugehöre. Man wies uns einen hübschen Raum an, in dem wir bald den Besuch einer Tochter des Hauses erhielten, die solche Gelegenheit zum Plaudern mit so absonderlichen Vögeln nicht ungenutzt wollte vorübergehen lassen. Es war eine junge Dame, die schon in der Stadt Mexiko gewesen war, den Gebrauch des Puders sehr wohl kannte und einen ganz großstädtischen Eindruck machte. Während wir un-

* In der Gegend von *Comitán*, wo die Verhältnisse ähnlich liegen, haben viele der großen Hacienden sogar besondere Unterkunftshäuser eingerichtet.

sere Pflanzen ordneten und plauderten, öffnete sich noch einmal die Tür. Eine zierliche Frau kam mit ausgebreiteten Armen auf mich zu, küßte mich auf beide Wangen und rief aufgeregt: „So sind Sie es doch, Doña Cecilia, kennen Sie mich nicht mehr?" Ich habe zum Glück ein gutes Personengedächtnis und wußte sofort, daß ich Doña Lupe Rosas, die Gattin von Don Fausto Moguel vor mir hatte, den wir vor fast acht Jahren als Richter in Tlacolula getroffen hatten. Damals hatte mir die jungverheiratete Frau von den Unbequemlichkeiten und Gefahren einer Reise nach Chiapas erzählt, wohin ihr Mann sie zum Besuche seiner Familie geführt hatte, und hier waren wir nun bei dieser Familie: La Razón gehört einem ihrer weitverbreiteten Zweige an. Es ist keine Seltenheit, daß man in einem Dorf, in einem Landstrich allen Besitz in den Händen einer einzigen, weitverzweigten Familie findet. So waren die Moguels und ihre Sippe hier in weitem Umkreis angesessen. Seit einigen Monaten schon weilte Don Fausto mit seiner Familie in der Razón, nach seinem Rückzuge vom Gouverneurposten in *Tuxtla Gutiérrez*, den er einige Jahre bekleidet hatte. Bei der Erzählung von unserer Ankunft hatte Doña Lupe sofort gemeint, das müsse Don Eduardo mit seiner Frau sein. Wir waren beide herzlich erfreut über die Begegnung, und ich wünschte nur, ich hätte der sehr sympathischen, sanften Frau ihren augenscheinlichen Kummer erleichtern können; ihre großen, schwarzen Augen schwammen fortwährend in Tränen; Don Fausto aber war düster und übellaunig. Man hatte ihn für irgendeinen Posten in Mexiko bestimmt, und am nächsten Tage sollte die Abreise stattfinden. So hatte sich denn zum Abschied die Freundschaft von den Ranchos und Haciendas aus weiter Runde eingefunden; es war viel Leben im Hause. Die meisten waren mit hübschen Fuhrwerken gekommen. Trotzdem fand der eine Sohn des Hauses noch Zeit, uns gegen Abend Haus und Garten und Einrichtungen der großen Wirtschaft zu zeigen. Der verstorbene Esponda hatte einem französischen Baumeister die Ausführung des Wohnhauses übertragen, und nun erhob sich hier ein Bau von vornehmen Formen, dabei den Bedürfnissen des Klimas und einer einheimischen Familie aufs vollkommenste angepaßt. Leider war das Haus unvollendet geblieben, wie so vieles hier im Lande, das mit hochfliegenden Gedanken begonnen worden. Der Großvater war ein Rationalist gewesen; er hatte den alten Namen des Besitztums, Los Amates, in La Razón verwandelt und wollte sein Leben und Streben auf Vernunft gründen. Wie weit ihm das gelungen, weiß ich nicht, jedenfalls scheint es seiner Nachkommenschaft gut bekommen zu sein.

Noch ein Zweiglein der Familie Moguel lernten wir kennen. Das waren die zwei freundlichen und neugierigen alten Jungfern, in deren Hause wir am nächsten Tage in *Cintalapa* Unterkommen fanden. Das Haus war klein, aber sauber, dahinter lag ein Hof, der aber keinen Torweg hatte; so blieb nichts übrig, als die Pferde durch die Stube und den Gang hindurchzuführen. Die beiden alten Damen, die eine bescheidene Tienda hielten und anständigen Reisenden Unterkunft gewährten, waren nicht gut auf die reichen Verwandten zu sprechen, die sie wohl ein wenig links liegen ließen.

Cintalapa ist Kreisstadt; saubere, freundlich gemalte Häuser mit Ziegeldächern konnten von weitem ein großes mitteleuropäisches Dorf vorgaukeln, zumal der grau verhangene Himmel und der kalte Wind wahrhaftig keine Tropengefühle aufkommen ließen. Jenseits der Häuser erstreckte sich das breite, sandige, völlig wasserlose Flußbett des „Maisstromes" (Cintalapan heißt: am Maiswasser), von prächtigen Mangobäumen und grünen Bananenpflanzungen umsäumt und mit einer Fülle blühenden Gerankes in dem Buschwerk, so daß unser Herbar sich mächtig füllte.

Cintalapa liegt nicht an der Straße nach Tuxtla, sondern etwa eine Meile abseits, doch führt auch dorthin ein fahrbarer Weg, wie überhaupt in dieser Gegend großen und reichen Grundbesitzes deren viele sind, die die Hacienden untereinander und mit den wenigen Ortschaften verbinden. Man erzählte uns von merkwürdigen Stücken, die Don Jacinto Tirado in einer Höhle gefunden habe. So ritten wir nach seiner Hacienda, *El Rosario*, hinaus, die eine halbe Stunde von dem Städtchen entfernt hübsch und etwas hoch gelegen ist und ein sehr stattliches Haus besitzt. Don Jacinto war fortgeritten. Seine Frau aber war zu Hause und konnte sich wohl den fremden, ungewohnten Besuch nicht recht erklären. Sie führte uns höflich in die ganz neu und sehr korrekt mit Wiener Möbeln eingerichtete Sala: eine Bank, ein Tisch davor, zwei Schaukelstühle zur Seite und ein bis zwei Dutzend Stühle an den Wänden umher. Hier gab es außerdem noch zwei Eckgestelle mit unmöglichen Nippes gefüllt, zwei kleine Tischchen, einen großen Spiegel; es war also der Gipfelpunkt der Eleganz, Wohlhabenheit und modernen Kultur. Da es für ungebildet und unhöflich gegolten hätte, mit der Tür ins Haus zu fallen, quälte sich eine ärmliche Unterhaltung hin, bis wir endlich bei den Altertümern anlangten, die uns auch gezeigt wurden. Daß wir sie photographieren wollten, schien der Dame vollkommen wunderlich. Sie ließ es aber nach einigen Einwänden doch geschehen. So konnten wir die ganz ungewöhnlichen und seltsamen Stücke wenigstens im Bilde heimbringen. Man sah ihnen den langen Aufenthalt in einer Höhle wohl an, da sich reichlich Sinter auf ihnen abgelagert hatte. Don Jacinto war bei Entdeckung und Durchsuchung der Höhle nur mit knapper Not dem Hungertode entgangen, so waren ihm die Stücke eine Erinnerung, von der er sich nicht trennen wollte, und ihre Erwerbung war ausgeschlossen. Die Stelle aber, wo sie gefunden worden, lag ziemlich entfernt im Gebirge und war nach Angabe der Eingeweihten völlig ausgeräumt.

Am Aschermittwoch verließen wir unsere freundlichen alten Wirtinnen, um über *Jiquipilas* – ein Städtchen, das Cintapala so ähnlich sieht wie ein Ei dem anderen – *Petapa* zu erreichen. Nachdem wir den trockenen Fluß verlassen hatten, ging es auf guter Straße bergan. An einer Wegbiegung, wo der Blick über eine tiefe, walderfüllte Schlucht schweift, sprang aus einer überhängenden Felswand ein klarer, frischer Quell, den ein guter Mensch zum Wohle der vorüberziehenden Wanderer und ihrer Tiere hatte fassen lassen. Die Felswand, von der hervordringenden Feuchte benetzt, war von Farnen wie von einem zarten, dichten Teppich ganz übersponnen. Ein anmutiger Platz.

Petapa war uns als ein großer Rancho geschildert worden, man hatte noch hinzugefügt: „Hay de todo" (es ist alles zu haben). Und außerdem sollte eine Höhle in der Nähe voller Altertümer stecken. Einen großen Viehrancho fanden wir in der Tat in wunderschöner Gegend, aber in dem sehr primitiven Hause, das der Verwalter mit seiner Frau bewohnte, waren nur ein paar Tortillas und ein wenig Mais zu haben. Da ich mich wahrscheinlich bei der andauernd kühlen, windigen Witterung erkältet hatte und mich elend fühlte, war die Enttäuschung nicht gering, als ich meine schmerzenden Glieder auf die Erde strecken mußte. – Die Höhle aber, um derentwillen wir hier Rast machten, war weit weg und vor einigen Monaten von einem General ausgeräumt worden. Es war eben Aschermittwoch.

Durch schöne, parkartige und anmutige Hügellandschaft ging es weiter, auf *Tuxtla* zu. Als wir an einer Wegkreuzung einige Reiter trafen, die wir nach der Richtung fragten, entspann sich ein Gespräch, denn hierzulande hält sich ein jeder für verpflichtet, den Begegnenden nach Woher, Wohin, Weshalb zu fragen. Da sie nun über den Zweck unserer Reise unterrichtet waren, meinten sie, wir sollten doch einen kleinen Umweg nicht scheuen und über *Ocozuquauhtla* reiten. Wir erinnerten uns, diesen Namen auch von den Leuten gehört zu haben, mit denen wir zwischen Tonalá und San Pedro eine Strecke geritten waren und die uns von der Verfolgung des Küstenweges abgeraten hatten. So folgten wir denn der Weisung und haben es nicht zu bereuen gehabt.

Besonderes ist von Ocozuquauhtla nicht zu erzählen: es ist ein freundlicher, von Ladinos bewohnter Ort. Diese kleinen Städtchen gleichen sich, mit wenigen Ausnahmen, völlig. Die Altertümer, die einen eigentümlichen Stil zeigen, waren angeblich alle in Höhlen gefunden worden, aus denen die Leute Salpeter holten. Als sich erst die Nachricht verbreitet hatte, daß wir dergleichen kaufen wollten, wurde uns eine ganze Anzahl ins Haus gebracht. Da uns für einige Tage später noch mehr versprochen wurde, verpackten wir vorläufig unsere Beute in großen Körben und ließen alles stehen, um es später abzuholen. Da mieteten wir dann einen Ochsenwagen, und ich lernte auch dieses Reise- und Transportmittel kennen. Die ganze Nacht brachte ich auf dem Wege zu, den man zu Pferde in wenigen Stunden zurücklegt. Die Straße, die man, solange man auf dem Sattel sitzt, bewundernd als breiten Fahrweg preist, ist ausgefahren und holperig. Leider war der Kutscher musikalisch. Er sang in einem schläfrigen Ton etwa zehn Minuten lang die „Paloma" und die nächsten zehn Minuten eine andere Melodie. Nachdem ich mich diesem Genuß etwa eine Stunde lang hingegeben hatte, wollte ich durch Unterhaltung eine kleine Abwechslung in das Programm bringen. Alles aber, wozu ich den Mann bewegen konnte, war ein: „Si Señora, no Señora", worauf er sofort wieder zu singen begann. Er hatte einen Jungen mit sich, dessen einziger Wortschatz in dem üblichen „¡Quien sabe!" zu bestehen schien. „Wie alt bist du?" – „¡Quien sabe!" – „Gehst du in die Schule?" – „¡Quien sabe!" Schließlich ergab ich mich in mein Schicksal, habe aber dem Reisen im Ochsenwagen keinen Geschmack abgewinnen können.

Tuxtla Gutiérrez ist seit einigen Jahren Sitz der Regierung. Wenn man San Cristóbal,* die frühere Hauptstadt des Staates, kennt, so scheint die Verlegung unbegreiflich. Tuxtla ist heiß und hat ein erschlaffendes Klima, die Umgebung ist öde und trocken;

* Mühlenpfordt nennt es San Christóbal de los Llanos, heute heißt es San Cristóbal de las Casas, dem Bischof zu Ehren, der die Indios schützte und vor Ausbeutung bewahrte.

alle Nahrungsmittel müssen von weit her zur Stadt gebracht werden.

Ein Regierungsgebäude war erst im Bau begriffen. Die einzige Annehmlichkeit ist die hübsche, schattige, mit Truenobäumen bestandene Alameda. Wir trafen in Tuxtla, wo wir einige Tage blieben, zwei Landsleute, Bekannte von einem früheren Aufenthalte in Oaxaca her, jetzt Inhaber einer *Ferretería.* Das heißt wörtlich Eisenkramladen, bedeutet aber ein Importgeschäft, in dem es ungefähr alles gibt, was zum Haushalt, Feldbau und Schmuck des Lebens notwendig ist. In allen großen Städten des Landes sind sie zu finden, und zum weitaus größten Teil sind Deutsche die Besitzer. Dagegen sind die Geschäfte, in denen Stoffe, Gewebe, Kleider feilgehalten werden, meist in französischen Händen, die *Tiendas de Alborrotes,* die Wein- und Schnapsläden, gehören Spaniern und die kleinen Kramläden – kurzweg *Tienda* (das heißt eigentlich Zeit) genannt – Einheimischen.

Von Altertümern war merkwürdigerweise gar nichts zu erfragen, mit Ausnahme eines kleinen Jadeitkopfes von wundervoller Arbeit. Das Stück war im Besitz eines Mechanikers, eines Mannes, der sich mit vielerlei Dingen beschäftigte. Sein Vater hatte es aus irgendeinem Krieg aus Tabasco mitgebracht, der Sohn hatte es als Andenken behalten und schliff seit einer Reihe von Jahren seine Instrumente an dem Stein, der aber so hart ist, daß er von dieser Mißhandlung kaum Spuren zeigt. Es ist ein Kopf von ausgeprägtem Indianertypus, mit deformiertem Schädel und deutlicher Tatauierung. Wir konnten ihn glücklicherweise retten, und er ist heute im Berliner Museum für Völkerkunde.

Ob nun gleich Tuxtla für unsere eigentlichen Zwecke wenig bot, mußten wir doch einige Tage dort bleiben, da es Regierungssitz ist und wir vom Gouverneur weitere Geleitbriefe erbitten mußten. Auch unsere Sammlungen mußten verpackt und fortgeschickt werden, da sie eine, wenn auch langsam, so doch stetig wachsende Last darstellten, von der wir uns auf dem Marsche so bald als möglich zu befreien suchten. Solche Verpackung war immer mit allerlei Schwierigkeiten verknüpft, weil es oft an Kisten und Packmaterial fehlte. Besonders die Pflanzen waren stets eine Quelle des Kummers, denn wenn wir sie nicht dem sicheren Verderben durch eindringendes See- oder Regenwasser preisgeben wollten, mußten sie in Blech eingelötet werden. Blech aber ist ein kostbarer und oft gar nicht zu beschaffender Artikel. Hier nun halfen unsere beiden Landsleute, die Herren von der Ferretería del Globo, aufs freundlichste und liebenswürdigste. Ja, der eine spielte selbst den Klempner und lötete unsere Pflanzenkiste eigenhändig zu. Und er hat seine Sache gut gemacht, denn obgleich die Sendung durch widrige Schicksale erst nach anderthalb Jahren ins botanische Museum gelangte, war alles in tadelloser Verfassung.

Da meine Schokolade zu Ende ging, benutzte ich den Aufenthalt, mir neue machen zu lassen, denn hier saß ich an der Quelle. Sind doch Tabasco, Chiapas und Soconusco die eigentlichen Kakaoländer. Thomas Gage widmet bei Gelegenheit der Beschreibung seiner Reise durch Chiapas diesem Getränk ein ganzes Kapitel, das sehr ergötzlich zu lesen und aus dem manche medizinische und kulinarische Weisheit vergangener Tage zu entnehmen ist. Obgleich heutzutage die Schokolade in Europa fast jedermann bekannt sein dürfte, ist es vielleicht manchem nicht unerwünscht, zu erfahren, wie man sie in ihrer Heimat zubereitet, wo sie seit alters her ein beliebtes und kostbares Genußmittel vorstellte, das auf der Tafel der mexikanischen Fürsten nicht fehlen durfte.

Nachdem die Kakaobohnen (*cacahuate*, daher *chocolate*) geröstet sind, aber nicht zu scharf und dunkel, werden sie auf einem Mahlstein – ganz wie der Mais, zu den Tortillas – zerquetscht. Dann wird Zucker und Gewürz dazwischengemengt und alles zusammen durcheinandergeknetet, während ein gelindes Feuer unter dem Mahlstein unterhalten wird, bis es eine gleichmäßige, zähflüssige Masse bildet. Diese wird zu Tafeln oder Kugeln geformt, die an der Luft langsam getrocknet werden. Das Gewürz wechselt nach Geschmack. Zucker muß aber wenigstens bis zu einem Drittel beigemischt werden, da die Masse sonst keinen Halt hat. Es ist eine eigene Kunst, diese Schokoladenbereitung, und nicht jede Frau ist eine gute Chocolatera. Keine noch so teure europäische Schokolade besitzt das Aroma dieser auf so primitive Art zubereiteten. Es setzte mich in einiges Erstaunen, daß die Frau, die mir in Tuxtla als Chocolatera empfohlen war, nicht wußte, was Vanille sei. Denn ob diese gleich überall unter denselben Bedingungen wächst wie der Kakao und mit ihm die Heimat gemein hat, so ist sie doch von den ausländischen Gewürzen vielfach verdrängt und wird in dieser Gegend gar nicht und überhaupt verhältnismäßig wenig angebaut, weil ihr Anbau mit mancherlei Schwierigkeiten verknüpft ist. Nur im Gebiete von Veracruz gibt es größere Vanillepflanzungen.

In Tuxtla Gutiérrez endigt vorderhand die neue Straße, und wir sollten bald vollauf Gelegenheit haben, die berüchtigten We-

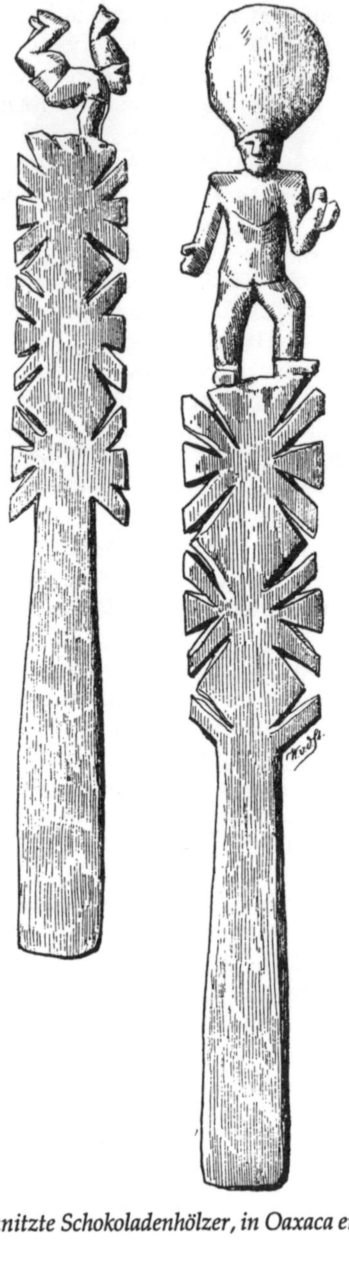

Alte, geschnitzte Schokoladenhölzer, in Oaxaca erworben

ge von Chiapas kennenzulernen. Ein kurzer, schlechter Weg führte uns in wenigen Stunden nach *Chiapa de los Indios*. Zur Zeit als hier der Mittelpunkt der Chiapaneken war, war Chiapa eine Bergfestung, flußabwärts vom heutigen Ort in einer Schlucht gelegen. Erst die Mönche verlegten ihn an die heutige Stelle. Von der Größe und dem Reichtum dieses Indianerorts wissen die alten Berichte viel Rühmens zu machen. Heute ist es eine ansehnliche Ladino-Stadt. Indianer findet man nur auf dem weiten, mit schönen Ceibas und einem aus spanischer Zeit stammenden maurischen Brunnen geschmückten Marktplatze, wo sie Lebensmittel feilhalten, und in den Vorstädten. Die chiapanekische Sprache hat sich in der Nähe der Stadt nur in dem Dorf *Suchiapa* erhalten.

Ehe man von Tuxtla aus in die Stadt gelangt, muß der breite, wasserreiche und schnell strömende Fluß überschritten werden, der schon einen ziemlich langen Lauf hinter sich hat, da er jenseits der Grenze von Guatemala, nicht allzu weit von Huehuetenango, entspringt. Große Fährboote vermitteln den Verkehr zwischen den beiden Ufern. Die große, quer durch den Staat von Chiapas ziehende, nach Tabasco einerseits, nach Guatemala andererseits führende Straße, auf der viel Last- und Reiseverkehr ist, überschreitet hier den Fluß; so herrscht stets ein lebhaftes Treiben, und an beiden Ufern fehlt es nicht an malerischen und heiteren Bildern. Da das schöne, klare Flußwasser auch willkommene Badegelegenheit bietet, so leuchten überall die braunen, glänzenden Rücken der Jungen aus dem Wasser auf. Oberhalb und unterhalb vom Orte sollen viele Krokodile hausen. Auch von Stromschnellen, Wirbeln und Höhlen wurde in der ungewissen Art erzählt, die im Land allgemein üblich ist. Nur selten erhält man eine klare und sichere Auskunft.

Chiapa liegt tief und ist sehr heiß, in zwei Tagemärschen steigt man bis zur kühlen, klaren Höhe von *San Cristóbal* hinan. Die erste Tagereise führte uns nach *Iztapa*. Wir brachen schon in der Nacht auf und hatten eine beträchtliche Höhe zu ersteigen. Aber auch auf dem Plateau ging es nicht eben weiter. Der ziemlich schlechte Weg steigt in tiefe Schluchten hinab und wieder zur Höhe hinan und entbehrt daher nicht des malerischen Reizes. Das von überwiegend indianischer, freundlicher Bevölkerung bewohnte Dorf liegt auf einer von tiefen Schluchten umgebenen Platte. In ähnlichen Lagen, die eine von Natur feste Stellung bilden, findet man häufig die alten Indianersiedlungen. Die Einwohner von Iztapa gehören dem Sprachstamme der *Tzotzil* oder

Cinacanteca, das heißt der „Fledermausleute", an. Am Abend fanden sich einige ältere Indianer, die sich von meinem Mann ein wenig ausfragen ließen. Die Tracht der Weiber war uns schon seit Tuxtla als etwas abweichend von der bisher gesehenen aufgefallen: das Hüftentuch war kurz, von grobem, dunkelblauem Baumwollstoff und nicht von der sonst durchweg üblichen Binde festgehalten, sondern die Enden zusammengeknüpft. Das ganz weiße Hemd fiel blusig darüber.

Wir freuten uns der leichten, anmutigen Gestalten, als wir am Spätnachmittag aus einer Schlucht heraufstiegen, in deren Grund wir schönes Badewasser gefunden hatten. Den steilen, spärlich bewachsenen Berghang kamen die jungen Mädchen herab, mit den hübsch geformten Krügen auf den Köpfen, um Wasser zu holen. Wir riefen sie an und erhielten indianische Antworten.

Hügelauf und hügelab ritten wir am nächsten Tag einige Leguas, um in der herrlich im Gebirge gelegenen Hacienda *El Burrero* (das Eselnest) kurze Rast zu machen. Tief unter uns rauschte das Wasser des *Río Hondo* – des „tiefen Flusses" –, eines der unzähligen Flüsse dieses Namens, zu dessen Ufer wir hinunter mußten, um auf einem schauderhaften, aber an den herrlichsten Szenerien reichen Wege jenseits steil wieder zur Höhe hinaufzusteigen.

Der Hofraum und die Vorhallen der Hacienda wimmelten von Indianern, die verhüllte Heiligenbilder und Musikinstrumente mit sich führten. Schon unterwegs waren uns kleine Gruppen musizierender Indianer begegnet, und wir entsannen uns, von einer Fiesta gehört zu haben, die an einem der nächsten Tage in Iztapa gefeiert werden sollte. Dieser Feier zogen sie zu. Die *Santos* (Heiligenbilder) sollten den Glanz des Festes erhöhen helfen, und es war rührend, zu sehen, mit welcher Ehrfurcht die sorgsam verhüllten Puppen behandelt wurden, und wie man ihnen mit Musik das Geleit gab.

Hinterm Burrero ist wieder ein Stück des neuen Fahrweges fertig, der von Tuxtla-Gutiérrez durch den ganzen Staat bis an die guatemaltekische Grenze fortgeführt werden soll. Er macht hier viele Windungen und steigt mählich in die Höhe, immer mit schönem Blick auf die mit Nadelholz reich bewaldeten Berge, durch deren tief eingerissene Schluchten sich schäumende Wässerlein zwängten.

Da wir nicht wieder ins Dunkel hineinreiten wollten und uns im Burrero zu lange verweilt hatten, um San Cristóbal noch bei Tageslicht zu erreichen, blieben wir in *Cinacantan*. Das stattliche

Indianerdorf hat eine Lage und eine Luft, die ihm in Europa sicherlich einen Ruf als Sommerfrische einbringen würden. Es war hundekalt, wie wir überhaupt, seitdem wir Tonalá verlassen, weit mehr von den kalten Nächten als von den heißen Tagen gelitten hatten.

Man bot uns das Schulzimmer, das vermutlich seinem eigentlichen Zweck recht selten dient, zum Übernachten an, und wir schlugen unser Lager auf einem großen Tisch auf. – Beim Einreiten ins Dorf war uns der bekränzte Eingang des Gemeindehauses aufgefallen und davor zwei Indianer, die, in weite, rote Mäntel gehüllt, einen wahrhaft monumentalen Eindruck machten. Auf unsere Frage erhielten wir die seltsame Antwort: die Indianer hätten einen Feiertag. Also haben sie andere Feste als die Ladinos, ihre eigenen Feste, denen die anderen fernstehen. Wie schade, daß wir der Sache nicht nähertreten und Klarheit darüber erlangen konnten, was es mit dieser „Fiesta de los Indios" für eine Bewandtnis habe. Die roten Mäntel aber und die sonderbare Kopfbedeckung habe ich nirgends wieder gesehen und kann auch nicht sagen, ob sie die hierorts übliche Tracht der Gemeindediener oder eine Festtracht vorstellen.

Der nächste Morgen war herrlich, kalt und klar wie in unseren Gebirgen, und nach einem kurzen Ritt waren wir in *San Cristóbal.*

Die ansehnliche, an Kirchen und Klöstern reiche Stadt liegt in einem weiten, fruchtbaren Talboden, der von dicht bewaldeten Höhen umschlossen ist. Ungefähr in gleicher Höhe wie die Stadt Mexiko und auch in ähnlicher Lage, hat sie doch nicht unter der Schwierigkeit der Entwässerung zu leiden wie jene. Denn da das Hochtal von Mexiko abflußlos ist und die Stadt an seiner tiefsten Stelle liegt, so sind die üblen Folgen, die daraus am Ende der Regenzeit entstehen müssen, klar. Dagegen ist der Talboden von San Cristóbal von einem Flusse durchzogen, und in der Nähe der Stadt befinden sich verschiedene herrliche Quellen, deren eine in ein reinliches, rundes Steinbecken gefaßt und zum kühlen Bade hergerichtet ist. Zudem hat hier noch nicht die heillose Entwaldung begonnen, der der Schmuck der Berge in der Umgebung der Hauptstadt schon vielfach zum Opfer gefallen ist.

Im Tal wächst Mais und Weizen, und zur Zeit standen die massenhaft angepflanzten Pfirsichbäume in Blüte, was, von der Höhe gesehen, einen reizvollen Anblick gewährte. Rund umher im Waldgebirge liegen dicht bevölkerte Dörfer und verstreute Ranchos der Indianer, die täglich alle möglichen Lebensmittel, als da sind: Gemüse, Federvieh, Eier, Käse, Früchte, Mais und Maisstroh, in reicher Fülle zu Markte bringen, so daß an Nahrung für Mensch und Vieh kein Mangel ist. –Das hinderte allerdings nicht, daß wir in dem für hiesige Verhältnisse ganz leidlichen Hotel recht schlechtes Essen erhielten und so wieder einmal unsere alte Reisebeobachtung bestätigt fanden: je größer der Ort, um so schlechter die Verpflegung. – Das Leben auf dem großen Platze ist bunt und bewegt. Er wird auf einer Seite von dem stattlichen Regierungspalaste begrenzt, auf zwei Seiten ziehen sich Läden hin, und auf der vierten erhebt sich die mächtige Kathedrale, auf deren Stufen sich ein lebhafter Marktverkehr breit macht. Jedes Indianerdorf hat Verschiedenheiten in der Tracht aufzuweisen. Bei den Bewohnern des einen sind die Schulterdecken weiß, bei anderen braun, schwarz und weiß gemustert; bei diesen glatt, bei jenen zottig. Einige tragen die übliche mexikanische Hutform, andere ein winzig kleines Strohhütchen. Mir fiel auf, daß die Männer verschiedener Dorfschaften keine Hosen tragen, die doch die Indianer der meisten anderen Gegenden angezogen haben. Sogar die Hemden sind nicht gleich. Die Leute von *Huiztan* zum Beispiel ziehen sie zwischen den nackten Schenkeln hindurch, daß sie fast wie ein Lendenschurz erscheinen. Von einer Dorfschaft wurde uns erzählt, daß ihre männlichen Bewohner nur mit der altindianischen Schambinde bekleidet gingen. Wenn sie nach der Stadt kommen, müssen sie jedoch vor der Brücke auf obrigkeitlichen Befehl Hemden anziehen, um keinen Anstoß zu erregen. Selbst die Körbe und Säcke sind mannigfach gestaltet.

Ein Vergleich mit der jetzigen Hauptstadt Tuxtla macht einem die Verlegung der Regierung immer unbegreiflicher. Hier eine dichte Bevölkerung, gesundes Klima, herrliche Lage, Überfluß an Nahrungsmitteln. Dort von allem das Gegenteil.

San Cristóbal besitzt eine höhere Schule, die sogar von jenseits der guatemaltekischen Grenze besucht wird. Auch sonst regt sich manches Streben, allerdings stark von der Geistlichkeit beeinflußt.

Früher besaß die Stadt ein bedeutendes Archiv, an das von ruchloser Hand Feuer gelegt wurde. Was mag da alles in Rauch aufgegangen sein! Sicher manches Dokument aus der ersten spanischen Zeit; wahrscheinlich manche, von eifrigen Missionaren fleißig zusammengestellte Grammatik, mancher Beichtspiegel und Katechismus in indianischer Sprache; vielleicht eine oder die andere Bilderschrift aus alten Zeiten – unwiederbringlich verloren!

Ein Buch des Licenciado Vicente Pineda möchte ich hier erwähnen, das uns sein Bruder, Don Manuel, verehrte und das den Titel führt: Historia de las Sublevaciones Indigenas habidas en el

Estado de Chiapas y Gramatica de la Lengua Tzel-tal, Chiapas 1888. Der geschichtliche Abriß ist kurz. Die Grammatik scheint die Wiedergabe einer alten, aus der Zeit der Mönche stammenden zu sein, und das angefügte Wörterverzeichnis ist aus eigener Kenntnis vermehrt, denn der Verfasser hatte Landbesitz im Gebiete der Tzeltal-Indianer, die den weitaus größten Teil der Bevölkerung des Staates ausmachen, lebte jahrelang unter ihnen und beherrschte ihre Sprache. Interessant und beachtenswert an diesem Buch ist die kurze Vorrede, in der er aufs bitterste beklagt, daß es bisher nicht gelungen sei, die Eingeborenen der Zivilisation zuzuführen. Sei dies nicht einmal den mit allen Machtbefugnissen ausgerüsteten spanischen Vizekönigen gelungen, wie viel weniger der überall durch konstitutionelle Schranken eingeengten gegenwärtigen Regierung. Er sieht in dem mächtigen Anwachsen der indianischen Bevölkerung, in der es kein erwachsenes unverheiratetes Individuum gäbe, keine kinderlose Frau zu Grabe getragen würde, eine Gefahr für die Zivilisation und glaubt dieser Feindseligkeit gegen europäische Gesittung nur dadurch wirksam entgegentreten zu können, daß Lehrer, Beamte und Geistliche sich im Verkehr mit den Indianern auch deren Sprache bedienen.

So denkt auch die Regierung und hat damit begonnen, die Gesetze in verschiedene Indianersprachen übersetzen zu lassen. Vorläufig aber wird es wohl an Leuten fehlen, die diese beträchtliche Zahl von Sprachen genügend beherrschen. Haben wir doch auf unserem Wege von Mexiko bis Guatemala fünfzehn Sprachgebiete berührt. Das Anwachsen der eingeborenen Bevölkerung aber ist ein Glück für das Land, sie ist sein größter Reichtum, da nur sie imstande ist, die notwendige körperliche Arbeit zu leisten.

Wir trafen auch in San Cristóbal Landsleute, und zwar waren es drei Schuster. Herr Vizenz Kramsky aus Warmbrunn hat sich zum Leiter einer Schuhwarenfabrik emporgearbeitet, die den ganzen Staat Chiapas mit Schuhwerk versorgt. Er ist ein wohlhabender, angesehener Mann, der auch uns in manchen Dingen behilflich war. In seinem schmucken Heim wehte uns europäische Luft entgegen, obgleich er mit einer in Mexiko geborenen Frau französischer Abkunft verheiratet ist. Die beiden anderen Deutschen sind seine Mitarbeiter. Der eine hatte sich vor ganz kurzer Zeit eine Frau aus Deutschland geholt, die sich vorläufig in den völlig fremden Verhältnissen nicht zurechtfinden konnte und – da sie auch noch nicht Spanisch sprach – sich recht unglücklich fühlte. Ich hoffe, daß auch sie inzwischen heimisch geworden ist.

Wir verweilten einige Tage in San Cristóbal, denn da wir seit Tonalá nur über ein Lasttier für das notwendigste Gepäck verfügten und alles andere mit einem Arriero bis hierher geschickt hatten, war es dringend notwendig, für die Weiterbeförderung unserer Lasten Rat zu schaffen. Die Arriero-Züge gehen nicht mehr so häufig und regelmäßig von hier weiter. Zudem hatten wir gar nicht die Absicht, auf geradem Wege Comitán zu erreichen, wir planten vielmehr einen Umweg über Ococingo, ja wir hofften sogar, von dort aus nach Palenque reiten zu können. (Der zweite Teil dieses Planes kam leider nicht zur Ausführung.) Pferde sind im Hochland von Chiapas schwer zu bekommen, dagegen sind die Indianer hier wieder gute Träger, während die von der pazifischen Küste zu dieser Arbeit nicht zu haben sind, sie vielleicht auch nicht zu leisten imstande wären. Wir mußten uns natürlich an die Obrigkeit wenden, die auf Grund unserer Regierungsbriefe uns Träger verschaffen sollte, denn eine Unterhandlung mit den Indianern fruchtet nichts. Da nun erst ein Bote in das Dorf geschickt werden mußte, das die Leute stellen sollte, zog sich der Aufbruch einige Tage hin.

Während dieser Zeit bot sich Abwechslung durch eine Truppe von Puppen- und Taschenspielern, die in dem zum Theatersaal umgewandelten großen Hofe des Hotels ihre Vorstellungen abhielt, bei denen sich die ganze Gesellschaft von San Cristóbal ein Stelldichein gab, und wobei es an Toiletten und Geschmeide nicht fehlte. Bei den gemeinsamen Mahlzeiten wußte die Frau des Direktors lebhaft und amüsant von ihren Fahrten zu erzählen.

Das größte Vergnügen aber machte es uns, auf die Brücke am Eingang der Stadt zu gehen, zu den Stunden, wo die Indianer vom Markte nach Hause gingen, oder vielmehr in ihrem üblichen Trabe liefen, und die Vielgestaltigkeit ihrer Trachten und Geräte zu betrachten. Freilich mischte sich ein leises Bedauern in dieses Vergnügen: nicht lange Zeit zu eingehenden Studien zu haben; mit den Leuten nicht in ihrer Sprache verkehren zu können, um ihnen auf diesem einzig möglichen Wege näherzukommen.

Unsere Leute von San Felipe traten an, verteilten die Lasten, und vorwärts ging's. Sie sollten uns nicht nur als Träger, sondern auch als Führer dienen, denn die große Straße geht nach Comitán, wir aber bogen bald, nachdem wir San Cristóbal verlassen hatten, nach Norden ab, um in vier Tagereisen *Ococingo* zu erreichen. Die trotz ihrer Lasten schnellfüßigen Indianer konnten oft kürzere Richtwege einschlagen, auf denen wir mit unseren Tieren nicht hätten folgen können. Aber wo immer ein solcher Weg abzweigte: nie versäumten sie, uns darauf aufmerksam zu machen. Sie schienen sich geradezu verantwortlich für uns zu fühlen.

Abbildung 4: Unsere Träger; drei Leute von San Felipe, zwei von Huiztan.

Wir ritten zuerst durch die herrlichen Wälder, die die Höhen um San Cristóbal schmükken: gemischter Bestand von prächtigen Nadel- und Laubhölzern, auf ziemlich ebenem und gutem Wege dahin. Als wir aber von der großen Verkehrsstraße abbogen, dauerte es nicht gar lange, bis wir die berüchtigten Wege von Chiapas kennenlernten. Immerhin war der erste

Tag, der uns bis *Huiztan* führte, ganz erträglich, nur der letzte Abstieg war steil und lang. In Huiztan, einem Indianerdorf, fanden wir ein wetterfestes, stattliches Gemeindehaus mit zwei für Reisende bestimmten Räumen, deren einer von einer Hacendado-Familie bereits besetzt war, während man uns den zweiten anwies. Auch eine Frau, die uns Essen bereitete, wurde uns von Gemeinde wegen besorgt, und selbst um die Beschaffung des Pferdefutters bemühte sich die hohe Obrigkeit. Wir mußten den Leuten wohl Vertrauen einflößen, denn unsere drei Träger und zwei von Huiztan, ebenso wie einige Gemeindevertreter ließen sich photographieren.

Am nächsten Morgen trabten unsere Träger heim und wurden von Leuten aus Huiztan abgelöst. Die Indianer – sofern sie nicht als Händler lange Reisen unternehmen – entfernen sich nicht gern weit von ihrem Dorfe. Selten, daß sie sich zu mehrtägiger Begleitung entschließen; meist kehren sie nach einem Tagemarsch zurück. Alles, was die Dauer ihrer Dienste und den Lohn dafür betrifft, muß mit dem Alcalden ihres Dorfes vereinbart werden, und dieser Vereinbarung bleiben sie unfehlbar treu und kommen ihren übernommenen Pflichten gewissenhaft nach. Auch die Leute von Huiztan, ebenso wie die von Oxchuc und San Martin bewiesen sich als verläßlich und auf unser Wohl bedacht.

Die Wege wurden schlechter, je weiter wir vorwärts kamen, wenn auch an Schönheit und Abwechslung reicher. Auf den Höhen überall der schöne, gemischte Wald mit seinen mächtig emporstrebenden Stämmen, in den tiefen Schluchten der üppige Formenreichtum einer tropischen Vegetation.

An solchen Stellen, wo die klaren Bäche rinnen, machten unsere Indios gern halt, um ihre einfache Mahlzeit einzunehmen, die aus Tortillas und Pozol bestand. Das ist Speise und Trank des wandernden Indianers. Die Tortilla ißt er kalt, oder wenn er Zeit hat, ein Feuer zu machen, röstet er sie. Der Pozol – von den dortigen Indianern „matz" genannt – ist Maismasse, mit Wasser vermischt; ein für unseren Geschmack ziemlich fades, aber erfrischendes Getränk, das ich zum erstenmal auf dem Quie-ngola kennengelernt hatte.

Oxchuc, das Ziel unseres zweiten Tagemarsches, liegt auf einer Einsattelung zwischen hohen Bergen und selbst ziemlich hoch. Vicente Pineda beschreibt es in seinem obenerwähnten Buche nicht sehr anmutig, aber ziemlich richtig: „Eine zerfallene Pfarrkirche, ein kleines Gemeindehaus, in dem die Schweine und die umherstreifenden Hunde Obdach suchen, und ungefähr hundert, auf den Höhen und im Busch verstreute Häuser, deren Wände bei den meisten nur aus Reisern bestehen." – Die Bewohner gehören den Tzeltal an, den Tzotzil von Iztapa, Chamula und Huiztan zwar verwandt, aber doch von ihnen unterschieden. Sie tragen eine Schambinde – *kach* – und ein bis zur Mitte des Beines reichendes, gegürtetes Hemd – *cu'* – und gelten als die unzugänglichsten und verstocktesten Indianer im ganzen Staat.* Von den beiden Räumen im *Cabildo* war der eine von einem Gefangenen besetzt, der andere hatte keine Türe und war sehr schmutzig. Aber die verstocktesten Indianer von ganz Chiapas erwiesen sich uns freundlich: Im Hause des Alcalden wurde uns ein Lager bereitet, und wir mußten das schützende Dach um so höher schätzen, als bald nach unserem Eintreffen ein feiner Regen begann, der unseren Wanderungen im Dorfe schnell ein Ende machte.

Am anderen Morgen zog der Nebel um die Bergspitzen, und alles triefte von Feuchtigkeit. Aber die Sonne begann siegreich durchzudringen. Unmittelbar hinter dem Dorfe stiegen wir in die Höhe, und als wir auf einer kleinen Wiese hielten, um ein paar Pflanzen auszugraben, blickten wir entzückt um uns: Die Bergwiese, die zerzausten Wipfel der Bäume, um die der Nebel zog – das gab es auch in den heimischen Bergen; aber hier war alles üppiger, sonniger, farbiger und formenreicher. – Den ganzen Tag zogen wir auf schmalen Pfaden über hohes, steiniges, mit schöner Vegetation bedecktes Gebirge. Unser Herbar konnte die Fülle des Eingesammelten kaum fassen, denn überall überraschten uns fremde Formen und farbige Blüten.

Dies schöne Gebirge ist der *Ical-ajab*, der „schwarze Berg", in alter Zeit ohne Zweifel ein heiliger Berg, denn er ist wohl identisch mit dem *Ical-ahau*, dem „schwarzen Fürsten", von dem der Bischof Nuñez de la Vega erzählt, daß er von den Leuten von Oxchuc und anderen Dörfern der Hochebene verehrt worden sei. Bei dem großen Aufstand im Jahre 1712 hatten sich hier die Indianer verschanzt, und es geht die Sage, daß die geraubten Kirchenschätze in einer Höhle dieses Berges vergraben worden seien, daß aber die Häupter der Indianer von Oxchuc und Cancuc diese Höhle hätten vermauern lassen.

Als wir nach langem Ritt vom Gebirge herabstiegen, kamen wir in das Tal des Quellflusses des *Río Jataté*. An einer Seite der Tallehne führte der Weg durch hohes Gras, zwischen einzelnen, hoch aufragenden Bäumen hindurch. Die gegenüberliegende, steilere Seite war dicht bewaldet, und zu vielen schönen Bildern

* „De lo mas testaduro y salvaje que hay en Chiapas." (Vicente Pineda)

gesellte sich, kurz ehe wir *San Martín* erreichten, der Anblick eines prächtigen Wasserfalls, der sich von dem bewaldeten Abhang als langer, weiß schäumender Streifen abhob und in der dunklen, grünen Tiefe verlor.

San Martín Teultepec liegt frei und hoch auf einer runden Kuppe, die in das Tal des Jataté vorspringt. Der Platz war schön, aber um Unterkunft und Atzung war es kläglich bestellt. Der Gemeindeschreiber räumte uns in seiner ärmlichen Hütte einen Platz zum Schlafen ein, da das Cabildo in ganz verwahrlostem Zustande war. Mit Mühe wurde das Futter für die Pferde beschafft, und wir bereiteten uns mit einigen Eiern eine kärgliche Mahlzeit.

Der letzte Tagesmarsch führte wieder vom Jataté fort über Berge und Höhen. Der Weg war wunderbar schön, aber zumal das letzte Stück vor Ococingo sehr schlecht: Ein schauderhafter Abstieg zog sich fast eine deutsche Meile entlang, denn stets, wenn wir meinten, den Ort schon erreicht zu haben, schob sich immer wieder ein Hügel dazwischen, der überschritten werden mußte. Aber auch das nahm ein Ende, und am Freitag, dem 13. (wie konnten wir da auf Erfolge rechnen!), ritten wir in *Ococingo* ein.

Was uns hauptsächlich nach *Ococingo* geführt hatte, war die Nähe der Ruinen von *Toniná,* die Stephens vor etwa 50 Jahren besucht hatte, deren damals noch stattliche Reste er beschreibt, voll Bedauern, daß er nicht Arbeiter und Zeit hatte, um sie näher zu untersuchen. Seitdem sind sie meines Wissens niemals genauer erforscht worden. Wir hatten für den Aufenthalt etwa drei Tage bestimmt, dann gedachten wir auf Stephens' Spuren weiter über Tumbalá Palenque zu erreichen. Aber der Mensch denkt, und Gott lenkt.

Im Hause der Doña Hermina fanden wir landesübliche und verhältnismäßig angenehme Unterkunft. Jedermann wird hier mit seinem Rufnamen angeredet, den Nachnamen erfährt man meist nur auf eine Frage danach. Das geht so weit, daß wir allen Ernstes öfter als einmal gefragt wurden, ob wir nicht einen Landsmann Don Guillermo oder Don Federico kennten, der vor soundso langer Zeit einmal da vorbeigeritten sei. Man denke, einen Herrn Wilhelm oder Friedrich! In der städtischen Gesellschaft hört man öfter die Zunamen, da es aber Sitte ist, daß die verheirateten Frauen ihren Mädchennamen beibehalten, ist es nicht immer leicht, sich zurechtzufinden. Wenn ich auf die Fragen nach meinem Namen in der ersten Zeit diesen ganz harmlos, wie in Deutschland üblich, angab, folgte stets der erstaunte Ausruf: Wie sonderbar, Sie heißen ebenso wie Ihr Mann! Übrigens ist auch hier die Anrede stets mit dem Vornamen.

Doña Herminas Haus war ein länglicher, mit Ziegeln gedeckter Adobebau. Sein Inneres enthielt zwei Räume, von denen der kleinere das Zimmer der Wirtin vorstellte. Eine saubere Lagerstatt, ein mit bunten Heiligenbildchen und verschiedenen anderen Dingen bedeckter Tisch, ein Stuhl und die Truhe mit Wäsche und Kleidern bildeten die Einrichtung. Schränke kennt man im ganzen Lande nicht. Der zweite, größere Raum stellte das „Hotel" vor. Es stand ein langer Tisch darin mit einer Bank an jeder Langseite. Ferner drei Bettgestelle mit Wollmatratzen auf den Brettern und einige Stühle. Die eine Tür dieses Raumes führte auf die Straße, eine zweite in Doña Herminas Zimmer, eine dritte in die hinter dem Hause liegende Vorhalle. Im rechten Winkel dazu stand die Hütte für die Küche. Auf dem großen Hof, der mit einigen Büschen und Bäumen bestanden war, hielten sich unsere Tiere auf.

Der Ort ist still, fast öde; er liegt weitab vom Verkehr, und nur alle zehn Tage verbindet ihn der Postbote mit der Welt. Seine Lage aber, inmitten mäßig hoher, quellenreicher Berge, ist reizend. Ein wenig vom Orte aufwärts rieselt und sprudelt es an allen Ecken und Enden vom klarsten Wasser, das im Gegensatz zur Luft – Ococingo liegt nicht allzu hoch und ist warm – eiskalt erscheint. Wir hatten bald einen idealen Badeplatz ausfindig gemacht, unterhalb eines Wasserfällchens, wo das Wasser einen ruhigen und klaren Teich bildete, von dem aus es über eine zweite Felsstufe lustig weiterrann; ringsum waren glatte Steine wie Bänke geordnet, und die Stelle war von zierlichen Pflanzen dicht umwachsen. Aber leider wurde uns auch hier keine ungemischte Freude zuteil, da die Kleider, die wir vertrauensvoll auf die Steine gelegt hatten, von Zecken wimmelten!

Am ersten Tage begannen wir den Ort nach Altertümern zu durchforschen, und wenn wir auch von Tonwaren oder kleinem Steinzeug nichts fanden, so waren doch ein paar außerordentlich interessante Steine da, über deren genaue Herkunft man uns allerdings nichts sagen konnte, da sie schon sehr lange am Orte waren, vermutlich entstammen sie den Ruinen von Toniná. Und überdies waren es die ersten Reste einer Mayakultur, auf die wir stießen. Die an der Kirchenmauer aufgestellten Steinfiguren erwähnt auch Stephens. Sie sind aber sehr mitgenommen. Gut erhalten dagegen fanden wir eine Stela, die in der Umfriedung eines Gehöftes als Mauerstein verwendet war. Mit Bewilligung des Besitzers brachen wir sie heraus. Er stellte natürlich die Bedingung, daß die niedrige Umfassung, die aus geschichteten, unbehauenen Steinen ohne Mörtelverband bestand, wiederhergestellt werde. Da unser Bursche Cornelio ja von Beruf eigentlich Maurer war, gingen wir leichten Herzens darauf ein, und Cornelio ging frisch an die Arbeit. Aber es gelang ihm nicht, das metergroße Loch wieder zu schließen. Zyklopenmauern haben ihre Tücke. Ferner war da ein viereckiger, mit einem Loch in der Mitte und ringsum mit Hieroglyphen geschmückter Stein.

Bei Doña Hermina sprachen viele Menschen vor. Unter anderen auch ein alter Ranchero, der in der Gegend von Toniná sein Besitztum hatte. Er erbot sich, mit uns nach seinem Rancho zu reiten, wo wir übernachten könnten; er und sein Sohn würden uns zu den Ruinen führen. Wir nahmen das an und ritten am nächsten Tage fort. Es sind nur wenige Leguas bis zu dem Anwesen, das heute den Namen Toniná führt. Dort machten wir einen kleinen Halt, wegen einiger merkwürdigen, mit Tier- und Menschenköpfen geschmückten Steine von quadratischer Form, mit rundem Loch in der Mitte. Weiterhin trafen wir eine prachtvolle Hieroglyphenstela als Stufe zum Überschreiten eines Viehzaunes. Die nach oben gerichtete Seite ist mit dem Hochrelief geschmückt, das diese Stelen alle auf der den Schriftzeichen abgekehrten Seite zeigen.

Der Rancho, in dem wir übernachteten, war äußerst ärmlich, aber ziemlich nahe bei den Ruinen, zu denen wir uns am nächsten Morgen durch dichtes Gestrüpp einen mühsamen Weg bahnten. Ach, welch eine Enttäuschung harrte unser! Fünfzig Jahre hatten mehr zu zerstören vermocht als einige vorhergegangene Jahrhunderte. Zwar waren die Zimmer noch vorhanden, aber die Mauern zerbröckelten, durch das Dach waren Baumwurzeln gewachsen: Schlinggewächs und Gesträuch wucherte überall. Die in Stuck hergestellte Wandbekleidung, deren Malereien Stephens noch bewundert hatte, war bis auf kümmerliche Reste abgefallen. Betrübt zogen wir wieder ab und ritten, um eine herbe Enttäuschung reicher, nach Ococingo zurück.

Kaum waren wir zu Hause eingetroffen, als sich der Himmel bezog und es zu regnen begann. Da uns ein Zeitraum von fast zwei Monaten noch von der Regenzeit trennte und der Regen ohne Gewitter eintrat, glaubten wir, es sei nur eine der im Gebirge nicht seltenen „lloviznas“, der leichten Nebelregen, die nicht lange anzuhalten pflegen. Statt dessen regnete es unaufhörlich, regnete tagelang, und wir waren zum untätigen Stillsitzen gezwungen, da für die schauderhaften Wege kein Träger bei nassem Wetter zu haben war. Jeden Gedanken an Palenque mußten wir fahren lassen, da wir nicht warten konnten, bis sich der Himmel über der Sierra wieder geklärt haben würde. Auch war es mittlerweile Ende März geworden. Wir mußten endlich einmal Guatemala erreichen, das immer ferner zu rücken schien, je mehr wir uns ihm näherten.

Die regnerischen Tage wurden benutzt zur Ordnung des Herbars, zur Fertigstellung unserer Papierabdrücke. Aber um diese zu härten, müssen sie mit einem Gemisch von Spiritus und Kopallack überzogen werden, und dieser war nicht aufzutreiben, da die Kirche gerade frisch gestrichen wurde und der Herr Pfarrer zu dem Zwecke den letzten Rest davon gekauft hatte.

Wir wurden wenigstens gut verpflegt und hielten mit Doña Hermina gute Freundschaft. Zur Belohnung erhielten wir von ihr als Gastgeschenk ein sehr schönes altes Gefäß mit einem Deckel in Fischgestalt, mit Hieroglyphen geschmückt, von schwärzlicher Farbe und mit einer feinen Glasur überzogen, wie ähnliche aus Tabasco, Yucatan und Guatemala bekannt sind. Sie scheinen Handelsware gewesen zu sein, ebenso wie die schönen, bunten Töpferwaren von Cholula.

Dieses hübsche Gefäß entstammte einer Schatzgräberei und war durch Erbschaft in Doña Herminas Besitz gelangt. Seit dem Indianeraufstand von 1712 ist nämlich unter den Ladinos der Gegend von Ococingo der Glaube verbreitet, daß ein Teil der aus den geplünderten Städten geraubten Kirchenschätze in dem Cerro de Santa Teresa, den die Indianer *Caaná* nennen, einem Hügel im Norden von Ococingo, vergraben worden sei; gerade wie in dem heiligen „schwarzen Berge" von Oxchuc. Um diesen Schatz zu heben, verbanden sich mehrere Bürger von Ococingo und gruben unter Aufwendung nicht unerheblicher Mittel nach. Schätze fanden sie nicht, aber ein altes Grab und darin Gefäße und etliche andere Gegenstände. Die schönsten davon – man beschrieb uns zum Beispiel eine Eidechse aus Nephrit – wurden an den bereits mehrfach erwähnten Licenciado Vicente Pineda geschickt. Der ist inzwischen gestorben, und niemand wußte uns zu sagen, wo die Stücke geblieben seien. Ein zweites, kleineres Gefäß von gleicher Mache, dem leider der Deckel fehlt, ein Stückchen Nephrit und ein hübscher Spinnwirtel, die wir im Dorf auftreiben konnten, waren die einzigen Überbleibsel dieses Fundes.

Schlimmer als wir waren unsere Pferde daran. Da trockenes Maisstroh nur wenig zur Stadt hereingebracht wurde, und zumal bei diesem Regenwetter kein Indio sich mit Zacate sehen ließ, schickten wir einen jungen aus, um Gras zu schneiden. Er kam stundenlang nicht wieder und endlich mit leeren Händen. Ja, meinte er, es regne ja, da könne man doch nicht arbeiten. Tatsächlich ruhte alle Arbeit im Freien, während es regnete, weil sich die Leute vor dem Naßwerden fürchteten.

Inzwischen hatte die Gaststube einen neuen Einwohner bekommen, einen Comiteco, der hier herum Geschäfte zu erledigen hatte: Vieh- und Landkäufe und ähnliches. Er saß auch fest und richtete sich in der entgegengesetzten Ecke des Raumes ein. Er war ein lebhafter, kluger Mann, und seine Bekanntschaft war für uns sehr angenehm und nützlich, auch für unseren späteren Aufenthalt in Comitán, wo er eine geachtete Stellung einnahm. – Als ich einmal bei einer Unterhaltung zugegen war, die er mit einem Manne aus Ococingo führte, wobei sich beide in landesüblicher Weise nach ihren Familienbeziehungen ausfragten, meinte er: „Sie müssen doch Don Fulano de Tal gekannt haben?" „Nun, der war mein Vater, ich bin sein natürlicher Sohn." Eine Äußerung, die mein an europäische Heuchelei gewöhntes Herz durch ihren Freimut in Erstaunen setzte, durch die Selbstverständlichkeit, mit der sie getan wurde, erfreute.

Endlich schien der Himmel Erbarmen zu fühlen. Ist es schon kein Vergnügen, im heimischen Gebirge eingeregnet zu sein, um wieviel schlimmer in den Tropen! Es wurde unter dem Regen empfindlich kühl, das Thermometer zeigte 14°. Da die Häuser keine Fenster haben, müssen tagsüber alle Türen offen stehen; das Dach hat stets schadhafte Stellen, durch die es hereinregnet. Und da auch nirgends Einrichtungen bestehen, die wir uns gewöhnt haben, für unentbehrlich zu halten, werden Schmutz und Nässe oft recht empfindlich.

Nun trat die Trägerfrage wieder einmal gebieterisch an uns heran. Der Jefe, der uns sonst überall half, war in Amtsgeschäften abwesend. Es blieb nichts übrig, als uns an einen Mann zu wenden, der auf seinem ausgedehnten Besitz indianische Arbeiter verwendete, mit der Bitte, uns einige davon als Träger zu überlassen. Man wird fast an Leibeigenschaft gemahnt bei solchen Verhältnissen. Alle Verhandlungen hatten wir mit dem Arbeitgeber zu führen, dieser bekam das Geld und stellte die Bedingungen. Der Preis, den er verlangte, war unverschämt. Zudem wollte er nur Leute schikken, wenn es nicht regnete. Und obgleich alle unsere Freunde im Ort über die Forderung entrüstet waren, so blieb uns doch nichts übrig, als darauf einzugehen, da niemand anderen Rat wußte.

Glücklicherweise regnete es am nächsten Morgen nicht, und wir konnten aufbrechen. Eine volle Woche waren wir in Ococingo gewesen, und was hatten wir erreicht? Wir hatten uns davon überzeugt, daß die Spuren von Toniná im Verschwinden sind, wir brachten ein paar Papierabklatsche mit, einige Photographien, einige Tongefäße! Eine recht ärmliche Ausbeute. Aber die Reise durch Chiapas hatte uns Bescheidenheit gelehrt und unsere Ansprüche stark herabgemindert. Es war oft schwer, guten Muts die Mühseligkeiten des Reiselebens zu ertragen, die durch keinerlei oder gar zu geringe Erfolge wettgemacht wurden. Wie leicht trägt sich alles, wenn etwas erreicht wird. Wie lastet alles auf einem, wenn der erhoffte Erfolg ausbleibt.

Da auch Don Mariano Armendarez, unser Stubengenosse, das aufklärende Wetter zur Abreise benutzen wollte, gedachten wir, zusammen zu reiten, aber unsere Träger ließen auf sich warten, und so kamen wir, wie gewöhnlich, später fort, als beabsichtigt. Der Weg führte durch den Busch im warmen Tal entlang, dann über das schöne, klare Wasser des Jatաté. Danach war während einiger Stunden sehr langweiliger Ocotewald zu durchreiten, der der märkischen Kiefernheide nur allzu ähnlich war. Am Nachmittage war *San Carlos* erreicht, jetzt ein Ladinodorf. Die Indios haben sich, als die Ladinobevölkerung sich vermehrte, einige Leguas entfernt, in Laguna, angesiedelt, weil sie für sich bleiben wollen. – Es gab ein bescheidenes kleines Wirtshaus, dessen Preise recht unbescheiden waren.

Abermals wurde am nächsten Morgen unser Aufbruch verzögert, weil die Lasttiere erst von der Weide geholt werden mußten, deren Besitzer, Pablo Vasquez, ein Spanisch redender Indio, und sein kleines, niedliches Mädchen – Indianerkinder sind immer hübsch – uns bis nach Comitán begleiteten. Wieder begann der Tagesmarsch mit einem Ritt durch Kiefernwald, aber bald ging es hinunter in die vom *Río Saconijá* durchströmte, malerische Schlucht, die auf guter Brücke überschritten wurde. Nachdem wir am jenseitigen Ufer steil bergan geritten waren, kamen wir in schönen, hochstämmigen Wald, in dem der Weg stetig sanft aufwärts führte. Auf der Höhe trat wieder Kalkgestein auf, mit Eichen bestanden, auf denen eine Fülle von Orchideen blühte. Der Weg wand sich um eine Berglehne herum und führte in ein enges, mit üppiger Vegetation erfülltes Tal. Hier fiel uns ein schlanker Baum mit Fiederblättern auf, und da er gerade in Blüte stand, wollten wir einen Zweig davon in unsere Pflanzenpresse legen. Als aber mein Mann ein Stück davon abschnitt, brachen Scharen von Ameisen aus der Schnittfläche hervor, deren er sich nur mit Mühe erwehren konnte. Die mit Ameisen gefüllten, langen, dicken Dornen einer Akazienart waren uns wohl von früher her bekannt. Hier aber schien das

Holz selbst den Tieren als Wohnung zu dienen. Sicher besteht auch in diesem Fall ein gegenseitiges Schutz- und Trutzbündnis zwischen der Pflanze und dem Tier. Wir trafen diesen schönen Baum später noch einigemal, hüteten uns aber von jetzt ab wohlweislich, ihm zu nahe zu kommen oder ihn zu verletzen.

Aber diese Pracht und Schönheit währte nicht allzulange. Bald kamen wir wieder in den weithin sich dehnenden Ocotewald, dessen Eintönigkeit durch viele stattliche Ranchos und Hacienden, von verschiedenartigen Pflanzungen umgeben, unterbrochen wurde. Bei *Vergel* durchströmt ein Flüßchen einen Wiesengrund und wühlt sich dann in tiefer, enger Schlucht durch weiches Kalkgestein. Eine überdachte Brücke überspannt den Spalt, und jenseits liegt das zur Hacienda gehörige, einfache Unterkunftshaus. Nebenbei liegen ausgedehnte Ruinen von Häuserfundamenten, in breiten Terrassen übereinander geordnet. Die Überreste einer großen Siedlung. Der nächste Reisetag brachte kaum Abwechslung. Auf langen, wieder mit Kiefern bestandenen Bodenschwellen ritten wir hin, den Abhang des hohen Gebirges in weiter Ferne zur Linken. Nur die ausnehmend schöne und stattliche Hacienda von *Bajucuc* war erfreulich zu sehen. Dann gab es hie und da einen Blick in hübsche Waldschluchten, und Nachtquartier machten wir im Unterkunftshause der großen Hacienda von *Yaxjá*, inmitten prächtiger Weidegründe. Nach Comitán blieben nur noch wenige Leguas auf gutem Wege. Nur der Abstieg ins breite Tal hinunter, mit dem Blick auf die hübsch auf dem Berge gegenübergelegene Stadt, war steinig. Eine Strecke ging's im Tal und schließlich auf schauderhaftem Pflaster den Berg hinan, in die Stadt hinein. Der letzte größere Ort vor der Grenze war erreicht.

Das freundliche Comitán (in der Indianersprache der Gegend *Balun kanal*, das ist „Neun Sterne") macht einen fast italienischen Eindruck: überall hängen Rosen und andere mit bunten Blüten bedeckte Ranken und Büsche über Mauern und Vordächer. Die rechtwinklig angeordneten Straßen sind nicht überall geebnet, sondern laufen über den Felsboden hin; die Häuser sind fast alle sauber getüncht, weiß, blau, rosa. Im Innern der Stadt, deren Kern das alte Dominikanerkloster und die Kirche bilden, gibt es manch stattliches Steinhaus. Comitán besitzt drei Dinge, die man weithin rühmt: seine Frauen, seinen Schnaps und seine *Dulces* (Süßigkeiten). Die Frauen sind als energisch und handelskundig bekannt. Sie besorgen die Geschäfte, während die Männer auf den Ranchos nach dem Rechten sehen. Und jeder Geschäftsreisende, der in Comitán war, wird erzählen können, daß er meist mit der weiblichen Bevölkerung zu tun hatte. Der *Comiteco* ist ein Zuckerbranntwein, der einen ausgezeichneten Ruf genießt. Die Dulces bestehen aus Fruchtpasten, die in kleinen, runden Holzschachteln verkauft werden. Hauptsächlich eignet sich die heimische *Guajave* und der Pfirsich dazu.

Die Einwohner sind heiter und liebenswürdig, das Leben nicht teuer, da viele Indianer umher wohnen und alle wünschenswerten Eßwaren zur Stadt bringen. Zacate, das ist das trockene Maisstroh, das den Pferden als Futter dient, kam in Mengen zur Stadt, so daß unsere Tiere sich reichlich sattfressen konnten. Auch das Gasthaus war gut, und alle Leute, mit denen wir zu tun hatten, kamen uns freundlich entgegen. Don Mariano, unser Zimmergenosse von Ococingo, führte uns eines Nachmittags sogar in den Klub, der sehr hübsche Räume und auch ein Klavier besaß. Er hatte auch schleunig etliche Klubmitglieder von dem bevorstehenden Besuch unterrichtet, die ebenfalls dorthin kamen. Und so lernten wir gleich einige der feinsten Leute kennen – natürlich nur Herren, die leider nicht recht wußten, was sie mit mir anfangen sollten, da ich nicht einmal Klavier spielen konnte!

Altertümer? Ja, damit war wieder nicht viel. Eine kleine Steinfigur besaß der Pfarrer, sie stellte eine etwas rätselhafte Tiergestalt vor, die den Kopf mit den beiden, menschlich geformten Händen stützte. Eine andere stand im Hof eines sehr sauberen, stattlichen Hauses. – Nachdem wir schon zwei Tage lang Umfrage gehalten hatten, wies man uns an Fernando Vasquez, einen Spanisch redenden Indianer, der eine Art Häuptling und mit den Altertümern der Gegend vertraut war. Er erzählte uns von dem Hügel ganz nahe bei der Stadt, *Hun Chavin*, das heißt „Eins Adler", genannt, auf dem man, als vor etwa zwanzig Jahren dort Maisfelder angelegt wurden, mancherlei gefunden habe. Von dem Verbleib der Sachen wußte er nichts; es sei wahrscheinlich das meiste zerschlagen. So geht es heute noch. Wenige Wochen vorher war man bei den Arbeiten zur Herstellung der neuen Fahrstraße nach San Cristóbal auf einen unterirdischen Raum gestoßen, der mehrere gemalte Gefäße enthielt; man kümmerte sich nicht darum, schüttete das Loch wieder zu und baute ruhig weiter. Diese Altertümer sind also der Mitwelt verloren. Und dabei hatte die Regierung vor wenigen Jahren im ganzen Lande solche Dinge sammeln lassen, um die Kolumbusausstellung zu beschicken.

Auf dem „Hun Chavin" fanden wir zwei künstliche Hügel, vermutlich die Fundamente alter Heiligtümer. Alles umher war mit Mais bestellt, am Abhang des Berges war eine Quelle.

Nachdem wir uns ungern überzeugt hatten, daß hier nichts zu tun war, brachen wir nach drei Tagen auf. Aber trotz aller bisherigen Enttäuschungen, trotz des vielen vergeblichen Hin- und Herreitens, gedachten wir doch, den Umweg über *Chaculá* nicht zu scheuen, den uns unsere Freunde in Comitán anrieten. Wir würden dort sicher finden, was wir suchten, da ständen die alten Steingötzen schon auf der Treppe zum Hause. Nun, unser Glaube war gering. Aber schon um einen deutschen Landsmann in so weltferner Gegend zu begrüßen, sollten die wenigen Leguas nicht gescheut werden.

Der Sonnenstein von Gracias a Dios

VII.

Von Comitán bis Guatemala

"Mañana" hieß es auch wieder einmal in Comitán. „Mañana" hat uns so manchen Tag gekostet, aber dagegen ist noch kein Kraut gewachsen. Die Leute leben hier zeitlos, und der Spruch, daß Zeit Geld ist, ist für das spanische Amerika noch nicht gesprochen.

Trotzdem ritten wir am 29. März ab. Es war Palmsonntag und es begegneten uns zahlreiche Indios mit schnörkelhaft verzierten Palmengebinden, die sie zur Kirche trugen. In allen Gehöften und an den Wegen waren die steinernen und hölzernen Kreuze mit Palmen und schönen rosenroten Tillandsienblüten geschmückt.

Wir ritten nicht auf dem direkten Wege nach Chaculá, sondern zuerst auf der Straße nach *Zapaluta*. Ach, wie oft hatten wir uns schon durch falsche Nachrichten über Altertümer vom geraden Weg ablocken lassen! Aber immer wieder folgten wir der Versuchung, immer wieder voll neuer Hoffnung. War doch unser Weg durch Chiapas in archäologischer Hinsicht eine Kette von Enttäuschungen gewesen. – Außer einigen unbedeutenden Stücken in einem benachbarten Rancho war auch in Zapaluta nichts zu finden. Aber beim Schulmeister wurden wir dank einem Empfehlungsbriefe freundlich aufgenommen und schliefen recht gut auf den sauberen Steinfliesen seiner Sala.

Früh am Morgen brachen wir auf, bei dickem, feuchtem Nebel. Durch hübschen, lichten, nicht hohen Wald ging zuerst der Weg, später durch Felder: eine ziemlich reizlose Gegend. *Hun kanal* (Eins Stern) ist eine große Hacienda, zu der ein großes, unordentliches Dorf gehört; in der Nähe sahen wir ein paar künstliche Hügel. Aber es wurde uns gesagt, daß die Besitzer es nicht liebten, wenn die Hügel durchforscht würden. Diese Abneigung hat wohl ihren Grund in der Schatzgräberei, die die Leute zum Durchstöbern der Tumuli veranlaßt.

Je mehr wir uns dem großen See von Tepancuapam näherten, um so dichter wurden die künstlichen Hügel; stundenlang ritten wir zwischen solch grasbewachsenen, alten Häuserfundamenten hindurch: Es muß eine stark besiedelte Gegend gewesen sein. Aber alle Fragen in Dörfern und Ranchos waren vergeblich; alles war zerbrochen oder fortgeworfen in abergläubischer Furcht. Denn hier wußten die Leute noch nicht, wie in der vielbereisten Gegend von Oaxaca oder auf dem Isthmus, daß solche Dinge von den närrischen Fremden begehrt und sogar bezahlt werden. Der große See blieb links liegen, ohne daß wir ihn zu Gesicht bekamen. In der Hacienda gleichen Namens wurden wir sehr gastlich aufgenommen und verplauderten einen angenehmen Abend. Die älteste Tochter verriet für dortige Ansprüche nicht gewöhnliche Bildung, sie war lebhaft und unternehmungslustig, ja sie plante eine Europareise gemeinsam mit einer Freundin, und nur der Mangel an Sprachkenntnissen ließ ihr das Unternehmen in noch etwas ungewissem Licht erscheinen.

Endlich begann uns das Schicksal ein freundlicheres Gesicht zu zeigen. Wir kamen nach *Sacchaná*, wo wir unter dem Portal im Pflaster des Fußbodens einen guterhaltenen Hieroglyphenstein fanden und ein Stückchen weiterhin einen zweiten. Der Besitzer ließ mit sich reden: Er verkaufte uns die Steine, die wir sofort ausbrachen, um sie später durch Maultiere abholen zu lassen.*

Weiter ging's nach Gracias a Dios, wo im Hof auf einem steinernen Unterbau, der ein großes hölzernes Kreuz trug, ein viereckiger Stein stand von mäßiger Größe, auf dessen Oberseite sich ein kreuzförmiges Loch befand. Die vier Seiten waren mit Relief

* Diese Bruchstücke erwiesen sich durch die eingemeißelten Zahlenhieroglyphen als ausnehmend wichtig. Siehe Bd. I und II der „Gesammelten Abhandlungen" von Eduard Seler.

verziert. Die beiden langen Seiten zeigten ein Sonnengesicht in der Vorderansicht, die beiden kurzen im Profil. Der übrige Raum war von Rankenwerk ausgefüllt, dazwischen waren die runden Perlen zu sehen, die in den mexikanischen Bilderschriften Zahlen bedeuten. (Siehe Kopfleiste dieses Abschnittes.) Zwischen Sacchaná und Gracias a Dios waren wir an den schlichten, weißen Grenzsteinen vorbeigeritten, die Mexiko von Guatemala trennen.

Die Gegend glich einer wundervollen Parklandschaft; kleine Wiesentäler, von buschbewachsenen Hügeln umgeben, wechselten mit malerischen Hohlwegen. Trotz der vorgerückten Jahreszeit war alles grün, und auch manch seltsame Blüte fand den Weg in unser Pflanzenbündel. Das erstemal in meinem Leben fand ich hier eine wirklich schwarze Blüte an einer Berglehne im Walde.

Wir hatten in Sacchaná und in Gracias a Dios Aufenthalt gehabt. Es war spät, und da der Himmel sich bewölkte und ferner Donner sich hören ließ, beschlossen wir, heute in der *Trinidad* um Nachtquartier zu bitten. Hier waren wir im Hause des liebenswürdigen Don Eduardo, eines Sohnes des Besitzers von Chaculá. Die Besitztümer bilden einen ausgedehnten, zusammenhängenden Komplex, zu dem noch verschiedene Ranchos gehören. Sie liegen in jener Gebirgsregion, die nicht den scharfen Gegensatz der Jahreszeiten kennt, wie die der Küste näheren Gebiete. Freilich regnet es im Sommer auch hier mehr und regelmäßiger als im Winter, aber von den dicken, schier undurchdringlichen Wäldern im Norden, die sich bis zum Usumacinta hinunterziehen, werden fortwährend Nebel herübergeweht, und das Klima kommt daher dem der gemäßigten Zone so nahe, als es unter diesen Breiten überhaupt möglich ist. Es war gut, daß wir nicht weitergeritten waren, denn bald gab's einen tüchtigen Regen.

Wie wir die Vorhalle und das Zimmer betraten, hüpfte unser Herz vor Freude, denn eine stattliche Reihe steinerner Figuren grüßte uns. Von schönen und seltsamen Tongefäßen erzählte Don Eduardo, die aus Höhlen stammten, aber leider zerbrochen seien. Doch würden wir in Chaculá mehr dergleichen finden. Wir waren wie erlöst – der Bann der getäuschten Hoffnungen und Erwartungen war von uns genommen, der die letzten Wochen so schwer auf uns gelastet hatte. Und da unser freundlicher junger Wirt uns aufs liebenswürdigste alle kleinen Bequemlichkeiten seines Junggesellenheims zur Verfügung stellte, streckten wir uns behaglich aufs Lager, gehoben durch erwartungsvolle Spannung auf die Dinge, die uns die nächsten Tage bringen sollten.

Am Morgen machten wir mit Don Eduardo einen Spazierritt, der unseren froh erwachten Hoffnungen noch größere Lebenskraft einhauchte. Nachdem wir über arg zerklüftetes Gelände – wir befanden uns in karstartigem Kalkgebirge – hinabgestiegen waren, gelangten wir in einen sanften, weit ausgedehnten Wiesengrund von parkartigem Charakter. Kleine, von Buschwerk überwachsene Stufenpyramiden fanden sich verstreut, und vor zweien lagen große, runde, mit Relief verzierte Steine, von denen wir in aller Schnelligkeit Papierabdrücke machten. – Der Wiesenplan, auf dem der eine lag, wurde von den Leuten *„El Cimarrón"* (die Wildnis) genannt; den anderen Stein bezeichneten sie kurzweg als die *„Piedra Redonda"*. Auf dem Rückwege wurde eine Stelle besucht, wo sich ein tiefer, brunnenartiger Einsturz zeigte, wie er in Kalkgebirgen nicht selten ist, aber in solcher Ausdehnung nicht oft vorkommt. Wir zählten bis zwölf, ehe der hinabgeworfene Stein auf dem Boden des Schachtes aufschlug. Diese tiefen Einbrüche, die Höhlen und die steif abfallenden, wie abgebrochen erscheinenden Schluchten sind sehr charakteristische Merkmale dieses zerrissenen Karstgebietes, das aber vor den europäischen Gegenden gleicher Formation die Üppigkeit des Pflanzenwuchses voraus hat, der mit Bäumen und Büschen seine Höhen, mit saftigem Weidegrund seine Täler und Schluchten, mit Ranken und Blüten seine Abhänge überzieht. – Außer der anmutigen Landschaft und dem bisher leider nicht häufigen Anblick interessanter Altertümer, der wohl geeignet war, unseren gesunkenen Mut neu zu beleben, bot mir dieser Morgenritt noch ein ganz besonderes Vergnügen: Don Eduardo hatte mir ein gutes Pferd satteln lassen. Ein gutes, lebhaftes Pferd unter sich zu fühlen, nachdem man wochenlang einen müden und eigensinnigen Gaul hat vorwärtsdrängen müssen, ist eine unbeschreibliche Wonne. Und Dankbarkeit im Herzen gegen Don Eduardo, der diesen Morgen so genußreich für uns gestaltet hatte, ritten wir am Nachmittage die wenigen Leguas nach *Chaculá*.

Nachdem wir den Fuß eines Hügels umritten hatten, dessen Spitze die Reste einer stattlichen Pyramide trägt, sahen wir vor uns die reihenweise geordneten Hütten der Hacienda-Arbeiter, überragt von dem rot und weißen Ziegeldach eines stattlichen Gebäudes. Als wir näher kamen, gewahrten wir allerdings, daß dieses Haus erst im Bau und vorläufig noch nicht bewohnbar war. – Da wir von der Trinidad aus schon angemeldet waren, wurden wir erwartet; der Fußboden des Raumes, der uns aufnehmen sollte, war mit Tannenzweigen bestreut, zwei Lagerstätten für uns bereitet, an denen mich nichts so sehr erfreute, als die saubere Bettwäsche.

Wir fanden in Herrn Gustav Kanter einen Mann, der mit den Verhältnissen des Landes genau vertraut war, mit seinen Indianern wohl umzugehen wußte und ein lebhaftes Interesse für die Vergangenheit der Scholle besaß, die ihm zur zweiten Heimat geworden war; einen Mann, der den Resten, die sich auf dieser Scholle befanden, schon vielfach nachgespürt hatte. So kam es, daß wir ihm nicht nur als Landsleute willkommen waren, sondern daß auch unsere Zwecke sein Interesse erregten und seine tätige Unterstützung und Förderung fanden.

Ein sonderbares Spiel des Zufalls war es, daß mein Mann und Don Gustavo sich äußerlich merkwürdig ähnlich sahen: dieselbe hagere Figur, derselbe Bart; die Haltung zu Pferde und der breitrandige Filzhut vervollständigten die Täuschung, der sogar der eigene Sohn in einiger Entfernung unterlag. Auf der ganzen Strecke zwischen Chaculá und Huehuetenango, ja bis nach Quezaltenango hin wünschte man von meinem Manne Pferde, Jungvieh, Mais zu kaufen, und es kam oftmals zu recht ergötzlichen Auftritten.

Unsere Absicht war gewesen, am Donnerstag wieder abzureiten, aber da die Indios es für eine Entheiligung ansehen, wenn man am Gründonnerstag reist, so setzt man sich den größten Unannehmlichkeiten, ja der Gefahr von Steinwürfen aus und bleibt lieber, wo man ist. Zudem sind Gründonnerstag und Karfreitag zwei Tage, an denen die ganze Bevölkerung sich betrinkt, während das an anderen großen Feiertagen nur immer die Einwohner des Ortes tun, dessen Schutzheiligen das Fest gilt.

Neben dem Raum, den wir auf der Hacienda bewohnten, einem aus starken Brettern wohlgefügten Bau, der für später zum Vorratsraum bestimmt war, befand sich ein zweiter ähnlicher, aber ohne Vorderwand. In diesem stand ein Muttergottesbild; hier war die vorläufige Kirche der Hacienda. Am Ostersonntag kamen die Indianer aus den umliegenden Ranchos, um hier ihre Andacht zu verrichten. Das Holzkreuz auf dem Platze vor dem Hause war mit Blüten umwunden, vor der Madonna brannten Kerzen; Männer und Weiber trugen frisch gewaschene Hemden.

Es war kühles, regnerisches Aprilwetter eingetreten; so bedurfte es keiner allzu großen Überredung, uns noch ein paar Tage festzuhalten, während welcher die festen Verabredungen für unsere Wiederkehr getroffen wurden. Was wir in der kurzen Spanne gesehen hatten, ließ uns eine solche erwünscht erscheinen, und

Herr Kanter gewährte uns willig die Erlaubnis, auf seinem Grund und Boden Ausgrabungen nach unserem Ermessen vorzunehmen. Wir hatten die Stätte gefunden, die uns viel Mühe und Arbeit bringen sollte, aber auch Erfolg und manche Freude.

Bisher war es mir oft erschienen, als ob Guatemala stetig vor uns zurückweiche. Jetzt endlich, da uns höchstens noch eine Woche von diesem Ziel trennte, schien es in erreichbare Nähe gerückt. Es wurde Zeit. Wir und unsere Pferde waren müde. Ich war kaum noch fähig, voll und frisch alle neuen Eindrücke in mich aufzunehmen und festzuhalten, und nur dem Umstande, daß wir einen Teil des Weges bei unserer Rückkehr nach Chaculá noch einmal zurücklegten, verdanke ich es, daß er sich mir eingeprägt hat. Die letzten Tage wurden durch Hitze und Staub doppelt ermüdend. Auch war es die Jahreszeit, in der in Wald und Feld die Feuer entzündet werden, um ohne Mühe den Boden zur neuen Aussaat, zum neuen Weideland geeignet zu machen. Diese Feuer erfüllen mit Rauch und Qualm die Luft, wie Höhenrauch. Es ist eine große Verschwendung von Bodenkraft, eine Verwüstung von Wald, die auf diese Art getrieben wird. Aber die Erde ist hier reich und ergiebig, Wald ist genug vorhanden; an rationelle Wirtschaft denkt niemand. Und so ist es am bequemsten; also wird ruhig weiter gebrannt.

Oft während der letzten Wochen, wenn wir über die schlechten Wege geklagt hatten, tröstete man uns damit, daß wir jenseits der Grenze, in Guatemala, vorzügliche Straßen finden würden. In der Tat gibt es in Guatemala einige gut angelegte Straßen, deren Zustand aber je nach der Beschaffenheit ihres Untergrundes und je nach der Jahreszeit gerade so gut und so schlecht ist wie der der mexikanischen Straßen auch, wie das in tropischen Landstrichen kaum anders zu erwarten ist. Man bedenke nur, welche Verheerungen ein Gewitterregen, ein Schneewinter auf unseren Alpenstraßen anrichtet, und stelle sich dann die Schwierigkeiten vor, die durch monatelang täglich wiederholte Regengüsse entstehen müssen; man bedenke, welche Arbeitskräfte jährlich zur Instandhaltung unserer Verkehrswege notwendig sind, und vergesse nicht, daß Mexiko und Guatemala dünn bevölkert sind. Man wird bescheiden und freut sich schon, wenn man überhaupt eine befestigte und leidlich angelegte Straße findet, anstatt des alten Indianerpfades, der, unbekümmert um alle Schwierigkeiten, meist die kürzeste Linie zwischen zwei Punkten darstellt.

Vorerst hatten wir für die nächsten Tage einen echten, rechten Gebirgsweg vor uns. Von Chaculá aus gelangten wir bald durch

Wald- und Kalkgebirge an einen klaren Bach, der die Ländereien des ärmlichen Viehranchos *Chaquial* durchfließt. Das schöne Wasser, das zur Bewässerung großer Pflanzungen ausreichen würde, endet in einer trüben Lache, deren Ufer von Vieh zerstampft und von modrigem Strauchwerk umgeben ist. Noch ein Stück weiter erreichten wir die große Straße, die von Comitán geradeswegs zum Grenzort *Nentón* führt, aber sie rechtfertigte nicht den guten Ruf, dessen sie sich erfreut. Durch Hügelgewirr hindurch erreichten wir das in tiefer, heißer Talspalte gelegene *Nentón*, am Ufer eines der wasserreichen Flüsse, die, aus der Kordillere hervorbrechend, den großen Fluß von *Chiapas* bilden. Wegen seiner tiefen und eingeschlossenen Lage – nur neunhundertundsechzig Meter über dem Meeresspiegel – ist es hier zu allen Jahreszeiten heiß und ziemlich ungesund. Es ist ein ganz neuer Ort, nur durch die Notwendigkeit entstanden, nahe der Grenze Zollämter und einen Militärposten zu unterhalten. In Nentón findet die Grenzbehandlung der Arrierozüge statt, die unter anderem auch den berühmten Zuckerbranntwein von Comitán bringen, der in Guatemala einen hohen Einfuhrzoll zahlt.

Nahe dem Ufer des Flusses, abseits von den Hütten des Ortes, steht eine prächtige Ceiba, und flußabwärts sieht man Bananenhaine und das lichte Grün von Zuckerrohrpflanzungen. Wir schlugen unser Nachtlager in der Vorhalle des Gemeindehauses auf, was bei der großen Hitze sehr angenehm war. Welcher Gegensatz zu den kühlen und regnerischen Nächten in Chaculá, wo wir uns trotz des geschützten Raumes fröstelnd in unsere Decken gewickelt hatten, wo wir aber auch vor Schlangen und Skorpionen keine Angst zu haben brauchten.

Aus der Schlucht von Nentón emporsteigend, kommt man auf eine wellige, noch aus Kalk bestehende Fläche, wo viel gebrannt und gerodet worden, und wo infolge davon die Abhänge der Hügel mit niedrigem Strauchwerk bedeckt sind. Es folgt ein zweites Tal, von einem klaren Flüßchen durchströmt, das von schönen hohen Bäumen beschattet ist. Jenseits ist der Kalk zu Ende; rote kompakte Schiefer und Sandsteine treten auf, und mit dem Gestein ändert sich auch die Vegetation. Die Eichen verschwinden, die Nadelhölzer kommen wieder zur Herrschaft. Ein schöner Weg durch lichten Wald, immer ansteigend, durch buscherfüllte Schluchten, führt nach mehrstündigem Ritt zum Dorfe *San Andrés*. Fünfzehnhundert Meter über dem Meeresspiegel liegt es, auf einem Grate roten Felsgesteins, der in die tiefe Talspalte des *Río Dolores* vorspringt. Ein prächtiger Blick von hier oben, vor dem haushohen Kreuz, auf dem Platz vor der Kirche, auf der höchsten Stelle des Grates. Nicht weit davon sind die Fundamente einer alten Pyramide, darauf ein ärmliches Gehöft. Nach links hin blickt man in die tiefe Spalte des Flusses, jenseits auf schroffe Wände und hohe, gezackte Kämme. Nach vorn aber übersieht man die weite Ebene des Flusses von Chiapas bis zu dem Felskegel von San Bartolomé, dessen eigentümliche Gestalt sich scharf vom Horizonte abhebt. Das ganze weite Gebirgsland, das wir während der letzten Wochen durchstreift und dessen recht ansehnlichen Höhen und Tiefen uns so wohlbekannt waren, lag wie eine leicht gewellte, graugrüne Ebene vor uns. – Unmittelbar hinter den Hütten des Ortes steigt der Hang höher hinan, mit Kiefern bestanden, deren Grün sich von der warmen roten Farbe des Erdreiches prächtig abhebt. Die zum Dorf gehörigen Äcker sind tief unten im Tale, wo herrliche süße Ananas gedeihen. Große Früchte wurden uns überall für einen Medio (etwa zwölfeinhalb Pfennig) angeboten.

Der Weg geht auf der rechten Talseite des Flusses weiter, Vorsprünge überschreitend, Seitenschluchten umkreisend. Gehölze wechseln mit Rodungen. Von hier bis nach *Jacaltenango,* dem Ziel des ersten Tagesmarsches von Nentón aus, hat der Reisende eine starke Geduldprobe zu bestehen: Fast drei Stunden liegt der Ort in voller Deutlichkeit vor den Augen des müden Reiters. Kurz nachdem man San Andrés verlassen, wird er sichtbar, aber der Weg zieht hoch über dem Fluß an dessen rechter Seite hin, steigt dann in die tiefe Talspalte hinunter, um jenseits zu noch größerer Höhe wieder hinaufzuklettern.

Es kommt viel Wasser den Berg herunter, und ehe es zum Flusse gelangt, bildet es auf der oberen Terrasse, auf der der Weg entlanggeht, feuchte Wiesen, auf denen Pferdeherden weiden. Sie gehören zum Orte *San Marcos,* der hart an der Berglehne, im Grün der Bananenpflanzen und Laubbäume versteckt liegt. Gerade San Marcos gegenüber, auf einer nach zwei Seiten steil zum Fluß abfallenden Felsterrasse, in der Luftlinie kaum zehn Minuten entfernt, liegt *Jacaltenango.* Nun aber kam ein langer steiler Abstieg, bis der schmale, tiefe Fluß, der sein dunkelblaues Wasser vielfach zwischen hohem Rohr und dichtem Gesträuch verbirgt, auf einem Holzbrückchen überschritten wird. Hier und da sah man durch eine Öffnung im Röhricht einen Seitenbach mit kleinem Fall einmünden. Es war eine anmutige Szenerie.

Beim Aufstieg erreicht man zuerst einen von mächtiger Felsplatte gebildeten Platz im unteren Teile des Dorfes, wo täglich ein kleiner Markt abgehalten wird. Lebensmittel werden feilgehalten – Mais, Bohnen, Chile, Salz, roher Kaffee, Tabakblätter, Zigaretten in Strohpapier, hölzerne Haarkämme. Der Verkehr ist nicht sehr lebhaft, doch bildet das Ganze ein hübsches, bewegtes, farbiges Bild, denn die Indianerweiber tragen Röcke aus leuchtend rot und gelb gestreiftem Kattun, die den Eindruck von Fabrikware machten. Doch könnte es auch Erzeugnis einer Hausindustrie sein, die importiertes, mit Anilin gefärbtes Garn verarbeitet. Weiter hinauf befindet sich der Hauptplatz; er ist wüst und grasbewachsen; wie üblich steht eine große, ziemlich baufällige Kirche an seiner Seite, ferner das Gemeindehaus, das Schulhaus und noch ein drittes, langgestrecktes Gebäude mit Vordach. In der Schule fanden wir Unterkunft; die stattliche Lehrerin und ihre wunderhübsche junge Tochter sorgten für Essen. Mais für die Pferde konnten wir zwar auf der Plaza kaufen, aber Maisstroh, das weit nötiger ist, war schwer zu beschaffen, mußte erst noch geschnitten und teuer bezahlt werden.

Um von Jacaltenango aus den Ort *San Martín* zu erreichen, der in einem anderen, parallellaufenden Flußtal liegt, muß der Rükken der *Cuesta de la Concepción* überschritten werden, der die beiden tief eingesenkten Talspalten trennt. Landschaft und Vegetation sind auf beiden Hängen gleichartig, aber während man von Jacaltenango aus über lehmiges Erdreich auf breitem Wege zur Höhe gelangt, führt auf der anderen Seite ein fürchterlicher Felsenpfad bergab, in kurzen Schleifen über Steinbrocken und schräge Kanten der Gesteinsschichten. Zum Glück dauert die Pein nicht länger als eine kleine halbe Stunde.

Jacaltenango gehört noch zum gleichen Sprachgebiet wie Chaculá, zu dem des *Chuh'* (sprich: Tschuch), das dem Tzeltal und Tzotzil des Staates Chiapas verwandt ist. In San Martín beginnt das *Mam*, zu dem auch *Todos los Santos* gehört, eine dem Quiché und Cakchiquel verwandte Mayasprache. Herrliche *Aguacates* gaben im Verein mit gerösteten Tortillas ein köstliches Mahl.

Der Weg geht auch in diesem Tal auf der rechten Seite aufwärts. Steil ragen die Berge auf, zum Teil mit dichter Waldbekleidung. Auf den Feldern treten Büschel hohen Grases auf, die wir später als charakteristische Vegetationsform auf der Hochebene zwischen Quezaltenango und Huehuetenango wiedersahen. Die Luft war merklich kühler geworden. An allen Hängen waren Maisfelder, denn fast aller Mais, der in Chiantla, in Huehuetenango und Umgegend verbraucht wird, kommt von hier, das heißt wird auf Indianerrücken über den hohen, mehrere Stunden breiten Kamm der Hauptkette der Sierra Madre hinübergeschafft, weshalb denn auch der Ort *Todos los Santos* ansehnlich ist und seine Einwohner wohlhabend sind. Es drängt sich unwillkürlich der Gedanke auf an die schier unerschöpfliche Kraft dieses Bodens, auf dem seit mehreren hundert Jahren Mais gebaut wird, ohne daß man an Düngung denkt. Soweit die Nachrichten auch rückwärts reichen: Überall wird der Maisreichtum der Leute von *Cuchumatlán** gerühmt. Aber auch der Charakter seiner Bewohner scheint sich seit der Zeit des Thomas Gage nicht geändert zu haben- mißtrauisch und den Fremden fast feindlich gesinnt. Beides freilich Züge der meisten Gebirgsindianer.

Nachdem wir mehrere Seitenschluchten gekreuzt und die schmale Rinne des Haupttales übersetzt hatten, gelangten wir in das Dorf. Es liegt zweitausendsiebenhundert Meter hoch, rings eingeschlossen von noch höher aufragenden Bergen. Der Gegensatz des Klimas zu den tiefer gelegenen Ortschaften ist in dieser Jahreszeit sehr merkbar. Unten die brennende Sonne der trockenen Monate, hier oben feuchte neblige Kühle.

Da Chaculá von Guatemala aus nur auf diesem Wege zu erreichen ist, so verweilten wir dreimal im Dorfe, wodurch seine Einwohner uns schließlich etwas vertrauensvoller entgegenkamen und sogar die Frauen ihre Angst vor dem photographischen Kasten ablegten, dessen Handhabung immer als Zauberei gedeutet wird.

Todos los Santos ist ein Alpendorf, wie in einem solchen liegen seine vielen Hütten ziemlich unregelmäßig durcheinander. In der Nähe der Kirche drängen sich die Hauptgebäude zusammen, um zwei kleinere Plätzchen, die nicht in gleicher Höhe liegen. Ein langes steinernes Gebäude stellte das Pfarrhaus vor. Dieses und das Schulhaus dienten uns abwechselnd zum Übernachten. Auf dem Platz zwischen Schule und Pfarrhaus waren Arrierodächer. Dort kamen auch unsere Pferde unter, was sehr gut war; denn sooft wir auch dort nächtigten – immer waren die Nächte kühl und frisch. In einer ärmlichen Tienda bekamen wir notdürftig zu essen. Maisstroh für die Pferde wurde uns das Bündel zu vier Realen (etwa eine Mark) angeboten – ein unerhörter Preis; schließlich bekamen wir es für zwei.

Die Indianer des Dorfes haben ihre eigene Tracht. Die Frauen spinnen und weben einen sehr derben, weißen Baumwollstoff mit roten Streifen und Quadraten. Davon werden die Män-

* Der alte Name, *Cuchumatlán*, ist von den neuen Landkarten verschwunden. Dort findet man nur *Todos los Santos*.

Abbildung 5: Todos los Santos, Cuchumatlán, Alpendorf am Aufstieg zur Sierra Madre.

nerhosen und Weiberhemden verfertigt. Die Männer tragen dazu den braunen Wollkittel, unten ausgefranst, von einem lodenartigen Stoff, der in der Gegend von Comitán gewebt wird. Die Frauen tragen den in Guatemala vielfach üblichen dunkelblauen Rock mit schmalen weißen Streifen oder Karos, der in Quezaltenango auf den Markt kommt. Das Hemd von selbstgefertigtem, derbem Stoff ist sehr lang und weit und hat um den Halsausschnitt eine Fraise von weißem Schirting und violettem Seidenband, beides spanische Zutat zum alten Stil. Das schwere, schwarze Haar wird in zwei Strähnen geteilt, mit roten und gelben Wollbändern umwunden und dann kranzartig um den Kopf geschlungen. Diese Bänder sind nur auf dem großen Jahrmarkt in Comitán zu haben, und der Mann bringt sie seiner Frau von dort mit. Die reiche Fülle von Kopfbändern läßt auf die Wohlhabenheit einer Familie, aber auch auf ein gutes Verhältnis zwischen den Eheleuten schließen. Wenn die Frau weite Wege zu machen hat, so setzt sie auf ihre hochgetürmte Haartracht einen kleinen Männerhut, was einen sonderbaren Anblick gewährt. Dazu sind alle zehn Finger mit rohen Messingringen besteckt, daß die Hand wie gepanzert aussieht.

Ich ging mit unserem Regierungsbrief zum Alkalden und sagte ihm, daß ich ein Hemd und Kopfbänder kaufen wolle (denn meine Privatbemühungen waren natürlich fruchtlos verlaufen) und daß er verpflichtet sei, mir dabei behilflich zu sein, was er auch einsah. Als eine Frau gefunden war, die beides neu besaß – gebrauchte Kleidungsstücke hätte mir auch auf behördlichen Befehl keine verkauft, denn die hätten mir Macht verliehen, die Besitzerin zu behexen –, fand eine feierliche Übergabe der Stücke vor den versammelten Gemeindevorstehern im Cabildo statt. Ich bezahlte den festgesetzten Preis dem Alkalden. Nun wollte aber die Frau, daß ich das Hemd anziehen solle, und siehe da, es erwies sich als schwierig, da mein Kopf durchaus nicht durch das enge Halsloch hindurchging. Dies ist bei den meisten Indianerhemden, die in meinem Besitze sind, der Fall, da die Weiber merkwürdig kleine Köpfe haben. Ebenso sind die Armlöcher, wo solche vorhanden, so eng, daß man meint, sie wären für ein zehnjähriges Mädchen berechnet. Es gab eine sehr ergötzliche Szene, als sie mir's mit Gewalt über den Kopf gezogen hatte und ich es nun nicht wieder abstreifen konnte. Wir hatten wieder einmal den Beweis, wie falsch es ist, zu behaupten, der Indianer lache nicht, nur taut er dem Fremden gegenüber selten auf. Hier wirkte jedenfalls der Humor der Lage ganz lebhaft auf die Lachmuskeln der Anwesenden.

Als mein Mann einmal ein paar Jungen aufgegriffen hatte, die ihm Wörter ihrer Sprache sagten, kam ein älterer Mann daher, rief ihnen etwas zu, und fortan war kein Wort mehr von ihnen zu erfahren. Auf unsere Frage, was ihnen denn jener Alte gesagt habe, berichteten sie, er habe sie gewarnt, ihre Sprache einem Fremden mitzuteilen, denn mit der Sprache nähme er ja auch ihre Seele mit fort, und dann müßten sie sterben.

Das sind meine Erinnerungen an das Dorf der Mam-Indianer, Todos los Santos, Cuchumatlán. Schade, daß wir stets nur wenige Stunden dort verweilten: Welch reiches Feld für den Ethnographen tut sich hier auf. Wer länger hier bliebe, würde vielleicht nicht immer als Fremdling betrachtet werden, würde die Sprache, die Seele der Indianer verstehen lernen.

Hinter Todos los Santos beginnt der Aufstieg zur prachtvollen, bewaldeten, wasserreichen *Sierra Madre*. Wir brachen am frühen Morgen auf und zogen immer dem murmelnden Bach entgegen, der häufig von kleinen, primitiven Holzbrückchen gekreuzt wird. Zuerst durch ein Tälchen mit Feldern und vereinzelten Hütten, dann in prächtiger Felsschlucht, wo wir Veilchen antrafen. An einer Stelle des Weges stand ein mit rötlich blühenden Orchideen ganz überpolsterter, hoher Felsblock; auch eine zierliche, kleinblütige Fuchsie stand hier, sooft wir auch vorüberkamen, in Blüte. Kiefern, dann mächtige Edeltannen und dunkle Zypressen, zu denen sich weiterhin ein Baum gesellte mit gelben Kompositenblüten und graugrünen, weißfilzigen Blättern. Herrliche Wald- und Vegetationsbilder in mannigfach schattiertem Grün. Endlich sahen wir vor uns am Weg ein Holzkreuz stehen: die Paßhöhe war erreicht. Die Meereshöhe von dreitausendfünfhundertvierzig Meter bedeutet für Europa ewigen Schnee, während hier die Grenze des Baumwuchses noch weit über uns lag.

Einige Leguas zog sich der Weg über eine muldenartige Fläche, die hie und da zu Wiesenflächen sich weitete, in ziemlich gleicher Höhe hin. Zu beiden Seiten stiegen die Hänge höher empor. Die Landschaft ist von eigentümlichem Reiz: dichtes Nadelholzgebüsch, klare Quellen und Bäche, eine dichte Grasnarbe. Dazu die reine, klare Luft, die die heißen Sonnenstrahlen milderte. Auch in der wärmsten Jahreszeit sollen Nachtfröste nichts Seltenes sein, weshalb auch keine Ansiedlungen hier oben sind, wiewohl doch alles dazu einzuladen scheint. Früher gab es hier ein Anwesen, das unter dem Namen *La Ventosa* auch auf älteren Karten verzeichnet steht, aber da nichts gedieh und selbst das Vieh diese Höhe auf die Dauer nicht vertrug, wurde es verlassen, und nur einige verfallene Mauerreste stehen noch. Es war durchaus nicht einsam hier oben: Zahlreiche Indios, die nach den Arbeitsplätzen zogen, wohin sie sich für eine längere Zeit verdingt hatten, und viele Maultierzüge begegneten uns. Stundenlang zogen wir auf der Hochfläche dahin, bogen dann, während die flache Mulde sich noch endlos weiter zu erstrecken schien, rechts ab. Wir stiegen ein paar Talstufen hinan, zu einer zweiten, etwas niedrigeren Paßhöhe. Weit ausgebreitet lag das Land vor uns. Tief unter uns das Häuserschachbrett von *Huehuetenango* in breiter, welliger Talfläche, die von den Kiesbetten ausgetrockneter Flüsse wie von weißen Bändern durchzogen war. Dahinter eine weite Ebene, dann Hügel, Bergketten und am Horizont die Vulkane von Guatemala, von Quezaltenango, von Tapachula. Bis zu jenen hohen Kegeln zu unserer Linken mußten wir das Land durchziehen, das wie eine Landkarte zu unseren Füßen aufgerollt war. Aber vorerst mußten wir von unserer luftigen Höhe zum Tal herniedersteigen. Eine harte Arbeit!

Der Weg von Todos los Santos herauf war zwar recht steil, aber nicht schlecht gewesen; auf der ebenen Höhe war er sogar sehr gut. Aber der lange Abstieg, der nun folgte, war entsetzlich. Zuerst galt es ein Stück über große Steine ziemlich steil hinunterzuklettern, über Fels-, Lehm-, Kieshänge. Lange schon sahen wir *Chiantla,* aber immer tief unter uns, denn länger als zwei deutsche Meilen zieht sich der Abstieg hin. Auch der reisende Priester, Thomas Gage, macht keine erfreuliche Schilderung von diesem Weg, auf dem er mit dem Maultier stürzte und von den begleitenden Indianern als Heiliger verehrt wurde, weil er sich dabei nicht Hals und Beine gebrochen hatte.

Wir kamen an eine Schneide, die den Abhang, an dem wir soeben herabgeklettert waren, mit vorgeschobenen Klippen verband. Von beiden Seiten haben sich Spalten so tief hineingefressen, daß in kurzer Zeit die Schneide ganz durchgerissen sein wird. Längs dieses schmalen Rückens ziehen sich die sauberen Häuser der Ranchería *Las Calaveras* hin. Reihen von Agaven umsäumen die Gehöfte; mit Staunen blickten wir in die tiefen Schluchten hinab, wo unter der Lehmdecke mächtige Schieferschichten zutage kamen. Und überall an den Hängen auf beiden Seiten, die schier unzugänglich schienen: kleine Ranchos, Ansiedlungen, Pflanzungen. Hier war der Weg recht gut, und schon glaubten wir, unserem Ziel nahe zu sein. Aber noch lag das letzte, das schlimmste Stück vor uns; über eine Stunde ging es steil hinunter über Geröll, das aus lauter spitzen Steinen bestand. Ich stieg ab und verwünschte dieses greuliche Kalkgebirge, das für Pferdehufe und Menschenfüße gleich entsetzlich ist. Wir waren froh, als wir endlich die stattliche, gemauerte, von einem Holzdach geschützte Brücke erreichten, die das breite Bett des Flusses überspannt, an der Stelle, wo er sich seinen Weg durch eine Felsschlucht sucht. Er bestand jetzt nur in einem dünnen Wasserfaden.

Chiantla ist ein sauberes, verschlafenes Nest. Früher war es Distriktsort, welche Würde jetzt auf das benachbarte Huehuetenango übergegangen ist. Seitdem wächst in Chiantlas Straßen Gras. Seine Bedeutung liegt in einem wundertätigen Marienbilde, dessen Fest am 8. September (Mariä Geburt) mit einem jener großen Jahrmärkte verbunden ist, zu denen von weit und breit die Besucher herbeiströmen, teils der Muttergottes, teils des Marktes wegen. Früher war ein Kloster am Orte, und Thomas Gage erzählt, daß es den Mönchen nur durch die Gaben, so man der Madonna darbrachte, möglich wurde, ihr Dasein zu fristen, und wie der Pater nicht litt, daß er, den man für einen Heiligen hielt, die Geschenke zurückwies, die man ihm brachte, weil sie einen gar so willkommenen Beitrag zum Lebensunterhalt lieferten.

Die Indianer, die den Mais und andere Lebensmittel von der Sierra herabbringen, halten hier ein paar Stunden ihre Waren feil und ziehen dann weiter nach Huehuetenango, so daß am Nachmittag nur zu haben ist, was die Reihe ärmlicher Kramläden an dem von einem stattlichen Regierungspalast und der großen Kirche begrenzten Platze bietet. Übrigens erwies sich der Lebensunterhalt für Mensch und Tier als recht teuer. Der Arriero, der uns von Comitán aus mit zwei Tieren begleitet hatte, ging von hier zurück. Wir mußten Ersatz suchen; Hufeisen waren verlorengegangen, kurz, mancherlei veranlaßte uns, einen Rasttag einzuschieben, der für uns und unsere Tiere ganz wohltuend war. Nur ein Pferd hatte von den Bissen der blutgierigen Vampire arg zu leiden, die hier so häufig vorkommen, daß Chiantla deswegen berüchtigt ist. Diese Fledermäuse beißen sich mit Vorliebe in dem weichen Fleisch des Pferdehalses fest, während das Tier schläft, und entziehen ihm oft so viel Blut, daß es vor Schwäche unfähig zu voller Arbeitsleistung wird.

Sonntag, den 12. April, ritten wir von Chiantla weg auf der guten, tief in das weiche, weiße, mergelige Gestein eingeschnittenen Fahrstraße, die uns zuerst in das Bett eines Baches führte, der die Stadt im Südwesten umgibt, ehe er in den Fluß mündet. Etwas weiterhin zweigt zur Linken der Weg nach Nebaj und Chajal und bald auch zur Rechten die Straße nach Huehuetenango ab. Als wir am Ende eines Talbodens eine kleine Höhe erreichten, blickten wir in einen schönen Kessel hinab, der mit Feldern bedeckt und von Wasseradern durchzogen war, an denen dunkellaubige Fruchtbäume und kleine Farmhäuschen sich reihten. Diese Höhe bildete die Wasserscheide zwischen dem Gebiet des Flusses von Chiapas, der als Río Grijalva sich ins Meer ergießt, und dem des Río Chixoy, dem Oberlauf des Usumacinta, denn der Bach, den wir bald nachher erreichten, der zwischen mäßig steilen, von lichtem Eichwald bestandenen Höhen fließt, hatte nordöstlichen Lauf.

Die Eichen begannen soeben ihre Blatttriebe zu entwickeln, hie und da prangte ein Baum schon in frischem Laubschmuck, zwischen dem die langen, lockeren Blütenkätzchen herunterhingen. Der Boden war trocken und kahl, mit abgefallenem Laube bedeckt. Nur am Bachrand und wo eine Quelle das Erdreich berieselte, sproß Gras und Kraut hervor. Das alles gab uns den Eindruck eines warmen, sonnigen Frühlingstages im deutschen Mittelgebirge. Der Weg stieg an der rechten Talseite in die Höhe, auf schmalem Grat, bald steigend, bald fallend, mit wechselnden Blicken auf Wald und Feld und welliges Hügelland, aber alle Ferne war verhüllt durch den Dunst der zahlreichen Wald- und Weidebrände. Bald erreichten wir die von Ladinos bewohnte Ranchería *San Lorenzo,* deren verstreute Hütten im Halbkreis um eine mächtige *Ceiba* stehen, diesem prächtigen, breitkronigen Baume, der hier die Rolle unserer Dorflinde spielt.

Die Sonne war hoch gestiegen und brannte heiß, als wir nach kurzer Rast wieder aufbrachen. Mit uns zugleich zog ein Trupp Soldaten, die ein paar arme Gefangene geleiteten: zwei Ladinos und zwei Indios. Während jene frei und unbeladen daherzogen, trugen die Indianer Last und wurden von einem Soldaten am Strick geführt. Die bewaffnete Macht sah nicht schlecht aus: Hosen und Jacken von hellblauem Kattun mit weißen Streifen, Strohhut mit gerolltem weißen Nackentuch, eine große lederne Patronentasche hinten am Gürtel, die zusammengerollte Schlafmatte auf dem Rücken. Das Bajonett war vom Gewehr abgenommen und ohne Scheide an der linken Seite in den Gürtel gesteckt. Korporalabzeichen aus rotem Zitz waren mit Sicherheitsnadeln am Jackenärmel befestigt.

Anders als in Mexiko wird in Guatemala bei der Aushebung fürs Militär verfahren. Dort müssen die Gemeinden eine Anzahl Mannschaften stellen und schicken natürlich nicht ihre besten Leute, sondern solche, die sie gern abschieben. Manchmal wird auch eine Anzahl nichtsnutziger Kerle, zu Polizeistrafen verurteilte Subjekte, aufgegriffen und auf sieben Jahre in irgendein Bataillon gesteckt. Daher auch die Gepflogenheit, ein Lager dicht mit Doppelwachen zu umstellen, die alle fünf Minuten sich anrufen müssen, da man stets darauf gefaßt sein muß, daß eine Anzahl bei der ersten besten Gelegenheit davonläuft. In Guatemala besteht eine Art Milizsystem, die Dienstzeit dauert nur sechs Monate, und es sind auch bessere Elemente vertreten.

Hinter San Lorenzo auf der Höhe erreichten wir wieder den bekannten Föhrenwald, der Boden bestand aus vulkanischem Gestein: Asche und Tuff bildeten feste Bänke mit rauher Oberfläche. Nachdem wir eine Strecke auf der waldigen Höhe entlanggeritten waren, näherten wir uns einer tiefen, schmalen Talspalte, zu der ein steiler Abstieg über Geröll und Steine, über schmale, von Schluchten zernagte Rippen, über weiches, weißes Erdreich hinabführte zu dem Bett des Río Negro oder *Chixoy*, der zwischen großen Felsblöcken schnell dahinströmt. An einem klaren Seitenbächlein konnten wir unseren und unserer Tiere brennenden Durst löschen und überschritten dann den Fluß auf einer Brücke, die – wie häufig in Chiapas und Guatemala – nach Art der Brükken in unseren Alpenländern mit hölzernem Schutzdach versehen war. Dort muß man dem Schnee und hier den Regengüssen wehren. Jenseits ging es über felsigen Boden steil bergan, dann etwas sanfter im Walde, in den hier wieder Eichen eingesprengt sind. von oben sahen wir in das gewundene Tal des Flusses hinab, mit seinen vielen großen und kleinen, dunkelgrünen, klaren, tiefen Stellen, und Wald, soweit das Auge reicht. Auf der Höhe des Talrandes zog der Weg entlang. Über den waldigen Hängen erhob sich der hohe Kamm der Sierra Madre, leider durch Dunst verschleiert.

Ein letzter Abstieg brachte uns zur Ranchería *Santa María*, deren Häuser und Äcker längs dem Ufer eines kleinen Waldbaches zerstreut sind. Hier ist ein von der Gemeinde Santa Cruz Quiché errichtetes Unterkunftshaus für Reisende. Ein luftiger Bau aus Stangen und Reisig und einem Palmblattdach, in zwei Räume geteilt. Wir benutzten das letzte Tageslicht zu einem erquickenden Bad in dem klaren Bache. Inzwischen hatte man Mais und Zacate für unsere Pferde, schwarze Bohnen und Tortillas für uns und die Burschen gebracht. Draußen loderte ein Feuer. Wie oft hatten wir über die *Carga* geseufzt, die so mühselig vorwärts gebracht wurde und sich gar manches Mal als Hemmschuh erwiesen hatte, aber in Nachtquartieren wie dieses lernt man die Segnungen eines mit Küchengeräten und einigen Vorräten gefüllten *Tompiates* schätzen, freut sich der Decken, die das Lager erträglicher machen. Mit dem frohen Gedanken, daß uns nunmehr nur noch wenige Tagereisen von unserem vorläufigen Ziele, der Stadt Guatemala, trennten, legten wir uns auf dem Rasen, der den Boden der Hütte bildete, zur wohlverdienten Ruhe.

Der nächste Reisetag führte uns allmählich in die Höhe, auf eine durchaus von Äckern und Weiden eingenommene Ebene, den Anfang der großen zentralen Hochfläche, seit alter Zeit das Land der *Quiché*-Indianer. Die zerstreuten Häuser, die wir hier antrafen, gehörten zur Ranchería *Pasojon*. Hier rasteten die Soldaten, die wir schon am vergangenen Tage getroffen hatten, und so zogen wir weiter bis zu dem sauberen Gehöft *Los Pozuelos*, das seinen Namen ein paar Wasserlöchern verdankt, die sich nahebei im Grund einer Schlucht befinden. Wie selten und kostbar hier auf dem Hochlande in der trockenen Zeit oft das Wasser ist, wurde uns sehr deutlich, als wir in Sonnenbrand und Staub auf schattenloser Straße eine Stunde nach der anderen dahinzogen und alle Rinnsale ausgetrocknet fanden. Nur in einer Felsvertiefung standen ein paar Tümpel einer braunen, von Larven und Insekten wimmelnden Flüssigkeit, die unsere Tiere nicht verschmähten, sondern gierig soffen. Wir aber fanden erst kurz vor unserem Ziel in einem Bachbett einen dünnen, klaren Wasserfaden und unter den spärlichen Bäumen an seinem Ufer ein wenig Schatten. Das Wässerlein floß südwärts und also wohl schon dem *Río Grande Motagua* zu.

Drüben ragte auf weitem, ebenem Plan die hohe, weißgetünchte Kirche von *San Pedro Jocopilas* empor, und zu den Seiten des Weges begannen sich die Zeichen zu mehren, daß wir uns einem Zentrum näherten: Häuser, Gehöfte, die überall an den belebten Verkehrswegen aufgeschlagenen primitiven Buden, in denen Flaschen jeder Form und Größe den durstigen Reisenden locken. Oft findet man hier sogar bayerisches Bier, das freilich kaum mehr ein erfrischender Trunk zu nennen ist. Nachdem der letzte Hügel überwunden war, lag in weiter fruchtbarer Ebene die Stadt *Santa Cruz Quiché* vor uns.

Wenige Leguas von Santa Cruz entfernt liegen die Ruinen von *Utatlán*, der alten Feste der Quiché, über deren Eroberung durch Pedro de Alvarado dieser selbst und Bernal Diaz, der ihn begleitete, ausführliche Berichte geschrieben haben. Hier spielte sich dasselbe blutige Drama ab, das Cortés in Mexiko aufgeführt hatte: Kampf und Niederlage, Verrat, Flucht und schließlicher Sieg der Spanier, der mit der Taufe der Häuptlinge, Zerstörung des festen Platzes sein Ende fand. Leider haben wir die Ruinen von Utatlán nicht besucht. Wir hofften bei unserer Rückkehr mit frischeren Sinnen und wacheren Augen der alten Stadt unseren Besuch zu machen. Aber der Verlauf unserer Reise führte nicht wieder hier vorüber.

Utatlán war ein hervorragend fester Platz, auf allen Seiten durch steilwandige Schluchten geschützt, nur auf Felspfaden mühsam zu erreichen. Die Bevölkerung wohnte auf der weiten fruchtbaren Fläche zerstreut und wurde von den Spaniern in der neugegründeten Stadt gesammelt, die heute von Ladinos bewohnt wird, während sich die Indios in dem Dorfe Quiché angesiedelt haben.

Santa Cruz ist ein freundliches Städtchen: bunt angestrichene und weißgetünchte Häuser, die Gehöfte mit Lehmziegeln sauber eingefriedigt. Hier gab es ein gutes, landesübliches Hotel, dessen Vorzüge wir wohl zu schätzen wußten, denn man wird ganz abscheulich materiell und wertet die Bequemlichkeit um so höher, je weniger man davon hat. Das Haus führte den Namen „Gran Hotel Verapaz“, denn hier mündet eine Straße von Cobán, dem Hauptort der Provinz Verapaz. Es waren viele Reisende hier, und schon lange vor Sonnenaufgang wurde es lebendig. Die Tiere wurden aus den Ställen gezogen, um ihren Mais zu erhalten, bei Fackelschein wurde gesattelt und geladen: ein lebhaft bewegtes Bild.

Von der Stadt aus mußte zuerst die im Osten sie umgebende Schlucht gekreuzt werden, dann ging es auf ebenem Wege weiter über die gut angebaute Fläche, vielfach an Weilern und Gehöften vorbei. Vor diesen fielen uns mehrfach die reihenweise aufgepflanzten Blütenschäfte der Agave auf. Waren es Überreste eines österlichen Festschmuckes oder vielleicht Wirtshauszeichen, ähnlich unserem grünen Kranz?

Zeitig erreichten wir das Indianerdorf *Quiché,* das nur eine Legua vom Ort der alten Königstadt *K'umarcaah* entfernt liegt. Es schien irgendein Fest gefeiert zu werden, denn Trommel und *Chirimiya,* die uralte indianische Rohrflöte, tönten ununterbrochen aus den Häusern, und Gruppen festlich gekleideter Indianer zogen auf der Gasse vorüber. Die Tracht ist eigenartig und farbenprächtig. Die der Weiber in dem gebräuchlichen alten Schnitt. Die Farben des über und über rot und gelb gestickten Hemdes stechen prächtig ab von der bräunlichen Haut und dem indigoblauen Rock, der von breitem Gürtel oberhalb der Hüften festgehalten wird. Vielleicht sind die eingestickten Muster der Huipiles noch alt, denn im Gegensatz zu Blumen, Vögeln und anderen Verzierungen spanisch-europäischen Stils, die in vielen Gegenden den Indianerinnen ausschließlich als Vorbilder dienen, bestanden sie hier in Zackenbinden. Die Männertracht dagegen ist spanischen Stils: eine an den Seiten offene Kniehose aus dunklem Wollstoff, die von breitem Gürtel gehalten wird. Dazu ein kurzes andalusisches Jäckchen. Als Verzierung, vorn auf der Brust, in bunter Wollstickerei ausgeführt, fiel uns häufig eine Sonne oder ein Wirbelkreis auf. Vielleicht spielen auch hier indianische Motive mit. Ein Beispiel, wie verschiedenartig die Volkstracht beeinflußt wird; bald unterliegt die Form, bald nur der Zierat den Veränderungen, die von außen eindringen. Leider stoben alle Indianer beim Anblick meines Apparates davon und witterten ihn, obgleich ich ihn hinter einem Pfeiler genügend geborgen glaubte. Sowie sie in die Nähe kamen, setzten sie sich in Trab.

Der Festtag hatte für uns die Annehmlichkeit, daß es frisches Fleisch gab. Als wir über den hohen Preis, den uns die Frau für ein Frühstück abverlangte, unser Befremden ausdrückten, meinte sie: Es seien die gleichen Preise wie im Hotel Verapaz in Santa Cruz. O schnöder Einfluß europäischer Kultur!

Ackerflächen, Wiesentäler zwischen sanft geneigten Höhen, Weideland. Der Boden bestand aus dem fruchtbaren, sandig-lehmigen, augenscheinlich durch Verwitterung vulkanischen Materials entstandenen Erdreich, das für diese Hochebene typisch ist. Zwar kann das Land nicht bewässert werden, doch fällt im Sommer Regen genug, um den Mais zur Reife zu bringen, und auch Weizenbreiten geben Ernte.

Nachdem wir eine Weile in dieser Senke entlanggeritten waren, hob der Weg sich wieder bis zum Kamm eines Höhenzuges, der mit lichtem Wald bedeckt war. Der Pfad war hart und eben wie ein Parkweg. Zu beiden Seiten schweifte der Blick über welliges Waldland. Aber Rauch und Dunst verhüllte die Ferne, denn auf den Feldern im Tal war man überall dabei, die trockenen Maisstengel und das wuchernde Unkraut umzubrechen, in Haufen zu sammeln und zu verbrennen, um die Äcker zur neuen Aussaat vorzubereiten. Zur Rechten hob sich die mächtige, bewaldete Sierra, die das jenseitige Ufer des Río Grande Motagua bildet, dem wir uns näherten. Jenseits der stattlichen Hacienda *San Francisco* kamen wir in geschlossenen Kiefernwald, stiegen an dem linken Flußufer allmählich hinunter und erreichten die in tiefer Talspalte, unmittelbar am Flusse gelegene Ranchería *La Garruche*, unser für heute vorgesehenes Nachtlager.

Nach dem heißen, staubigen Tagesmarsch freuten wir uns des herrlichen Rastplatzes, wenngleich er durchaus keine Bequemlichkeiten bot. Wir nächtigten unter einem sogenannten *Arrierodach*, einem auf vier in den Boden gerammten Pfählen ruhenden Palmblattdach, das notdürftigen Schutz gegen Tau und Regen gewährte. Für die Pferde war außer dem mitgeführten Mais nur etwas Gras zu haben, das unsere Jungen erst schneiden mußten. Ein Weideplatz, in den wir die Pferde während der Nacht stellen konnten, war mager, das trockene Maisstroh, das sie so gern fressen (hier „rastrojo" genannt), war auf dem Felde schon alles verbrannt. So gaben wir ihnen schon am Abend Mais, was eigentlich gegen alle Reiseregeln ist, weil Mais, wie die Leute sagen, „heiß ist"; eine Ausdrucks- und Anschauungsweise, die aus der Arzneikunde des sechzehnten Jahrhunderts stammt. Auch die Menschen mußten mit kärglichem Nachtmahl vorliebnehmen.

Ein paar Hütten, ein paar Ackerstückchen liegen in dem von hohen bewaldeten Hängen eingeschlossenen, engen Tal, durch das der schnelle, rauschende Fluß mit prächtig grünem Wasser zwischen hohen Granitblöcken dahinfloß; bald kleine Kaskaden bildend, bald hinter mächtigen Steinen zu tiefen, klaren *Pozos* sich stauend. Am Ufer die schirmförmigen Kronen des Baumes *San* (einer Caesalpiniacee), überschüttet mit den aus einem Bündel weißer Staubfäden gebildeten Blüten. Ein erfrischendes Bad in dem wirbelnden, schäumenden Wasser und die romantische Schönheit des Platzes entschädigte uns für manche Entbehrung. Ein paar lasttragende Indios zündeten nicht weit von uns in einem Busch ihr Feuer an, jenseits der Brücke nächtigten andere, nach uns gekommene Reisende unter einem zweiten Schutzdach.

Die Morgenfrühe sah uns über die Brücke reiten und dann am rechten Ufer den steilen Weg aus dem tief eingesenkten Flußbett hinaufziehen. Häufig nötigten uns die von Seitenbächen tief eingerissenen Schluchten zu Ab- und Anstiegen. Hier, unter überhängenden Felsen, sproßte viel frisches Grün, Farn und Bignonien, sonst ringsumher der lichte Wald von Kiefern und Eichen, der uns schon tagelang begleitete. Auf den ebenen Terrassen leuchteten Zuckerrohrpflanzungen, an den steilen Hängen zogen sich windbewegte Bananenstauden in die Höhe, überall, wo in einem Riß ein wenig Wasser herniederrinnt. Diese Kulturen gehören zur *Hacienda Vieja*, deren Gebäude und Felder noch höher hinauf gelegen sind. Von hier aus gelangt man nach Überschreitung eines Höhenzuges in ein Paralleltal des Río Grande. Auf der Höhe des jenseitigen Ufers, auf schöner ebener Terrasse, erreichten wir die regelmäßig angeordneten Häuser des neuen Ortes *Poaquil*. Dieses Dorf wurde erst vor zehn Jahren an der Stelle der *Hacienda Nueva* angelegt. Es herrschte reges Leben auf dem weiten Platze, da am Ausbau des Gemeindehauses eifrig gearbeitet wurde. Die Mitte des Platzes nahm ein großes Brunnenbecken ein, an seinen vier Ecken standen kleine strohgedeckte Häuschen, die Kapellen vorstellten, in denen der Ortsheilige an bestimmten Festen aufgestellt und verehrt wird. In Dörfern, die keine Kirchen besitzen, findet man statt einer solchen manchmal einen Platz, auf dem ein Kreuz steht, eine Glocke unter einem Schutzdach aufgehängt ist und dessen vier Ecken durch kleine Kapellen bezeichnet sind, wie das auch bei den alten Tempelbezirken üblich war.

Die Frauen trugen zu ihrem dunkelblauen Rock ein dunkelbraunes Huipil mit verschiedenfarbigen Streifen, die Achseln aber und die über die Arme fallenden Teile mit gelber und roter Stickerei bedeckt, so daß eine reizvolle, malerische Wirkung erzielt wurde, die an die Farbengebung altperuanischer Mumiengewänder erinnerte. Die Zusammenstellung war ähnlich der in Quiché, nur noch leuchtender.

Seit wir den Boden von Guatemala betreten hatten, waren wir dadurch überrascht worden, daß wir in jedem größeren Dorf eine Schule, meist einen Schulmeister für die Knaben und eine Lehrerin für die Mädchen antrafen, ja häufig war auch ein reger Schulbesuch vorhanden, was von den viel spärlicher vorhandenen Schulen Mexikos nicht behauptet werden kann. Trotzdem haben wir uns nicht davon überzeugen können, daß die allgemeine Volksbildung in Guatemala auf einer höheren Stufe stehe als in Mexiko. Es mag vielleicht sein Gutes haben, die jüngere Generation an regelmäßigen Schulbesuch zu gewöhnen, ob aber noch nennenswerte weitere Ergebnisse zu verzeichnen sind, scheint zweifelhaft. In Chiantla hatten wir die Erfahrung gemacht, daß nach einem vierjährigen Unterricht die Knaben Gedrucktes unvollkommen lesen und die Drucklettern mühselig nachzumalen gelernt hatten. Die sehr Begabten kamen dann nach einiger Zeit soweit, ihren Namen schreiben zu können. – In Poaquil hatten wir, während die Frau Schulmeisterin uns ein Frühstück zubereitete, Gelegenheit, etwas vom Unterricht mitanzuhören. Eine Schar schwarzäugiger hübscher Kinder saß in der Klasse artig beisammen, der Lehrer ging ab und zu und mühte sich gelegentlich ein Viertelstündchen mit der grammatikalischen Analyse eines Satzes ab, unter Anwendung gelehrter Bezeichnungen seiner Teile, und das vor Kindern, die in der Schule erst Spanisch lernen sollen, da sie von Hause aus nur Indianisch sprechen! Wie schade um den Aufwand von Zeit und Geld, der doch bei richtiger Anwendung so viel Nutzen stiften könnte. Das heißt, was das Geld anbetrifft, so ist das so eine Sache, denn sobald es knapp wird, sind die Schulmeister die ersten, denen das Gehalt nicht gezahlt wird. Die Mädchen habe ich immer nur in Handarbeiten unterrichten sehen. Und obgleich man über den Nutzen feiner Perl- und Seidenstickereien in Indianerdörfern auch seine eigene Ansicht haben kann, so sind sie immer noch verwendbarer als grammatikalische Analyse.

Ein ziemlich langweiliger Weg durch Busch und Wald brachte uns auf eine neue, gut angelegte Fahrstraße und auf ein Plateau, auf dem, von Schluchten umgeben, der Ort *Comalapa* liegt. Das ansehnliche Städtchen besitzt eine stattliche Kirche mit alten, geschnitzten und bemalten Holzaltären und lebensgroßen Figuren, sowie eine Anzahl Gemälde aus alter und neuer Zeit. Der Platz davor mit den vier Eckkapellen ist von Mauern umgeben; nord- und südwärts davon ziehen die Straßen. Der größte Teil der Einwohner ist indianisch, die Tracht der Frauen ähnlich wie in Poaquil. Die jungen Mädchen tragen das Haar lang herabfallend, von einem roten Bande gehalten, was besonders anmutig aussieht. In der zu dem netten kleinen Gasthause gehörigen Tienda war ein Branntweinausschank, und betrunkene Männer und Weiber lärmten die ganze Nacht hindurch. Später hörten wir, daß die Leute von Comalapa sich überhaupt keines sonderlichen Rufes erfreuen.

Nachdem das tiefe Tal des *Río Pisoya,* eines Nebenflusses des Río Motagua, durchschritten war, öffnete sich von den Höhen seines rechten Ufers endlich der Blick auf die Ebene von Guatemala. Wäre es weniger dunstig gewesen, so hätten wir von hier aus die Stadt erblicken können. Im Südosten erhoben sich die beiden mächtigen Vulkankegel des *Fuego* und des *Agua.*

Zwar scheint es, als ob man nun schnurstracks auf ebenem Wege bis zur Hauptstadt reiten könne, aber welcher Irrtum! Die ganze Fläche ist von Schluchten zerrissen, die bald durchquert, bald umgangen werden müssen. Man hat an verschiedenen

Stellen versucht, durch Anpflanzung von Agaven den Rutschungen und Abspülungen der Barrancawände Einhalt zu tun, aber mit geringem Erfolg. Eine Weile nützt es wohl, aber bald stürzen die Pflanzen mitsamt dem Erdreich in die Tiefe, und der Spalt frißt weiter. Tumuli treten zur Seite des Weges auf, und Scherbenhaufen bezeugen, daß hier schon in alter Zeit Siedlungen waren. Plötzlich wird ein mächtiger Spalt sichtbar mit steilen Wänden und weit vorragender, scharf ausgenagter Rippe. Nachdem sie umgangen war, ritten wir auf die Stadt *Chimaltenango* zu, auf der entsetzlich staubigen, breiten Poststraße von Guatemala nach *Quezaltenango*. Die große, saftreiche Wassermelone, die wir einem uns begegnenden Indio abkauften, bot herrliche Labe. In Chimaltenango gab es ein neugebautes, hübsches, von einem Deutschen gehaltenes Hotel, sauber und ganz europäisch.

Auf müden Pferden, selber müde, auf breiter, schattenloser Fahrstraße zur Mittagszeit langsam sich fortbewegen zu müssen, gehört nicht gerade zu den Freuden des Daseins. Aber nachdem der Ort *Las Tejas* passiert ist, bei dem die Straße nach *Antigua* abzweigt, gibt ein Obelisk dem Wanderer die frohe Kunde, daß er nur noch neun Leguas bis zur Hauptstadt zurückzulegen hat.

Jenseits einer Schlucht kamen wir zu dem ziemlich schmutzigen Indianerdorf *Zumpango*, wo es von Arrieroherbergen wimmelte; auch einige Posadas gab es, aber alles sah so wenig einladend aus, daß wir trotz unserer Müdigkeit weiterritten. Links öffnete sich ein weites Tal mit den Gebäuden und Äckern einer großen Hacienda. Wir zogen zwischen Maisfeldern weiter und sahen vor uns zu beiden Seiten eines tiefen Risses die beiden freundlichen Ortschaften *Santa María* und *Santiago*. Im ersteren fanden wir ein sauberes kleines Unterkunftshaus, wo wir uns mit dem angenehmen Bewußtsein zur Ruhe legten, morgen bei guter Zeit in Guatemala zu sein.

Erfreulicherweise konnten wir bei dem schon genannten Dorfe Santiago die staubige, sonnige Fahrstraße verlassen und bis *Mixco* den alten Reitweg benutzen, der viel kürzer und viel hübscher ist. Er ist zu beiden Seiten mit hohen Hecken eingefaßt, durch deren Lücken zur Rechten der Kegel des *Volcán del Agua* sichtbar wird. Man kommt in eine anmutige Waldschlucht, die den Höhenzug im Westen des *Valle de las Vacas* – des Tales von Guatemala – durchbricht. Tritt man aus ihr heraus, so hat man dieses ganze Tal vor sich und in ihm, auf sanft gewellter Fläche weit hingebreitet, die weißen Häuser der Stadt, Kuppeln und Türme. Die Ränder der tiefen Schluchten, die sie von allen Seiten umgeben, sind von grünem Buschwerk umzogen, das sie dem Auge verbirgt, bis man dicht vor ihren Abstürzen steht.

Unmittelbar zu Füßen aber hatten wir das reizende Dörfchen *Mixco*: die Kirche mit hohem Turm, die Plaza, die Häuser wie aus einer Spielzeugschachtel. Es ist ein Indianerdorf, dessen Einwohner *Pokomam* sprechen, und beherrschte vielleicht einst das ganze Tal, wozu es seiner Lage nach trefflich geeignet scheint. Der von mir so oft erwähnte Thomas Gage war hier am Ende des siebzehnten Jahrhunderts Pfarrer.

Der Ort liegt malerisch am Bergabhang, von dem herab ein Hohlweg zum Tal sich zieht. Auf seinen hohen Rändern liegen überall Häuschen und Gehöfte, von deren Umzäunungen und Mauern blühendes Zeug herniederhängt. Diesen Hohlweg mußten wir in seiner ganzen Länge durchreiten, jetzt wieder auf der Poststraße, und auf ihr blieben wir, bis die Stadt erreicht war. In der Ebene ziehen sich zu beiden Seiten des Weges Landhäuser und Weideplätze hin, von hohen Mauern eingefriedigt, und hinter diesen taucht eine Anzahl großer und kleiner Hügel auf – Grabstätten und Hausfundamente der alten Talbewohner, die heute als „Miradores" (Aussichtspunkte) bezeichnet werden. Die hohen Mauern verwehren es, diese interessanten alten Stätten näher zu besichtigen.

Endlich mehren sich die Häuser und der Verkehr; das obere Ende der Schlucht, die die Stadt im Westen umzieht, ist erreicht, der Weg biegt um. Noch eine Strecke geht es auf breiter, staubiger Landstraße weiter durch die südliche Vorstadt, an dem Fort vorüber, das mit seinen angemalten Quadern einem Spielzeug vom Weihnachtsmarkt gleicht und sicher keinem von außen anstürmenden Feinde gefährlich werden kann. Aber wie manchen Unglücklichen hat hinter diesen kindischen Mauern der Haß und die Furcht der Machthaber von der Art eines Rufino Barrios erschießen oder zu Tode prügeln lassen.

Doch die düsteren Gedanken konnten nicht aufkommen in dem Gewühl und Getriebe, das uns umflutete, als wir in die Straßen einritten, das uns, die wir uns seit länger als drei Monaten des Straßenlärms entwöhnt hatten, fast großstädtisch erschien. Es war endlich Wahrheit geworden: Wir waren in Guatemala.

Jicaras von Antigua

VIII.
Die alte und die neue Hauptstadt

Als die Spanier in das schöne Tal am Abhange des *Volcán del Agua* kamen, fanden sie dort eine starke Quelle; nach ihr nannten die mexikanischen Soldaten die Stätte *Almolonga* – wo das Wasser sich bewegt –, nach ihr gaben die Spanier dem Berge den Namen, im Gegensatz zu dem anderen, benachbarten, den sie *Volcán del Fuego* nannten, weil eine Rauchwolke über seiner Spitze stand. Bei Almolonga wurde eine Stadt gegründet mit dem Namen *Santiago de los Caballeros*: das war die Ahne des heutigen Guatemala und entstand im Jahre 1524. Sie schien unter keinem glücklichen Sterne geboren, denn es wird von mancherlei Mißgeschick berichtet, das ihre Bewohner und deren Herden traf. Nicht das geringste Übel scheint ein schlechter Arzt gewesen zu sein, der in einem Jahr mehr Leute unter die Erde brachte, als die Eroberung der Provinz Guatemala gekostet hatte. Das größte Unglück aber traf die Stadt, als nach dem Tode des Pedro de Alvarado seine Gattin, Beatrix de la Cueva, sich die Würde des Statthalters anmaßte. Über den Stolz und die Hoffart dieser Dame, darüber, daß man einer Frau ein solches Amt überließ, das zu verwalten doch so viele würdige Männer gern bereit gewesen wären, zürnte der Himmel. Er öffnete seine Schleusen und schüttete drei Tage und drei Nächte das Wasser wie mit Kannen herunter, daß alle Häuser unterspült wurden. Doch nicht genug damit. Es folgte ein Erdbeben, wodurch der Berg derart erschüttert wurde, daß seine Spitze abbrach und sich ein Wasserstrom von oben her ergoß, so daß die unglückliche Stadt unter Felsgestein und Wasserfluten in einen Trümmerhaufen, in ein Leichenfeld verwandelt wurde. Das war im Jahre 1541, am 11. September.*

Aber den Spaniern gefiel es in dem herrlichen Tal am Fuß des Vulkanes, das die Indianer *Panchoy* nennen. Sie bauten eine neue Stadt, einige Leguas talabwärts, wo man sich vor den Tücken des Berges sicher wähnte. Aber was dort durch Wasser zugrunde gegangen war, das erlag hier dem Feuer, das im Vulkan sein unheimliches Wesen trieb. Zwar widerstand die Stadt an dieser Stelle länger als zwei Jahrhunderte den häufigen Erdbeben, endlich aber wurde sie durch einen heftigen Stoß so arg zerstört, daß man sich zu einer Verlegung entschließen mußte. Während ihres zweihundertjährigen Daseins hatte die Stadt, die heute unter dem Namen *La Antigua* – das ist La Antigua Capital de Guatemala – bekannt ist, ein sehr eigentümliches Aussehen gewonnen. Jedesmal, wenn ein bedrohliches Schwanken die Gemüter erzittern ließ, begann man die Heiligen anzurufen, und dem Heiligen, bei dessen Namen die Erschütterungen aufhörten, wurde eine neue Kultusstätte geweiht. So kommt es, daß Antigua an Klöstern, Kirchen und Kapellen reicher war als irgendeine andere Stadt, und durch die Ruinen dieser teilweise mit feinem Kunstsinn ausgeführten Bauten ein ganz besonderes Gepräge erhielt.

Es mag den Bewohnern nicht leicht geworden sein, das reizende Tal zu verlassen, von dem man sehr wohl begreift, daß es die Spanier zur Ansiedlung lockte – die fruchtbare vulkanische Erde, verschiedene, reichlich Wasser führende Bäche, eine gesunde und geschützte Lage und der herrliche Kranz von Bergen ringsumher – das alles fordert auf, hier Hütten zu bauen. Wo jetzt Kaffeepflanzungen ein kümmerliches Dasein fristen – denn Antigua liegt für ersprießlichen Kaffeebau viel zu hoch und zu trocken –, wogten zur Zeit, als die Spanier zum erstenmal ihren Fuß ins Tal setzten, reiche Maisfelder. Denn an Siedlungen fehlte es nicht, da auch die Eingeborenen sehr wohl die Vorzüge der Gegend zu schätzen wußten. Und die gefahrdrohende Nähe feuerspeiender Berge hat noch nie und nirgends Ansiedler abgeschreckt, die Vorteile auszunutzen, die ihnen die üppige Fruchtbarkeit des vulkanischen Bodens bietet. Wie die Indianer heute noch das Tal von Antigua *Panchoy*, das ist „im See", nennen, obgleich kein See dort ist und in historischer Zeit auch nicht dort war, so sprechen sie auch heute nie von der jetzigen

* Remesal, Historia de la Provincia de San Vicente de Chyapa y Guatemala. Madrid 1619.

Stadt *Guatemala*, sondern von der *Ermita*. Eine Kapelle stand hier auf der mäßigen Anhöhe im Nordwesten der heutigen Stadt, von wo man einen schönen Blick ins Land genießt.

Hierher wurde im Jahre 1775 die Stadt verlegt, und hier hat sie sich gut entwickelt und darf einen stattlichen Platz unter den Städten des spanischen Amerika beanspruchen. Mit Schönheit ist sie nicht gesegnet; sie entbehrt des intimen Reizes der Kleinstadt, ohne sich doch zu einer Großstadt entwickelt zu haben; sie ist nüchtern.

Staub und Sonne waren tagelang unsere steten Begleiter gewesen, und staubig und sonnig war auch die lange, breite Vorstadtstraße, durch die wir bei unserer Ankunft nach Guatemala hineinreiten mußten. Erst bei dem kleinen Fort, das so aussieht, als wäre es aus Pappe für den Weihnachtstisch gemacht, beginnt die eigentliche Stadt. An dieser Stelle ist ein großer Markt, und wir mußten erst durch sein Gewühl hindurch unseren Weg finden. Was war uns in Oaxaca und auch unterwegs nicht für Rühmens gemacht worden von der eleganten Stadt! Vorderhand schauten wir vergeblich nach irgend etwas aus, was nicht in jeder größeren mexikanischen Provinzstadt ebenso gewesen wäre, ja bedeutend schöner und besser, zum Beispiel das Pflaster. Die Leute auf den Straßen machten einen merkwürdig europäisch langweiligen Eindruck. Keine Reiter in der kleidsamen mexikanischen Tracht, auf reichen Sätteln, mit hohen, breitkrempigen Hüten, sondern englische Sättel, europäisch korrekte Kleidung.

Durch lange, gerade Straßen, von einstöckigen Häusern eingefaßt, ging es dem Mittelpunkt einer jeden spanisch-amerikanischen Stadt, der Plaza, zu. Ein paar Herren, die wir deutsch sprechen hörten und um Auskunft baten, musterten uns mißtrauisch und fertigten uns sehr kurz ab. Das war uns auch noch nicht begegnet. Aber wir sahen freilich heruntergekommen und fremdartig genug aus auf unseren müden Gäulen, mit großen mexikanischen Hüten, mein Mann mit verwildertem Haar und Bart. Einen vertrauenerweckenden Eindruck werden wir kaum gemacht haben, denn als wir endlich das Hotel erreicht hatten, verweigerte man uns die Aufnahme, zuerst unter dem Vorwande, daß man den uns begleitenden Hund nicht im Hause dulden könne. Und als wir versicherten, daß er bei den Pferden bleiben würde, hieß es kurzweg, man habe kein Zimmer frei. Also zogen wir vor ein deutsches Haus, wo unser Äußeres nicht solchen Anstoß erregte, als bei dem stolzen Spanier. Aber ich empfand eine lebhafte Schadenfreude, als ich diesen nach einigen Tagen auf der Straße traf, nachdem ich mich wieder ein wenig zivilisiert hatte, und er mich ebenso erstaunt als höflich grüßte. – Das waren unsere ersten Eindrücke in Guatemala.

Abbildung 6:
Straße in Guatemala (nach einer erworbenen Photographie).

Wir empfanden bald den Wunsch, die laute Ungemütlichkeit und das schlechte Essen des teuren Hotels mit behaglicheren Verhältnissen zu vertauschen, und fanden, was wir suchten, in einer französischen Familie, die aus Mann, Frau und deren Schwester bestand.

Sie hatten ein hübsches neues Haus, nicht weit von der Plaza de Armas, gerade gegenüber dem im Bau begriffenen neuen Regierungspalast, gemietet und eine Pension darin eingerichtet. Das Haus war in dem üblichen Stil, der für warmes Klima der bewährteste ist: es gruppierte sich um zwei Höfe. Um den vorderen, der mit Büschen und Blumen geschmückt war, zogen sich offene Säulengänge, auf die sich die Türen der Zimmer öffneten, die an Fremde vermietet wurden. Im Querflügel befand sich die Sala, die hier als Speisesaal diente, und um den hinteren Hof, in dem der laufende Brunnen das nötige Wasser spendete, lagen die Wirtschaftsräume und die Zimmer der Wirtsleute.

Keine Hausform kann sich wohl einer solchen Verbreitung und Langlebigkeit rühmen wie diese. Nachdem sie sich das ganze Mittelmeergebiet erobert hatte, begleitete sie die Spanier auch in die Neue Welt. Und wenn man versuchen wollte, für städtisch-europäische Bedürfnisse in warmen Ländern eine Hausform zu finden, so müßte es gerade diese sein. Es ist bedauerlich, daß die Nordamerikaner, in völliger Verkennung der gegebenen Verhältnisse und in ihrem Streben nach Gleichartigkeit, auch nach tropischen Städten ihre Bauart, die auf möglichste Raumausnutzung berechnet ist, zu übertragen versuchen.

Monsieur Berger machte Geschäfte – manchmal machte er auch keine –, die Frauen besorgten die Wirtschaft so gut oder schlecht sie konnten. Ein Dienstmädchen fand manchmal sogar Zeit, unser Zimmer aufzuräumen. Aber es war entschieden besser, sich darauf nicht zu verlassen. Im ganzen war es ein behaglicher Aufenthalt, zu dem wir nach größeren Unternehmungen gern wieder zurückkehrten und wohin wir, wenn es uns unterwegs schlecht ging, sogar mit gewissen Heimatsgefühlen zurückdachten, trotz der Legionen von Flöhen, die einem das Leben schwer machten, und trotz der Gerüche nach *Bacalao* (Stockfisch), mit dem unsere Wirte und ein Teil ihrer Gäste einmal die Woche ihre südfranzösischen Gaumen erlabten.

Da wir zu verschiedenen Malen, und stets einige Wochen, in Guatemala weilten, bekamen wir ein Bild von der Stadt und lernten das Leben kennen, das die Fremden dort zu führen pflegen, während wir mit den Einheimischen wenig in Berührung kamen. Das pflegt ja auf Reisen häufig so zu sein, in den Städten ist der Fremde auf Gasthausleben angewiesen, wo er eben auch wieder Fremde trifft. Ganz anders außerhalb der Städte, wo die Gastfreundschaft den Reisenden in nahe Berührung bringt mit den Landesbewohnern und ihren Sitten, ja wo selbst das bezahlte Nachtquartier doch oft noch den Stempel der Gastfreundschaft trägt, besonders in einfachen Kulturzuständen. Dazu kommt, daß man in Ländern mit Halbkultur in vieler Beziehung außerhalb der Städte sich materiell besser befindet. Nur zu häufig trifft man in den großen Städten das Bestreben, Landesübliches, Erprobtes und daher Gutes hintenan zu setzen und statt dessen europäische Sitten und Gebräuche einzuführen, für die oft alle Vorbedingungen fehlen. All das trägt nicht dazu bei, den Aufenthalt an solchen Orten zu einem angenehmen zu gestalten. Ich liebe die großen Städte nicht und verweile nicht gern in ihnen, und Guatemala bietet dem Fremden wenig. Ich will mich also mit einigen kurzen Bemerkungen begnügen.

Wie schon erwähnt, lag unsere Wohnung nur wenige Schritte von der Plaza de Armas, dem weiträumigen Hauptplatze der Stadt, entfernt. Das große Rechteck ist mit geschmackvollen Gartenanlagen geschmückt, unter deren Schatten es sich hübsch ruhen läßt. Die eine Seite des Platzes ist – wie üblich – von der stattlichen Kathedrale eingenommen. Vor den Häusern der anstoßenden Seiten ziehen sich Lauben hin; der Kirche gegenüber liegt – wie ebenfalls üblich – das Regierungsgebäude, ein langes, völlig schmuckloses, ebenerdiges Haus. Aber dahinter, mit der Vorderseite der Seitenstraße zugewendet, erhob sich, fast vollendet, ein stattlicher neuer Regierungspalast, den der junge Reina Barrios, der damals Präsident der Republik war, errichtete. Ich weiß nicht, ob er die Vollendung des Unternehmens noch gesehen hat, denn wenige Jahre später fiel er durch ruchlose Mörderhand, nachdem er aus einem Bürgerkrieg als Sieger hervorgegangen war. Er war keiner der Schlechtesten, die auf einem mittelamerikanischen Präsidentenstuhl gesessen haben. Dachte er auch an seinen eigenen Vorteil, so war er doch auch bestrebt, seinem Lande zu nützen, und hatte für mancherlei Interesse. Sein Steckenpferd war die Verschönerung seiner Hauptstadt und das Militär. Täglich um die Mittagsstunde wurde auf der Plaza Wachtparade abgehalten, bei der er niemals fehlte. Wie überrascht waren wir, hier plötzlich deutsche Uniformen anzutreffen, nur trugen die Infanteristen Artilleriehelme und umgekehrt. Fraglich scheint mir allerdings, ob diese für ganz andere klimatische Verhältnisse berechnete Ausstattung für Guatemala gerade die passendste war. Vermutlich hatte ein spekulativer Kopf ausgemusterte preußische Uniformen aufgekauft und in Mittelamerika an den Mann gebracht. Ich nehme aber an, daß die armen Kerle nur in der Garnison in den dicken Tuchhüllen schwitzen mußten, da wir unterwegs Soldaten in leichter, heller Kattunjacke und mit Strohhut angetroffen hatten.

Seine Verschönerungsgelüste betätigte der Präsident zur Zeit unseres Aufenthaltes durch Erneuerung des Pflasters der Bürgersteige, auch dort, wo es noch ganz gut und dienlich war. Es lag ihm nämlich in landesväterlicher Sorge das Gedeihen einer Aktiengesellschaft am Herzen, zu der er in Beziehung stand und die der Herstellung eines Kunststeines oblag. Ebenso wie das Aufblühen einer unter seinem Protektorate erst kürzlich gegründeten Schuhfabrik, der zuliebe eine Verordnung ergangen war, daß jeder Mann der Republik Stiefel tragen müßte, wofern er als vollgültiger Staatsbürger gelten wollte. Ich weiß nicht, wie sich die Indios zu dieser Verordnung verhielten, nur kann ich versichern, daß es immer noch Barfüßige gibt.

Aber ohne Einfluß bleibt solch zivilisatorischer Eifer nicht auf einfache Gemüter. Schon nach wenigen Tagen waren unsere beiden braunen jungen, Turibio und Cornelio, nicht wiederzuerkennen: Die hübschen, breitrandigen, mexikanischen Hüte waren ebenso verschwunden wie die bequemen Sandalen und die losen Blusenhemden. Statt dessen steckten sie in schlecht sitzenden europäischen Kleidern und verlangten gar noch, daß ich sie bewundere, während mir doch ganz traurig zu Sinne war, weil ich wieder einmal vor der Frage stand, warum Kultur und Häßlichkeit oft gar so eng verschwistert sind.

Nach Süden zu ist die einzige Stelle, wo das Stadtgebiet mit dem umliegenden Lande in breiter Fläche zusammenhängt. Nach dieser Seite ist daher auch die einzige Möglichkeit einer Ausdehnung gegeben, da die Landbrücke bei der *Parroquia vieja* im Nordosten nur schmal ist.

Lenkt man die Schritte nach Süden – man kann sich dazu der Pferdebahn bedienen –, so kommt man am Bahnhofe vorüber, durch wüstes Vorstadtgelände zum *Paseo*, dem Nachmittagskorso der eleganten Welt. Dieser Spaziergang ist wirklich hübsch. Seine breiten Fahrstraßen ziehen sich zu beiden Seiten eines mit Gartenanlagen geschmückten Mittelstreifens in ziemlicher Ausdehnung hin. Freilich hätten in diese Anlagen, wenn sie nun einmal bildhauerischen Schmuck erhalten sollten, nur große, wuchtige Figuren gepaßt, statt der niedlichen und süßlichen kleinen Nippes, die man dazwischen aufgestellt hat: die vier Jahreszeiten (was denkt sich wohl der Guatemalteke bei der Darstellung des Winters?), allerliebste Bauernmädchen und dergleichen mehr. Wäldchen und vereinzelte Villen bilden den seitlichen Rahmen des Paseo, während ein großer, dekorativer Bau, dessen Bedeutung unklar ist, seinen Abschluß darstellte.

Was aber das Herrlichste ist, wenn man nach Süden hin aus der Stadt hinausgeht, das ist der Blick auf die drei Vulkane: links der breite, niedrige *Pacaya*, rechts die schön geformten Kegel des *Agua* und des *Fuego*. Freilich muß man nicht an die Majestät der Schneegipfel zurückdenken, die das Tal von Mexiko beherrschen und einen unvergleichlichen Anblick gewähren. Aber es ist doch reizvoll, aus der verblauenden Ferne diese charaktervollen Formen herübergrüßen zu sehen, die man für würdig befunden hat, das Stadtwappen zu bilden.

Am Paseo hatte man auch das Gelände für die Ausstellung bestimmt; dieser Ausstellung, die damals eine brennende Tagesfrage war, von der überall gesprochen wurde, die dann aber so ziemlich ins Wasser fiel und statt des gehofften Gewinnes so manchen Verlust brachte. Die Präsidentschaftswahl stand vor der Tür; Reina Barrios wollte wieder gewählt werden, und die „Exposición" sollte ihm Freunde werben. Mir ist die Geschichte dieser Ausstellung, mir sind all die politischen Fragen, die dabei mitspielten, nur ungenügend bekannt, ich kann daher nichts darüber erzählen. Aber ich weiß, daß man allerlei phantastische Erwartungen daran knüpfte; daß man von einem starken Fremdenstrom fabelte, ohne sich klarzumachen, woher er wohl kommen sollte. Und ich weiß auch, daß diese Fabeln im Lande überall nur zu gern geglaubt wurden. Man änderte sogar der Exposición zuliebe die Zollsätze für eingeführte Waren, zum Schaden der großen Importhäuser, die empört darüber waren. Die Eröffnung geschah mit erheblichem Gepränge unter Teilnahme aller Behörden und fremden Diplomaten. Die Offiziere eines deutschen und eines amerikanischen Kriegsschiffes, die auf der Reede vor San José ankerten, waren heraufgekommen und halfen zur Verherrlichung Festes. Wir kamen am Abend des Eröffnungstages gerade nach einer längeren Abwesenheit zurück und wurden noch Zeugen der lebhaften Aufregung, in der sich die Stadt befand. Gesehen habe ich die Ausstellung nicht. Die Zeit bis zu unserer Abreise war von längeren Ausflügen, Krankheit, Arbeit vollauf ausgefüllt. Auch hörte man kaum noch davon sprechen. Nur auf dem Dampfer, der uns nach Norden führte, machte eine fesche, temperamentvolle Amerikanerin ihrer Entrüstung über die „Exposición" Luft, der zuliebe sie die vierzehntägige Seereise von San Francisco unternommen hatte. Ich glaube, kein zweiter Mensch hat diesen Leichtsinn besessen.

In entgegengesetzter Richtung wie der Paseo und Ciudad vieja, ziemlich genau im Norden der Stadt, liegt das Dorf *Jocotenango,* nach dem ebenfalls die Pferdebahn führt. Es ist ein freundlicher Ort, der sich unmittelbar der Stadt anschließt und dessen Häuser sich zum größten Teil an einer langen Straße aufreihen. Hier haben sich auch einige Europäer angebaut, die die Stille und frische Luft dem Geräusch und Straßenstaub der Stadt vorziehen. Das Land ragt hier wie eine Art Halbinsel in die rings umgebenden Schluchten vor, die überall von Quellen und Flüßchen belebt sind. Steigt man auf steilem Pfad in die Barranca hinab, so kommt man zu einer Stelle, wo man eine schöne, kühle und frische Quelle in eine Badeanstalt geleitet hat. Große ausgemauerte Becken lehnen sich unmittelbar an den bewaldeten Berghang und sind mit dem erquickenden Wasser gefüllt; nur schade, daß diese Bäder von Guatemala aus schwierig zu erreichen sind und daher nicht ihrem Wert entsprechend benutzt werden können.

Überschreitet man die zweite der vorher erwähnten Landbrücken im Nordosten, so kommt man nach der *Parroquia vieja*, dem ältesten Teile der Stadt, der sich an den Hügel des Klosters Carmen lehnt, der alten Ermita, nach der die Landbevölkerung noch heute die Stadt benennt. An Sonntagnachmittagen sieht man überall auf der kurzen Grasnarbe, die den Hügel bedeckt, Gruppen von heiteren Menschen gelagert. Aber auch an anderen Tagen lenkt man gern die Schritte zur kleinen Anhöhe, die eine alte Kapelle und die Ruinen eines befestigten Klosters trägt. Nach einer Seite schweift der Blick von hier aus weit über welliges, grünes Land, nach der anderen über die niedrigen Dächer der Stadt, über die sich die Türme der Kathedrale mächtig emporstrecken; weit dahinter aber heben sich wieder die Gipfel der Vulkane in verdämmernder Ferne, am nächsten, am deutlichsten der des Agua. Kein großartiger Blick, keine wilden Gebirge, keine tropische Üppigkeit, nicht die überwältigende Weite des Meeres, noch die Majestät schneebedeckter Berge – aber die anspruchslose Einfachheit des Bildes verleitet zum Träumen und beruhigt die Seele. Ich glaube, es war kein Zufall, daß ich stets, wenn ich mich des lieblichen Anblickes erfreute, Deutsche dort oben traf.

Wenngleich es uns immer wieder ins Freie hinauszog, in die Barrancas hinunter, auf die Hügel hinauf, wenngleich ich zu Pferd, zu Fuß und im Wagen einen Teil der Umgebung Guatemalas kennenlernte, so verbrachten wir doch einen großen Teil der Zeit zwischen den Häusern. Da fiel mir die Menge der mit allen europäischen Bedürfnissen versehenen Läden auf, und daß sie zum größten Teil in deutschen Händen sind. In allen besseren Geschäften, auch sofern sie Franzosen oder Spaniern gehören, findet man deutsche Angestellte, oder solche, die Deutsch sprechen. Freilich sind das nicht alles Reichsdeutsche, sondern es leben viele Schweizer im Lande, die aber zur deutschen Kolonie halten. Ein anderes deutsch sprechendes Element sind die Deutsch-Amerikaner, die weder ordentlich deutsch, noch gut englisch sprechen und nicht recht wissen, ob es vorteilhafter ist, sich als Deutscher oder als Amerikaner aufzuspielen. Unter ihnen sind viele süddeutsche Juden.

Die kleinen Geschäfte, die *Tiendas*, sind durchaus in Händen von Ladinas, denen auch fast alle Dienstmädchen, Näherinnen, Plätterinnen und mit sonstigen weiblichen Arbeiten beschäftigte Personen zugehören, und ich habe in diesen Frauen und Mädchen einen sehr arbeitsamen Teil der städtischen Bevölkerung kennengelernt. Man kann fast ganz europäisch in Guatemala leben, wenn man nur das nötige Geld dafür ausgeben will, denn das Leben dort ist sehr teuer – viel teurer als in Mexiko. Zur Zeit als wir in Guatemala waren, mögen die ungünstigen Silberverhältnisse dazu mitgewirkt haben, die Preise in die Höhe zu treiben, denn das Ausland berechnete alle Waren zum Goldwert, Silber wurde von Tag zu Tag wertloser, der „Cambio" bildete ein stehendes Gesprächsthema in allen Kreisen und ebenso die bevorstehende Präsidentenwahl in den Vereinigten Staaten, zwei Angelegenheiten, die ja in ursächlichem Zusammenhang standen.

Trotzdem entfalteten die deutschen Kaufmannsfamilien großen Luxus in ihrer Häuslichkeit, der uns vielleicht nach der langen Zeit der Entbehrungen noch bedeutender erschien. Wie es in den einheimischen Familien in dieser Beziehung aussah, weiß ich nicht. Nur daß ihre Damen beträchtlichen Toilettenaufwand trieben und den französischen Modistinnen ordentlich zu verdienen gaben, habe ich gesehen. Allen voran ging die Frau des Präsidenten, eine Amerikanerin aus den Südstaaten, die bedeutende Verschwendung in Kleidern, Schminken und Haarfärbemitteln trieb, und sich weder beim Publikum, noch – wie man sich erzählte – bei ihrem Manne sonderlicher Beliebtheit erfreute.

Wir fanden freundliche Aufnahme unter den Deutschen. In der Familie des deutschen Gesandten kam man uns liebenswürdig entgegen. Der deutsche Klub öffnete uns seine Pforten, und sein reichlich ausgestattetes Lesezimmer hat mir über so manche ungenützte Stunde hinweggeholfen. Auch von den Altertümern, die sich einer und der andere unserer Landsleute von ihrer *Finca* mitgebracht, fanden einige Stücke den Weg in unsere Sammlung. Aber wie heitere und freundliche Stunden wir auch in deutschen Familien verlebten, so muß ich doch an dieser Stelle vor allem des Scheuerschen Hauses gedenken. Es wurde von drei Geschwistern bewohnt: ein Bruder war Arzt, ein anderer Kaufmann, die Schwester war Lehrerin und machte die Hausfrau. Gemeinsame Beziehungen von der Heimat her brachten uns schnell einander näher. Wir machten tieferen Einblick in die fremden Verhältnisse; wie manchen guten Rat, wie viele in heimischer Fröhlichkeit verlebte Stunden verdankten wir den Geschwistern! Wie treu nahmen sie sich unser an mit Rat und Tat, als mein Mann krank lag!

Nicht weit von der Plaza de Armas, gleich hinter der großen Kathedrale, liegt der *Nuevo Mercado*, die neue Markthalle. Was Guatemala von eigenartigem Leben besitzt, was ihm überhaupt eine eigene Physiognomie gibt, das drängt sich auf diesem engen Raum, fast dem einzigen, wo man Eingeborene in größerer Zahl sieht. Obgleich sie aus verschiedenen Dörfern kommen, so ist doch eine gewisse Übereinstimmung in der Weibertracht zu bemerken. Vorherrschend sind die dunkelblauen Röcke. Da sie auf den Märkten, vor allem in Quezaltenango, zum Verkauf kommen, werden sie wohl größtenteils Fabrikware sein. Auch ist die ursprüngliche Form des Hüfttuches schon rockähnlich geworden, der Stoff mit seinen beiden Schmalseiten zusammengenäht und nur von mäßiger Weite. Darüber wird häufig eine grellbunte Schürze von schlechtem, europäischem, dünnem Baumwollzeug getragen. Oft zeigt auch der Rock statt der dunkelblauen, von weißen, quadratisch geordneten Streifen durchzogenen Farbe die grellbunten Streifen. Diese bunten Stoffe kauft man abgepaßt in der Markthalle. Nie habe ich in Guatemala oder Chiapas Frauen mit der Spindel gesehen, die doch für die Frauen anderer Stämme so charakteristisch ist; es ist sonderbar, daß auch unter den Altertümern sehr selten Spinnwirtel angetroffen werden. Die Hemden sind oft reich gestickt, der rote Gürtel von beträchtlicher Breite, das Haar von rotem oder buntem Wollband durchzogen. Die Rasse ist klein und unschön.

Was in der Markthalle feilgeboten wird, ist das gleiche wie auf so vielen anderen Märkten Mexikos und Guatemalas. Nur vermißt man die Fülle kleiner Erzeugnisse einer formen- und farbenfrohen Hausindustrie, wie sie den Markt von Oaxaca so anmutig beleben. Früchte und Gemüse kommen massenhaft zum Verkauf und sind das Einzige, was in Guatemala billig ist. Andere landwirtschaftliche Erzeugnisse, zum Beispiel Butter, werden in die Häuser gebracht oder unter der Hand verkauft. Ja, man kann gute frische Butter in Guatemala haben, aber sie ist sehr teuer und kommt auch nicht regelmäßig zur Stadt.

Der Mangel all der kleinen brauchbaren Dinge, die der Mexikaner so hübsch zu verfertigen weiß, war mir schon seit längerer Zeit aufgefallen. Der Markt in San Cristóbal in Chiapas war der letzte, wo ich noch mancherlei davon gesehen hatte. Aber hier gab es nichts dergleichen: keine Tompiates, keine Ayates, keine Morales, kein Iztle. (*Tompiates* sind weiche, runde Körbe, aus Palmstroh geflochten; *Ayate* ein grobes, gitterartiges Gewebe aus Agavefaser; *Morales* heißen große und kleine, flache, aus Stroh geflochtene Taschen, die zu allem möglichen dienen, die großen zum Beispiel dazu, den Pferden den Mais zu geben. *Iztle* ist der sehr dauerhafte Faden aus Agavefaser.) Besonders bei der Ausrüstung zur Reise entbehrten wir all diese Dinge sehr, da sie ungemein praktisch und zu vielerlei Zwecken dienlich sind. In Guatemala sind sie alle von teurer europäischer Ware verdrängt. Nicht einmal anständigen einheimischen Tabak gab es zu rauchen. Man erzählte uns, daß durch eine unzweckmäßige Steuer der Tabakbau gänzlich zugrunde gerichtet sei. Was man im Lande bekam, war ungleichmäßig, meist schlecht. In der Hauptstadt gab es überall aus Europa eingeführte Zigaretten.

Guatemala hat viele Kirchen, Schulen, öffentliche Gebäude, die sowohl gemeinnützigen, als auch wissenschaftlichen Zwekken dienen. Ich lernte das Krankenhaus kennen, als ich einen jungen Deutschen dort besuchte, der sich im Getriebe der Zuckerpresse arg verletzt hatte. Freilich bekam ich bei diesen flüchtigen Besuchen keinen tiefen Einblick in die Einrichtungen, doch war der Eindruck, den ich empfing, ein durchaus freundlicher. Alle Säle und Zimmer öffnen sich auf weite Höfe mit laufenden Brunnen, so daß für Luft überall gesorgt ist. Auch unser junger Freund war durchaus zufrieden. Über die Kunst der einheimischen Ärzte kann ich nicht urteilen. Sie wird wohl nicht gleichwertig sein; manche haben im Auslande studiert, und man rühmte mir ihr Wissen.

Im Erdgeschoß des Universitätsgebäudes ist die öffentliche Bibliothek untergebracht, mit hübschen, behaglichen Arbeitsräumen. Wir hatten eigentlich gehofft, von den verschwundenen Archiven aus Chiapas hier etwas zu entdecken, da sich Nachrichten finden, daß man vieles von San Cristóbal hierher gebracht habe. Doch fand sich nichts dergleichen; dagegen einige beachtenswerte sprachliche Sachen.

Ein umfangreiches Bauwerk ist das Instituto, das ehemalige Jesuitenkolleg, das Hörsäle, zur Universität gehörige Schulen und Sammlungen enthält. Hier sollte angeblich auch die Altertumssammlung zu finden sein. Im Jahre 1892 war Guatemala auf der Historischen Ausstellung in Madrid ganz stattlich vertreten gewesen. Von dort war die ganze Sammlung nach Chicago gegangen, und wir hofften, sie hier wiederzufinden und – da wir nun im Lande so mancherlei gesehen hatten – sie mit doppeltem Vergnügen zu studieren. Nach mehrmaligen vergeblichen Versuchen gelang es uns, den Direktor der Sammlungen anzutreffen, einen liebenswürdigen Herrn, der in seinem naturwissenschaftlichen Gebiet trefflich Bescheid wußte und uns auch bereitwilligst durch die betreffenden Abteilungen führte. Auf unsere Frage nach Altertümern meinte er, da wäre der Degen des Alvarado. Und nachdem wir ihm endlich begreiflich gemacht, was wir zu sehen wünschten, wurde uns der verblüffende Bescheid: „¿Colección de antigüedades? Ya no hai; ¡se acabó!"* Es ergab sich, daß die Sachen aus Chicago nicht wieder zurückgekommen waren, vermutlich dort verkauft worden sind. Es fanden sich noch ein paar defekte Skulpturen aus Coban, einige der eigentümlichen, mit Zacken besetzten Schalen, wie sie im Amatitlansee gefunden werden, und etlicher wertloser Kram. Das war die Altertumssammlung des Nationalmuseums von Guatemala.

So habe ich mancherlei gesehen und kennengelernt, aber nicht genug, um ein abschließendes Urteil über Guatemala fällen zu dürfen. Ich mag das schon nicht, weil ich fürchte, ungerecht zu werden, denn behaglich habe ich mich dort eigentlich niemals gefühlt. Ich bin nie recht warm und heimisch geworden, während mich in Mexiko stets ein wohliges Heimatgefühl erfaßte. Worin dieser Unterschied begründet sein mag, habe ich mir vergeblich klarzumachen versucht. Vielleicht liegt es daran, daß Mexiko alter Kulturboden ist; es hat dort alles mehr Physiognomie und Charakter; es hat eine Fülle intimer Reize, die selbst vom allermodernsten Leben noch nicht völlig verwischt sind, während Guatemala nüchtern und langweilig ist. Vielleicht wäre das alles anders, wenn es nicht ein widriges Geschick aus dem schönen Tale von Panchoy vertrieben hätte! In dem herrlichen Tale am Fuße des Agua liegt heute *La Antigua*, die romantische Vergangenheit des modernen Guatemala.

Dorthin führte uns zunächst der Weg. Dort, jenseits der Vulkane, in dem heißen Küstenstrich des Stillen Ozeans, lag ja das Gebiet, das uns nach Guatemala gezogen hatte: *Santa Lucía Cozumalhuapa*. Vorerst allerdings hatten unsere Pläne dadurch eine wesentliche Änderung erfahren, daß wir noch einmal zur mexikanischen Grenze zurückzukehren gedachten, um das Gebiet von Chaculá näher zu erforschen, und das mußte sobald als mög-

---

* „Sammlung von Altertümern? Die gibt es nicht mehr; sie ist alle!"

lich geschehen, damit wir die in jenem Gebirgsstrich verhältnismäßig trockenen Sommermonate noch zur Arbeit benutzen konnten. Da aber die zu diesem Unternehmen nötigen Vorbereitungen nicht so rasch getroffen, vor allem die unentbehrlichen Regierungsbriefe nicht so schnell beschafft werden konnten, benutzten wir die Zeit zu einem orientierenden Ausflug in die lokkenden Gefilde des Kaffees. Wir hatten eine freundliche Empfehlung für eine halbwegs zwischen Antigua und Santa Lucía gelegene Besitzung einer bedeutenden Hamburger Plantagengesellschaft erhalten, und so saßen wir denn am Sonntag, dem 3. Mai, in aller Hergottsfrühe im leichten Wägelchen, das uns nach Antigua bringen sollte, wohin wir die Jungen mit den Pferden schon vorausgeschickt hatten.

Die Regenzeit hatte auf dem Hochlande noch nicht eingesetzt, und es gab Staub genug zu schlucken; auch das Busch- und Laubwerk am Wege sah noch grau aus. Trotzdem war die Fahrt auf meist guter Straße anmutig und an hübschen Blicken reich; zuletzt, da man stracks dem mächtigen Kegel des Volcán del Agua entgegenstrebt, war sie wahrhaft großartig. Von der endlosen und staubigen Vorstadt im Südwesten der Hauptstadt führt die Straße ein langes Stück über die Ebene hin. Auf dieser Strecke fiel uns die Menge der Obsidiansplitter, Messerchen, Pfeilspitzen auf, die man im Erdreich am Wege sieht. Offenbar haben hier ausgedehnte alte Ansiedlungen bestanden. Plötzlich senkt sich der Weg in eine Schlucht, überschreitet einen Fluß auf steinerner Brücke, um sich dann in gleichmäßiger Steigung nach *Mixco* hinauf zu heben. Von dem Abhang, der zur Talsohle hinabführt, hat man einen wunderhübschen Blick auf das malerische Dorf, das sich an einem Riß im Berge hinanzieht, stufenartig übereinandergeschoben, um in der alten Kirche und ihren Anbauten zu gipfeln. Von keiner anderen Stelle ist der Anblick auch nur annähernd so reizvoll, wie von dieser.

Die Strecke zwischen der Stadt und Mixco ist stets außerordentlich belebt von Indianern, die ihre Ware zu Markte tragen. In der bekannten „Indian file", das heißt im Gänsemarsch, kommen sie hintereinander im kurzen Zuckeltrab an. Die Frauen tragen die Last auf dem Kopf und lassen die Arme frei herunterhängen, die bei der trippelnden Bewegung lebhaft hin und her pendeln. Mit ihren engen, kurzen, bunten Röcken und den lose überfallenden, oft reich gestickten Hemden nehmen sie sich bei dieser schnellen Gangart ungleich anmutiger aus, als wenn sie auf der Straße oder in der Markthalle mit stumpfem Ausdruck neben ihren Körben hocken. Es ist kaum glaublich, wie dieser kurze Trab fördert und welch lange Strecken ununterbrochen auf diese Weise zurückgelegt werden.

In Mixco machen die Post und alte Wagen, die des Weges kommen, zum ersten Male halt. An der Stelle, wo die Fahrstraße nach Antigua mit scharfer Biegung nach rechts sich von dem kürzeren Reitwege trennt, der steil über die Höhe durch den Ort, an der Kirche vorüberführt, liegt eine ärmliche Tienda, die für bescheidene Frühstücksansprüche genügt. Etwa eine Fahrstunde weiter wird *San Rafael* erreicht, ein idyllisches Plätzchen, eine Art Forsthaus und Gartenwirtschaft. Die Straße führt hier in mäßiger Höhe über eine waldige Schlucht, in deren Grunde sich Wasserwerke befinden. An der der Berglehne zugewandten Seite ist ein Garten, in dem lauter europäische Blumen blühen, während sich drüben in der Schlucht einheimischer Blütenflor breit macht. Heitere Gesellschaften machen Ausflüge hierher, wo man gute Bewirtung findet; ja, während der heißen Zeit verbringt hier mancher ein paar stille Wochen der Sommerfrische.

Bald wird die Paßhöhe überschritten, und nun geht es ziemlich stark bergab auf einer Straße, deren weicher, vulkanischer Boden von dem Wagenverkehr vollständig zermahlen ist. Infolge davon ist es stets unbeschreiblich staubig. Wo der Grund härter wird und der Staub sich verzieht, wird man gewahr, daß man dem Agua ein gut Stück näher gerückt ist. Das auf heißer, sonniger Fläche gelegene San Lucas und der kleine Ort Santa Lucía werden durchfahren, und bald sind die Vorstadthäuser von Antigua erreicht.

Antigua ist eine der merkwürdigsten Stätten, die ich je betreten habe; nirgends liegt die melancholische und romantische Stimmung moderner Ruinen so nahe neben dem heiteren, frisch pulsierenden Leben der Gegenwart. Wenn man durch die Vorstadt über die Brücke eines kleinen Flüßchens kommt, so biegt der Weg in eine Ruinenstraße ein, aber gleich danach führt er durch eine der prächtigen, breiten, von alten, schattigen Amate-Bäumen gebildeten Alleen, die den Ort reizvoll durchziehen und umgeben. Die Raumverhältnisse des Hauptplatzes, der auch den Kern der heutigen Stadt bildet, sind bedeutend, aber nichtsdestoweniger vergißt man keinen Augenblick, daß Antigua heute eine Kleinstadt ist. Das fruchtbare, schöne Tal ist zum großen Teil – zumal nach der Seite der Vulkane hin – von Kaffeekulturen erfüllt, aber das Klima ist wenig für solche geeignet. Antigua liegt eigentlich schon über dem Höhengebiet des Kaffees, das man gewöhnlich zwischen vierhundert und vierzehnhundert Meter angeben hört. In Antigua soll es sogar manchmal Nachtfröste geben. Doch von solchen hat auch der Kaffee von Cobán an weniger geschützten Stellen gelegentlich zu leiden, trotzdem sind die dortigen Pflanzungen berühmt und sehen herrlich aus. Was den Pflanzungen im Tale Panchoy wenig zuträglich zu sein scheint, ist die verhältnismäßige Trockenheit dieses Striches, der durch die hohen Vulkane von den feuchten Winden des Weltmeeres abgeschnitten ist. Sicher ist, daß von dem Kaffee von Antigua überall mit einem gewissen geringschätzigen Achselzucken die Rede ist, und auch unsere Laienaugen sahen sehr wohl den Unterschied zwischen den vollaubigen, dunkelglänzenden Büschen am jenseitigen Fuße des Fuego oder in den immer feuchten Geländen Cobáns und den trockenen Besen von Antigua.

Antigua ist auch Badeort. Eine halbe Stunde Fahrt auf guter, schattiger Straße führt zu einer Schwefelquelle, über deren therapeutische Eigenschaft ich allerdings kein Urteil habe, die aber, wie alle heißen und schwefelhaltigen Quellen, sich großer Beliebtheit bei den Ladinos erfreut. Sie ist Privateigentum; ihr Besitzer hat sie in ein Becken gefaßt, einen hübschen Bau darüber errichtet, das Ganze mit anmutigen Gartenanlagen umgeben und erhebt von den Badelustigen einen mäßigen Preis für die Benutzung. Noch eine halbe Stunde weiter sind kalte Bäder. Hier ist eine schöne, klare, frische Quelle, die am Abhang entspringt, in bedeckte Zellen geleitet. Das erfrischende Bad, der liebliche Ausblick ins Tal und zu den Bergen hinüber sind Erquickungen für Leib und Seele. Doch sind es die Schwefelbäder, die ganze Familien zur „Temporada" – wir würden Sommerfrische sagen – nach Antigua führen, wo während der heißen Monate, März und April, oft nur mit Mühe ein Unterkommen in den Gasthäusern zu finden ist.

Im Hotel Rojas ist sehr gute Unterkunft zu haben. Unser einziger Kummer war jedesmal, daß der junge Rojas, der abends den Stall abschloß, weil er sonst keine Verantwortung für die Pferde übernehmen zu können erklärte, zu den landesüblichen Langschläfern gehörte und also an einen frühen Aufbruch niemals zu denken war, was einige Male recht unangenehme Folgen für uns hatte. Bei meinem letzten Aufenthalt in Antigua bekam ich im Hotel Central das letzte leere Zimmer, da teils wegen der Zeit der Temporadas, teils wegen eines in dem benachbarten Dorfe San Felipe stattfindenden Kirchenfestes alles überfüllt war. Aber auch hier war ich recht gut aufgehoben und traf Bekannte von der Küste und vom Hochland. Auffällig war mir, wie wenig die verschiedenen Familien miteinander verkehrten. Wer sich nicht von früher her kannte, ließ es bei den üblichen Höflichkeitsformen bewenden. Man denke nur, was sich in kleinen europäischen Badeorten für geselliges Leben entwickelt!

Für uns aber gab es hier noch andere Interessen, die mit dem Kaffee, den Bädern und den Kirchenruinen nichts zu schaffen hatten: es gab Altertümer. Es war für uns eine Überraschung, als wir fanden, daß alles, was von größeren Steinsachen vorhanden war, ganz den Charakter der Skulpturen von Santa Lucía Cozumalhuapa zeigte; wie alle Altertümer, die wir späterhin auf dem Wege von hier bis zur Küste hinunter antrafen.

Die in der ganzen Gegend reich begüterte Familie der Herreras, eine der wohlhabendsten im Lande, hält es für eine Ehrenpflicht, die auf ihren Besitztümern zutage kommenden Reste der Vorzeit zu sammeln und vor Schaden zu behüten. Da sie außerdem ihre Freude an den Dingen hat, veräußert sie auch nichts davon, und wir mußten uns mit Abklatschen und Photographien begnügen. Sowohl in der dicht bei der Stadt gelegenen Finca *El Portal*, am Fuße der Vorberge des Fuego, als in der an der Straße nach Chimaltenango gelegenen Mühle *Los Pastores* fanden wir große, wohlerhaltene Steinköpfe vor. In Los Pastores hatten wir außerdem noch das Vergnügen, einen biederen deutschen Landsmann, Herrn Hans Schmidt, zu begrüßen.

Sodann aber bildete die prächtige Sammlung des Don Manuel Alvarado einen starken Anziehungspunkt. Diese gewann noch ein besonderes Interesse dadurch, daß die Stücke alle auf einem eng begrenzten Gebiet, auf der am Abhang des Agua gelegenen Finca *Pompeya*, teils bei den Pflanzungsarbeiten, teils durch systematische Ausgrabungen ans Licht gekommen waren. Diese Finca liegt oberhalb des Städtchens, das heute den nichtssagenden Namen *Ciudad vieja* (alte Stadt) führt, dort wo die Spanier die unselige Stadt Santiago de los Caballeros gegründet hatten, die durch das herniederstürzende Wasser zerstört wurde. Von dort bietet sich ein herrlicher Blick über das fruchtbare Tal, und es waren hier alle Vorbedingungen für eine große Stadt und eine dichte Bevölkerung gegeben. Die hier gesammelten Dinge sind teils mächtige Steinbilder, die in ihrer Haltung fast Sphinxen gleichen; Köpfe jener seltsam charakteristischen Art, die ein Menschenantlitz zeigen, das aus dem geöffneten Rachen eines Ungeheuers herausschaut; eine bedeutende Anzahl von Steinbeilen, Mahlsteinen und verschiedenen Steinwerkzeugen. Teils sind es Tongefäße von becherartiger, schlanker Form; meist einfach, manche jedoch schön und in seltsamer Weise bemalt; ja, auch Hieroglyphengefäße fanden sich darunter. Schalen, kleinere Tonsachen und eine Reihe jener kleinen Zierlichkeiten – Schmucksachen, guterhaltene Messerchen und Pfeilspitzen, Amulette, Spinnwirtel und dergleichen – die die Freude des Sammlers sind.

Diese Sammlung konnten wir später erwerben, kurz, ehe wir das Land verließen. Damals war mein Mann krank, er litt noch an den Folgen des heftigen Fiebers, das er sich in Copán oder Quiriguá zugezogen hatte. Da der Abschluß der Verhandlungen wegen des Ankaufs drängte und sich dergleichen schriftlich schlecht machen läßt, zumal wenn Käufer und Verkäufer über den Preis nicht derselben Meinung sind, so machte ich mich auf und fuhr allein hinüber. Don Manuel freilich glaubte nicht an die Krankheit und meinte, ich wäre gekommen, weil Frauen beim Handel zäher seien. Nun, an Zähigkeit fehlte es ihm auch nicht, ja er war mir entschieden in dem Punkt über. Aber schließlich kamen wir zu einem befriedigenden Abschluß. Nun ging's ans Packen, aber Hilfe gab's nicht, weil alle Leute zum Feste nach San Felipe zogen; Kisten waren nur in ungenügender Zahl aufzutreiben, Packmaterial gar nicht zu haben. In dieser Not leistete mir Herr Schumann vom Hause Kraus, Schröder & Co. liebenswürdige Hilfe, wofür ich ihm hier meinen herzlichen Dank sage. Aber trotz all dieser Unbequemlichkeiten war es eine erfreuliche Zeit. In dem hübschen Gartenhof des Alvaradoschen Hauses plätscherte ein kühler Brunnen, eine alte Frau und ihre Tochter kamen von Zeit zu Zeit zum Plaudern. Freilich hatte ich mancherlei von Neugier und unnützen Ratschlägen zu leiden von all den Leuten, die im Hause aus- und eingingen. Aber dagegen wird man in jenen Ländern bald abgestumpft. Als einige Tage später mein Mann kam, fuhren wir täglich zu der kühlen Quelle hinaus, und diese im Verein mit der reinen und trockenen Luft von Antigua förderten seine Genesung merkwürdig schnell.

Mit herzlichem Vergnügen denke ich an die Tage in Antigua zurück, an die klaren Morgen, wo die dunkle Masse des Fuego fast drohend in die Straßen herniederschaut, an die umwölkten Abende, wenn ich von meinem Fenster aus Wolken und Abendlicht auf der Spitze des Agua ihr Wesen treiben sah; an die Ritte und Fahrten in der Umgebung, an klares Wasser und schattige Bäume.

Wie schade, daß hier nur noch „La Antigua" liegt!

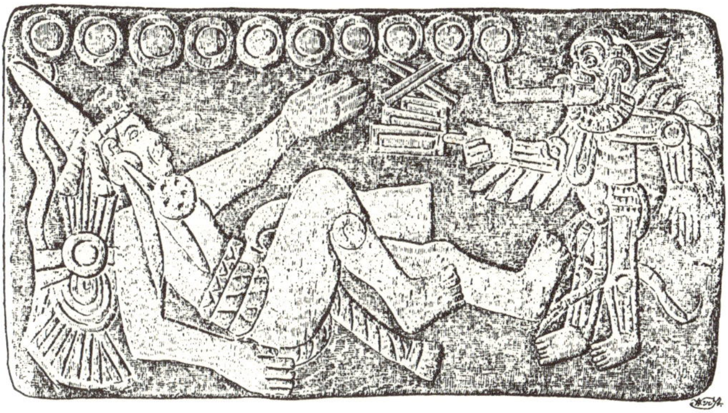

Stein von Santa Lucía Cozumalhuapa

IX.
Am Fuße der Vulkane

Im Lichthofe des Museums für Völkerkunde zu Berlin liegen mächtige Steinplatten, mit herrlichen, rätselvollen Reliefdarstellungen geschmückt, steht ein großes steinernes Opferbecken und andere sonderbare Steinbilder. Sie alle miteinander sind bekannt als „die Santa-Lucía-Steine", und das Museum hat allen Grund, auf diesen Besitz stolz zu sein, dessen Erwerbung der Energie seines Leiters, Adolf Bastian, zu danken ist und der tatkräftigen Unterstützung, die er seinerzeit in Guatemala bei dem deutschen Gesandten von Bergen, dem deutschen Gelehrten Dr. Berendt und dem deutschen Ingenieur Napp fand.

Diese Steine waren Ende der fünfziger Jahre entdeckt worden. Anfang der sechziger Jahre wurden sie zum ersten Male von einem Europäer – dem österreichischen Arzte Dr. Habel – gezeichnet, beschrieben und nach Kräften gegen drohende Zerstörung geschützt. Wenige Jahre vorher hatte man sie bei Anlegung einer Kaffeepflanzung bei der noch jungen Ansiedlung Santa Lucía Cozumalhuapa, zwischen dem Südfuße des Fuego und der Küste des Stillen Ozeans, entdeckt. Etwa fünfzehn Jahre später sah sie Adolf Bastian und erwarb sie für das Berliner Museum.

Nun sind aber nicht alle Steine, die Habel, Bastian und Berendt dort bei Santa Lucía gesehen haben, nach Europa gekommen, und auch sie haben lange nicht alle gesehen, von denen ihnen erzählt worden ist.* Was war natürlicher, als daß es uns unwiderstehlich nach Santa Lucía zog? Hatten wir doch, ihm folgend, die Reise von Mexiko nach Guatemala unternommen. Der Ort ist heute leichter zu erreichen, als es vor zwanzig und dreißig Jahren der Fall war: Von der Eisenbahn, die die Stadt Guatemala mit dem Hafen von San José verbindet, zweigt in *Escuintla* eine Linie ab, die vorläufig in Santa Lucía endet, aber in der Richtung über Patulul weitergeführt werden soll, um vielleicht in fernen Zeiten sich einmal mit einer mexikanischen Tapachula-Linie zu treffen.**

Wir aber wählten fürs erste den Reitweg, um ein besseres Bild von der Gegend zu bekommen; konnte doch auch unterwegs noch manches zu finden sein. – Wie Antigua die oberste Grenze des Kaffeebaues bezeichnet, so Santa Lucía die unterste. Hier gedeihen schon Kakao und Vanille, und es ist für einen ergiebigen Kaffeebau zu heiß und zu feucht. Der Kaffee liebt am meisten jene herrlichen Gegenden der Tierra templada an dem Abfall der Gebirge nach der Küste zu. Und durch diese von der Natur so reich bedachte, von den Menschen wohlausgenutzte Region ging unser Weg. In den ausgedehnten Besitzungen, durch die er führte und die zum großen Teil in deutschen Händen sind, haben wir viele heitere Ruhetage verlebt, aber auch manche Förderung für unsere Arbeit und unsere Gesundheit erfahren, und wir denken mit Freude und Dank an die dort verlebte Zeit zurück.

Am 6. Mai ritten wir von Antigua fort und dachten, bei guter Zeit die Finca *San Andrés Osuna* zu erreichen, die nur sieben Leguas (etwa sechs Meilen) entfernt sein sollte. So schien es uns nicht allzu schlimm, daß der junge Rojas wieder einmal die Zeit verschlief und wir erst um sieben Uhr aufbrechen konnten. Der Weg führte durch *Ciudad vieja* in der breiten Senke zwischen den beiden Vulkanen hindurch, und bald hinter dem Dorf *Alotenango,* von wo aus Stoll und Maudsley im Jahre 1882 ihre Besteigung des Fuego begannen, nahm uns der üppige Pflanzenwuchs einer feuchteren und wärmeren Zone auf. Aber der Weg zog sich merklich in die Länge, es ergab sich, daß die Entfernung zwölf Leguas betrug, und eine halbe Stunde ehe wir unser Ziel erreichten, kurz nachdem wir die große Pflanzung von *El Zapote* hinter uns gelas-

* Einer ist leider für immer verloren: Als er auf der Reede von San José verladen werden sollte, riß das Tau, und er versank in den Fluten. Diesen kennen wir nur aus einer Berendtschen Zeichnung.

** Diese Verbindung ist heute hergestellt.

sen hatten, gerade inmitten der herrlichsten Gegend, eines von Mahagonibäumen und anderen Riesen gebildeten Waldes, entlud sich ein heftiger Gewitterregen, der erste des Sommers, der uns gründlich durchnäßte. Bananenhaine, Kaffeepflanzungen, der gute Zustand der Wege zeigten, daß wir uns wieder einer großen Pflanzung näherten, und bald waren die ersten Häuser von *San Andrés Osuna* erreicht, wo wir von dem Vertreter des Hauses, Herrn Linse, freundlich bewillkommt wurden.

Alle Verhältnisse hier waren neu für uns. In Mexiko waren wir nie in das Gebiet der großen Kaffee-Haciendas gekommen. Auf unserer ersten Reise steckten wir einen guten Teil der Zeit in den dichten Wäldern der Huaxteca, die noch ihrer Umwandlung in Plantagen harren, und vermutlich – trotz der Bahn nach Tampico – noch ein Weilchen harren werden. In Tancanhuitz freilich wurde auch Kaffee gebaut, aber es waren kleine Gärten, die den Einheimischen gehörten; von einem planmäßigen Anbau, einer geschäftlichen Ausbeute war keine Rede. Die bedeutenderen Besitzungen, die wir damals kennenlernten – bei Cuernavaca, in der Huaxteca, auf dem Wege nach Oaxaca – bauten alle Zuckerrohr, und nur bei unserem sehr flüchtigen Aufenthalt in Orizaba sahen wir größere Kaffeegärten. Diesmal aber waren wir nur in Chiapas, zwischen Tonalá und Cintalapa, und dann wieder im mexikanisch-guatemaltekischen Grenzgebiet auf Haciendas gewesen. Keine von diesen lag in der Kaffeeregion: Es wurde Mais gebaut, in etwas tieferen Lagen auch Zucker, und Vieh gezüchtet. Auch waren ihre Besitzer durchaus Mexikaner und Guatemalteken. Hier nun waren Deutsche die Herren; der Kaffeebau wurde rationell betrieben, alle Errungenschaften der Neuzeit zu seiner Verwertung benutzt.

Ein *Cafetal* gehört zu den malerischsten Anlagen, die die Landwirtschaft aufzuweisen hat. Da die Pflanzen weder starke Sonnenglut, noch heftigen Regen vertragen, so müssen sie geschützt werden, entsprechend der Lage mehr oder weniger dicht. Wo man hochstämmigen Wald zur Anlage der Pflanzung roden muß, läßt man einige breitkronige, nicht zu dicklaubige Bäume als Beschattung stehen. Vielfach werden Bananen zum Schutze verwendet, deren Früchte zugleich als Nahrungsmittel für die Arbeiter dienen. Man hat daher bei Kaffeepflanzungen nie den langweiligen Eindruck nüchterner Regelmäßigkeit, wie ihn etwa eine Baumwollenpflanzung, eine Zuckerrohrplantage, ein Agavefeld machen, sondern man meint immer, durch Haine zu reiten, die zwar zum größten Teil aus dem schönen, dunkellaubigen

Strauch mit weißen Blüten und roten Früchten bestehen, aber doch gemischten Bestand zeigen.

Vom Berge herunter zog sich eine schmale, tiefe Schlucht; an deren Grunde floß ein klares, frisches Wasser, das man halbwegs eingefangen und in einen Kanal geleitet hatte, der die beiden benachbarten Hacienden *San Andrés* und *Los Diamantes*, die er voneinander schied, mit der nötigen Wasserkraft für die Maschinen versah. Aber auch die Menschen wurden des belebenden Elements froh und hatten sich mitten in dem stark strömenden Wasser in der Nähe des Hauses ein erfrischendes Bad eingerichtet.

Diese enge, mit üppigstem Pflanzenwuchs erfüllte Schlucht führt uns mitten in die wunderbare, sinnberückende Pracht tropischer Vegetation, die an diesem Küstenabfall gerade so herrlich ist wie an dem nordwärts dem Golf zu gelegenen. Es ist weniger die Farben- als die Formenfülle, die das Auge fast verwirrt und berauscht. Zwischen den von Schlingern und Schmarotzern verdeckten mächtigen Stämmen drängen sich die zierlichen Wedel der Baumfarne, die breiten Blätter der Coyollistaude mit ihren roten Blüten. Rot ist fast die einzige Farbe, die neben dem Grün auftritt, so daß die auffallend geringe Blütenmenge durch Leuchtkraft ersetzt, was ihr an Buntheit fehlt.

Die Besitzer dieser Hacienden oder, wie man in Guatemala stets sagt, *Fincas* (ein Ausdruck, der in Mexiko ausschließlich von kleinen Besitztümern gebraucht wird) leben sehr europäisch; die maschinellen Einrichtungen, das elektrische Licht, die mit Veranden im Schweizerstil umgebenen Wohnhäuser, die Verpflegung – all das bedeutete in unseren Augen, die monatelang nur an landesübliche, einheimische und oft recht ärmliche Verhältnisse gewöhnt worden waren, einen hohen Grad von Wohlleben. Das elektrische Licht, diese neueste Kulturblüte, war übrigens für mich stets eine Quelle des Ärgers; denn während nach des Altmeisters Vogel Ausspruch sonst die ganze Welt zur Nachtzeit eine Dunkelkammer war, gab es hier kaum ein Fleckchen, wo man photographische Platten umlegen konnte, da die elektrischen Lampen auf den „patios“ – den zum Trocknen des Kaffees dienenden, zementierten Terrassen – die ganze Nacht hindurch ihr strahlendes Licht verbreiten, um den Wächtern ihr Amt zu erleichtern; denn die zum Trocknen ausgebreiteten Bohnen sind gar angreifliche Ware. Als ich in meiner Not in San Andrés einmal mitsamt meiner roten Laterne unter einen auf niedrigen Pfählen ruhenden alten Schuppen kroch, glaubte der indianische Wächter, es trieben dort unheimliche Geister ihr spukhaftes Wesen, und es gelang nur schwer, ihn von meiner Leiblichkeit zu überzeugen.

Wie bei uns zulande die Dörfer in der Nähe der Gutshöfe liegen, so dort die Rancherien bei der eigentlichen Hacienda. Meist sind es ganz neue, aus den augenblicklichen Bedürfnissen entstandene Niederlassungen, die dem Ethnologen späterer Zeiten manch harte Nuß zu knacken geben werden. Denn die Arbeiter sind zwar durchweg Indianer, da aber die Pflanzungen häufig in dünn bevölkerten, manchmal in ganz menschenleeren Gegenden angelegt werden, so sucht man die Leute von überall herbeizuziehen. Es sind Verhältnisse, die an unsere Sachsengängerei erinnern. Doch außer diesen Gelegenheitsarbeitern, die zur Zeit der Ernte gemietet werden, braucht der Betrieb einen Stamm von Arbeitern, und dieser ist in der zur Hacienda gehörigen Ranchería angesiedelt. Auf diese Weise entstehen neue Dörfer, deren Bewohner oftmals eine Musterkarte verschiedener Indianerstämme und Sprachen aufweisen. Diese Indios werden meist durch Vorschüsse gewonnen, die sie abarbeiten müssen, wodurch sie in ein sehr enges Abhängigkeitsverhältnis zu ihrem Herrn geraten, das häufig zu einem lebenslänglichen wird und von Leibeigenschaft nur dem Namen nach verschieden ist.

Oft sind die Arbeiterdörfer groß, gut und regelmäßig angelegt. In San Andrés war man im Begriff, neue Arbeiterhäuser in der Nähe der Hacienda zu errichten. Sie waren sauber und wetterfest, aber natürlich nicht so malerisch wie die alten Rohrhütten zwischen hohen Palmenbäumen. Ein neues Wohnhaus wurde gebaut und der Grundstein zu einer Kirche gelegt. Als wir ein halbes Jahr später wiederkamen, wohnte im neuen, hübschen Hause bereits Herr Keller mit seiner liebenswürdigen jungen Frau, und die Kirche war fast vollendet.

In der Luftlinie ist *Los Diamantes* keine Bogenschußweite von San Andrés entfernt, aber der Bach, der beide trennt, hat eine tiefe und breite Kluft in das Erdreich gerissen, die in weitem Bogen umgangen werden muß. Nirgends führt eine Brücke hinüber; in trockener Zeit ist er mit flachen Trittsteinen leicht zu überschreiten, aber zur Regenzeit schießt er mächtig und sprudelnd dahin.

Als wir die Kaffeepflanzungen von Los Diamantes betraten, schienen uns wirklich die weißen Blüten wie Edelsteine aus dem dunklen Laube entgegenzuleuchten. Ein gut gehaltener Fahrweg führte in sanfter Steigung vom Bach aufwärts bis zur Höhe des Hauses. Es war klein und bescheiden, aber die Aussicht von seiner Veranda wundervoll; über sanft gewehtes, grünes Land, aus dem ein einzelner Fels, der Peñon von *Ziquinalá,* wie eine Landmarke hervorragte, reichte der Blick bis zum Stillen Ozean, der wie ein breites, silbern leuchtendes Band den westlichen Horizont begrenzte. Nach der Landseite hin überragte der Fuego in düsterer Majestät den Rancho. Gerade vor dem Hause war ein von mächtigen Bäumen beschatteter Platz, auf dem ein lebhafter Wochenmarkt abgehalten wurde, ein Vorrecht, nach dem alle größeren Dörfer streben. – An der Ecke gegenüber befand sich eine stattliche, sehr gut eingerichtete Tienda, die bei der Nähe von *Escuintla* – bis wohin während der trockenen Zeit auch Ochsenkarren verkehren können – stets mit guten Dingen versehen war, die allen möglichen Bedürfnissen genügen konnten: Da gab es echtes Bier, Kleiderstoffe, Seife, Lichte, Konserven, Brot.

Auch diese Finca gehörte einer Hamburger Gesellschaft, als deren Vertreter Herr Fritz Müller, ein Schweizer, hier wirtschaftete. Seine Frau wußte sich mit der eigenen Findigkeit der richtigen Berlinerin in den gegebenen Verhältnissen prächtig zurechtzufinden und das denkbar Beste daraus zu machen. Sie baute Gemüse, hatte ihren Hühnerhof und machte ihren Bedarf an Butter selbst. Aber sie war auch eine flotte, mutige Reiterin und führte ihr Wägelchen wie eine Amerikanerin sicher über die schlechtesten Wege. Dabei stand sie mit allen Leuten im Rancho gut. Die Arbeiter, die die Freude der „niña" für Blumen und Tiere kannten, brachten ihr mit, was sie Schönes in den Waldschluchten des Fuego fanden, und auf der Veranda wuchs es unter freundlicher Pflege lustig weiter; es gab dort stets einen Flor der herrlichsten Orchideen zu bewundern. Sehr ergötzlich war ein zahmes Wildschwein, ein „pecari". Ein Indio hatte es jung eingefangen, und es hatte sich so an die Köchin gewöhnt, daß es ihr überallhin folgte und der klappernde Klang seiner feinen, harten Hufe lustig auf der Holztreppe zu hören war. Während unserer Anwesenheit brachte einmal ein Mann zwei allerliebste, ganz junge Gürteltiere, die wir mit nach Deutschland nehmen sollten, wozu ich jedoch keinerlei Neigung verspürte. Seltsamerweise haben wir dort nie den hübschen, behenden Nasenbär gesehen, den „tejón", der in den Wäldern der Huaxteca sein lustiges Wesen treibt und dort als zahmes Haustier in den Gehöften zu finden ist.

Manch heitere Stunde haben wir in dem traulichen Winkel dieser Veranda verlebt, und zu diesen gehörte auch der Abend, an dem durch einen glücklichen Zufall sieben Landsleute sich hier zusammenfanden, um bei deutschem Bier und deutschen Liedern der fernen Heimat zu gedenken. Verwundert mag der alte Feuerberg den fremdartigen Melodien gelauscht haben, den heiteren und traurigen Weisen, die bis in späte Nachtstunde zu ihm emporklangen.

Wir hatten, seit wir Antigua verlassen, nicht viel von Altertümern gesehen. Zwei große, ungefüge Steine, die ziemlich roh behauen waren und Kröten vorstellten, lagen auf dem Rand eines der Trockenhöfe in San Andrés, und unter der Veranda des Hauses hatte man einen ebenfalls ziemlich roh gearbeiteten Affenkopf aufgestellt, einen „mono", wie dort alle figürlichen alten Darstellungen genannt werden, auch wenn sie menschliche Formen zeigen. Auch in Los Diamantes war außer einem ziemlich schlechten, affenartigen Steinbild, dessen Fundort nicht einmal feststand, nichts vorhanden. Herr Keller erinnerte sich aber, in der benachbarten kleinen Finca *Chuchú* früher einige Sachen gesehen zu haben und ritt mit uns hinüber. Der Besuch erwies sich immerhin als erfolgreich, da wir zwischen allerlei Gerümpel zwei merkwürdige, dreibeinige, sogenannte Steinsessel hervorzogen. Solche Steine sind selten. Wir erhielten später mit der Sammlung des Herrn Thom noch einen aus Tecpam und mehrere mit der Sammlung Alvarado.

Eines Tages hatte unser Wirt irgendeine Veranlassung, nach der Hacienda *Los Tarros* zu reiten und machte uns den Vorschlag, ihn zu begleiten, da Los Tarros als Fundort von Altertümern mehrfach erwähnt wird. Es war ein herrlicher Ritt, ganz geeignet, von der Schönheit des Landstriches ein Bild zu geben; über umbuschte, blühende Hügel, über kristallklare, rauschende Bäche, an deren Ufern die zierlichen Wedel der Baumfarne nickten, durch Wald und Kaffeehaine; durch dunkle Hohlwege und lichtgrüne Zuckerrohrfelder; über alte Flußbetten und sanfte Abhänge, die von Schlingpflanzen mit grünen Teppichen übersponnen waren.

Los Tarros ist eine sehr ausgedehnte Besitzung und gehört einer einheimischen Familie. Rancho und Wohnhaus sind in großem Stil angelegt. Vor dem Hause haben die Pflanzungen einen parkartigen Anstrich. In ihrer Mitte liegt ein riesiges Springbrunnenbecken, an dem die vorüberziehenden Herden ihren Durst stillen. Vermutlich sind zu seiner Herstellung Steine der alten Konstruktionen verwendet, von denen Habel spricht, denn Steine sind hier in der Ebene nicht gerade häufig.

Von Altertümern gab es nichts mehr; was frühere Reisende hier gesehen oder wovon sie gehört hatten, war alles nach Pantaleon gebracht worden. Ein hübsches Tongefäß wurde uns gezeigt, wovon man sich aber nicht trennen wollte. Ähnliche sind in der Sammlung Alvarado vorhanden. Aber man wies uns nach *Palo Verde*, wo wir alte Steinidole finden würden. Wir folgten dem Wink und nahmen bei der Rückkehr nach Los Diamantes den kleinen Umweg über Palo Verde.

Durch Weide und Wald ging der Ritt zum *Río del Tigre* oder *Sacjahá*, einem herrlichen Gebirgswasser, das zwischen der prachtvollen Vegetation seine klaren, sprudelnden Wellen ergießt. Jetzt war er ziemlich zahm, als wir aber ein halbes Jahr später, zu Ende der Regenzeit, wiederkamen und ihn täglich durchreiten mußten, war er tief und reißend, und es bedurfte großer Vorsichtsmaßregeln, um unsere Papierabdrücke sicher hinüberzubringen. – Der kühle Platz am frischen Wasser, unter einem schattenspendenden Baume, war verlockend bei der Hitze des Tages. Wir stiegen ab, um zu frühstücken. Bei der Gelegenheit zeigte sich freilich, daß Bananenblätter kein genügender Schutz gegen Hitze sind, denn die herrliche Butter, die wir von Los Tarros mitgenommen hatten, hatte sich in zerlassene verwandelt, für die eine Satteltasche entschieden nicht der richtige Behälter war.

Vom Flüßchen aus ist der Rancho von Palo Verde in zehn Minuten erreicht. Wir trafen den Besitzer an, einen alten Guatemalteken, der nicht recht begriff, was wir suchten. Aber wir fanden gleich im Hof einige skulpierte Steinstücke herumliegen, von denen das eine einen Jaguarkopf vorstellte. Nach mancherlei Fragen erfuhren wir, daß auf dem zu Palo Verde gehörigen Grund und Boden, im Walde, nicht weit von dem Wege, den wir soeben gekommen waren, noch mehr Steine liegen sollten, aber nur einige Kuhhirten könnten mit Sicherheit die Stelle zeigen. So wurde das auf ein andermal verschoben.

Für diesmal aber ging unsere Zeit zu Ende, und wir mußten daran denken, nach *Santa Lucía* hinunter zu reiten. So saßen wir denn eines Tages wieder reisefertig auf unseren Pferden – zum letztenmal. Wir hatten sie hier verkauft, denn ehe sie wieder für eine lange, beschwerliche Reise tauglich waren, mußten sie sich gründlich erholen und eine Zeitlang frei weiden. Obgleich ich mich oft über die zunehmende Trägheit und den Eigensinn meines Gauls geärgert hatte, empfand ich doch ein wehmütiges Gefühl bei der Trennung; hatten wir doch ein volles halbes Jahr hindurch so manches Leid, so manche Freude miteinander geteilt: gutes und schlechtes Nachtquartier – aber meistens schlechtes; reichliches und mageres Futter – aber öfter mageres; Hitze und

Kälte; Ebene und steiles Gebirge – aber häufiger dieses. Es war uns eine Beruhigung, zu wissen, daß die Tiere in gute Hände kamen.

Unterhalb Los Tarros, in der Richtung nach Santa Lucía liegen die alten Kirchenruinen von *San Juan Perdido,* ein Wahrzeichen, das uns deutlich vor Augen führt, wie schnell in diesen tropischen Waldländern die Ansiedlungen verschwinden. Wir dürfen uns nicht wundern, daß wir nicht wissen, welches Volk die herrlichen Denkmäler hinterließ, die wir überall in diesem Striche treffen, daß ihre Städte und Niederlassungen gänzlich verschwunden sind: Wir müssen uns vielmehr freuen, daß wir überhaupt noch Spuren ihres Daseins finden, wenn Ortschaften weit jüngerer Zeit bis auf zerfallene Kirchenreste dahingegangen sind. In spanischer Zeit muß hier ein volkreicher Ort bestanden haben, der die Anlage einer ziemlich bedeutenden Kirche verlangte, die wir heute in den Ruinen von San Juan Perdido vor uns sehen. Wir wissen aber nichts von diesem Ort als seinen Namen; wie dürfen wir erwarten, von einer so fernen Vergangenheit Genaueres zu erfahren? Wenn der Mensch seiner Hände Werk hier nicht ununterbrochen gegen die übermächtige Lebenskraft der Natur verteidigt, so sind die Spuren seiner Tätigkeit nur zu bald verwischt, verschlungen von der Tropenwildnis, die das Gebild von Menschenhand haßt.

Unser Weg führte weiter über *Pantaleon,* die große Besitzung der Herreras, wo eine beträchtliche Anzahl von Steinidolen zusammengetragen ist. Alle früheren Reisenden kannten und erwähnten sie, sie sind mehrfach abgebildet und beschrieben worden. Doch ist ihre Zahl im Laufe der Jahre beträchtlich gewachsen, da man alle Funde der Nachbarschaft, auch die von Los Tarros und von San Juan hier vereinigt hat. Die Stücke sind in einem pyramidenartigen Aufbau zusammengetragen, dazwischen hat man Grünes gepflanzt, und ein Springbrunnen wirft einen erquickenden Strahl vor der Gruppe hoch empor. Das ist unstreitig sehr hübsch und malerisch, leider aber trägt es zur schnelleren Zerstörung der Steine bei.

Allgemach schien der Wald sich zum Park zu wandeln. Da der Kaffee, der bei Santa Lucía gebaut wird, der Hitze wegen guten Schutz braucht, so hat man im Walde nur das Unterholz entfernt und statt seiner Kaffeesträucher gepflanzt, aber die malerische Wirkung ist unstreitig gelungener als die wirtschaftliche. Der Ort selbst liegt vom Wald eng umschlossen, was ein erdrükkendes Gefühl hervorruft. Es ist sehr heiß hier unten und Fieber häufig; Kakao und Vanille wachsen wild.

Ein Gasthof war vorhanden, wie man ihn hier erwarten konnte, nur etwas schmutziger als landesüblich. Das Essen war nicht schlecht, und es war ein fortwährendes Kommen und Gehen – man merkte den Einfluß der Eisenbahn. Ingenieure, Gutsbesitzer, Kaufleute benutzen bis hierher die Bahn und besteigen hier die Pferde, um nach den Fincas zu gelangen. Kaffee war die Parole; Kaffee stand hoch im Preis, und alles war davon durchdrungen, daß er immer weiter steigen würde; niemand schien daran zu denken, daß er mit größerer Wahrscheinlichkeit einmal heruntergehen könne. Überall waren neue Pflanzungen entstanden, wurden andere angelegt. Die Fortsetzung der Bahn wurde vermessen, kleine Schienenstränge, die den Anschluß der großen Haciendan vermitteln, wurden gebaut; elektrische Anlagen wurden gemacht, Maschinen aufgestellt. Die Ingenieure hatten Arbeit, die Gutsbesitzer hatten Geld, und ihre Frauen kauften den mit Uhren, Schmuck und anderen schönen Dingen im Land umherziehenden Kaufleuten gern ihre blitzenden Waren ab.

Unser Gasthauszimmer hatte einen kleinen hölzernen Balkon, wenige Fuß über der Straße gelegen, wo es nach des Tages Last und Hitze angenehm zu sitzen war. In der Nähe war eine Festlichkeit gewesen: ein wohlhabender Mann hatte seinen Namenstag gefeiert. Der Santo wurde über die Straße getragen, Raketen flogen in die Luft. Ohne Knallen und Branntwein gibt es kein Fest im spanischen Amerika. Allmählich wurde es ruhig. Da, horch! Welch sonderbare Töne! Fast klang es wie Trompeten, fast auch wie das Geschrei einer ungeheuren Schar von Riesengänsen. Aber dort, wo es herkam, lagen Sümpfe, und es waren Brüllfrösche, die sich des schwülen Frühlingsabends freuten und die beginnende Regenzeit mit Liebesliedern willkommen hießen.

Zunächst hatten wir nur negative Erfolge zu verzeichnen. In den meisten Berichten über die Santa-Lucía-Funde ist nur dieser Name erwähnt, als nähere Bezeichnung steht in Dr. Berendts Briefen: *Peor-es-Nada.* Nun wechseln die Namen kleiner Fincas häufig; ein neuer Besitzer, dem der alte Name nicht gefällt, wählt eben einen anderen, und so war es uns bei der kurz bemessenen Zeit dieses ersten Besuches nicht möglich, die gesuchte Örtlichkeit ausfindig zu machen. Eine Empfehlung an Don Vicente Castellanos, auf dessen Grund und Boden sich Altertümer befinden sollten, führte uns nach seiner Finca *Adelina*. Das Haus lag auf einer Lichtung im Walde. Don Vicente war nicht anwesend, nur ein alter Mayordomo, ein freundlicher Mann, der uns einige kleine Tonsachen, die hier gefunden worden waren, schenkte. Von Skulpturen wußte er nichts. Ein Stein mit Figuren hätte früher im Walde gelegen, wäre aber nicht mehr da. Der Wald war herrlich, Kakao und Vanille wuchsen darin im Schutze des schönen Blütenbaumes, der die „Mutter des Kakao" genannt wird, aber wir waren sehr enttäuscht.

Es blieb nichts übrig, als diesmal unverrichteter Sache nach der Hauptstadt zurückzukehren, und zwar mit der Bahn. Durch Wald und Busch und weite Strecken, die von Schlingpflanzen mit grüner Decke überzogen sind, führt die Bahn nach *Escuintla*. Hier und da sieht man Hügel, die ganz das Ansehen von künstlichen haben, und es ist auch seinerzeit beim Bahnbau mancherlei gefunden worden. Die amerikanischen Ingenieure aber schenkten die Sachen ihren Freunden, behielten sie als Andenken oder verkauften sie. Und so wurde in alle Winde verstreut, was nicht zerschlagen worden.

Escuintla ist eine hübsche, freundliche Stadt, die sich ihrer Quellen wegen früher eines guten Rufes als Badeort erfreute. Die Temporadas sollen sehr vergnügt gewesen sein. Der häufigen Fieberepidemien wegen ist der Besuch stark zurückgegangen. Der Ort hat aber auch ohne dies Bedeutung als Mittelpunkt eines reichen Haciendagebietes, wovon das große, luftige Hotel Zeugnis ablegte. Freilich war die Wirtin ein Drache. Wir empfanden die Luft als frischer und weniger drückend wie in Santa Lucía; der Ort liegt höher und nicht so eng vom feuchten Wald umschlossen.

Von Besonderheiten Escuintlas wüßte ich nur die schönen, großen Schwimmbassins zu rühmen, die von Quellen gespeist werden, und die Eisfabrik, die ihr köstliches Erzeugnis täglich nach der Hauptstadt hinaufschickt. – Wir besuchten im Krankenhaus unseren Burschen Turibio, der unterwegs erkrankt war und von San Andrés aus mit einem Ochsenkarren hierher gebracht wurde. Dann aber setzten wir unsere Fahrt nach Guatemala fort. Der Glanzpunkt dieser Eisenbahnstrecke ist der *Amatitlán-See*, an dessen Südufer die Bahn fast in seiner ganzen Ausdehnung entlang führt. Eine Reihe großartiger Landschaftsbilder zieht an dem Reisenden vorüber. – Mächtige Berge umrahmen den See, die in dem Vulkan von *Amatitlán* ihren Höhepunkt erreichen. Deutlich sieht man über dem dunklen Wasserspiegel den Dampf heißer

Quellen, die nahe dem Ufer im See entspringen. Das Städtchen Amatitlán liegt an der Westspitze des Sees, wo ein klares Flüßchen seinen Abfluß bildet. Vom Grunde des Wassers sind verschiedentlich alte Tongefäße eigentümlichen Stils emporgefördert worden; ziemlich flache, aber dicke, schwere Schalen, an ihrer Außenseite mit Zacken besetzt. Diese Zackenzier kommt auch anderwärts vor – besonders haben wir sie an Chaculágefäßen gefunden –, trotzdem sind die Schalen von Amatitlán durch Form und Material so charakteristisch, daß man sie sofort unter anderen Altertümern herauskennt. – Zwischen Escuintla und Amatitlán liegt die Station *Palín*, wo sich die von Deutschen betriebenen Elektrizitätswerke befinden, die sowohl die Hauptstadt als auch die großen Hacienden, von denen wir soeben zurückkehrten, mit Licht versorgen. Die Frauen von Palín tragen eigenartige Hemdchen, deren Schnitt sonst nur in der heißesten Küstengegend gefunden wird: sie haben weiten Halsausschnitt und sind so kurz, daß sie nur die Brüste bedecken wie in Tehuantepec. Auf ziemlich lockerem Gewebe von grobem Baumwollfaden sind Brust und Rückenteil sehr reich in Blau und Rot bestickt. Das Blau hat einen eigentümlich matten, hellen Ton, der mir sonst nirgends begegnet ist, da die Indianerinnen meist die kräftigen, grellen Farben bevorzugen. Zu dem dunkelblauen Rock wird ein sehr breiter, roter Leibgurt getragen.

Nahezu ein halbes Jahr war vergangen, als wir am Sonntag, dem 1. November, wieder unter strömendem Regen in Los Diamantes einritten, wo des Feiertags wegen lebhaftes Markt- und Festtreiben herrschte. Wir hielten den Regen für einen letzten Gruß der abziehenden Regenzeit. Aber es fiel Tag für Tag gegen Abend oder während der Nacht starker Regen, von heftigem Gewitter begleitet, und wir brachten eine ganze Woche untätig zu, weil die Wege sehr schlecht und die Bäche stark angeschwollen waren. An Moldirarbeiten war bei dieser Nässe gar nicht zu denken. Und die kleinen Ausflüge in die Umgegend, die hübschen Bäder in der klaren, von Zuckerrohr umrahmten Quelle, die ein halbes Stündchen vom Hause entfernt war, die Besuche in San Andrés – all das war nur geringer Trost für die erzwungene Ruhe. Endlich schien es besser zu werden. Ein starkes Erdbeben während der Nacht, das alles vom Lager aufscheuchte, wurde als gutes Anzeichen betrachtet. Und wenn mir auch der Zusammenhang zwischen dem Grollen des Vulkans und dem Regenwetter nicht recht einleuchten wollte, so muß ich doch bestätigen, daß es sich wirklich aufzuklären begann und wir endlich nach *Palo Verde* reiten konnten.

Dort war bald der Hirt gefunden, der uns zu den Steinen führen sollte. Wir bogen vom Wege rechts ab, in den dichten, ziemlich trockenen Wald hinein. An dieser Stelle lag ein großer, behauener Stein, der einen vom Alter und allerlei schädlichen Einflüssen arg mitgenommenen Jaguarkopf vorstellte. Ein paar hundert Schritte waldeinwärts bot sich ein Anblick, der unser Herz vor Freude hüpfen machte: Da lagen drei prachtvolle Monolithen, auf ihrer Oberfläche mit Skulpturen geschmückt, die an künstlerischer Vollendung den Santa-Lucía-Reliefs im Berliner Museum nicht nachstanden. Man erzählte uns, daß zur Zeit, als die Steine nach Berlin geschafft wurden, der Ingenieur Napp daran gedacht habe, auch diese hier fortzuführen. Regierungswechsel, Einspruch des Besitzers scheinen ihn daran verhindert zu haben. In der Tat zeigten die Steine Spuren der begonnenen Arbeit zum Zwecke der Absägung der behauenen Oberfläche. Auffallend ist, daß sich unter den Zeichnungen, die Berendt von allen zur Fortführung geeignet scheinenden Steinen anfertigte, diese nicht finden. Heute wäre eine Ausfuhr so bedeutender Denkmäler nicht mehr möglich, da sie gesetzlich verboten ist, und wenn auch dies Gesetz fortwährend mißachtet wird, so dürfte es doch nicht so öffentlich geschehen, wie es in einem solchen Falle notwendig sein müßte.

Wieder drängten sich die alten, so oft gestellten, nie beantworteten Fragen auf: Wo kommen die Steine her? Wie kommen sie in diese Lage? Was bedeuten sie? Wer hat sie geschaffen? Sie waren bestimmt, aufrecht zu stehen, das ergibt erstens die Darstellung und zweitens das unbearbeitete Stück am Fußende, das zum Eingraben in die Erde bestimmt ist. Aber haben sie jemals aufrecht gestanden? Nichts spricht dafür; denn wenn sie gewaltsam, sei es durch Menschenhände, sei es durch Naturgewalten, gestürzt worden wären, so wären sie kaum unbeschädigt geblieben, und doch zeigten sie, nachdem die Moos- und Erdschicht, die sie bedeckte, entfernt worden war, tadellose Erhaltung.

Wir begaben uns sofort an die Arbeit und begannen Papierabdrücke zu nehmen. Mit Hilfe eines Feuers, das wir vor der nassen Molde anzündeten, brachten wir das Papier zum Trocknen. Was während unserer Anwesenheit nicht trocknen wollte, wurde durch ein Dach aus Stangen und Bananenblättern vor drohendem Regen geschützt. Was fertig war, wurde auf eine aus Hölzern zusammengebundene Trage gelegt, deren vordere und hintere Enden mein Mann und der Bursche faßten, während ich im Schritt mit den drei Tieren voranritt.

Für die Dauer war diese Art des Transports den etwa anderthalb Meilen langen Weg bis Los Diamantes nicht durchzuführen. Und so folgten wir einer freundlichen Aufforderung und siedelten nach der Finca *Morelia* über, wo wir unserem Arbeitsfelde bedeutend näher waren. Morelia, ebenfalls deutscher Besitz, liegt dem Fuego ganz nahe, hat infolge davon ein weit kühleres Klima; die Nächte waren sehr frisch. Wir verlebten auch hier einige angenehme Tage mit den Deutschen und Schweizern, die die Finca bewirtschafteten. Das Haus war ein erst vor kurzem aus Chicago fertig bezogenes Holzhaus, geräumig und bequem. Es lag auf einem Hügel, an dessen Fuß sich die malerische Arbeitersiedlung hinzog. Abends, nach der Arbeit, kamen die Kranken, um sich kurieren zu lassen, was einer der Herren ganz trefflich verstand. Es war eine Anzahl Leute darunter, die an Elephantiasis oder einer ähnlichen Krankheit zu leiden schienen.

Endlich, nach mehrtägiger Arbeit, waren unsere Abklatsche fertig. Außer den drei Stelen waren noch zwei andere Steine am Orte. Den einen hatten die Leute stets als „mesa" bezeichnet, da seine große, runde, glatte Oberfläche einem Tisch glich. Da er nur wenig über das Erdreich hervorragte, begannen wir, ihn auszugraben. Es zeigte sich, daß er ziemlich tief im Boden steckte, und es kam eine mächtige, steinerne Krabbe zum Vorschein. Schließlich war noch ein tief ausgearbeiteter Reptilkopf vorhanden. So hatten wir auf engem Raume beieinander sechs schöne Stücke gefunden. Wie viele mögen noch in der Nähe verborgen liegen!

Da wir keine Möglichkeit hatten, unsere Papierformen zu verpacken, so machte es einige Schwierigkeiten, sie nach Guatemala zu schaffen. Bis nach Santa Lucía trug sie ein Indio auf einer Rückenkraxe. Von dort setzten wir uns damit in den Packwagen, wozu uns zum Glück die amerikanischen Bahnbeamten die Erlaubnis gaben.

Diesmal hatten wir in Santa Lucía besseres Glück. Wir hatten herausgebracht, daß *Peor-es-Nada* heute den Namen *Bilbao* führt und daß dort noch skulpierte Steine zu sehen seien. Man zeigte uns drei mächtige Felsblöcke, die nur mit ihrem oberen Teil aus der Erde hervorragten. An Arbeiten war aber auch diesmal nicht zu denken. Der Kaffee-Ernte wegen waren keine Leute zu haben, und es mußten doch die Steine ausgegraben und Sträucher und Bäume beseitigt werden, wozu wir auch vom Besitzer noch gar nicht die Erlaubnis hatten. Außerdem regnete es immer noch, woran diesmal auch ein starkes Erdbeben nichts änderte. So hieß es, noch zum drittenmal wiederkommen.

Und ich kam zum drittenmal, aber allein. Mein Mann hatte eben erst einen heftigen Fieberanfall überstanden, so daß es für ihn nicht ratsam schien, sich dem heißen, feuchten Klima von Santa Lucía auszusetzen; unser Aufenthalt in Guatemala aber neigte sich seinem Ende zu. So blieb nichts übrig, als daß ich versuchte, was ich allein fertig bringen könne. Die Erlaubnis von Don Sinforoso zu allen Arbeiten, die zur Freilegung des größten Steines sich notwendig erwiesen, war eingeholt; auf die freundliche Unterstützung der beiden jungen Deutschen in der Ferretería durfte ich rechnen; unser Mozo war zuverlässig – kurz, ich konnte getrost hinunterfahren.

In *Escuintla* ist Wagenwechsel und Mittagsstation. Ich traf unseren früheren Burschen Turibio, der nach dem Hafen wollte, um sich nach der Heimat einzuschiffen. Turibio sowohl als Cornelio hatten uns, seit wir das erstemal von Santa Lucía nach Guatemala zurückgekehrt waren, auf keiner weiteren Reise mehr begleitet. Turibio wegen der Krankheit, die ihn ins Krankenhaus nach Escuintla gebracht hatte, und von der er später durch Dr. Scheuer vollständig geheilt wurde; Cornelio, weil er an Fieber litt und vor einer zweiten längeren Reise Angst hatte. Beide waren aber in Guatemala geblieben und hatten Arbeit gefunden. Wir hatten sie öfter gesprochen, auch ihren Briefwechsel mit Tehuantepec besorgt. Man hatte ihnen von dort geschrieben, daß sie zurückkommen möchten, da man ihre Arbeit in der Familie nötig habe, denn dort sah es schlimm aus: Die Regenzeit war wenig ergiebig gewesen, die Maisernte mißraten und alle Lebensmittel im Preise gestiegen. Turibio hatte erst noch mit seinem Meister – einem Tischler – vierzehn Tage auf einer Finca in San Salvador gearbeitet und konnte einige Ersparnisse mit nach Hause nehmen, sah wohl aus und hatte arbeiten gelernt; die Fremde war ihm gut bekommen. Nicht so dem hübschen, flinken Cornelio. Er verdiente ein gutes Stück Geld, aber alles vertrank er und hängte es an Weiber, so daß er uns schon um Unterstützung gebeten hatte. Wir gaben ihm Geld zur Heimreise, aber er dachte nicht an die Heimat, obgleich sein Vater ihm bis Tapachula entgegengekommen war. Daß ich nicht weiß, was aus ihm geworden ist, und annehmen muß, er sei gestorben oder verdorben, gehört zu den trüben Erinnerungen der Reise.

Wie es mir in Santa Lucía erging, mögen Briefe erzählen:

Santa Lucía Coz

... Da ich in Escuintla keine Nachricht wegen des Pferdes erhalten hatte, war meine Überraschung doppelt angenehm, als es mich am Bahnhof erwartete. Ein Ochsenkarren, der irgendeine Carga gebracht hatte und nun leer zurückfuhr, lud für sechs Real mein Gepäck und Pancho auf. Das Pferdchen erwies sich als ein frommes und fleißiges Tierchen, das einen sehr angenehmen Paß geht. Leider werd' ich es nicht so oft benutzen können, als ich wohl möchte, denn sein Herr, dem ich gleich meinen Dankbesuch abstattete, braucht es selbst. Er nahm übrigens keine Bezahlung, sondern war mit der Ehre zufrieden. Ich habe ein Zimmer bei Doña Carolina gemietet (ihren weiteren Namen weiß ich nicht), die eine Tienda hat und ein großes Haus. Das Zimmer ist luftig, mit einer Tür nach dem Hof; es steht ein gutes Feldbett darin, ein Stuhl und ein Tisch mit einem Waschbecken. Es ist reinlich und ruhig. – Hier ist es dick bewölkt, als ob die Regenzeit bald beginnen wollte, also abends und morgens ganz erträglich; in den Mittagsstunden aber furchtbar heiß. Don Sinforoso ist auf einer entfernten Finca; hoffentlich hat er dem Verwalter Bescheid gesagt. Morgen kann ich ohnehin nicht zu arbeiten anfangen, denn da heute Fiesta ist, so sind morgen wahrscheinlich alle Arbeitskräfte unbrauchbar. In *Aguná* sollen prachtvolle Steine sein. Wenn ich hier fertig bin und ein Pferd geliehen bekomme, möchte ich hinreiten, es sind nur wenige Leguas. Wie mir scheint, werde ich in einer Woche kaum alles schaffen können. Zwischen hier und Pantaleon sollen auch noch Steine liegen: Man spricht von einem „Potrero del Idolo", der zu Pantaleon, und von einer Finca „El Castillo", die unserem Freunde Don Vicente gehört. Aber Genaues ist natürlich nicht zu erfahren. Ohne Pferd ist man ganz hilflos und kann sich nicht umtun.

Heute war ein fauler Tag, der mit Vorbereitungen verging. Der Verwalter war verständigt: hier gab es also keine Schwierigkeiten. Aber Arbeitskräfte konnte er nicht stellen, da alle Leute weit weg sind „para rozar" (das heißt ihre Felder vom Unkraut und frisch aufgeschossenem Gestrüpp zu reinigen und zur neuen Saat vorzubereiten). Im Gemeindehaus, wo ich auf meinen Brief pochte, hat man mir aber für morgen früh drei Indianer versprochen. Da die Sonne jetzt sehr scharf brennt, braucht nicht viel heruntergehauen zu werden, um das Papier zum Trocknen zu bringen. Aber das untere Stück des Steines muß ausgegraben und ein Stück Drahtzaun beseitigt werden. Den Adlerstein habe ich noch nicht gefunden. (Es sollte nämlich ein zweiter, dem bei San José versunkenen ähnlicher, vorhanden sein.) Wenn ich am Dienstag in Bilbao fertig werde, will ich am Mittwoch nach Aguná; auch über Steine bei Patulul hat mir ein amerikanischer Ingenieur Notizen versprochen. Diesen Herrn hab' ich neulich bei Tisch im Hotel kennengelernt, wo mich zwei einheimische Damen, mit denen ich zusammen esse, zu seinem Beistand aufriefen: Der Unselige konnte nämlich trotz mehrjährigen Aufenthaltes im Lande so gut wie gar kein Spanisch, und das wenige, was er konnte, verstand kein Mensch. So was kann einem Deutschen entschieden nicht geschehen.

Heut traf ich zu meiner Überraschung Turibio wieder, den ich unten im Hafen wähnte. Die Überfahrt sei jetzt so teuer, daß er laufen wolle. So will er denn von hier nach Tapachula. Dort wäre er ja schon halb zu Hause und würde auch weiterkommen. Er war schlecht auf Cornelio zu sprechen.

Pancho benimmt sich sehr gut und fühlt sich als mein Beschützer. Als ich gestern aus dem Hotel zurückkam, wo ich meine Abendschokolade getrunken hatte, wartete er draußen auf mich, da der Fiesta wegen so viel Betrunkene auf der Straße unterwegs seien.

Heute nachmittag kam ein indianisches Leichenbegängnis mit Kerzen tragenden Frauen und einem Klageweibe. Zehn Schritte hinterher ein elender Clown auf einem Klepper, der in den üblichen jämmerlichen Versen das „público galán" in den Zirkus locken wollte. Kein Mensch schien den schreienden Gegensatz zu empfinden: Man lachte ebenso über das Geheul des alten Weibes, wie über die Mätzchen des Hanswursts. Gerade so gut hätte man über beides weinen können.

Heute ganz früh zog ich mit meinen drei Arbeitern aus. Es dauerte über vier Stunden, ehe wir das Ungetüm von Stein freigelegt hatten, denn er steckte noch ebenso tief in der Erde, als er darüber hinausragte. Natürlich ist die frisch ausgegrabene Hälfte viel besser erhalten als die andere; er ist wirklich „muy galán". Er ist ungefähr 3,75 m lang und 3,50 m breit, so daß ich ihn in zehn Teilen abzuformen gedenke, die dann immer noch reichlich groß werden. Da es am Nachmittage sehr heiß war und sich stark bewölkte, so lohnte es nicht mehr anzufangen, da doch nichts fertig geworden wäre. Morgen denk' ich früh an die Arbeit zu gehen. Ob es lohnt, die beiden anderen Steine abzuformen, weiß ich nicht. Von Steinen zwischen hier und Pantaleon weiß kein Mensch etwas. Wenn ich nur ein Pferd hätte!

Der Brief vom folgenden Tage klingt sehr niedergeschlagen. Die Größe des Steines und seine schräge Lage machten mir, da ich sehr klein bin, wirklich Kummer, denn ich konnte beim besten Willen die mittleren Teile nicht erreichen. Endlich kam Pancho auf den guten Einfall, eine Art Gerüst zu bauen. Wir steckten zwei starke, gabelförmige Äste zu beiden Seiten des Steines in die Erde und legten einen anderen quer darüber. Auf diesem konnte ich hocken, während mir der Bursche die eingeweichten Papierblätter zureichte. Auch war das Papier, das man uns nachgeschickt hatte, ziemlich hart und arbeitete sich sehr schwer. Ich kroch am Abend jenes ersten Arbeitstages recht betrübt auf mein Lager. Aber schon am nächsten kehrte mir der Mut zurück.

Drei Molden sind fertig! Eine habe ich wegen der sonderbaren Einknickung, die der Stein links unten hat, in zwei Teilen machen müssen; eine andere hat auf dem Transport gelitten, so daß ich ein Stück davon noch einmal machen muß. Kurz und gut, ich sehe ein, daß ich zur Bewältigung des Ungeheuers sicher sechs Tage gebrauchen werde.

Da im Hotel spät aufgestanden wird, gehe ich zu einer Frau, wo viele Arrieros frühstücken. Dort bekomme ich sehr gute Schokolade und lockeres „pan de huevos“. Dann wandern wir nach Bilbao – eine gute halbe Stunde bis zum Stein – und das Klopfen geht los. Pancho ist nur zum Wasser holen und Papier einweichen zu gebrauchen, und selbst das gelingt ihm nicht immer. Auch beim Lackieren kann er helfen. Nach einem Abschnitt muß ich ausruhen, da ich wie aus dem Wasser gezogen bin; der Schweiß rinnt mir über die Augen. Aber nach einer Viertelstunde kann ich weiterarbeiten. Um elf Uhr gehe ich nach Hause: waschen, umziehen, frühstücken, die Abdrücke vom Tage vorher nähen und lackieren. Dann Mittagbrot. Ein Viertelstündchen wird geplaudert. Dann geht's nochmal nach Bilbao, um das abzuholen, was am Vormittag gemacht wurde und inzwischen getrocknet ist, denn da der Stein außerhalb der eingehegten Pflanzung liegt, könnte doch eine neugierige Kuh oder ein Vogel meine mühsame Arbeit respektlos über Nacht verderben. Wir legen die trockenen Papierformen auf ein paar Stangen, Pancho faßt vorn an, ich hinten, und so ziehen wir zum Gaudium der Leute nach Hause; erst durch den Wald, dann bei den einzelstehenden Gehöften der Indianer vorbei, zuletzt durch die Straßen. – Abends geh' ich noch einmal in den Gasthof, um eine Schokolade zu trinken, wobei ich meist noch eine Ansprache finde, und falle schließlich todmüde auf mein Lager. Ich bin froh, daß mir das Klima nichts tut. J. und K. (zwei Deutsche) haben auch leichte Fieberanfälle.

Da sich die Arbeit in die Länge zog, kam mein Mann herunter, um mir zu helfen, bekam aber in der feuchten Schwüle sofort wieder einen Fieberanfall und mußte schleunigst zurückfahren. Auch unserem braven Pancho, meinem bisher getreuen Helfer und Wächter, wurde die Sache langweilig. Er hatte schon lange Sehnsucht nach der Heimat – ich werde mich im nächsten Kapitel genauer mit ihm zu beschäftigen haben. Nach Aguná wollte er nicht mit: Da sei Fieber und der Verwalter sei gestern gestorben. Ich glaube, er band mir ein Märchen auf, aber er wollte eben nicht. Außerdem war kein vernünftiges Pferd zu haben. Unter diesen Umständen und da auch die Zeit drängte, gab ich alle meine weiteren Pläne auf: Patulul, Aguná, Castillo, Potrero del Idolo sanken ins Reich der Träume zurück und harren auf einen anderen, der sie erlöst.

Endlich war mein Stein fertig abgeformt. Ein zweiter, nicht ganz so großer Felsblock mit Figuren lag mitten in einer Kaffeepflanzung, ein paar hundert Schritt vom ersten entfernt. Er zeigte zwei Figuren, aber ich konnte ihn nicht photographieren und auch keinen Papierabdruck davon nehmen, da unmittelbar vor ihm ein Kaffeestrauch stand, den der Verwalter durchaus nicht entfernen wollte, obgleich ich ihm den Wert einer fünfmaligen Ernte der Pflanze anbot. Don Sinforoso aber war immer noch auf seiner entfernten Finca. Ein dritter Stein wurde schließlich noch photographiert. Er war kleiner, das Relief zierlicher und mehr abgerieben. Auch er steckt noch ein gutes Stück in der Erde.

Ohne Arbeiter, mit einem heimwärts strebenden und daher unwilligen Diener blieb mir nichts übrig, als am 21. Februar meine Tätigkeit einzustellen und von Santa Lucía Abschied zu nehmen. Man trägt aber immer eine stille Liebe im Herzen zu einem Ort, an dem man im Schweiße seines Angesichts gearbeitet hat.

Tongefäß aus dem Loch in der Felswand Huaxac kanal

X.
Chaculá

Die Hinreise

Nach langer mühsamer Reise waren wir in Guatemala eingezogen, und ich will freimütig eingestehen, daß mich der Gedanke nicht mit Begeisterung erfüllte, ein gut Stück des Weges nach verhältnismäßig kurzer Zeit in umgekehrter Richtung wieder zurückzulegen, bis nahe zur mexikanischen Grenze, dorthin, wo uns die alten, heimischen Götter zum ersten Male wieder gnädig zugelächelt, nachdem sie so manchen Tag ihr Antlitz vor uns verhüllt hatten.

Viele Wege führen nach Rom und manche nach Chaculá, und wir nahmen für den ersten Teil bis Chiantla den Weg über *Quetzaltenango*, der zwar ein wenig weiter, aber viel schöner, ja an landschaftlichen Reizen so reich ist wie wenig andere.

Unsere Pferde waren verkauft, unsere Mozos waren krank. Wir mußten also die Karawane erneuern. Mein Mann hatte für sich ein hübsches Maultier erstanden, dem ich an dieser Stelle einige warme Worte der Anerkennung zollen muß. Diese Mula war schön, kräftig und ging einen gleichmäßigen, langen Schritt. Dabei war sie gutmütig und durchaus nicht störrisch oder eigensinnig, wie es Mulas sonst zu sein pflegen. Nur ging sie ungern durchs Wasser und konnte beladene Indianer nicht leiden, dagegen lernte sie sehr bald botanisieren, das heißt sie blieb ruhig neben dem Pflanzenbündel stehen, wenn mein Mann abstieg, um Pflanzen einzulegen. Ich hatte es nicht ganz so gut getroffen. Mein Pferdchen war ein Kind der Ebene und in dieser ging es prächtig auf unbeschlagenen Hufen. Sobald wir aber ins Gebirge kamen und es beschlagen werden mußte, ging es stolperig und unsicher, was bei den durch Regen schon glatt gewordenen Wegen und in dem Kalkgebirge eine unbehagliche Sache war. Als wir unser Ziel erreicht hatten, konnte ich es gegen einen starken, sicheren Grauschimmel Eduard Kanters von der Trinidad eintauschen. Man verzeihe mir, daß ich so lange bei den Tieren verweile, aber wer da weiß, was ein gutes Reittier in jenen Ländern bedeutet, wird mir's nicht verargen. Die braune Mula, der Grauschimmel und das brave Tier des Mozo sind uns treue Gefährten gewesen, bis wir das Land verlassen haben.

Ein guter Mozo war in der Hauptstadt schlechterdings nicht aufzutreiben. Man vertröstete uns auf Quetzaltenango, und dort fanden wir auch nach langem, vergeblichen Suchen *Pancho*. Er war ein Mexikaner aus San Cristóbal. Was ihn veranlaßt hatte, über die Grenze zu gehen, haben wir niemals mit Sicherheit herausgebracht. Wahrscheinlich war er desertiert, wenn er nicht was Schlimmeres auf dem Gewissen hatte. Er war anstellig und anhänglich, nur wenn er betrunken war – und niemand wird sich darüber wundern, daß er es manchmal war, weit eher darüber, daß er es selten war – schimpfte er. Er behandelte die Tiere gut, konnte auch ein wenig kochen und war sehr anstellig. Nur den Indios gegenüber fühlte er sich, mehr als uns recht war, und behandelte sie von oben herab, als ob er ihr Herr wäre und sie ihm unbedingt zu gehorchen hätten. Für ihn waren sie „gente sin razón", wie sie in den Zeiten der spanischen Herrschaft von ihren Herren in kindischer Überhebung genannt wurden.

So reisten wir denn am 1. Juni von Guatemala ab in Begleitung eines Arrieros, der uns mit einigen Packtieren und seinem Mozo nach Quetzaltenango brachte. Von Antigua führt eine Poststraße dorthin, und es besteht – mit Ausnahme der schlimmsten Regenzeit – ein regelmäßiger Verkehr. Aber es gibt außerdem einen Reitweg, der zwar nicht näher, aber bei weitem schöner ist, und diesen wählten wir. Er zweigt in *Patzizía,* einem großen Indianerdorf, von der Straße ab, die bis dahin ziemlich eben und langweilig über Chimaltenango und Zaragoza führt. Wir hatten schon von der beginnenden Regenzeit zu leiden und kamen ziemlich naß am Ziel unseres ersten Tagesmarsches, in *Patzun,* an. Die berühmte tägliche Regelmäßigkeit der Regenfälle, nach der man angeblich seine Uhr stellen kann, besteht durchaus nicht überall. Im allgemeinen kann man sagen, daß es an der Küste regelmäßiger regnet als im Gebirge, und daß die Niederschläge im Beginne des Sommers unregelmäßiger verlaufen. Es müssen aber auch die Windverhältnisse in Rechnung gezogen werden. Ja, es tritt mitten in der Regenzeit während der Hundstage eine trockene Periode von einigen Wochen ein, auf die man aber nicht allzu sicher rechnen sollte, wenn man keine Enttäuschungen erleben will.

Wohl ist der Wald der Tropen herrlich in der Fülle seiner Formen; herrlicher sind noch die Gehänge der Berge, wo zur Form sich auch Farbe und rieselndes Wasser gesellen. Von wundervoller Herrlichkeit und Größe aber ist die Landschaft, durch die der zweite Reisetag uns führte. Hoch über dem Ufer des tief eingesenkten Sees von *Atitlán* geht der schmale Reitweg. Hin und wieder umfaßt das Auge die ganze weite Fläche, ahnt die vielen Buchten und Winkel, schwelgt in den machtvollen Linien der Berge, der Vulkane *Atitlán* und *San Pedro* und schweift über die Einsenkungen zwischen ihnen hinüber bis zu dem schimmernden, leuchtenden Streifen am Horizont: dem Weltmeer. Hier und da schiebt sich ein Vorsprung zwischen den See und den Weg, und dieser senkt sich ein wenig, dann taucht der Blick in waldige Schluchten, und zwischen den dunklen Seitenwänden blitzt das Wasser hindurch. Einsam, in stiller Größe, ruht die Landschaft zu unseren Füßen: Kein Fahrzeug furcht die metallene Fläche, kein freundliches Haus blickt aus dem dichten Ufergrün. Die wenigen Ortschaften am See sind teils in Buchten versteckt, teils liegen sie eine Strecke landeinwärts, von Wald und Hügel verborgen. Diese Einsamkeit, diese Stille erhöhen den Eindruck der Größe, des Friedens, den jede unberührte Natur auf den Menschen übt. Aber dieser Friede ist trügerisch. Der See ist tückisch, die Berge sind tätige Vulkane. Jetzt lagen vereinzelte Sonnenstrahlen über der Fläche, und zerrissene Wolken wehten über den Gipfel des San Pedro. Aber wunderbar muß auch das Schauspiel sein, wenn der Berg Feuer auswirft und der See aufgewühlt zu seinen Füßen schäumt. Diese wundervolle Unberührtheit ist es ja, was wir von Kultur überall eingeengten Europäer bei uns zu Hause stets vergeblich suchen, was immer mehr und mehr Sehnende in die höchsten und gefährlichsten Alpenhöhen und in ferne Länder treibt. Hier ist kein Hotel neben dem Krater des Feuerberges errichtet, keine Dampfpfeife stört die Ruhe der Luft, keine Touristen belästigen den andächtig Schauenden. Höchstens das „adiós Patrón" eines beladenen Indios oder der Gruß eines einsamen Reiters schlägt an sein Ohr.

Wir dankten den Regengöttern, daß sie uns den Genuß dieses Reisetages nicht verkümmert hatten. Es begann erst zu regnen, als wir schon das schützende Dach des Mesón von *Sololá* erreicht hatten.

Von Sololá aus kann man in einem, allerdings sehr starken Tagesmarsch Quetzaltenango erreichen. Doch als es bereits um halb zwei Uhr wieder zu regnen begann, beschlossen wir, in dem großen Indianerdorf *Nahualá* zu bleiben. Es ist ein reiches Dorf, und seine Einwohner bilden eine kleine Insel im Staate, wie das bei größeren, geschlossenen Indianergemeinden nicht selten ist. Sie haben durch Zahlung einer beträchtlichen Summe ihre Militärpflicht abgelöst (ob allerdings bei Bürgerkriegen, mit denen ja hier leider immer gerechnet werden muß, der jeweilige Machthaber diese Befreiung berücksichtigt, mag billig bezweifelt werden); sie zahlen außerdem jährlich eine Summe für die Vergünstigung, keinen Branntweinausschank in ihrem Dorfe zu dulden. Nur einmal im Jahr darf dies Gift in unbeschränkter Menge hereingebracht werden, denn einmal muß jedermann über die Stränge schlagen, und das ist am Tage ihrer Fiesta, dem großen Tag einer jeden Gemeinde, sie sei groß oder klein, Dorf oder Stadt. Für Nahualá ist dieser Tag Corpus Christi, und wir hatten das Unglück, gerade an diesem Tage dort einzutreffen. Es gehört wirklich nicht zu den Annehmlichkeiten des Reiselebens, an einem Festtag in einem Indianerdorfe zu übernachten. Im Pfarrhause waren so viele Gäste, daß kein Winkel frei war, auch im Innenraum des Schulhauses war nicht unterzukommen. Nur eine Ecke unterm Dach des Gemeindehauses war noch frei, und in der Nähe ein regengeschütztes Plätzchen für die Reittiere, die wir bei diesem Zusammenfluß von Menschen natürlich nicht aus den Augen lassen durften. Mit Mühe und Not brachten wir die Schulmeistersfrau dazu, etwas für uns zu kochen; ihr Mann war betrunken wie das ganze Dorf, die Köchin ebenfalls, die Töchter waren in der Kirche. Noch schwieriger war es, Futter für die Pferde zu beschaffen. In den Häusern war entweder niemand, weil alle Insassen den Tänzen zuschauen wollten, oder sie waren alle so betrunken, daß nichts mit ihnen anzufangen war. Der Pfarrer hatte selbst alle Hände voll zu tun, der Secretario war nicht zu finden, der Schulmeister unzurechnungsfähig, alle anderen waren Indianer und also gegen die Fremden von vornherein mißtrauisch. Dazu goß der Regen in Strömen nieder. – Als Entschädigung für all das Unbehagen mochte es gelten, daß wir die Festtänze mit ansehen konnten, die im Hof des Pfarrhauses aufgeführt wurden. Es waren Maskentänze, wie sie in vielen Indianerdörfern zu finden sind. Zweifellos ist die Gewohnheit solcher Tänze in ununterbrochener Folge von früheren Zeiten her fortgeführt worden. Aber wie es die Mönche so trefflich verstanden haben, an Stelle der alten Gottheiten überall die christlichen Götter und Heiligen zu setzen, so haben sie auch die alten Tänze der neuen Religion dienstbar gemacht, und so dienen auch heute noch die Maskentänze zur Erhöhung der kirchlichen Feste. Über die Bedeutung und den Inhalt des Tanzes konnte ich nicht ins reine kommen; einen Zusammenhang mit dem Fronleichnamsfeste wußte ich nicht herauszufinden. Teufelsmasken, auch andere derbkomische Masken spielten eine Hauptrolle beim Tanze, der ernst begann und auf burleske Art endigte. Möglich, daß in diesen Maskentänzen noch Reste alter Überlieferung stecken.

Dem ungemütlichen Nachtlager folgte ein ebensolcher Tag. Es begann schon am frühen Morgen zu regnen. Nur sechs Leguas bis Quetzaltenango, aber „leguas largas". Ein hohes Gebirge war zu überschreiten, das gewiß herrlich war, aber im dichten Nebelregen sahen wir nur schattenhaft Bäume und Büsche an uns vorüberziehen. Unsere Tiere waren müde und hungrig, wir waren naß und kalt, so gingen wir, um uns zu wärmen, meistens zu Fuß und saßen erst im Tale wieder auf. Als wir bei den deutschen Gastfreunden abstiegen, waren wir wie aus dem Wasser gezogen.

Während der folgenden Woche, die wir in Quetzaltenango zubringen mußten, schien die Sonne wie zum Hohne blank und lustig ins Tal. Freilich, die dunklen, schweren Wolken, die am Gebirge hingen, ließen nichts Gutes erwarten; und wirklich – kaum waren wir ein paar Stunden zur Stadt hinaus – so begann es wieder zu regnen. Aber jetzt verfügten wir über ein paar tüchtige Regenmäntel, die wir in Quetzaltenango hatten erwerben können.

Quetzaltenango – die Quiché-Indianer nennen es *Xelahuh* – steht an zweiter Stelle unter den Städten der Republik Guatemala und ist eine Rivalin der Hauptstadt, die es gewiß bald überflügeln würde, wenn es eine Eisenbahnverbindung zur Küste hätte. Auch hier nehmen unter den vielen bedeutenden Importgeschäften die deutschen den ersten Rang ein. Aber nicht nur mit europäischen Waren jeglicher Art wird von hier aus das Land in weitem Umkreis versorgt, auch für mancherlei indianische Bedürfnisse ist Quetzaltenango der große Markt, zum Beispiel für den

Abbildung 7:
Alcalde eines Indianerdorfes aus der Gegend von Quetzaltenango (nach einer erworbenen Fotografie).

derben Baumwollstoff, aus dem die dunkelblauen Weiberröcke bestehen, und für die Masken zu den Festtänzen. Hier kreuzen und treffen sich viele Verkehrsstraßen und Wege, die nach der Küste hinunter, nach Champerico und Retalhuleu, ins Mexikanische hinein, nach Tapachula und Comitán, nach der Hauptstadt und noch in mancher anderen Richtung laufen; daher ist stets Bewegung und Leben in der Stadt. Ihre Lage auf unebenem Boden bringt es mit sich, daß sie nicht unerheblich von dem langweiligen Schachbrett-Schema abweicht. Der überwiegende Teil der Bevölkerung besteht aus Indios. Und so kommt es, daß sie viel mehr charakteristisches Gepräge zeigt als die Hauptstadt. Von welcher Seite des Gebirges man sich auch nähert, überall sieht man beim Herabsteigen den Ort liegen inmitten eines weiten, wohlangebauten Hochtales. Die Felder sind gegeneinander abgegrenzt durch Streifen hohen, in Büscheln wachsenden Grases, wodurch von weitem die Erinnerung an die holsteinischen Knicks hervorgerufen wird. Im Westen heben sich unmittelbar hinter der Stadt zwei mächtige Vulkane, der *Santa María* und der *Cerro Quemado* empor. Der Santa María zeigt die Kegelform eines Vulkanes in seltener Vollendung; der Cerro Quemado aber, der „verbrannte Berg", bietet das Bild wilder Zerrissenheit. Sein auf einer Seite abgebrochener Krater ragt als scharfer Grat empor. Um seinen Fuß windet sich der Weg nach dem vielbesuchten Schwefelbad von *Almolonga,* der weiterhin nach San Felipe und Retalhuleu führt. Außer den Schwefelquellen und dem malerischen Anblick seines eingestürzten Kraters haben die Bewohner der Stadt dem Cerro Quemado auch das vorzügliche Baumaterial zu danken, das für die Häuser Quetzaltenangos zur Verwendung gelangt: ein weißes, trachytartiges Gestein.

Infolge seiner hohen Lage, 2500 m über dem Meeresspiegel, herrscht im Tale das ganze Jahr hindurch eine ziemlich kühle Witterung, die in den trockenen Wintermonaten sogar kalt und rauh ist. Das Klima soll sehr gesund und die Stadt von Krankheiten wenig heimgesucht sein. Doch hörten wir, daß die Indianer häufig an Herzerweiterung litten, vermutlich eine Folge des Tragens schwerer Lasten in dieser Höhe. – Mais und Kartoffeln, Weizen, Gerste und Hafer gedeihen nebeneinander. Auf den unbeackerten Flächen sproßt überall das hohe Kaupengras empor, das für die Landschaften zentralamerikanischer Hochebenen charakteristisch ist.

Die Talebene von Quetzaltenango ist klassisches Gelände. Hier stellten sich dem Pedro de Alvarado die Quiché zum Entscheidungskampf entgegen, im Vertrauen auf ihre Übermacht und ihre entschlossene Tapferkeit. Aber die Reiterei der Spanier entschied die Feldschlacht. So viele Indianer wurden erschlagen, daß ihr Blut den Fluß von *Olintepec* rot färbte, und noch heute heißt er bei den Eingeborenen *Kikel-já,* der Blutfluß. – Auch im Unabhängigkeitskrieg und in den Bürgerkriegen war Quetzaltenango der Schauplatz heftiger Kämpfe und erlangte traurige Berühmtheit durch so manches Standgericht und vielerlei Gewalttaten.

Es war nicht ganz leicht, einen Arriero für unser Gepäck zu finden, denn alle sind gegen die Küste oder nach der Hauptstadt unterwegs, aber nach der Gegend, in die unser Weg führte, mochte keiner gehen. So kam es, daß wir länger bleiben mußten, als geplant war. Herr Sauerbrey, der Vertreter des Hauses Keller & Cie, war uns die Zeit über ein freundlicher Wirt und half uns getreulich in unseren Nöten. Nicht nur diesmal, sondern auch späterhin, ja noch zur Zeit als wir schon wieder in Europa waren, förderte er unsere Ziele und Zwecke umsichtig und bereitwillig, wofür wir ihm zu großem Danke verpflichtet sind.

Auf dem Wege, den wir Mitte Juni von Quetzaltenango aus antraten, kehrten wir Mitte September dahin zurück. Er bot nichts sonderlich Bemerkenswertes. Die Gegend ist dünn bevölkert und die Natur ziemlich einförmig. Ein guter, fahrbarer Weg führt in mäßigem Anstieg nach dem Dorfe *Olintepec,* an einem Flusse gelegen, der sein Wasser dem Stillen Ozean zuführt. Von Agaven eingefaßt, hinter denen Weizen- und Maisfelder sich breiteten, von Karren, Packtieren, Indianern und modernen Gefährten belebt, rief diese Strecke sizilianische Erinnerungen wach. Oberhalb Olintepec geht es scharf in die Höhe, zum letzten Male öffnet sich ein Blick über den Talkessel von Quetzaltenango, prächtig überragt von dem langen Zackenkamm des Cerro Quemado und dem spitzen Kegel des Santa María, die über den Wolken emporsteigen. Die erste kurze Tagereise endete in *Zijá.* Auf dem Wege trafen wir Haferfelder an. Dazu kalter Regen und die scharfe Höhenluft, da war uns wenig tropisch zumute.

Von *Zijá* steigt der Weg stetig bis zu einer Höhe von dreitausenddreihundert Meter. Oben stehen prächtige Edeltannen; die Vegetation erinnert in allen Stücken an die der Llanos zwischen Todos los Santos und Chiantla. Ein schöner Blick öffnet sich in eine hübsche, von hohen bewaldeten Hängen überragte Talmulde, in der das stattliche Indianerdorf *Calel* liegt, und ein langer Abstieg zwischen Weizenfeldern und unkultivierten Grasflächen führt abwärts über einen lehmigen Hang. Der Lehm war infolge des Regens so glatt geworden, als wäre er mit Seife eingeschmiert, und die Tiere hatten Mühe, vorwärts zu kommen.

Nun ging es durch wechselnde Landschaften hinunter; im Zickzack über Grashänge; durch ein Tal, das mit seinem über Felsen springenden, von Bäumen umsäumten Bach, mit seinen waldigen Hängen und einzelnen Hütten aufs lebhafteste an die Szenerien der Voralpen erinnerte; zuletzt durch Kiefernwald in das tiefe, von den Gewässern in unglaublicher Weise zerrissene Tal von *Agua Caliente*. Die Hütten des Ortes liegen weit verstreut in dem vielfach verzweigten Tale; das Gemeindehaus und ein primitives Badehaus befinden sich bei der warmen Quelle.

Nadelgehölz bleibt der vorherrschende Zug im Landschaftsbilde, hie und da ein Rancho, Maisfelder und schöne Ausblicke auf ferne Bergketten und waldige Hänge. Der Reisetag bis *Malacatan* war lang, die Witterung trübe und regnerisch, die Wege waren glatt, die Tiere hungrig und müde, und auch wir waren des ewigen Hinauf und Herunter überdrüssig. So stiegen wir bei einem langen Abstieg von den Tieren, und ich ging in schnellem Schritt bergab, ohne mich um die anderen zu bekümmern. Ich kam unten an und setzte mich wartend am Wegrande nieder. Niemand kam. Ich wartete immer noch und schon stand die Sonne bedenklich tief. Da sah ich endlich meinen Mann, der trübselig die schwarze Mula des Burschen am Zügel führte. Was war geschehen? Der braunen Mula war es eingefallen, daß es angenehm sei, nach dem langen Tagemarsch ein wenig zu grasen, wobei sie abseits ging. Als sie merkte, daß man ihr das verwehren wollte, kratzte sie aus, und da ihr eine fremde, grasende Mula in den Weg lief, so fing auch die an zu laufen, und das rote Pferdchen konnte natürlich der Versuchung nicht widerstehen und rannte mit. Und so rasten nun die drei den Weg zurück, den wir gekommen waren, und mein Mann und der Mozo rasten hinterdrein. Meinem Mann ging bald der Atem aus, er kehrte um und schlich in düsterste Gedanken versunken in den beginnenden Abend hinein; so fanden wir uns. Was nun, wenn die Tiere in den meilenweit sich erstreckenden Wald liefen? Wenn sie einen Liebhaber fanden? Wenn nun Pancho, den wir doch erst seit zwei Tagen kannten, unehrlich war und mit den Tieren durchging? Wenn sie sich bei der wilden Jagd verletzten? Ganz abgesehen von dem schweren Geldverlust – wie sollten wir weiterkommen? Kurz, die Gedanken wurden immer dunkler und der Abend auch. Aber es gibt einen Schutzgeist der Reisenden, und er führte nach langem, bangem Harren Pancho mit beiden Tieren wieder zu uns zurück: Zwei entgegenkommende Leute hatten ihm geholfen, sie einzufangen. Ziemlich spät erreichten wir Malacatan, wo wir uns nach der ausgestandenen Angst das Abendbrot der freundlichen Wirtin trefflich schmecken ließen.

Wir glaubten uns in die heimatlichen Gefilde der märkischen Heide versetzt, als wir am nächsten Tage nach *Huehuetenango* ritten: Kiefern und weißer Sand, in den der Sandsteinschiefer durch die atmosphärischen Einflüsse zerfallen ist. Zwischen Malacatan und Huehuetenango scheiden sich die Quellgebiete des *Río Chixoy* oder Río Negro und des *Flusses von Chiapas*. Diese Wasserscheide hatten wir auf der Reise nach der Hauptstadt zwischen Chiantla und Santa María überschritten.

Huehuetenango ist eine freundliche Stadt, eine Zwillingsschwester von Chiantla. Aber durch Verlegung der *Jefatura* hat man Chiantla die Lebensadern unterbunden, während Huehuetenango sich des Daseins freut. Es ist auf einer Terrasse gelegen, die von Wasserläufen durchzogen ist, die alle dem Fluß von Chiantla zuströmen. In alter Zeit war es der Hauptort der *Mam*, und nicht weit von der Stadt liegen die Ruinen der Indianerfeste *Zaculeu*, wo sich der letzte König der Mam, *Caibilbalam*, fast drei Monate lang gegen die Belagerung des Gonzales de Alvarado verteidigte. Und obgleich berichtet wird, daß achtzehnhundert Indios in diesen Kämpfen blieben, so zwang doch nur der Hunger die Tapferen, sich den Spaniern zu übergeben. Als Erbauer der Festung wird der Häuptling *Lahuhquieh* genannt, der sie gegen etwaige Einfälle der Quiché errichtete. 1695 sah Francisco de Fuentes noch so stattliche Überreste, daß er ein genaues Bild ihres ursprünglichen Zustandes entwerfen konnte. Heute ist wenig mehr davon erhalten als einige halbzerstörte Pyramiden und wallartige Erhöhungen, deren schräg ansteigende, aus behauenen Steinen aufgeführte Wände mit einer glatten, ehemals rot gefärbten Stuckschicht belegt sind. Gestrüpp wächst auf den Pyramiden; die glatten und die behauenen Steine haben zum großen Teil willkommenes Material zum Bau des stattlichen Turmes der Jefatura geliefert. Was aber heute noch ebenso ist wie zur Zeit, als so viele Tapfere ihr Leben für eine verlorene Sache dahingaben, das ist die Lage dieser Festung, die sie auch für die Spanier uneinnehmbar machte. Mit bewunderungswürdigem Scharfblick haben die alten Indianer überall die Stellen zu finden gewußt, die durch ihre Lage die Verteidigung erleichterten – vorgeschobene Bergterrassen, breite Hügelrücken, durch Schluchten und Wasserläufe aus dem übrigen Gelände herausgeschnittene Flächen. Dies trifft bei Zac-uleu zu: Es liegt am Rand einer von Bächen durchströmten kleinen Ebene, zwischen dem Fluß und einer tief eingerissenen Barranca. Schon jetzt, im Beginne der Regenzeit, ging der Weg teilweise im Wasser. Was mochten erst die Spanier durchgemacht haben, die Zac-uleu vom Juli bis Oktober belagerten!

Chaculá

Ich war sehr froh, als wir in der zweiten Hälfte des Juni *Chaculá* erreichten. Die Reise war beschwerlich gewesen. All das, was sich bei heiterem Himmel so leicht erträgt, wird vom Regen tausendfach verschlimmert. Es ist ein Unterschied, ob man nur müde und heiß und hungrig in ein schlechtes Quartier einrückt, oder ob man auch noch naß dazu ist. Es ist ein Unterschied, ob die Wege nur vermöge ihrer Steilheit und Zerrissenheit schlecht sind, oder ob sie durch zähen Schmutz, der die Lücken zwischen den Steinen füllt, ganz jämmerlich werden. Es ist ein Unterschied, ob ein lehmiger Hang trocken oder naß ist, ob die Sonne alle Mühsal, allen Hunger hinweglacht oder ob ein trüber Regenhimmel stets mit neuen Güssen droht. Der Gedanke, daß wir von unserem Arbeitsfeld eine Zeitlang festgehalten würden, war so übel nicht, da die Regenzeit hier noch nicht zu ihrer vollen Entfaltung gelangt war. Zehn volle Wochen brachten wir in diesem Erdenwinkel zu, und trotz Anspannung aller Kräfte haben wir erst den Anfang gemacht zu der Arbeit, die hier zu tun ist und hoffentlich auch einmal getan wird.

Über die Ergebnisse dieser Arbeit zu berichten, ist nicht meine Aufgabe; das ist wissenschaftliches Gebiet und nicht das meine.* Ich habe mir nur vorgesetzt, von den äußeren Umständen unserer Reisezeit zu erzählen. So will ich versuchen, ein Bild unserer Leiden und Freuden, unserer Mühen und Erfolge zu entwerfen.

Bei unserem ersten kurzen Aufenthalt hatte uns Herr Kanter nicht nur die nahe bei der Ansiedlung gelegenen Pyramiden gezeigt, sondern war auch mit uns zu den Höhlen geritten, von denen uns schon sein Sohn erzählt hatte, jenen Höhlen, deren steinerne Bewohner uns von den Stufen des Holzhauses grüßten. Zwei Stunden über Karstwege, dann zu Fuß durch Gestrüpp, über Stock und Stein bis zum Eingang. Wir sahen dort manches,

* Siehe: Eduard Seler, Die alten Ansiedlungen von Chaculá. Dietrich Reimer, Berlin 1901.

was unser Herz in der Aussicht auf künftige Arbeit höher schlagen ließ. Herr Kanter erzählte uns, was er alles gefunden, als er die Höhlen zum erstenmal betreten hatte. Aber nur was er in die Hacienda habe schaffen lassen, sei noch erhalten. Ein Hauptstück des damaligen Fundes, ein prachtvolles großes Räuchergefäß, schenkte er dem Museum für Völkerkunde in Berlin, wo es eine Zierde der mittelamerikanischen Sammlungen bildet.

Die Eingeborenen nennen diese Höhlen „Quen-Santo", worin „quen" das indianische Wort für Höhle ist und „santo" die übliche Bezeichnung für alte Götterbilder. Der Ausdruck „santos de los antiguos" ist gang und gäbe.

Da diese Höhlen und ihre Umgebung eines unserer hauptsächlichsten Arbeitsgebiete wurden und auch andere bedeutende Ruinen und Gräber nicht in unmittelbarer Nähe der Hacienda lagen, erwies es sich als zu zeitraubend, täglich den Weg von Chaculá nach *Huaxac kanal* herunter zu machen, und so übersiedelten wir nach diesem Rancho mit dem poetischen Namen – Huaxac kanal heißt „acht Sterne" –, der am Ende einer flachen, länglichen Talmulde gelegen ist. Der grüne Plan ist rings von steinigen, mit lichtem Wald und Busch bedeckten Hügeln eingeschlossen, über die hinweg höhere Ketten ragen. Die kleine Ansiedlung besteht aus einem gutgefügten, auf Pfählen ruhenden Bretterhaus, das als Vorratskammer für den hier geernteten Mais dient. Denn neben dem Weideland waren auch schon kleine Anfänge mit Maisbau und Zuckerrohrpflanzungen gemacht. Außer diesem Hauptbau standen noch sechs Hütten für Arbeiter dort, deren eine uns zum Aufenthalt diente. Die Wände bestanden aus zusammengebundenen Stengeln von trockenem Maisstroh und einem von Holzstangen getragenen Palmstrohdach. Leider war es nicht das berühmte „geflickte", sondern ein gänzlich ungeflicktes, was in Anbetracht der Jahreszeit höchst unerfreulich war. Da das ganze Gebiet unter starkem Windfall leidet, und besonders in die kleine Ebene von Huaxac kanal, über der im Nordosten die Höhen schnell bis zu tausend Fuß und mehr ansteigen, der Wind beständig mit großer Gewalt stürzt, so hätten wir nichts gegen etwas festere Wände einzuwenden gehabt. Das Briefblatt wurde uns unter der Hand fortgeweht und das Umlegen der Pflanzen wurde zu einer Sisyphusarbeit. War diese endlich doch trotz flackernder Kerze und Zugluft bewältigt, so mußten wir die Pflanzenpakete sorgfältig in Wachstuch hüllen, da es keine völlig regensichere Stelle in der Hütte gab. Um trockenes Papier für das Herbar zu haben, mußten wir die Bogen einzeln über dem offenen Feuer trocknen.

Den Winkel der Hütte, wo das Dach am dichtesten war, hatten wir uns zur Schlafstelle erwählt, ein halbes Dutzend Matten auf die Mutter Erde gebreitet und als Betthimmel die große Wachsleinwand ausgespannt, die dazu diente, die Last auf dem Rücken der Tiere während der Reise vor Regen zu schützen. Wenn wir das Licht ausgeblasen hatten und unsere müden Glieder zur wohlverdienten Ruhe streckten, so begann auf diesem Betthimmel über unseren Häuptern der nächtliche Tanz der Mäuse und in unserer Lagerstatt der Reigen der Flöhe und Hühnerläuse und wie das Gesindel sonst alles heißen mag. Bei Südwind kamen noch Moskitos hinzu. – Einen niedrigen, kleinen Tisch, einen Schemel und einige Bretter, die zur Aufnahme von Vorräten bestimmt waren und an Stricken von den Dachbalken herunterhingen, um sie vor Ameisen zu sichern, fanden wir vor. Und als unsere Hangmatte quer durch den Raum hing, blieb gerade noch genug Platz vorhanden für eine Feuerstelle und für die Steine, Scherben, Schädel, die die Ausbeute unserer Arbeiten waren. In dem kleinen, nach vorn offenen Vorraum, der durch eine einspringende Ecke gebildet wurde, hatte Pancho sein Lager; dort waren auch Sättel und Arbeitsgerät untergebracht. Ein Brett, das an Stricken hing, vertrat die Stelle der Tür.

In der Hütte, die der unserigen zunächst lag, wohnte Don Antonio mit seiner Familie, und Don Antonio wurde für uns eine wichtige Person. Er war eine Zeitlang Mayordomo auf der Trinidad gewesen, und da er, wie man dortzulande sagt, ein „hombre curioso" war, das heißt einer, der Gefallen an Dingen findet, die nicht zur täglichen Notdurft gehören, so hatte er den Resten der Alten fleißig nachgespürt und kannte im weiten Umkreis alles, was für uns wertvoll sein konnte. Er war zur Zeit ein selbständiger Mann, der vom Besitzer von Chaculá einiges Land gepachtet hatte, ein Haus oben bei der *Garita* (dem Zollhaus) besaß und augenblicklich in der leeren Hütte in Huaxac kanal hauste, wo er Mais baute. Dieser Mann trat für die Zeit unseres Aufenthaltes in der Gegend in unsere Dienste und diente uns treu und zuverlässig, zeigte uns die Wege, beaufsichtigte die Arbeiter, wußte für alles Rat. Nur zum Schluß spielte er uns einen üblen Streich, von dem ich später erzählen werde, der ihm aber in Anbetracht landesüblicher Sitten verziehen werden muß.

Da es für uns schwierig war, zu wirtschaften, half uns Don Antonios Frau insofern aus der Not, daß sie uns die Tortillas bereitete und, während wir bei der Arbeit waren, unseren Topf mit Bohnen oder Reis an ihrem Feuer kochen ließ. Die Verpflegung war eine schwierige, nicht immer leicht zu lösende Aufgabe. Mais und Bohnen hatten wir von Herrn Kanter gekauft, und zwar ein Tzontli Mais, das heißt vierhundert Kolben.

Tzontli ist die altmexikanische Bezeichnung für die Zahl vierhundert, und es ist eine beachtenswerte Tatsache, daß Benennungen in mexikanischer Zunge sich über das ganze, kulturell zwar gleichartige, aber nach Stämmen und Sprachen sehr gemischte Gebiet von Mexiko und Guatemala mit Zähigkeit erhalten haben und von allen gekannt und verstanden werden. Die Namen Comitán und Quetzaltenango kennt jeder; Balun kanal dürfte nur im Gebiete der Chiapasstämme, Xelahuh nur von den Quiché verstanden werden. Es wäre ein leichtes, eine lange Reihe von mexikanischen Wörtern aufzuführen, die Werkzeuge, Geräte, Früchte, Tiere, vor allem Speisen bezeichnen, die auf dem ganzen langen Wege von der mexikanischen Nordgrenze bis nach Honduras hin verstanden werden und in den Wortschatz des dort gesprochenen Spanisch übergegangen sind.

Der Mais war für die Pferde und für unsere Tortillas bestimmt, die zusammen mit Bohnen den Hauptbestand der menschlichen Nahrung bilden. Der Bote, der jede Woche einmal mit Briefen nach Nentón hinuntergeschickt wurde und die inzwischen eingelaufene Post mitbrachte, versorgte uns von dort aus mit Kaffee, und manchmal brachte er auch „pan dulce" mit. Brot kennt man ja in jenen Ländern nur in den großen Städten. Seine Stelle vertritt die Tortilla, der aus zerquetschter Maismasse ohne jegliche weitere Zutat hergestellte Fladen. Aber man kennt die Kunst des Backens sehr wohl, und die Frauen stellen ein schmackhaftes sogenanntes süßes Brot oder Eierbrot her, das die Mitte hält zwischen Kuchen und Brot. – Sämtliche übrigen Lebensbedürfnisse mußten aus Comitán bezogen werden, das heißt von jenseits der Grenze. Ein Indianer lief einen Tag hin und einen zweiten zurück, bekam einen Zettel an Lisandro Domínguez mit und einen Ausweis für zufällig ihm begegnende Grenzsoldaten. – Von Zeit zu Zeit ritt Pancho zum Fouragieren auf die im Umkreise von einigen Leguas gelegenen Indianerranchos. Da brachte er dann eine Flasche voll Schweineschmalz, *Panela* (rohen, braunen Zucker), manchmal ein Huhn, ein paar Eier, auch Bananen. Einmal schoß der junge Romero, Don Antonios Sohn, ein Reh, und ein anderes Mal Don Eduardo, da gab es frisches Fleisch; aber Wild ist nicht häufig. Es kamen auch Indios von San Andrés, dem zwischen Nentón und Jacaltenango gelegenen Dorfe, um Palmblätter zum Flechten von Hüten und Matten und zum Eindecken ihrer Hütten zu holen. Sie brachten von den süßen Ananas, den duftenden Mangos, den nahrhaften Aguacates, die in dem heißen Tal des Río Dolores so üppig gedeihen. Das waren Leckerbissen. – Es mag kleinlich erscheinen, so lange bei diesen Dingen zu verweilen: für uns bedeuteten sie viel.

Das Land war wüst und leer, als im vorigen Jahrhundert Leute aus dem in der Sierra gelegenen Dorfe *San Mateo Iztatán* einwanderten und sich hier niederzulassen begannen. Deren Nachkommen sind es, die heute in den Ranchos wohnen und die Arbeiterbevölkerung der Fincas bilden, es ist der den *Tzeltal* und *Tzotzil* von Chiapas verwandte Stamm der *Chuh* (sprich Tschuch). Aber die Bevölkerung ist spärlich, und während der ganzen Reise von Guatemala nach Chaculá hatten wir mit Ernst die Frage erwogen, wie es möglich sein würde, Arbeiter für unsere Zwecke zu bekommen. Die Hacendados verfügen nicht über so viele Hände, daß sie etliche davon entbehren könnten, und die freien Leute in den Rancherien arbeiten auch gegen Bezahlung nicht mehr, als zu ihrem Lebensunterhalt nötig ist. Wir hatten schließlich dem Kommandanten von Nentón unser Leid geklagt, und dieser hatte uns einen Befehl an die Alcalden der Ranchos von *Aguacate, Uxquen* und *Subajazon* eingehändigt, der ihnen aufgab, uns gegen Bezahlung Arbeiter zu stellen. Nun hat der Kommandant von Nentón den Leuten aber nichts zu befehlen, und wir waren in Ungewißheit, was wir ausrichten würden. Don Antonio ritt nach den drei Ranchos, und die Alcalden anerkannten die Weisung. So brachte er die frohe Kunde, daß man sich bereit erklärt habe, Arbeiter zu stellen. Wir hatten immer fünf Leute zur Verfügung, die meistens eine ganze Woche hindurch blieben, manchmal nach drei Tagen abgelöst wurden. Ihren Vorrat an Tortillas und Pozol brachten sie mit und davon lebten sie. Das Geld wurde nicht jedem einzelnen ausbezahlt, sondern dem Ältesten unter ihnen, und der lieferte es seinem Alcalden ab. Denn die Gemeinden leben in gewisser Weise kommunistisch, die Arbeit gehört der Gemeinde, und der Alcalde bestimmt, welche Leute sie zu tun haben.

Wir waren mit unseren Indios sehr zufrieden, sie waren willig und geschickt. Freilich, ein so anhaltendes Arbeiten, wie wir das bei unseren Leuten gewöhnt sind, durften wir nicht verlangen oder erwarten.

Die erste Woche gruben wir in dem Tal von Huaxac kanal einige Hügel auf; mit wechselndem Glück. Ob wir Gräber oder Hausfundamente vor uns hatten, ließ sich nicht immer mit Sicherheit entscheiden. Vielleicht hatte ein und der andere Hügel beiden Zwecken gedient, da es bei manchen Indianerstämmen Sitte war, die Toten unter dem Fußboden der Hütte zu bestatten. Im ganzen Tal waren die künstlichen Hügel verstreut, schon von weitem durch schöne Baumgruppen sich anzeigend. Ein Stück abwärts von unserer Hütte fanden wir die Umfassungsmauern eines Ballspielplatzes; ein Stück talaufwärts lagen ausgedehnte Ruinen einer hohen Pyramide mit gut erhaltener Treppe und in der Nähe mehrere kleine Stufenpyramiden. In derselben Richtung noch etwa eine halbe Stunde weiter aufwärts war die „Fledermaushöhle", in die einzudringen sich unsere Arbeiter anfänglich in abergläubischer Furcht weigerten. Da ihnen mein Mann und Don Antonio mit dem Beispiel vorangingen, folgten sie, und es wurden aus dem übelriechenden Schmutz der Fledermäuse eine große Anzahl Schädel ans Licht gezogen.

An der südlichen Berglehne hinan und durch eine mit üppigem Graswuchs bedeckte Doline gelangten wir zur „Piedra parada", dem aufrechten Stein. Er war aufrecht eingegraben, unbearbeitet und ohne jegliche Verzierung, aber an seinem Fuße gruben wir einen sehr großen, runden, irdenen Topf aus, der Knochen und Asche enthielt. Etwas oberhalb sprang eine bastionartige Mauerung vor, und auf ihr gruben wir eine längliche, rechteckige, ausgemauerte Vertiefung auf, in der wir Knochenreste fanden.

Auf der anderen Talseite brachte uns ein etwa ebenso langer Ritt zur „Ventana", dem Fenster. Da standen wir vor einem in Stufen ansteigenden Bau, in dessen vorderer Mauer ein viereckiges Loch ausgespart war. Was das bedeutete? Wer vermag diese Frage mit Gewißheit zu beantworten? Aber ähnliche Öffnungen und ein verwickeltes System sehr enger unterirdischer Gänge fanden wir auch an anderer Stelle. Vielleicht bediente sich die Priesterschaft ihrer, um Orakelsprüche zu spenden, um Räucherwolken aus der Erde aufsteigen zu lassen oder sonst den Gläubigen sinnfällige Äußerungen einer über- oder unterirdischen Macht zu vermitteln.

Von der obersten Plattform dieser Pyramide aber genossen wir einen herrlichen Blick weit über die grünenden Lande bis zu dem *Cerro Ixbul*, der die Grenze bildet zwischen den beiden Republiken und dessen seltsam isolierte Lage es sehr begreiflich macht, daß er von Sagen umwoben ist.

Aber unsere Hauptarbeit war nicht in der Talmulde von Huaxac kanal und ihrer nächsten Umgebung, sondern bei den Höhlen und auf dem Berge, unter dem sie lagen. Ein zweistündiger Ritt brachte uns dorthin; da wir aber jetzt gut beritten waren und der Weg eine Reihe von landschaftlichen Schönheiten bot, so empfanden wir das kaum als Unbehagen und beklagten nur den Zeitverlust, der dadurch erwuchs. Wir hatten erwogen, unseren Standort bei den Höhlen aufzuschlagen, in einem der wohlgeschützten kleinen Wiesentäler in der Nähe, aber leider gab es in weitem Umkreis kein Wasser, während das Tal von Huaxac kanal von einem munteren Bergbach durchströmt war, der am tiefsten Punkte des Tales in einem weiten Becken aufgestaut wurde und am Ende der kleinen Ebene spurlos im Boden verschwand. So blieb keine Wahl.

Die dunklen Tiefen der ins Innere der Erde hineinführenden Höhlen und Spalten haben stets unheimliche Vorstellungen im Menschen erweckt. Und mit dieser Furcht wurde zugleich der Wunsch lebendig, die in solch düsteren Wohnungen hausenden Mächte sich geneigt zu machen. So ist es nicht erstaunlich, daß wir nicht selten in Höhlen alte Kultusstätten finden. Oft auch haben sie zum Versteck gedient, in dem Kostbarkeiten und Heiligtümer den Verfolgern entzogen und gewissermaßen unter den Schutz der die Höhlen bewohnenden Götter gestellt wurden.

Es waren drei größere Höhlen am Fuß einer steil aufragenden Felswand, die etwa ein bis zweihundert Schritt voneinander entfernt lagen. Daß diese Felswand den Abschluß des Plateaus bildete, auf dem die ausgedehnten Überreste einer alten Stadt, oder wenigstens ihrer Tempel und Paläste, lagen, wurde uns erst klar, als wir zum ersten Male dort oben standen. Die Höhlen waren sowohl ihrer Ausdehnung als ihrem Inhalt nach wesentlich voneinander verschieden. Die kleinste, die zweite in der Reihe – eine flache, nischenartige Vertiefung in der Felswand – enthielt nur einen länglichen Stein, der neben einem anderen sockelartigen an der Erde lag, von dem er augenscheinlich herabgestürzt war. – Weit ausgedehnter waren die beiden anderen Höhlen und auch die Funde reicher und verschiedenartiger. Die erste enthielt wüst durcheinandergeworfene Steinbilder, zum Teil von ausgezeichneter Arbeit und ganz eigentümlichem Stil. Eins der hervorragenden Stücke war eine Figur von etwas über einem Meter Höhe, die ein doppeltes Katzengesicht zeigte. Von einem Halsband hingen an Schnüren Menschenköpfe mit langen Haaren auf den als runde Säule behandelten Körper herab. – Außer diesen Steinbildern aber fanden sich überall verstreut und unter Erde und Steintrümmern vergraben Tonbruchstücke seltsamster Art. Bei weiterem Graben wurde ein Grab gefunden, das ein Skelett nebst Beigaben enthielt.

Bei weitem am ausgedehntesten war die dritte Höhle, zu der ein steiler Abstieg hinunterführte. Über ihrem Eingang hing drohend eine Felszacke herab, und unter dieser stand ein seltsames Steinbild mit dem für die Figuren der dortigen Gegend bezeichnenden hohen Kopfaufsatz. – Weiter im Innern, an einer Stelle, wohin kein Tageslicht mehr drang, fanden wir zwei aufrechte Steine nebeneinanderstehen. Unsere Indios behaupteten, das sei ein Altar, und wirklich machte die Anordnung diesen Eindruck. Der eine Stein war zerbrochen, sein oberer Teil wahrscheinlich durch herabfallendes Gestein abgeschlagen, denn ringsumher war alles mit Steintrümmern bedeckt. Auch hier gab es überall Bruchstücke von Tongefäßen und Figuren.

Seitwärts von dem Höhleneingang war etliche Meter über dem Erdboden eine Spalte in der Felswand. Es reizte Pancho, da hinaufzuklettern; Don Antonio und mein Mann folgten, und siehe da, es fand sich an dieser schwer zugänglichen Stelle eine schöne, gut erhaltene Tonschale mit frei herausgearbeiteten Köpfen an den vier Seiten. Es machte nicht geringe Schwierigkeiten, das zerbrechliche Stück von der gefährlichen Stelle heil herabzubringen. Dieser zufällige Fund läßt ahnen, an wie manchem Ort noch ähnliche Schätze verborgen liegen mögen. Man müßte in jede Spalte gucken – und ihrer sind im Karstgebirge unzählige –, man müßte überall, wo eine Steinsetzung durch ungewöhnliche Form auffällt, den Spaten ansetzen – und jahrelange Arbeit würde nicht zum Ende führen.

Oberhalb dieser Felswände lag die ausgedehnte Platte, auf der die alten Reste – Hügel, Stufenpyramiden, Treppen, ummauerte Höfe, Steinbilder – eng gedrängt beieinanderstanden. Von den Höhlen unmittelbar zugänglich war diese Höhe nicht. Später fanden wir in der Nähe die Trümmer einer mächtigen Pyramide mit einer umgestürzten Steinfigur, und von dort aus führte ein schmaler, steiler Weg zum Plateau empor. Doch war er für Pferde unmöglich und auch für Menschen unbequem genug, und wir benutzten gewöhnlich den natürlichen Zugang, die einzige Stelle, an der die sanft geneigte Felsplatte mit dem umgebenden Gelände verbunden war, während sie sonst an allen Seiten tief abstürzende Felswände wie eine Insel aus der üppigen Vegetation der Schluchten emporhoben, daß sie wie eine von natürlichen Wallgräben umzogene Festung dastand. Es war ein herrlicher Platz. Nach allen Seiten Ausblicke in Nähe und Ferne, auf blaue Berge, hell grünende Wiesentäler, dunkel bewaldete Abhänge und Schluchten. Idyllische Ruhe, vollkommene Weltabgeschiedenheit! Vogelstimmen waren die einzigen Laute, die an unser Ohr drangen, und soweit das Auge reichte, war kein Haus, keine Hütte, kein Mensch zu entdecken. Aber soweit Auge und Ohr reichte, war auch weder das Blinken eines Wasserspiegels zu erspähen, noch das Murmeln einer Quelle zu hören. Wieder tauchte die alte Frage auf: Woher nahmen die Leute hier oben das zum Leben notwendige Wasser? Sind die Quellen im Kalkgestein versickert? Sind sie verschüttet worden, als man die Stelle verließ, um sie für spätere Zeiten unbewohnbar zu machen? Kannten die alten Bewohner geheime Zugänge zu verborgenen Wassern? Aber würde dann nicht einmal die Spur eines Wildes dorthin führen? Nichts als ein günstiger Zufall kann die Lösung des Rätsels bringen.

Eine wundervolle Pflanzenwelt bedeckte die ganze Stätte. Es war nicht die zu dichter Masse verwebte Üppigkeit des tropischen Urwaldes, in der die einzelnen Formen kaum mehr zur Geltung kommen; es war auch nicht der lichte, aus Eichen und Erikaceen gemischte Bergwald, sondern ein Mittelding zwischen beiden. Herrlich entwickelte Bäume verschiedenster Art bildeten Gruppen, die besonders auf den kleinen Stufenpyramiden zu künstlerischer Wirkung gelangten. Da waren Zypressen mit weitausladender Krone und satter Färbung, Akazien, Kopalbäume mit frischem Grün; hier und da auch eine Fächerpalme, dazwischen der sonderbare , Memelita genannte Baum, der Feige verwandt, mit fleischigen, viertelzentimeterdicken Blättern und runden Früchten, die in der Reife sternartig aufspringen. Ein *Chinilté* genannter Baum mit hartem, rotem Holz, aus dem die alten Bewohner ihre Lanzenschäfte und Wurfbretter schnitten. Und noch viele andere trugen dazu bei, die Mannigfaltigkeit von Form und Farbe zu vermehren. Stellenweise aber gab es auch dichtes, durch stachlige Agaven und herabhängende Lianen schier undurchdringlich verstricktes Gestrüpp, durch das nur das Buschmesser einen Weg bahnen konnte. Auf den Bäumen aber machten sich Kakteen, Orchideen und andere blütenreiche Schmarotzer breit.

Es schnitt mir jedesmal ins Herz, wenn wir mit Axt, Buschmesser und Spaten in dieser schönen Wildnis hausten; es schien wie ein Vandalismus, diese Herrlichkeiten anzutasten, und mit Kummer ruhte mein Auge manchmal auf der Verwüstung, die wir anrichten mußten, um hier ein Gemäuer freizulegen, dort einen Hügel auf seine Eingeweide zu prüfen. Wie schwer wurde uns nach langen, arbeitsreichen Wochen der Abschied von dort oben, von den heiteren Fernsichten, den rötlich leuchtenden Felswänden, von allem, worin das Auge so oft geschwelgt, von all den schönen, stillen, sonnigen Stunden, die wir dort verbracht!

Hier schien die Sonne, wenn es in Chaculá regnete. Ich glaube, auch unseren Tieren wäre es wehmütig ums Herz geworden, wenn sie gewußt hätten, daß sie das fette, duftige Futter, das zwischen den Steinen so reichlich wuchs, zum letzten Male rauften.

Nunmehr gestaltete sich unser Tagewerk ziemlich regelmäßig in folgender Weise: Um sechs Uhr oder noch früher wird aufgestanden; Pancho macht ein Feuer auf dem Boden unserer Hütte, und wir kochen Kaffee. Gegen sieben Uhr marschieren unsere Arbeiter ab, und etwa eine halbe Stunde später folgen wir mit Don Antonio nach. Wir haben drei Leguas, das heißt etwas mehr als zwei deutsche Meilen zu reiten, ehe wir an unsere Arbeitsstelle kommen. Erst muß das Tal von Huaxac kanal seiner ganzen Länge nach durchmessen werden – eine mit Gras und Akazien bestandene Fläche, auf der Rinder und Pferde weiden. Neugierig bleiben die Tiere stehen und eilen dann furchtsam zur Seite. Manchmal jagen Aventaderos über den Plan, um die Herden zusammenzutreiben, wahrhaft klassische Gestalten, in braunem Wollkittel, Strohhut und weißen Hosen, Unterschenkel und Knie durch lederne Beinschienen antiker, römischer Form geschützt, der nackte Fuß im Steigbügel. Hin und wieder umhegt eine Steinmauer ein Maisfeld oder eine kleine Anpflanzung von Zuckerrohr. Dazwischen ragen die mit schönen Baumgruppen bewachsenen künstlichen Hügel auf – die Zeichen der alten Besiedlung.

Am Ende des Llano geht es den steinigen Hang in die Höhe, und wer Karstgebiete kennt, weiß, was das für Wege sind, namentlich wo es einmal steil hinauf- und hinuntergeht. Zu Anfang stiegen wir auf solchen Wegen ab, um unsere Tiere zu schonen. Wir lernten bald, daß es wichtiger war, die eigenen Kräfte zu Rate zu halten und blieben unbekümmert im Sattel, selbst wenn es steil hinunterging. Man bekommt allmählich unbegrenztes Vertrauen zur Klugheit und Sicherheit der Reittiere. Freilich muß man auf den Weg, auf herabhängende Zweige, auf Steinblöcke, Dornen und alle Hindernisse scharf achten. Über einen steilen, steinigen Hang, von einigen Dolinen in verschiedener Höhe terrassenartig unterbrochen, geht es etwa hundert Meter aufwärts. Auf der Höhe treffen wir die Landstraße, die von Comitán über Canquintic nach Nentón führt. Sehr belebt war sie nicht, nur manchmal begegneten uns reisende Indianer, die in ihrer Rückenkraxe, dem „cacaxtli“, Handelswaren trugen und vor denen die braune Mula jedesmal einen scheuen Seitensprung machte.

Scharen von grünen Papageien flogen von rechts her auf. Sie hatten ihre Ansiedlung in der „Cueva de los Pájaros“, der Vogelhöhle. Das ist einer jener tiefen Einbrüche, die ich früher bereits erwähnt habe; mehrere hundert Fuß tief und fast kreisrund. Wo die senkrechten Wände dem geschickten Fuß des Menschen einen Zugang bieten, wird ihr Grund gern zur Anlage von Äckern benutzt, da hier eine natürliche Mauer die Feldfrucht vor dem Ungeschick und der Begehrlichkeit weidender Tiere schützt. Hier aber war der Kessel völlig unzugänglich, und so hatte sich auf dem Grunde dieses Riesenschachtes eine üppige Vegetation angesiedelt, und ebenso ungestört wie diese hauste hier eine blühende Papageienkolonie. Aber an dieser Stelle wurde uns wieder einmal eines jener unlösbaren Rätsel aufgegeben, an denen die Vergangenheit dieser Länder so reich ist. An einer Wand waren Spuren menschlicher Tätigkeit zu sehen, an einer Stelle, die ganz unzugänglich erschien: Es sah aus wie eine Wasserleitung, und daneben war eine Figur gemalt. Leider gab es keinen Standpunkt, der es gestattete, eine Photographie von dieser Merkwürdigkeit zu nehmen. Man müßte, falls man Untersuchungen machen wollte, sich an sehr langen und starken Tauen hinunterlassen, und das wäre der brüchigen Ränder wegen nicht ohne Gefahr. Also bleibt die Frage offen: Was bedeutet die Vorrichtung? Wie kam ein Mensch dort hinunter, um sie anzubringen? Ist der tiefe Einsturz erst später erfolgt? Und was der Fragezeichen mehr sind.

Der Weg stieg ganz allmählich eine lange talartige Senke hinab, durch prächtigen Eichwald, anfangs steinig, dann über schönen, fruchtbaren, grasbewachsenen Boden. In Abständen von fünfzig bis hundert Schritt folgen unausgesetzt quer über den Weg laufende Steinsetzungen. Durch diese niedrigen Steinreihen dämmten die Alten die Erde auf, schufen eine lange Reihe kleiner, ebener Terrassen und machten so jeden Fußbreit fruchtbarer Erde dem Feldbau nutzbar. Diese kleinen Hindernisse unterbrechen fortwährend den munteren Trab der Tiere. Aber es ist wunderschön in diesem Walde. Die prächtigen Bäume weit ausladend nach allen Seiten, die dichte grüne Bodenbedeckung, auf der die durch das Geäst fallenden Sonnenlichter spielen, graue Felsblöcke wie absichtlich von ordnender Hand hineingesetzt, und nach vorn durch die lange, schmale Senke ein Ausblick auf ferne, verblauende Bergrücken und Höhenzüge. Und von Tag zu Tag wurde es schöner, denn der Regen lockte Blüten und Blumen hervor.

Endlich kommen wir auf eine kleine, grasbedeckte, von lichtem Wald umgebene Ebene, die links von einer niedrigen Hügelreihe begrenzt wird, schwenken rechts vom Weg ab und erreichen bald den Rand einer schönen Senke, über der ein langer Hügelrücken und mehrere Kuppen aufragen. Die herrlichen Baumgruppen auf den überall verstreuten künstlichen Hügeln und kleinen Pyramiden geben dem Platz das Ansehen eines mit künstlerischem Feingefühl angelegten Parkes. Die Büsche dunkler Lebensbäume heben sich kräftig von dem vielfach schattierten Grün und dem saftigen hellen Wiesengrund ab, und unter dem blauen, leicht bewölkten Himmel gab es eine prächtige Farbenstimmung. In dem kleinen Tal stand ein altes Gemäuer, das mit einer merkwürdig scharfen Ecke in den lichtgrünen Wiesenplan hineinschnitt. Ein Steinkreis gerade davor ließ uns eine Ausgrabung lohnend erscheinen, bei der auch wirklich die Bruchstücke einer großen Gesichtsurne und einige zerfallene Knochen zutage kamen. Bei dieser scharfen Ecke ging es geradeaus zu den Höhlen, rechts hinauf mußten wir uns mühsam über Steine und zwischen Gebüsch hindurch unseren Weg zur alten Stadt suchen, von der man hier unten freilich nichts wahrnahm, ebensowenig wie von den tiefen, mit Urwald erfüllten Schluchten, die das Plateau, auf dem sie liegt, aus dem übrigen Gelände herausschneiden.

Nach wenigen Minuten sind wir an die Arbeitsstätte gelangt, sei es zu den „Heiligen Höhlen, *Quen-Santo*", die im Grunde der schattigen Barranca in die Felswand hineinführen, sei es auf die luftige, windgefegte Höhe der „*Casa del sol*", des Sonnentempels, oder zu der alten Stadt. Die Tiere werden abgesattelt und weiden frei in dem hohen, süßen Grase. Nur Don Antonios altem, zähen Knochengaul werden die Vorderfüße gefesselt, denn er weiß zu gut, wo die saftigste, schmackhafteste Weide ist, und würde sie ohne Gewissensbisse aufsuchen. Ja, er verführte einmal nachts auch unsere Tiere, ihm auf die fette Weide bei der Piedra parada zu folgen, wo die nach allen Richtungen ausgeschickten *Vaqueros* endlich nach langem Suchen die ganze Gesellschaft ruhig und friedlich grasend beieinander fanden.

Wir begeben uns an die Arbeit, die mannigfacher Art ist. Zwischen elf und zwölf Uhr wird ein Feuer angemacht, ein Kessel mit Wasser – mit dem aber sparsam umgegangen wird, denn die Indios haben es von Huaxac kanal mitgeschleppt – ans Feuer gerückt, um eine Tasse Tee oder Kaffee zu kochen. Die Tortillas werden in der heißen Asche geröstet; ein wenig Käse, ein Rest schwarzer Bohnen vom gestrigen Mittagsmahl oder ein paar Sardinen bilden den einfachen Imbiß. Auch unsere Arbeiter machen eine Frühstückpause, rösten ihre Tortillas und rühren ihren Pozol mit Wasser an. Während dann alles wieder an die Arbeit ging, lag ich ein halbes Stündchen im Grase, im Schatten eines Steines, umduftet von würzigen Kräutern, umweht von sommerlichen Lüften, umschmeichelt von den mannigfachen Vogelstimmen, um mich rätselvolle Trümmer, über mir herrliche, rauschende Baumwipfel und ein unendlich hoher Himmel. Und was auch für Gedanken kamen und gingen, der eine behielt doch immer die Herrschaft: Wie schön ist es hier, könnt' ich hier Hütten bauen!

Um drei, vier Uhr vernahmen wir das erste ferne Donnergrollen. Das war das Zeichen zum Aufbruch. Im Anfange kamen wir noch trocken ins Quartier, bei prächtiger, goldiger Abendbeleuchtung; mit vorschreitender Regenzeit mußten wir darauf gefaßt sein, naß zu werden, ja allmählich wurden wir gewohnt, an einer ganz bestimmten Stelle die Regenmäntel umzunehmen. Oftmals ritten wir den ganzen Weg im Nebelgeriesel. Auch der Rückweg bot hübsche Bilder, besonders von der Höhe, von der man zuerst das Tal von Huaxac kanal überblickt. Dahinter ragt die hohe dunkle Sierra auf, die das Gebiet von Chaculá von den Tälern von Iztatán und Solomá trennt, ein breiter waldbedeckter Rücken. An ihrem Fuße breitet sich eine scheinbar ebene, felsige und bewaldete Platte aus, in der aber viele Täler und Tälchen eingebettet sind und in die auch, wie ein tiefer Kessel, die lange, fruchtbare Doline von Huaxac kanal eingesenkt ist. Vor uns lag das ganze Tal ausgebreitet, und darüber spannte sich oftmals ein prächtiger Regenbogen. Schnell klettern unsere Tiere den letzten steilen Hang hinab und eilen zum Staubecken inmitten des Tals, wo wir sie tränken, und wenige Minuten später sind wir daheim, wo uns die wirtschaftlichen Sorgen erwarten. Pancho macht Feuer, holt aus der Nachbarhütte, was man für uns im Laufe des Tages bereitet hat. Unsere eigene und Panchos Kochkunst hilft noch mit dem oder jenem nach. Und während es durchs Dach regnet und der Wind durch die Wände fährt, laben wir uns an dem wohlverdienten, je nach der Gunst des Tages mehr oder weniger üppigen Mahl, für das die kleine, wackelige, mit einem weißen Handtuch bedeckte Bank als Tisch dient, während uns der Rauch des offenen Feuers daneben, in dem unser Kaffeewasser kocht, ins Gesicht weht.

An Ruhe war aber noch nicht zu denken. Zuerst mußten die Pflanzen eingelegt und umgelegt, die Scherben geordnet und mit Zetteln versehen werden. Oft gab es auch höchst wichtige Flickarbeit an Kleidern und an Papierabklatschen, und schließlich wollten die *Niguas* – Sandflöhe – sachgemäß behandelt sein. Die Nigua ist das angenehme Geschöpf der amerikanischen Tropen, von dem Humboldt sagt: „Wenn der Sandfloh springen könnte, so wäre der größte Teil der Tropen unbewohnbar." Nun, ganz so schlimm ist es nicht, aber freilich muß man auf der Hut sein und, sowie man das sonderbare Stechen und Brennen spürt, unverzüglich die Ursache, das heißt den Eiersack, entfernen. Meist legt die Nigua ihre Eier unter den Fußnagel, aber auch andere Stellen verschmäht sie nicht. Wird der Eiersack nicht sofort und gründlich beseitigt, so entstehen abscheuliche Geschwüre. So ist es wohl denkbar, daß bei ungenügender Achtsamkeit an Orten, wo sie häufig vorkommt, die Nigua in der Tat verheerend wirken kann. Wir gebrauchten die Vorsicht, die operierte Stelle sofort zu desinfizieren. War dann wirklich noch ein Restchen zurückgeblieben, so starb es ab und wir hatten in keinem Fall über üble Folgen zu klagen. Ganz besonders berüchtigt wegen dieser Plage ist die ganze Gegend von Comitán.

Erst wenn alle diese wichtigen Obliegenheiten erledigt waren, war Feierabend, und wir konnten schreiben, lesen oder schlafen gehen. Da Herr Kanter eine Menge Bücher besaß, hatte ich ihn gebeten, mir einige zu borgen. Leider war das meiste in Kisten verpackt, und er gab mir einige Bände der theosophischen Zeitschrift „Die Sphinx" und einige Schriften Du Prels und Hellenbachs. Nun saß ich abends bei der spärlichen Beleuchtung, während der Wind um und durch die Wände fuhr, und sog theosophische Weisheit ein, ließ mich in die Geheimnisse des Spiritismus einweihen und folgte den verschlungenen Pfaden der Telepathie. Es war in dieser Umgebung eine unheimliche Lektüre, von der ich bald genug hatte. Mit wirklichem Vergnügen aber folgte ich Hellenbach in die Utopie seiner Insel Melonta.

Wenn Gefäße und Scherben, Steine und Schädel sich in unserer Hütte derart angehäuft hatten, daß kaum noch Platz für uns darin blieb, so zogen mein Mann, Antonio und Pancho mit drei Arbeitern aus, und zwei mußten die mit der Ausbeute gefüllten Netze nach Chaculá hinauftragen. Dann ritt ich dorthin, um die Sachen in Empfang zu nehmen. Auf dem sicheren Grauschimmel konnte ich unbesorgt allein reiten; er ließ mich ruhig von jedem Stein aus aufsteigen und kannte jeden Schritt.

Einmal aber, gerade da, wo der Aufstieg begann und zu beiden Seiten Gebüsch den Weg umsäumte, blieb er steif stehen und rührte sich auch nicht, als ich ihn die Reitgerte fühlen ließ. Schon wollte ich absteigen, um zu sehen, was die Ursache sei, als es zu meiner Rechten im abgefallenen Laube raschelte und eine große

Schlange über den Weg schlüpfte. Als die Schlange vorüber war, ging das Pferd ruhig, ohne auf einen Antrieb zu warten, weiter.

Tonbruchstück von Chaculá

Außer diesem hatte ich nur noch ein einziges Mal während der ganzen Zeit eine Begegnung mit einer Schlange. Diesmal war es ein ziemlich kleines Tier, das dicht vor meinen Füßen durch das Gras schlüpfte, aber sein unheimlicher dreieckiger Kopf jagte mir doch einen Schrecken ein; das war auf dem Wege zu der großen Einhegung, die wenige hundert Schritte vom Rancho entfernt lag, zu der ich gern meine Schritte lenkte. – Nicht nur in Chaculá, sondern auch auf allen benachbarten Hacienden diesseits und jenseits der Grenze, in weitem Umkreis, liegt der Schwerpunkt in der Weidewirtschaft. Sowohl die Rinder als auch die Pferde von Chaculá und der Trinidad sind sehr geschätzt und finden auf den großen Märkten von Chiantla, Huehuetenango und anderen Orten stets ihre Käufer. Besonders die auf dem rauhen, steinigen Gelände erzogenen Pferde sind zähe und ausdauernde Tiere, die mit großer Sicherheit treten und für die nicht leicht ein Weg zu schlecht ist.

In den Hürden wurden die verschiedenen Herden von Zeit zu Zeit zusammengetrieben, um Salz zu bekommen und um auf ihren Gesundheitszustand untersucht zu werden. Die Kraft und Geschicklichkeit, mit der die Pferdehirten bei dieser Arbeit verfuhren, erfreute mich immer aufs neue. Ich habe alle möglichen Krankheiten mit einfachen Hilfsmitteln behandeln sehen und mich stets gewundert, daß sie zur Heilung kamen. Aber das Klima sowohl wie die natürliche und einfache Lebensweise scheinen Heilungen von Wunden bei Mensch und Tier besonders zu begünstigen. Eitrige Wunden habe ich überhaupt niemals gesehen. Eines unserer Tiere litt an einer Verhärtung im Gaumen, die ihm das Fressen erschwerte, so daß es mager und elend wurde. Die Stelle wurde ausgeschnitten, es bekam einige Tage keinen Mais zu fressen und wurde, da es sehr viel Blut verloren hatte, geschont, war aber nach kurzer Zeit wieder munter, fraß und gedieh. Die Hauptgefahr für das Vieh liegt in den Geschwülsten, durch den Stich einer Bremse verursacht, die ihre Eier unter die Haut legt. Es entwickelt sich bald ein ungeheurer Madensack, an dem das Tier zugrunde geht, wenn er nicht rechtzeitig entfernt wird.

Eines Tages kam ein Soldat aus Nentón des Weges, der eine Bestellung für einen Rancho, zwei Tagereisen weit, hinten im Walde, auszurichten hatte. Unterwegs waren ihm Pascher begegnet, die ihn für einen Grenzer hielten und ihm, ehe er sich's versah, mit dem Buschmesser einen Hieb über die rechte Hand gezogen hatten, die das Gewehr gefaßt hielt. Die Verwundung war greulich; wir verbanden ihn und schickten ihn nach Nentón zurück. Es war kurz vor unserer Abreise, und als wir nach wenigen Tagen hinunterkamen, fragten wir nach ihm. Man hatte ihm ein paar Tage Arrest gegeben, weil er seinen Auftrag nicht ausgeführt hatte! Ich untersuchte die Wunde und fand, daß sie bereits gut zu heilen begann; ließ ihm noch einiges Verbandzeug da und bin sicher, daß bald vollständige Heilung eingetreten ist. Wer bei uns mit solcher Wunde sieben Meilen in der Tageshitze laufen würde, hätte das vermutlich mit Wundfieber zu büßen. Aber auch gegen Schmerz sind die Leute merkwürdig unempfindlich. Ich habe einmal gesehen, wie man einem Indio, der sich mit einem Beilhieb schwer an der Hand verletzt hat, in Ermanglung anderer Desinfektionsmittel Spiritus auf die Wunde goß, und der Mann zuckte mit keinem Muskel.

Bisher hatten wir unter der Regenzeit kaum zu leiden gehabt, nur daß wir am Abend vorsichtig die Stellen meiden mußten, wo es durchs Dach regnete. Unsere beiden Maultiere hatten die nächtlichen Regen unangenehmer empfunden. Diese Bastarde sind gegen Kälte und Nässe viel empfindlicher als Pferde, und in der näheren Umgebung der Hütte war kein schützender Baum. So suchten sie meist an der dem Winde abgekehrten Seite der Maisscheune Schutz, und oft hörten wir sie jammernd um unsere Hütte streichen. Wenn sie aber morgens ihren Mais bekamen, so waren alle nächtlichen Nöte vergessen. Und schon früh stellten sich Mäuler und Pferde ein, ihr leckeres Frühstück heischend. Ihr verlangendes Wiehern weckte uns aus dem Schlummer. – So war es vier Wochen lang gegangen. Da trat Nordwind ein, der erst Nebelgeriesel brachte, das sich allmählich zu feinem Regen immer mehr verdichtete. Er wurde so anhaltend, daß wir die Arbeit im Freien unterbrechen mußten. Das wäre nun so schlimm nicht gewesen, denn es gab auch zu Hause genug zu tun, und unsere Indios konnten wir mit dem Transport der Sachen nach Chaculá wohl einige Tage beschäftigen. Nachdem es aber zwei Tage und zwei Nächte in einem fort geregnet hatte, konnten die flachen, rings um die Hütte laufenden Gräben, die bestimmt waren, das vom Dache tropfende Wasser aufzunehmen, die Menge nicht mehr fassen und begannen überzulaufen, und in der dritten Nacht lagen wir im Wasser, es blieb nichts anderes übrig, als unseren Standort nach der Hacienda hinaufzuverlegen, wo wir unser altes Quartier bezogen. Hier waren wir vor den Unbilden des Wetters geschützt und hatten auch einen Tisch und zwei der landesüblichen, aus gespanntem Segeltuch bestehenden Lagerstätten zu unserer Verfügung. Die Nachteile, die mit dieser Übersiedlung verknüpft waren, bestanden erstens in dem um eine Stunde längeren Weg und ferner in der Sorge ums tägliche Brot, da nun Don Antonios Frau nicht mehr unsere Tortillas machte und unsere Bohnen kochte.

Dagegen gab es hier, wo die Arbeiter der Hacienda angesiedelt waren, mancherlei zu sehen und zu beobachten. Wie schon früher erwähnt, befand sich neben dem geschlossenen Raum ein anderer, vorn offener, in dem ein Muttergottesbild stand. Hier hauste Pancho, hier brannte unser Küchenfeuer, aber hier kamen auch die Arbeiter der Finca allabendlich zusammen, um ein frommes Abendlied zu singen. Wort und Weise dieses Gesanges schien mir altspanischen Charakter zu haben. Es war vielleicht dies Lied schon von den ersten Mönchen den getauften Indianern gelehrt worden. Der Pfarrer von Santa Eulalia, dem die Seelsorge für die verstreuten Ranchos der Gegend oblag, hatte den Leuten die Gesänge beigebracht. Aber ihr Herz schien weniger an der Madonna zu hängen, als an einem alten Holzkreuz, das in einer kleinen begrasten Mulde unterhalb des Hügels stand. Dorthin sah ich oft die Frauen wandern mit Räuchergefäßen, mit denen sie vor dem Kreuze allerlei geheimnisvollen Hokuspokus machten. So denken sie alles Leid und alle Not zu bannen. Man nennt das Räuchern und Beten an solchen Stellen, die nichts mit der Kirche gemein haben, „hacer costumbres", was sich vielleicht am besten durch „zaubern" verdeutschen läßt.

Nach der Abendandacht gingen die *Caporales*, das sind diejenigen unter den Hirten und Arbeitern, denen die Leitung und Aufsicht der Arbeiten obliegt, zu Herrn Kanter hinein, um ihm Bericht über die Geschehnisse des Tages zu erstatten und zugleich die Arbeiten für den nächsten Tag zu besprechen. Auch von den entfernten, weit hinten im Walde gelegenen Ranchos kamen hin und wieder Leute. Das Verhältnis des Grundherrn zu den Leuten im Walde ist eigentlich nur dem uralten Verhältnis von Schutzherrn und Hintersassen zu vergleichen. Herr Kanter ist Besitzer, unumschränkter Herr und Gebieter des Grundes. Er gestattet natürlich gern den Indianern die Ansiedlung in dem menschenarmen Lande. Sie sind freie Leute, müssen ihm aber für die Benutzung des Bodens eine Art Pacht entrichten, die nicht in Geld, sondern in Arbeit besteht, das heißt sie müssen eine bestimmte Anzahl Tage im Monat für ihn Mais bauen und ernten. Auf diese Art siedeln sich allmählich Menschen an, und das Land wird langsam in Kultur genommen. Freilich sehr langsam.

Da kamen auch oft genug Leute, die des Spanischen nicht genügend mächtig waren, um ihre Berichte, Wünsche, Anliegen vollständig ausdrücken zu können. Zwei kleine Söhne Kanters dienten dann als Dolmetscher, von denen der älteste etwa fünf Jahre alt war. Sie gingen in die landesübliche weiße Baumwollhose gekleidet, mit dem braunen, ausgefransten, groben Wollkittel darüber. Zwei muntere, weiße, blonde Jungen, die Chuh, Spanisch und Deutsch sprachen; am besten aber Chuh.

Ein auffallender Unterschied zwischen diesen freien Waldleuten und den Arbeitern der Hacienda, die in dem überall im Land üblichen Schuldverhältnis lebten, das vom Sklaventum nicht weit entfernt ist, machte sich in der Kleidung der Frauen bemerkbar. Während die Reinlichkeit bei den Frauen der Hörigen alles zu wünschen übrig ließ, waren die Hemden der Weiber aus dem Walde stets blütenrein, manchmal mit schmaler, bunter Borte verziert, und die jungen Mädchen trugen ihr Haar mit einem roten Band umwunden.

Bei den Waldleuten sind auch noch Blasrohre im Gebrauch zur Jagd auf kleine Tiere. Das aus Holz sehr sorgfältig gefertigte Rohr trägt als Korn einen kleinen Bergkristall oder eine rote Bohne von Corallodendron, die sogenannte *Paternosterbohne.* Zum Schießen werden kleine Tonkugeln benutzt. – Und auch die sanft tönende Rohrflöte, die „Chirimiya", wird von ihnen geblasen.

Etwa fünf oder sechs Leguas von Chaculá entfernt, in dem Waldgebiet im Norden, liegt *Yalombohoch;* einer der Indianerranchos, in dem freie Leute angesiedelt sind. Schon öfter hatte Herr Kanter von einer Pyramide erzählt, die dort in der Nähe sei, die er selber aber nicht gesehen, von der ihm die Indios erzählt hatten und die nur wenige unter ihnen zu finden wußten. Als es sich nun so traf, daß er über Yalombohoch reiten mußte, um weiter waldeinwärts gegen Norden mit einem gerade anwesenden Regierungsfeldmesser Rücksprache wegen der Feststellung der dortigen Grenze zu nehmen, forderte er meinen Mann auf, mit ihm zu reiten. Meine Begleitung hingegen lehnte er ab, da er nicht mit Damen ritte, auch wäre der Weg zu schlecht. Da ich nun meinem Mann beim Vermessen helfen konnte, das Bauwerk im Wald auch zu meiner eigenen Belehrung sehen wollte und übrigens der Meinung bin, daß es bei schlechten Wegen hauptsächlich auf ein gutes Pferd ankommt, so blieb mir nichts übrig, als die beiden Männer vorausreiten zu lassen und ihnen eine Stunde später mit Pancho zu folgen.

Der Weg geht über schöne Weidegründe durch lockeren Wald und weiter durch eine Art Hohlweg, der an beiden Seiten von allerlei blühendem Gesträuch umsäumt ist, unter dem eine ganz kleinblütige Fuchsie zusammenhängende Hecken bildete, nach dem stattlichen Indianerrancho *Aguacatán.* Bis hieher war der Weg gut, und auch ein Stück weiter ging es noch durch Maisfelder und Rodungen, bis wir in den Wald einritten. Kurz vorher hat man durch eine Schlucht einen Blick auf einen See, der schon zum Quellgebiet des Lacantúnflusses gehört. Aber im Walde wurde der Wege ganz schrecklich. Es war jener herrliche, üppige Tropenwald, der mir von unserer früheren Reise durch die Huaxteca noch unvergeßlich war. Alles trieft von Feuchtigkeit. Selbst in den heißen Monaten wird es dort nicht trocken, denn das Blätterdach ist so dicht, daß die Sonnenstrahlen nicht mit voller Kraft hindurchzudringen vermögen, und der Blick des Wanderers reicht nicht weiter, als der Raum gestattet, den das Buschmesser in dem Gewirr von Stämmen, Büschen, Ranken geschaffen hat. Bald vergißt man den schlechten Weg über der Schönheit ringsum; aber nicht lange, denn das verflochtene Wurzelwerk, der im zähen Waldboden einsinkende Fuß, ein hervorstehender Ast oder eine würgende Ranke beanspruchen die volle Aufmerksamkeit. Hier war nun zwar ein schmaler Pfad durch den Wald gehauen, aber zwischen Wurzeln und tiefem Schmutz wußten die Tiere kaum, wohin sie die Hufe setzen sollten. Und als wir schließlich an eine Stelle kamen, wo deutliche Spuren im aufgeweichten Boden zeigten, daß die beiden Herren vor uns abgestiegen waren, entschlossen wir uns auch dazu, obgleich das Vorwärtsstolpern auch kein Vergnügen war; aber das pflegen Wanderungen zur Regenzeit im Tropenwald überhaupt nicht zu sein.

Yalombohoch liegt auf einer Lichtung, rings vom Wald umschlossen; seine Hütten stehen zum Teil auf den Fundamenten eines alten Bauwerks, das seinen Abmessungen nach recht stattlich gewesen sein muß. Auf dem höchsten Punkt steht Herrn Kanters Maisscheune und daneben eine ziemlich geräumige Rohrhütte mit Tisch und Bettgestell, die ihm bei seinen Besuchen als Wohnung dient und die auch unser Quartier war. Die Ansiedler – auch Leute von San Mateo Iztatán – bauen Mais und haben stattliche Rinderherden. Hier sollen häufig Tapire vorkommen, von denen uns erzählt wurde, daß sie abends aus dem Walde träten, um friedlich mit den Rindern zu weiden; ja, die Leute behaupten steif und fest, daß sie sich mit den Kühen vermischen, und hin und wieder Blendlinge von den Kühen geworfen würden.

Die Pyramide, um derentwillen wir gekommen waren, lag etwa eine Legua waldeinwärts, und am nächsten Morgen zogen wir aus, sie zu suchen. Ein älterer Mann wußte den Weg. Außer ihm gingen noch fünf Leute mit. Der feine Nebelregen vom Tage vorher hatte glücklicherweise aufgehört, denn der Weg war auch ohne diese Zugabe schlecht genug. Es war derselbe Wald wie am Tage zuvor, nur noch feuchter und das Erdreich so aufgeweicht, daß ich bei jedem Schritt bis weit über den Knöchel einsank, dazwischen waren Bäche auf darüber gelegten Baumstämmen zu überschreiten, lauter Quellflüßchen des Río Lacantún. Aber wenn man um sich blickte – welche Pracht! Märchenhafte Blattformen, schlank aufragende Stämme, Ranken und ein Unterholz von kleinen, zierlichen Palmen. Jeder Baum und jeder Zweig mit Farnen und Selaginellen überpolstert, von Schlingern und Schmarotzern überwachsen. – Nun standen wir an der gesuchten Stelle. Vor uns ragte ein mit üppigem Pflanzenwuchs bedeckter Hügel empor, an dem trotz des grünen Teppichs von Moosen, Gräsern und Farnen, trotz Baum und Strauch nicht nur die regelmäßige Form, sondern auch der treppenartige Aufbau zu erkennen war. Nunmehr ging es ans Abholzen und Reinigen, um ein genaueres Bild des Baues zu ermöglichen, und als nach langer Arbeit das Notwendigste heruntergehauen war, da ließen sich sogar unsere schweigsamen Indios zu dem Ausruf hinreißen: „Que galán!" Und wirklich, einen eleganten Eindruck machte die steil und schlank in drei Absätzen aufsteigende Pyramide. Sie war nicht sehr groß, hatte etwa acht Meter in der Höhe und ebensoviel in der Breite. Die Treppe an ihrer Vorderseite war gut erhalten, und auf der Spitze stand eine Nische, die Cella, der nur das Dach fehlte. – Von Skulpturwerken fanden wir nichts, aber wer kann ahnen, was die dichte Wildnis noch bergen mag.

Mitte August war allmählich herangekommen, die *Canícula* hatte schöne Tage gebracht. Die Nächte hindurch wetterleuchtete es stark, oft war der Himmel im Süden ganz Licht und Feuer. Es war Zeit, an die Abreise zu denken, wollten wir nicht von der schlimmsten Regenzeit gerade unterwegs getroffen werden. Aber vorher mußten wir noch einmal nach Comitán reiten, um unsere Tiere frisch beschlagen zu lassen und Kisten zu kaufen zur Verpackung unserer Scherben, Steine und Schädel. Auch hatten wir vor, die Rückreise auf einem anderen Weg anzutreten, nämlich über *San Mateo Iztatán, Santa Eulalia, Soloma* und *San Juan Ixcoy,* da wir den Wunsch hegten, die Leute und ihre Dörfer in der Nähe zu sehen, die sich als die alten Herren des Gebietes betrachteten, auf dem wir jetzt monatelang gearbeitet hatten. Für diesen Weg, der durch eine abgelegene Gebirgsgegend führte, war es notwendig, uns mit Vorräten zu versehen. – An der Lagune von *Tepancuapam* aber, in einem Winkel, den wir im Frühjahr nicht berührt hatten, weil er abseits vom Wege liegt, sollten auch alte Bauten und skulpierte Steine zu sehen sein, und so wollten wir auch dorthin noch einen Abstecher machen.

Aber dem kurzen Ausflug ging ein kleines Vorspiel voran. Unser Bursche Pancho hatte sich bisher recht gut betragen, war uns bei jeder Arbeit zur Hand gegangen und hatte immer Mittel gefunden, um die schwierige Magenfrage zu lösen, ja uns durch seine Findigkeit sogar ab und zu einen Leckerbissen verschafft. Als von dem Ritt nach Comitán die Rede war, schlug er auf einmal um, wurde mürrisch, unwillig, blieb eine Nacht fort, kam sehr angetrunken zurück und erklärte, er habe keine Lust mehr, bei uns zu bleiben, und forderte seinen Lohn, weil er morgen fortgehen wolle. Uns war dies Benehmen zuerst ganz unbegreiflich, weil wir gar nichts miteinander gehabt hatten, wodurch sein Wunsch begründet werden konnte. Aber schließlich ging uns ein Licht auf; was wir bisher nur vermutet hatten, wurde zur Gewißheit: Pancho hatte irgend etwas auf dem Kerbholz, was ihm die Rückkehr über die mexikanische Grenze nicht wünschenswert erscheinen ließ. Da er mit der Sprache nicht heraus wollte – er war überhaupt kein eifriger Bekenner der Wahrheit –, hatte er sich einen ordentlichen Rausch angetrunken, in dem er den Mut fand, uns ohne weiteres seine ferneren Dienste zu verweigern, was er nüchtern niemals getan haben würde, da er gern bei uns war. So ließen wir ihn vorerst ausschlafen, erklärten ihm dann, daß wir ihm natürlich vor Quetzaltenango kein Geld geben würden, daß wir aber für den Ritt nach Comitán auf seine Begleitung verzichteten. Nun war der Friede wiederhergestellt, und wir warben Don Antonios Sohn, den jungen Romero, für diese Tage zum Begleiter an. Das war für uns sehr angenehm, da er Weg und Steg genau kannte, auch den Weg, der von der Trinidad aus in etwas nördlicherer Richtung direkt auf die Lagune von Tepancuapam zuläuft. Etwa eine Legua geht es durch den prachtvollen Wald, jenen dichten Wald, in dem es achtzugeben gilt auf überhängende Äste und umgestürzte Stämme. Von den Affen, deren viele hier hausen sollen, bekam ich keinen zu Gesicht. – Nachdem die kurze Waldstrecke zurückgelegt ist, folgen Rodungen und Maisfelder, und bald kommt man auf schöne, ebene, mit Grasnarbe bedeckte Flächen, die in schlankem Trabe schnell durchmessen werden.

Wie anders erschien uns die ziemlich einförmige Gegend jetzt, als vor einem halben Jahre. Damals Staub, Qualm, Hitze, Dürre, müde Pferde, müde Reiter – heute waren wir guten Muts in dem Gefühl, eine erfolgreiche Arbeitszeit abgeschlossen zu haben; die Pferde waren munter; die Regenzeit hatte neues Grün hervorgelockt, und die Luft war rein und frisch.

Auf einem sanften Hügelrücken, am Rande dieses weiten, von Wiesenflächen bedeckten Beckens, an dessen tiefstem Punkte der See von Tepancuapam liegt, erreichten wir die stattliche Hacienda von *Campumá*, wo wir gastliche Aufnahme fanden.

Der wohlbekannte Föhrenwald, der die weitere Umgegend um Comitán nach allen Richtungen hin meilenweit bedeckt, nahm uns am nächsten Morgen auf, und auf seinem trockenen, festen Boden ging es flott vorwärts, so daß wir schon bei guter Zeit in Comitán waren und noch am Nachmittag einen Teil unserer Geschäfte erledigen konnten. Mit Don Lisandro Domínguez wurde verabredet, daß er die Kisten und wessen wir sonst bedurften, in den allernächsten Tagen mit einem Arriero nach Chaculá schicke. – Unser Aufenthalt in Comitán erhielt noch einen angenehmen Abschluß dadurch, daß wir einen schönen alten Krug für das Museum geschenkt erhielten von Don Cristóforo Alborz, dem Besitzer von Chincoltic, wohin wir nun unsere Schritte lenkten.

Chincoltic, mit neuem Namen *Los Rincones* (Die Winkel) genannt, liegt wirklich in einem Winkel des zipfelreichen Sees. Wir trafen zwei Söhne des Besitzers dort an, zwei gebildete junge Leute, von denen der ältere schon eine Reise durch Nordamerika gemacht hatte und Englisch sprach, so daß wir den Abend lebhaft verplauderten.

Da wir am Nachmittag ankamen, war natürlich unser erster Wunsch, als wir von den Pferden stiegen, die versprochenen Herrlichkeiten zu sehen, und der eine Bruder machte freundlich den Führer. Auf dem Wege fanden wir in eine Mauer das Bruchstück eines schönen alten Reliefs eingefügt. Am Ufer des Sees stand eine Stufenpyramide von so bedeutender Ausdehnung, wie wir sie in dieser Gegend bisher noch nicht gesehen hatten. Aber leider war der ganze Bau mit Buschwerk so dicht überwachsen, daß von Einzelheiten wenig zu erkennen war. Nur die schön behauenen Ecksteine waren hier und da zu sehen, und auf der Höhe standen zwei flache, mit Skulpturen bedeckte Steine aufrecht, zu denen schmale, steile Treppen hinaufführten. Das Bildwerk auf dem einen war stark zerstört und abgerieben, die Figur auf dem anderen ist den Palenquepfeilern ähnlich. Der Stein müßte aufgerichtet, dann abgebildet und abgeformt werden, das Buschwerk müßte in trockener Zeit abgebrannt und dann könnten eingehende Untersuchungen angestellt werden. Wir mußten uns genügen lassen, die Stätte gesehen zu haben. Von der Höhe der Pyramide genossen wir beim sinkenden Abend noch einen schönen Blick über die mit grünem Buschwerk umkränzten Buchten des Sees.

Geduld, Geduld verlaß uns nicht, ward von nun an unser tägliches Stoßgebet, denn es schien fast, als ob ein böser Zauber unseren Aufbruch verhindere. Wir hatten mit Bestimmtheit darauf gerechnet, am 1. September in Quetzaltenango zu sein. Statt dessen saßen wir noch immer in Chaculá, denn alles schien sich gegen uns verschworen zu haben. Freilich gab es immer noch zu tun, aber wir konnten ja doch nicht daran denken, die hier begonnenen Arbeiten zu Ende zu führen, und es gibt kaum einen unbehaglicheren Zustand, als wenn man von Tag zu Tag denkt: morgen werden wir fortkommen, und sich dem immer wieder etwas entgegenstellt.

Lisandro Domínguez hatte wohl Schwierigkeiten gehabt, einen Arriero zu finden, oder er hatte, wie es landesüblich ist, gedacht: morgen, morgen, nur nicht heute. Kurz und gut, wir warteten und warteten, und es kamen keine Kisten. Einige hatten wir in Chaculá selbst bekommen, aber die reichten bei weitem nicht aus. Leute nach Comitán zu schicken, um die Kisten zu holen, ging aber nicht an, denn seit einigen Tagen konnten wir gar keine Arbeiter mehr bekommen. Es ist nämlich am 7. September Mariä Geburt und das ist der große Festtag für Chiantlá, und am 15. September wird in Quetzaltenango der Jahrestag der Unabhängigkeitserklärung gefeiert. Beide Feste, das kirchliche ebenso wie das politische, sind mit bedeutenden Jahrmärkten verbunden, zu denen die Leute von weither zusammenströmen. Alle abkömmlichen Männer und Maultiere aus den umliegenden Indianerranchos zogen mit Matten beladen den Märkten zu, zum Verkauf und Einkauf. Was solche Messen bedeuten, lernt man ja erst in Ländern mit mangelhaften Verkehrswegen begreifen.

Was konnte uns also in unserer Not wünschenswerter sein, als das Anerbieten Don Antonios, für uns nach Comitán zu reiten und die Sache dort so schnell wie möglich in Gang zu bringen. Er war von dort gebürtig, kannte da alle Leute, und wir glaubten, gar keinen geeigneteren Boten finden zu können. Kaum war er einen Tag weg so kommen uns die beunruhigendsten Gerüchte von allen Seiten zu Ohren. Man fragt uns: Wie konnten Sie den nach Comitán schicken. Wissen Sie nicht, daß er zu trinken anfängt, sowie der über die mexikanische Grenze kommt, und nicht aufhört, bis er alles vertrunken hat? Wir hielten das zuerst für Übertreibung, denn wir hatten ihn monatelang als zuverlässigen Mann kennengelernt; als er aber drei Tage über die festgesetzte Frist noch nicht zurück war, blieb uns nichts übrig, als an die bittere Wahrheit zu glauben. Da saßen wir nun – keine Kisten, kein Proviant, kein Don Antonio, keine Träger, kein Arriero! Kein Licht, keine Seife!

Inzwischen hatten wir mit Eduard Kanter ein Abkommen getroffen, daß er die Last mit seinen Maultieren nach Quetzaltenango schaffen sollte; zwei Tiere sollten mit uns gehen, um unser persönliches Gepäck zu befördern, und die wichtigsten Stücke von den Altertümern wollten wir überhaupt, da eine genügende Verpackung hier nicht zu beschaffen war, auf Indianerrücken mit uns nehmen. Kaum war beschlossen worden, die erwähnten beiden Maultiere vorerst einmal nach Comitán zu schicken, als der ersehnte Arriero von dort eintraf. Don Antonio war trotz allem ein braver Mann: Er hatte erst unsere Sachen besorgt, ehe er zu trinken anfing. Wann er nach Chaculá zurückgekehrt ist, weiß ich nicht.

Jetzt folgten noch ein paar arbeitsreiche Tage. Während mein Mann die Vormittage benutzte, um noch einige Vermessungen vorzunehmen, taten Pancho und ich Zimmermannsarbeit, denn die Kisten waren teils deckellos, teils zerbrochen und mußten doch fähig sein, den langen Transport auszuhalten. Am Nachmittag wurde gepackt. Als Packmaterial diente *Paztle*, die graue Tillandsie, die von den Bäumen herabhängt wie ein Bart und sie oft derart überwuchert, daß von den Kronen kaum noch etwas zu sehen ist. Die Amerikaner nennen sie sehr bezeichnend „spanish beard". Trocken ist sie ein sehr beliebtes Material für Matratzen und Kopfkissen, auch zum Verpacken sehr brauchbar. Die wir aber aus dem Walde holen ließen, war natürlich frisch und infolgedessen nicht sehr zweckentsprechend. Aber wir waren zufrieden, daß wir überhaupt etwas hatten. Auch Moos wurde benutzt, und in einigen Kisten fanden wir richtiges Stroh.

Ich hatte von Don Eduardo einen jener prächtigen Quetzal-Vögel zum Geschenk erhalten, deren goldgrünes Gefieder die alten Mexikaner als Schmuck so hoch schätzten, daß der Name des Vogels von ihnen als Kosewort gebraucht wurde. Das Bild dieses Vogels ist auf dem Wappen von Guatemala zu sehen, und die Jagd auf das schöne Tier ist verboten, um es vor Ausrottung zu bewahren. Es sind scheue Vögel, die im Walde leben, und deren man nicht leicht habhaft wird. Infolge des Verbotes und der Schwierigkeit, sie zu erlangen, werden die Vogelbälge in Guatemala teuer bezahlt. Es war ein prächtiges Exemplar, das mir Don Eduardo brachte, und maß bis zu der Spitze der langen Schwanzfedern über einen Meter. Um ihn heil bis nach Quetzaltenango zu bringen, zimmerten wir eine Kiste aus einem leichten, korkartigen Holz. Aus demselben Holze wurde die Kiste für die Papierabdrücke hergestellt. Denn Bretter gab es natürlich nicht, und wir konnten nun auch diese Dinge auf Indianerrücken mit uns führen. Einige kostbarere Stücke, die wir nicht gern den Zufälligkeiten des Maultiertransportes aussetzen wollten, wurden in große, runde Körbe verpackt und konnten auf diese Art ebenfalls von uns mitgenommen werden.

Die Rückreise

Am Freitag, dem 4. September, waren wir zum letzten Male nach der alten Stadt geritten, um wehmütigen Abschied von der lieb gewordenen Stätte zu nehmen, und am 6. waren wir reisefertig. Die vier Träger aus *Subajazon*, die glücklich beschafft worden waren – der Mayordomo von Chaculá hatte das Kunststück zuwege gebracht –, kamen aber erst am Abend: Sie hätten sich neue Sandalen machen müssen, und die Frauen wären nicht eher mit dem Proviant fertig geworden. Auch wollten sie durchaus nur den halben Weg bis Huehuetenango mitgehen. Nach langen Verhandlungen erklärten sie sich für den ganzen Weg bereit und zogen am Montag, dem 7., früh ganz zufrieden mit uns und den beiden Maultieren ab.

In zwölfter Stunde mußten wir noch unseren Plan aufgeben, den Weg über *San Mateo Iztatán* und *Santa Eulalia* zu nehmen. Die Nachrichten lauteten gar zu bedenklich. Die Wege sollten in trostlosem Zustande sein, da es oben sehr stark geregnet habe; Beinverletzungen für die Tiere wurden als unvermeidlich vorausgesagt. Wir hätten zweimal unser Nachtlager unter Schutzdächern aufschlagen müssen, was in Regennächten recht mißlich ist. Was aber das schlimmste war: Pferdefutter wäre in der Nähe dieser Halte durchaus nicht zu beschaffen gewesen. Es blieb unter diesen Umständen nichts übrig, als zu verzichten. Die Reise ging gut vonstatten; das Wetter hatte ein Einsehen, und es begann immer erst zu regnen, wenn wir schon unter Dach waren. Die Wege waren zwar im Laufe des Sommers noch schlechter geworden, aber es herrschte ein fröhliches Treiben; Reiter, Indios, Lasttiere kehrten von dem Festmarkt in Chiantla zurück. Manche Bekanntschaft wurde erneuert; sogar Leute, die wir auf unserer Reise durch Chiapas kennengelernt hatten, trafen wir wieder; manch fröhlicher Gruß wurde getauscht. Man kannte uns und das Woher und Wohin. Wird doch in solchen, von der Außenwelt so weit entfernten Gegenden alles zum Ereignis.

Auf dem Abstiege nach Chiantla hatten wir auch eine Begegnung zu verzeichnen, die verhängnisvoll hätte werden können. Der Jefe político, das heißt der Regierungspräsident, von Huehuetenango, den irgendwelche Geschäfte nach den Dörfern jenseits der Sierra führten, kam uns zu Pferde entgegen. Da er vermutlich auch über unseren Aufenthalt in Chaculá und unsere Arbeiten dort unterrichtet war, fragte er, als er unsere Indios mit den großen Körben sah: „¿Para la Exposición?" – Da in Guatemala leider, ebenso wie in der Republik Mexiko, die Ausfuhr von Altertümern untersagt ist, so war diese Voraussetzung für uns sehr angenehm, und so antworteten wir einfach: „Ja." Er wird vermutlich auch an der Richtigkeit der Antwort keinen Augenblick gezweifelt haben, denn die offizielle und nichtoffizielle Welt in Guatemala hatte damals in der Tat nichts anderes als die Ausstellung im Kopfe.

In *Huehuetenango* mußten wir einen Tag bleiben, um statt unserer Träger einen Arriero anzuwerben. Derselbe Ruperto aus Chiantla, der im Frühjahr mit uns nach Chaculá gegangen war, ging nun mit nach Quetzaltenango. Er war ein flinker und anstelliger Bursche, den man gern leiden mochte. Der Ruhetag in Huehuetenango kam vor allem unseren Pflanzen zugute. Mit leeren Pressen waren wir von Chaculá weggeritten, und sie waren in diesen paar Tagen mächtig angeschwollen: „ya se volvieron zapos" – sie sind schon zu Kröten geworden – wie unser lustiger Cornelio immer zu sagen pflegte. Und was das bei feuchter Witterung besagen will, wird jeder verstehen, der selber gesammelt hat.

Nach Quetzaltenango zu mußte es sehr stark geregnet haben; die Wege waren abscheulich. Besonders in der Nähe von Zijá waren einige Abhänge zu überwinden, über die die Pferde wie auf Glatteis gingen, was ihnen keine geringe Anstrengung verursachte. Wir waren auf dieser Strecke eine stattliche Karawane: mein Mann, ich, Pancho, hoch zu Roß; die zwei Mulas aus der Trinidad mit ihren zwei indianischen Begleitern; Ruperto aus Chiantla, der seinen jüngeren Bruder zu seiner Hilfe mitgenommen hatte, mit vier Lasttieren. Außerdem lief noch ein Freund Panchos mit seiner Frau mit, ein Mexikaner, der vermutlich ebenso wie Pancho vom Militär fortgelaufen war und nun irgendwo in Guatemala Arbeit suchte.

Als wir in Quetzaltenango einritten, war das Fest gerade auf seiner Höhe: Viehmarkt, Jahrmarkt, Pferderennen, Hasardspiele; elegante Reiter von diesseits und jenseits der Grenze, geputzte Damen, Musik auf der Plaza – kurz, es war der Teufel los. Die Mexikaner mit goldbetreßten, spitzen Hüten, engen Hosen, auf prächtigen, reich aufgezäumten Pferden mit silberbeschlagenem Sattelzeug; die Guatemalteken und Europäer auf elegantem, englischem Sattel; die Damen in buntesten Seidenkleidern, vermutlich nach der neuesten Mode, mit ungeheuren Hutgebäuden von Federn und Blumen, aber darunter bei weitem nicht so viele hübsche Gesichter als in Mexiko; die Frauen aus dem Volk mit seidenen, schreiend bunten *Rebozos*; die Indianerinnen mit reich bestickten Hemden – wahrlich, an Farbe fehlte es nicht.

Aus verschiedenen Gründen zogen wir es diesmal vor, auf der Poststraße zurückzureiten. Einer davon war der Wunsch, die alten Orte *Totonicapán* und *Tecpam* zu sehen, ein anderer, Herrn Wilhelm Thom zu besuchen, dessen Sägemühle unweit von der Straße im Walde liegt.

Während sonst die indianischen Träger mit ihrer Last so schnell zu laufen pflegen, daß sie häufig mit dem Reiter zugleich oder nur wenig später am Ziel eintreffen, begegnete es uns auf diesem Wege zweimal, daß die Leute das verabredete Nachtlager nicht erreichten, weil sie auf den aufgeweichten Wegen nur langsam vorwärts kamen. Da wir meist ziemlich verregnet eintrafen, war das recht unangenehm. Denn im Vertrauen auf die Leistungsfähigkeit indianischer Beine und Rücken hatten wir diesmal kein Packtier mit den für kühle Nachtlager und Regenwetter notwendigen Dingen bei uns und sahen uns außerdem genötigt, den Weg in zahlreiche kurze Tagesmärsche zu zerlegen.

Von Quetzaltenango weg führt der Weg in breiter Mulde zuerst am Fluß von *Olintepec* hinab, dann an dem von *Salcajá* aufwärts, bis dieser bei dem Orte gleichen Namens überschritten wird. Beide Flüsse vereinigen sich in ihrem späteren Laufe zum *Río Samalá*. Jenseits des Salcajá steigt man an einem kahlen Hügelrücken in die Höhe, der das Tal von Quetzaltenango vom Tal von Totonicapán trennt, das enger, tiefer von Wasserläufen durchfurcht und von bewaldeten Hängen umschlossen ist.

Totonicapán – im Quiché: *Chime'ken ya* – liegt malerisch am Rand einer Schlucht und am Fuß eines hohen Waldgebirges, das die Hochtäler von Quetzaltenango und Totonicapán von der Quiché-Ebene und den zum Atitlán-See führenden Tälern scheidet.

Wir hatten am nächsten Tage dies hohe Waldgebirge zu überschreiten. Da es auf der Fahrstraße geschah, so war der Anstieg nicht steil, aber lang und andauernd. Der Morgen war empfindlich kühl und neblig. Zur Seite wuchsen Eichen und Kiefern. Rinnende Wasser, Felsen; wenn der Nebel sich teilte, hatte man Blicke auf grünende Weizenfelder, während von nah und fern das Geläut der Schafherden herübertönte – wer hätte da nicht eher gemeint, in der Schweiz zu sein, als jenseits des großen Wassers und nur 15° vom Äquator entfernt! Der Ritt war lang und ermüdend, meist durch Wald, immer in ansehnlicher Höhe, und bot ab und an schöne Blicke in frisch grüne Täler, auf wellige Hochflächen oder auf den entfernten Spiegel des buchtenreichen Atitlán-Sees. Es regnete nicht, die Luft war kühl und die Sonne warm, und überall blühte es: auf den Matten, in Wald und Busch, in allen Farben: Hahnenfuß, Geranium und Verbene, Dahlie, Baldrian und eine Lilie. Erst als wir den östlichen Abhang erreichten, mischte sich unter die Kiefern und Edeltannen eine Erle in geschlossenen Beständen, während zur Seite des Weges dichte grüne Büsche eines Solanums und einer Euphorbie wuchsen.

Los Encuentros, wo wir übernachteten, ist kein Ort, sondern nur ein großes Unterkunftshaus, das seinen Namen mit vollem Rechte führt, denn von der Schneide, auf der es liegt, zieht sich nach Süden ein direkter Weg durch schmale, gewundene Täler nach Sololá am Atitlán-See hinunter, während nach Norden, längs der dem Río Motagua zuströmenden Wasserläufe eine bequeme Straße nach Quiché führt, so daß dieser Punkt eine wichtige Straßenkreuzung ist. Für Menschen und Tiere war gut gesorgt, und viele Indianer und Reisende übernachteten dort. Wir aber erwarteten zum ersten Male unsere Träger vergeblich.

Stundenlang ritten wir am folgenden Morgen durch eintönige Landschaft, über Abhänge, die mit dicken Graskaupen und vereinzelten Bäumen bestanden waren, an munteren Bächen entlang, um abermals die Höhe einer Gebirgskette zu ersteigen. Aber unmittelbar jenseits des Kammes harrte unser eine Überraschung: Wie mit einem Zauberschlage sahen wir uns in eine dichte Waldvegetation versetzt. Schmale Tälchen führten links steil in die Höhe, senkten sich rechts dem Atitlán-See zu und waren rechts sowohl als links von einer schier undurchdringlichen Wildnis erfüllt, in der wir zu unserem Erstaunen alle Räume zwischen den prachtvollen, hochstämmigen Kiefern und Zypressen von zierlichem Bambusrohr in dichten Massen erfüllt sahen, eine Vereinigung von ganz eigentümlichem Reiz. Es war der Anfang des großen Waldgebiets, das die bis zu dreitausendvierhundert Meter aufsteigenden Höhen zwischen Los Encuentros und Tecpam überzieht. Daß die Hochstämme in ihrer Hauptmasse Zypressen sind, die ein kostbares Nutzholz liefern, wurde Veranlassung für Herrn Thom, dies Gebiet zu erwerben und mitten darin die Dampfschneidemühle *Santa Elena* anzulegen. – Hier herum mußte der Weg zur Mühle links abbiegen. Wir hatten aufzumerken, und es regnete, und die schlüpfrige Straße führte bergab. So ritten wir achtlos an einem Reiter mit seinem Mozo vorüber, als mir plötzlich der Gedanke kam, das könnte wohl Herr Thom sein, der von unserer Ankunft unterrichtet war. Aufs Geratewohl rief ich ein lautes: „Guten Tag!" Und wirklich, um ein Haar hätten wir uns verfehlt. Herr Thom hatte in uns ein paar junge Menschen vermutet und war daher ruhig an uns vorbeigeritten; er war höchlichst erstaunt, ein ziemlich angejahrtes, grauhaariges Ehepaar kennenzulernen. Auf einem schmalen, nassen Waldpfad erreichten wir in zwanzig Minuten das gastliche Dach von Santa Elena.

Wie ein echter Hinterwäldler hat Herr Thom jahrelang in einer Bretterhütte gewohnt, sich dann ein hölzernes Haus gebaut, das ihm niederbrannte, und jetzt steht neben der Säge ein geräumiges, massives Gebäude mit offenen Veranden für die Hitze und einem mit Ofen versehenen Zimmer für die Kälte. Ja, wirklich Kälte. Als wir am Morgen um sechs Uhr nach dem Thermometer am Haustor sahen, zeigte es 3° C, und in klaren Winternächten, wenn Wald und Erdboden ihren Wärmevorrat in den Weltenraum ausstrahlen, fällt es manchmal bis auf – 4° C. Dagegen steigt die Wärme an sonnigen Mittagen bis auf 20°, 30° C und noch höher. Dabei trieft alles von Feuchtigkeit, nicht nur zur Regenzeit, denn Nebel und Wolken sind in dieser Höhe häufig. Der Waldboden und die Stämme sind mit dicken Moospolstern überkleidet, auf denen die Sonnenlichter goldig funkeln. Und auf den Bäumen wächst nicht nur, was man dort zu sehen gewohnt ist: Orchideen, Tillandsien und Farren, sondern Pflanzen der verschiedensten Klassen haben sich angesiedelt, da das Moos einen humusreichen Boden liefert. Trotzdem soll das Klima gesund sein, ganz fieberfrei, und Herr Thom und seine Leute sahen alle frisch und blühend aus. Nur gegen Erkältungen muß man auf der Hut sein. Da wir gründlich naß geworden waren und die Träger wieder einmal nicht das Ziel erreichten, empfanden wir die Behaglichkeit des Hauses doppelt angenehm.

Der regenfeuchte Abend wurde verplaudert und der sonnige Sonntagmorgen zu einem Spaziergange benutzt, dessen Ziel ein Fleckchen Erde war, wie es nicht viele auf der Welt von gleicher Schönheit geben mag, eine Stelle, von der aus das Auge eine Rundsicht von unvergleichlicher Herrlichkeit genießt. Der Felskegel, auf dem wir stehen, ist von mancherlei Busch und Kraut bewachsen, nicht weit davon der schöne Mooswald, und vor uns scheint eine Landkarte ausgebreitet, deren Mittelpunkt der Atitlán-See in seinem bestrickenden Reiz einnimmt. Während der

Blick nach links hin die Ebene von Chimaltenango, Tecpam, die von Barrancas umzogene Platte, auf der die alte Cakchiquel-Hauptstadt *Iximché* lag, und auf der anderen Seite der Schlucht das Plateau von Patzún umfaßt, schließen sich zur Rechten an den See und seine Weiler die Schluchten und Waldgebirge, über die die Wege nach Quetzaltenango führen. All das überragt von der Reihe mächtiger Vulkane: dem Pacaya am Amatitlán-See, dem Riesenkegel des Agua, dem Doppelgipfel des Fuego und Acatenango; gerade uns gegenüber steigen die Feuerberge an der Westseite des Atitlán-Sees empor, der San Pedro und der Atitlán; weiterhin der Cerro Quemado und die regelmäßige Pyramide des Santa María bei Quetzaltenango. Dort, wo die Ferne von Wolken verhüllt war, sollen bei klarem Wetter auch noch der Tacaná und Taxomulco, an der mexikanischen Grenze bei Tapachula, sichtbar werden. Der fesselndste Reiz des Bildes aber liegt darin, daß überall zwischen den Lücken, zwischen den Gliedern dieser Riesenkette das Meer herüberschaut, der Stille Ozean, duftig und blau, mit scharfer Horizontlinie vom hellen Himmel sich trennend, und darüber weiße Wölkchen.

In der Sägemühle hatten wir einen schönen, stillen Sonntag verlebt. Am Montag früh ritten wir in Begleitung unseres Gastfreundes nach *Tecpam Guatemala.* Niemand, der dies Ladino-Dorf betritt, das gar nichts vor anderen Dörfern voraus hat, würde ahnen, daß sein stolzer Name „Hauptstadt Guatemala" bedeutet. Freilich bezieht sich der Name auch nicht auf das moderne Dorf, sondern auf die wenig entfernte alte Stadt der Cakchiquel, die diese *Iximché,* die Mexikaner aber *Quauhtemallán* nannten, woraus der heutige Name Guatemala entstanden ist. Vom Wege aus werden einige Tumuli sichtbar, die Überreste des alten Ortes. In dem Häuschen, das Herr Thom im Dorfe besaß, zeigte er uns eine kleine, aber ausgewählte Sammlung von Altertümern, die er im Laufe der Jahre zusammengebracht hatte, und die hauptsächlich aus Stücken von Tecpam und von Amatitlán bestand. Es befand sich einer der sonderbaren dreibeinigen Steinsessel darunter, wie wir sie von der Kaffeeregion am Fuße des Fuego und aus der Sammlung des Manuel Alvarado in Antigua kannten, einige hervorragend schöne Zackengefäße vom Amatitlán-See und andere interessante Stücke. Herr Thom hat diese ganze Sammlung dem Berliner Museum geschenkt.

Klares Bergwasser fließt durch die Straßen von Tecpam dem Stillen Ozean zu, während die Wasser von Santa Elena zum Motagua und mit ihm der atlantischen Seite zuströmen. Und an jenem Wässerlein ritten wir entlang. Hatten wir uns vor wenigen Tagen in die Voralpen versetzt geglaubt, so sollte uns nunmehr ein Stückchen deutsches Mittelgebirge überraschen, als wir die Mühle *Helvetia* besuchten, die einer Hamburger Firma gehört und von deutschen Angestellten geleitet wird. Wie wir dort standen, auf dem mit Obstbäumen bepflanzten Wiesenhang, der sich an der Berglehne sanft in die Höhe zieht, auf die Mühle sahen, auf den von Weiden eingefaßten Bach, auf die bewaldeten Hänge, die das Tal einschließen, während die beiden deutschen Herren reife Äpfel von den Bäumen pflückten, war es schwer, die Vorstellung festzuhalten, daß uns das Weltmeer von der Heimat trennte. Ein paar Stunden flossen rasch dahin, und es war beim guten Frühstück und lebhaften Gespräch fast ein Uhr geworden, als wir uns verabschiedeten. Meine Satteltaschen waren vollgestopft von herrlichen, reifen Äpfeln, deren Geruch noch tagelang nachher die heimatlichsten Gefühle in mir wachhielt.

Bald versank die deutsche Idylle hinter uns, und andere Bilder entrollten sich, Schluchten, Hochflächen, eine mit Gestrüpp bewachsene Gruppe künstlicher Hügel, in deren Nähe früher viel Sachen gefunden worden sind. Der Boden umher ist mit Scherben übersät. Hier verabschiedete sich Herr Thom von uns, und wir mußten eilen, um noch *Chimaltenango* zu erreichen. Das Wegstück zwischen *Patzizia* und Chimaltenango hatten wir auch auf dem Hinwege nach Chaculá zurückgelegt, aber inzwischen war der lehmige Abhang hinter *Villa de Zaragoza* vom Regen vollständig aufgeweicht worden, und als wir endlich bei einbrechender Dunkelheit die Ebene erreichten, fanden wir dort die Straße in tief eingewühlte Bächlein verwandelt. Zwar gingen unsere Tiere sicher, aber wir atmeten doch erleichtert auf, als wir im Stockdunkeln endlich die Stadt und das von einem Deutschen gehaltene „Gran Hotel Chimaltenango" erreichten, wo Menschen und Tiere wohl aufgehoben waren.

Bald hinter Chimaltenango trafen wir den deutschen Müller, Herrn Hans Schmidt aus Los Pastores, und noch einen anderen Landsmann, die uns auf ihrem leichten Wägelchen ein Stück begleiteten, bis sich unsere Wege trennten. Deutsche überall: beim Kaffeebau, im Mühlengewerbe, bei den elektrischen Anlagen, als Ärzte, aber nur vereinzelte Handwerker und keine Bauern.

Guatemala wäre wohl in einem Tage zu erreichen gewesen, aber unsere Träger erklärten den Marsch für zu lang, und da wir nicht wieder naß werden wollten, machten wir noch einen letzten Halt in *Mixco*. Das bescheidene Gasthaus liegt gerade auf der

Kante des schroffen Abfalls nach Guatemala zu, und von dem Fenster des Gastzimmers aus sahen wir am Abend die zahlreichen Lichter der Stadt aufblinken. Den Reiz eines solchen Bildes wird jeder kennen, aber uns erschien er zugleich als ein Gruß, der uns eine kurze Zeit der geistigen und körperlichen Ruhe nach anstrengender Zeit verhieß.

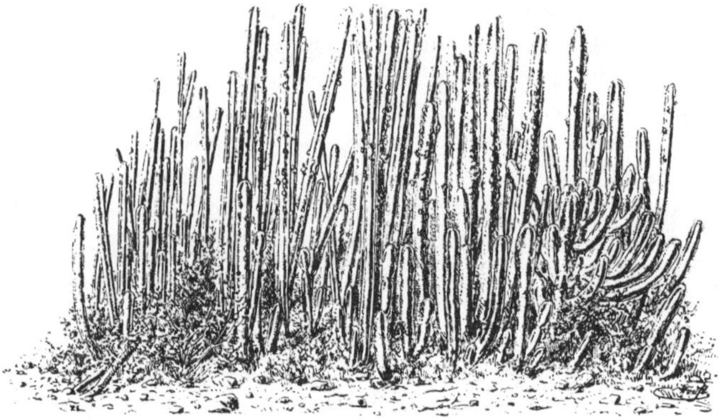

Organos – Säulenkaktus

XI.

Im Norden und Osten von Guatemala

Bis vor wenigen Jahren waren die waldreichen Gebiete der *Alta Verapaz* in archäologischer Beziehung fast eine Terra incognita. Erst die eifrigen und erfolgreichen Arbeiten Dr. Karl Sappers und Erwin Dieseldorffs haben begonnen, Licht in das Dunkel zu bringen. Und durch diese beiden Herren haben auch eine Reihe seltsamer Stücke ihren Weg in das Berliner Museum für Völkerkunde gefunden. Auch die ethnographische und sprachliche Erforschung reicht nicht weit zurück. Um die alten Quellen aus früher spanischer Zeit ist es spärlich bestellt. Kurz und gut, dem Sprach- und Altertumsforscher, dem Ethnologen und Naturwissenschaftler öffneten sich dort manche verlockenden Aussichten, besonders da er auf die wohlwollende Hilfe und Unterstützung seiner Pläne bei den vielen in und um Cobán angesiedelten Landsleuten rechnen durfte.

So brachen wir denn mit frohen Hoffnungen nach Norden auf, aber der gute Stern, der uns bisher geleuchtet und durch alle

Fährnisse hindurch geholfen hatte, schien im Erlöschen. Kein Teil unserer Reise verlief so ergebnislos durch die Ungunst des Wetters, durch Krankheit, als der Aufenthalt in Cobán, und doch waren gerade hier die günstigsten Vorbedingungen für Arbeit und Erfolg gegeben.

In der Gegend zwischen Antigua und Santa Lucía, wo wir uns vor kurzem vierzehn Tage lang aufgehalten hatten, war die Regenzeit so gut wie vorüber, obgleich es immer noch ab und zu einen tüchtigen Schauer gab. In Guatemala regnete es schon seit einigen Wochen nicht mehr; auch die Wege waren dort herum schon fest und trocken und gut. Bis *Chinautla* und noch ein Stückchen darüber hinaus ist die Straße sogar fahrbar.

Man verläßt Guatemala im Nordosten über die obenerwähnte, schmale Landbrücke. Lehm und Sand, mit Lavastückchen und Bimssteinbrocken untermischt, bilden in der trockenen Zeit eine Straße, die unter den Hufschlägen der Pferde tönt. In dem weichen Erdreich hat man an einer Stelle Nischen ausgegraben, die dem Wanderer bei plötzlichem Regen Schutz, bei brennender Sonne einen willkommenen Platz zum Rasten bieten. Die Umgebung der Hauptstadt ist anmutig: bewaldete Schluchten, aus deren Grunde hie und da ein heller Wasserfaden aufblitzt, von niedrigem Wald bestandene Hügel und höhere Ketten darüber. Im Süden, jenseits der Vulkane, war der Himmel bewölkt, dort schien es zu regnen.

Am Ufer des Wässerleins, das den Namen *Río de las Vacas* führt, liegen die Häuschen und Hütten des Dorfes *Chinautla,* zwischen grünem Buschwerk, Bananen und Fruchtbäumen, überragt von der auf einem Felsvorsprung gebauten, weißgetünchten Kirche. Chinautla ist ein Töpferdorf; seine weibliche Einwohnerschaft verfertigt alle Arten gröberer Tonwaren: Töpfe und Tiegel. In einfacher Technik, durch Auflagen, Einritzungen, Bemalung, wird das Geschirr mannigfach verziert. Da die Töpferei unter den ältesten Kunsthandwerken ihre Stelle hat und unter den ansässigen, ackerbautreibenden Völkern Amerikas zu hoher Blüte gediehen war, ist es nicht ohne Interesse, die heutige Form und Machart mit der der alten Gefäße zu vergleichen, was leider meist zugunsten dieser ausfällt. – Überall aber ist die Töpferei noch heute ein meist von Frauen geübtes Handwerk, von dem vermutet wird, daß sie seine Erfinderinnen sind.

Die Tonwaren von Chinautla werden von den indianischen Hausierern im ganzen Lande umhergetragen. Es scheint unbegreiflich, daß der bescheidene Erlös für solche gering bezahlten

Dinge die Mühe des Weges lohnt. Allerdings ist Zeit für den Indianer wertlos. Und für die Beschwerden der Reise fühlt er sich vielleicht dadurch belohnt, daß er andere Gegenden und Dörfer und Städte zu sehen bekommt. „Reisen" und „sehen" sind in den Sprachen des Landes synonym.

Auch weiterhin ist der Weg vorzüglich angelegt; jede starke Steigung vermeidend, zieht er sich, freilich recht schmal, immer in halber Höhe am Berghang hin, mit lieblichen Ausblicken auf waldige Höhen und tief eingesenkte Täler. Wo es quellig ist, wachsen hohe, buntblättrige Gräser, und eine Pflanze, der Sonnenblume ähnlich, überragt fast die Köpfe unserer Tiere. Als mein Mann eine davon pflücken wollte, flog plötzlich ein Schwarm wilder Bienen auf und unseren Tieren um die Ohren; sie scheuten und wurden wild, und auf dem schmalen Wege dicht über dem Abhange, verflossen einige bange Augenblicke, bis sie wieder zur Ruhe gebracht waren.

Ein Trupp Reisender, der in geringer Entfernung hinter uns ritt und wegkundiger war als wir, war plötzlich aus unserem Gesichtskreis verschwunden. Die Herren hatten einen Richtweg eingeschlagen und waren so lange vor uns in *Chiquín* eingetroffen, daß sie uns das gute Quartier und Essen der Doña Guillerma, das sich eines gewissen Rufes erfreut, vor der Nase weggeschnappt hatten. Wir mußten auf der Erde nächtigen und uns mit den Brosamen begnügen, die von dem wohlbesetzten Tische fielen. In Mexiko wäre das nicht möglich gewesen.

Trotz der weiten Entfernung wird die Strecke von Chiquín bis Salamá meist in einem Tag zurückgelegt, da das mittwegs gelegene *Canoa* seines Klimas und seines Wassers wegen in so üblem Rufe steht, daß man gern vermeidet, dort zu übernachten. Wir aber verzichteten von vornherein darauf, Salamá zu erreichen, da man uns von zwei großen, bemalten Steinen bei *Trapiche Grande* – etwas mehr als eine deutsche Meile von Chiquín entfernt – erzählt hatte, die als „Sonne" und „Mond" bezeichnet wurden. Die wollten wir aufsuchen und ihnen den Tag widmen. Aber erst in Trapiche sollten wir das Wie und Wo erfahren. Wir machten zwar ohne Mühe das Haus ausfindig, wo uns Belehrung werden sollte, aber der Mann, der sie geben sollte, war völlig berauscht – wie ich in Anbetracht der frühen Morgenstunde annehme, noch und nicht schon. Was wir von ihm erfahren konnten, lautete wenig ermunternd und ziemlich verwirrt: Es wäre nichts an den Steinen zu sehen, es führe kein Weg hin, der Fluß versperre ihn in jetziger Jahreszeit. Da sonst niemand uns führen konnte, so mußten wir auf den Anblick der beiden himmlischen Steine, el Sol y la Luna, verzichten und zogen unseres Weges.

Nicht lange, so kamen wir in das Tal des *Río Grande Motagua,* den wir als alten Bekannten grüßten. Wir hatten ihn vor Monaten viel weiter oben, zwischen Quiché und Guatemala bei La Garruche, überschritten, wo er brausend und wirbelnd über Steine dahinschoß, mit ansehnlicher Wassermenge trotz der trockenen Zeit. Hier floß er in tiefeingesenktem Felsenbett, doch war seine Breite stattlicher geworden. Späterhin sollten wir ihn noch weiter unten kennenlernen, wo er zum breiten, mächtigen, ruhigen Strom geworden ist. Soweit er Feuchtigkeit an das Erdreich abgab, umsäumte grünes Gehölz seine Ufer, aber die oberen Hänge waren trostlos dürr, denn es ist heiß und trocken in diesem Tal. Der Weg war gut angelegt, zum Teil in den Felsen eingesprengt, doch darf man nicht gerade schwindlig sein, wenn man auf der schmalen Straße, hart am Rande des steil zum Flusse abstürzenden Ufers entlangreitet. Einige Hütten – auf der Karte als *Buena Vista* bezeichnet – liegen am Wege, und etwas weiterhin wird unser Auge durch eine auffallende Bildung an der gegenüberliegenden Felswand gefesselt: prächtig in Säulen abgesondertes vulkanisches Gestein.

Bei dem Örtchen *El Puente* wird der Fluß auf hübscher neuer Hängebrücke überschritten. Das tiefe Flußbett, von der Brücke überspannt, die eng an die Felswand gedrückten Hütten des Dorfes, die waldigen Höhen und die satten Farben geben ein hübsches Bild.

Nachdem man ein halbes Stündchen am linken Ufer hinuntergeritten, erreicht man ein von Norden her einmündendes Seitental, in dem der Weg nach Cobán hinaufführt. Hier, in vollster Tierra caliente, liegt eine Gruppe von Hütten: das ist das übelberüchtigte Canoa.

Wir überschritten den Bach, kehrten dem Motagua den Rükken, stiegen über Geröll in die Höhe und erreichten die Nadelholzregion. Der erfolglose Aufenthalt in Trapiche grande hatte uns jeder Möglichkeit beraubt, heute noch Salamá zu erreichen. Aber am Wege lag eine große Hacienda – *Llano Grande* – und dort wollten wir versuchen, zu nächtigen. Wir ritten bei den ziemlich verwahrlosten Gebäuden vor, mußten aber den Verwalter erst aus einem Rancho holen. Er gab zwar gnädig die Erlaubnis, dazubleiben, eröffnete uns aber zugleich, daß es kein Essen gäbe, kein Viehfutter und auch keinen anderen Raum als die offene Vorhalle. Da das nur Ungefälligkeit war, ließen wir uns auf keinerlei Verhandlungen ein, sondern saßen wieder auf: Ein Nachtlager im Freien, ohne Essen, konnten wir überall finden und brauchten uns nicht noch dafür zu bedanken. Es war übrigens das einzige Mal während unserer langen Reise, daß wir so schnöde abgewiesen wurden.

Der *Llano Grande* ist ein flaches, längliches Tal mit Baumgruppen, vereinzelten Ranchos und Zuckerrohrfeldern, von einem Bache durchströmt, und an dessen anderem Ufer fanden wir in einem Hause freundliche Aufnahme. Da es noch früh am Tage war, konnte noch alles beschafft werden, was der Mayordomo kurz und bündig als nicht vorhanden erklärt hatte. Und obgleich sich eine große Familie in dem kleinen Hause befand, räumte man uns gern Schlafgelegenheit in einer geschützten Ecke ein.

Die Nacht war frisch und nebelig, und der Nebel wich auch am Tage nicht, ja, als wir nach langem Anstieg in schönen Laubwald kamen, wurde es ein feiner, dichter Regen. Der Weg ist hübsch und gut, neu angelegt; wo Klippen und Biegungen seine Fortführung hinderten, ist er in den Fels gesprengt. Ähnlich der Strecke zwischen Chinautla und Chiquín zieht er sich am Abhang allmählich in die Höhe, inmitten einer prächtigen Vegetation. Aber nur wenn die Sonne den Nebel durchbrach, konnten wir uns ihrer freuen. Eine gelbblühende Composite – *Taxixcó* – zog besonders die Augen auf sich. Der Abstieg ins Tal von *Salamá* war weniger rühmenswert, über Geröll und loses Gestein geht es ziemlich steil bergab. Ein auffallend plötzlicher Wechsel des Wetters tritt ein: Kaum hatten wir die Höhe überschritten, so hörte der Nebel auf, das Vegetationsbild ändert sich mit einem Schlage, es wird trocken und heiß. In der Talebene tritt Kaktus auf, den wir seit vielen Monaten nicht gesehen hatten. Wie in Mexiko hatte man die hohen Säulen zur Einfriedigung von Gehöften benutzt.

Das Tal von Salamá liegt tief eingesenkt zwischen der Massenerhebung der Altos im Süden und den zu ansehnlicher Höhe emporsteigenden Bergketten der Alta Verapaz im Norden. Daher haben sowohl die vom Atlantischen, als auch die vom Stillen Ozean wehenden Winde ihre Feuchtigkeit längst abgegeben, wenn sie bis hierher kommen. So hat das Tal nur eine kurze, scharf begrenzte Regenzeit. Aber es fehlt nicht an Wasser, denn von den Bergen, auf deren Kämmen die Feuchtigkeit sich absetzt, rinnen Bäche herab, die sorgsam eingefangen und, über den fruchtbaren Boden verbreitet, ein reichliches Wachstum von allerlei Nutz- und Weidepflanzen ermöglichen.

Der stattliche und freundliche Ort *Salamá* liegt in seinem Hauptteil auf dem linken Ufer eines Flusses, der dem *Río Negro* oder *Chixoy* zuströmt. Der Hauptplatz und die Straßen der Stadt sind von Orangenbäumen und Kokospalmen eingefaßt, die auf Befehl des einstigen Tyrannen von Guatemala, des ehemaligen Präsidenten Rufino Barrios, gepflanzt worden sind, der manchmal gute Ideen hatte, die er nur nicht immer auf gute Art zur Ausführung brachte.

Während Salamá am westlichen Ende des ziemlich weiten Talbeckens liegt, sieht man am östlichen Ausgange die weiße Kirche von *San Gerónimo* ragen. Hier war früher ein Dominikanerkloster, das die Mönche mit einer weithin über die Felder sich ziehenden, auf gemauerten Bogen ruhenden Wasserleitung versehen hatten. Heute ist es Dorf und Hacienda, wo viel Zuckerrohr gebaut und ein Zuckerschnaps verfertigt wird, dessen Ruf dem des vielberühmten Comiteco gleichkommt.

Aus älteren Nachrichten wußten wir, daß Salamá eine Sprachinsel sein sollte, wo ein mexikanisches Idiom gesprochen wurde, das *Pipil*. Noch Stoll erzählt,* daß er ein altes Mütterchen dort traf, das *Nahuatl* sprach, und daß er mit Hilfe eines Indianers ein Wörterverzeichnis aufnehmen konnte. Er erzählt aber zugleich, wie die Leute durch einen unverständigen Regierungsbeamten gezwungen wurden, sich zu hispanisieren und Tracht und Sprache zu verleugnen. So wußten damals nur noch wenige etwas von der alten Sprache. Das seit jener Zeit verflossene Dezennium scheint auch diese letzten Spuren verwischt zu haben, denn all unser Fragen und Forschen war vergeblich, wir konnten keinen Menschen auftreiben, der noch Kenntnis vom Pipil hatte.

Eine schmale, auf gemauerten Pfeilern ruhende Brücke führt über den Fluß. Dann folgen dörfliche Quartiere, von Kaktuszäunen eingehegt, und nun ging's über den weiten, trockenen Talboden dahin und am kahlen Nordrand in die Höhe. Oben empfing uns der gleiche Wetter- und Vegetationswechsel, wie auf der anderen Seite: Wald und Nebel trat an Stelle der Trockenheit. Wenn auch zeitweise die Sonne durchbrach, ritten wir doch fast die ganze Strecke bis *Tactic* in feinem Nebelgeriesel. Und entsprechend der Feuchtigkeit war der Weg, zwar breit und ziemlich eben, aber zerfahren und schmutzig, und stellenweise vom Vieh zu einem zähen Brei zerstampft. Die Wege der Alta Verapaz sind denen der Huaxteca ebenbürtig. – Aber als Ersatz erfreuten uns die wechsel-

* *Stoll*, Guatemala, Kap. 18.

vollen Landschaftsbilder, die verschiedenartige, zum Teil neue Pflanzenwelt, rinnende Bäche und rauschende Wasserfälle. Aus dem schmalen Wiesental mußten wir noch einmal in die Höhe und erreichten ein weites Längstal, von grünen Hügeln umgeben, um die die Wolken zogen und die Nebel brauten. Üppiger Graswuchs und dichtes Buschwerk überall: Es ist das Quellgebiet des *Polochic*, des Stromes, der die Alta Verapaz entwässert und sich in die Lagune von Izabal ergießt. Zerstreute Hütten ziehen sich am Fuße des Abhanges hin; viel Vieh weidet auf den feuchten Wiesen, die die ganze Breite des Tales ausfüllen. Die breitblättrige Bumskaule mit den dicken, dunkelbraunen Kolben, die auch in unseren heimischen Sümpfen wächst, tritt in großen Beständen auf. Den zerstreuten Hütten eines Dorfes gegenüber stürzt ein hübscher Wasserfall den Hang herunter. Der Fluß aber, dessen Lauf wir folgen, rauscht unter Bäumen dahin und führt uns in eine waldige Schlucht, in der die schönen Liquidambarbäume charakteristisch sind. Sie sind unserem Ahorn ähnlich durch Form und rötliche Farbe der Blätter und erinnern durch die kleinen, runden, stachligen Früchte an Platanen. Dazwischen allerlei Laubgehölz, teils blühend, teils mit roten Fruchttrauben schwer beladen, teils durch ihr dunkles und schön geformtes Laub das Auge erfreuend. Aber je herrlicher die Pflanzenwelt, um so schlechter der Weg. Die von den Hängen rinnenden Quellen und Rinnsale hatten auf dem Lehmboden Wasserlachen gebildet und die breiten Räder der Karren, die Hufe der Zugochsen und Reittiere hatten alles in zähen Brei verwandelt. Jenseits der Schlucht verbreitert sich das Tal, von rechts her kommt eine Fahrstraße von Purulá, die den Fluß auf überdachter Brücke überschreitet. Der Weg wird breiter und noch schlechter und führt nach kurzer Zeit in das große Indianerdorf *Tactic*.

Der Dezember ist die Zeit der Marienfeste und in Tactic wurde ein solches gefeiert. Die Kirche war bekränzt und abends außen und innen hell erleuchtet, Kanonenschläge und Raketen knatterten und knallten. Überall wurde getanzt und getrunken. Auf etlichen Höfen waren grüne Lauben errichtet, die als Kapellen dienten. Aus allen Kneipen tönte die ganze Nacht hindurch die Musik der *Marimba*, jenes bei den Indianern Guatemalas weitverbreiteten Instrumentes, das afrikanischen Ursprungs und vermutlich von den Antillen herübergekommen ist; dazu die heiseren Stimmen betrunkener Indianer.

Wir hatten uns Quartier bestellt bei Pantaleon Molino, einem lustigen Salvadoreño, der sich einer sehr gewählten Sprache bediente. Er hat ein sogenanntes Hotel, das heißt in Zimmern mit löcherigen, feuchten Lehmwänden stehen Bettgestelle mit Matratzen, und auf dem furchtbar schmutzigen Hofe war ein Schutzdach für die Tiere. Aber Don Pantaleons Küche erfreut sich nicht umsonst eines guten Rufes bei allen Hacendados und Kaufleuten, die von Cobán nach Guatemala oder zurückreiten. Er kannte sie auch alle, ihre Namen nicht nur, sondern auch ihre sämtlichen Verhältnisse. Mais für unsere armen, müden Reittiere konnten wir nicht erhalten.

Leute, die öfter des Weges kommen, wissen allerlei von Tactic und den Gebräuchen seiner Einwohner zu berichten, und Stoll hielt sich hier mehrere Tage auf, um Sprachstudien zu machen. – Die Einwohner von Tactic sind *Pokonchí*. Mir fielen die reichgestickten Tücher der Frauen auf, die die Stelle des Rebozo einnehmen. Sie zeigen spanische Muster, wirken aber – durchweg schwarz auf weißem Grunde – sehr eigenartig. Auch habe ich ähnliche sonst nirgend gesehen.

Wir ritten wieder im Nebel ab durch die ganze Länge des stattlichen Ortes. Aber die Sonne brach durch und der Tag wurde heiter. Auf gemauerter Brücke ging's über den Polochic und an seinem rechten Ufer weiter. Aus dem Grün der Hügel leuchteten überall die gelben Blütenbüsche des Taxixcó, die ein hervorstechender Zug der Landschaft sind. Wo der Fluß eine Windung macht, folgten wir dem alten Reitweg, der diese abschneidet, und wo wir in dem sich verengenden Tal die Landstraße wieder erreichten, lag die erste Kaffeepflanzung.

Es wird behauptet, daß ein vorzüglicher Karrenweg nach Cobán führe, aber das kann keiner sagen, der ihn am Ende der Regenzeit entlanggeritten ist. Hinter *Santa Cruz* geht von der großen Straße der sogenannte „Camino chiquito" (der kleine Weg) ab, und wir folgten ihm gern, obgleich auch er schlimm war, so doch besser als die Straße. Durch ein unendliches, regelloses Gewirr von Hügeln windet sich der Weg. Alles war grün und frisch, die kleinen Kesseltäler mit Mais bestellt, und überall blühte es. Doch war das ewige Auf und Ab in seiner Gleichmäßigkeit ermüdend, und auch den Tieren schien das Kneten im zähen Schmutz langweilig zu werden. Da – an einer Stelle, wo die Wege sich teilten – trafen wir Dr. Sapper, der uns entgegengeritten war und den wir hier zum erstenmal persönlich kennenlernten. Unter fröhlichem Geplauder verging der Rest des Weges schneller, als wir gedacht.

Cobán ist eine reizende Ausnahme von der Regel. Das Gelände hat die schachbrettartige Anlage zur Unmöglichkeit gemacht, und die niedrigen Häuser verstecken sich im Grün der Kaffeegärten. Die Stadt zieht sich über einen Hügelrücken hin, der am linken Ufer des Flusses ansteigt. Den höchsten Punkt nimmt der Hauptplatz ein, an ihm ragen die alte Kirche und der neue Regierungspalast stattlich empor. Das Regierungsgebäude steht am Abhang, und von seiner dem Platz abgewendeten Galerie hat man einen umfassenden Blick über das Flußtal und die grünen Hügel, die in weitem Umkreise die Stadt umgeben. Zu beiden Seiten des Platzes fallen die Straßen steil und unregelmäßig ab.

Über Cobán, seine Kaffeeverhältnisse, seine Indianer und seine Einwohner ist schon viel geschrieben worden und von Leuten, die durch längeren Aufenthalt im Lande, durch Kenntnis der Sprache, durch Vertrautheit mit den Sitten der Indios besser dazu berufen waren als ich. Zwar waren wir fast vierzehn Tage in Cobán, aber es ging uns wenig nach Wunsch, und wir haben nur ungenügende Einsicht in all das erhalten, was zu kennen nötig ist, wenn man darüber schreiben soll. Wir wurden zum erstenmal auf dieser Reise krank, zwar nicht gefährlich, aber wir waren leistungsunfähig. Meinen Mann plagte eine Gürtelrose, mich quälte heftiger Husten. Der deutsche Arzt verbot das Reiten, wir saßen fest, und jede Arbeit, wie wir sie gedacht hatten, verbot sich von selbst, des Wetters wegen. Zwar schien auch hin und wieder die Sonne, aber meistens regnete es. Als ich fragte, wann denn hier die Regenzeit aufhöre, erhielt ich die Antwort: in der Alta Verapaz regnet es dreizehn Monate im Jahr! Und als ich ernsthafte Auskunft heischte, hieß es: Zwei Monate regnet es etwas weniger! Trotzdem soll das Klima recht gesund sein, da Cobán hoch liegt; und noch vor wenigen Jahren – wurde uns versichert – sei Fieber ganz unbekannt gewesen, was man heute leider nicht mehr behaupten kann.

So war denn an „field-work" nicht zu denken, und alle Erlaubnis unserer freundlichen Landsleute, alle Empfehlungen an Einheimische konnten uns nichts nützen. Also hätten wir gleich wieder fortreiten können, wenn die Gürtelrose nicht gewesen wäre.

Da waren es nun verschiedene Menschen und Dinge, die uns über die untätige Zeit hinweghalfen. Herrn Dieseldorffs Sammlung hielt uns manche Stunde fest. Bei Herrn von Türckheim, der seit Jahren hier ansässig ist und der mit meinem Manne gemeinsam zu den Füßen des Botanikers Braun gesessen hatte, galt es, das Herbar zu besichtigen, das leider arg von Würmern zerfressen war. Dr. Sapper, der beste Kenner Guatemalas, wurde uns während dieser Zeit ein ebenso lieber Freund als wertvoller Ratgeber. Er kennt die *Kekchí*-Indianer, ihre Sprache, ihre Sitten, ihre Denkungsart, wie kaum einer im Lande. Freilich, in keiner Gegend ist es so notwendig, mit der Sprache vertraut zu sein, als in der Alta Verapaz, wo die Indianerbevölkerung noch vergleichsweise unberührt von äußeren Einflüssen lebt, und die Plantagenarbeiter nicht aus anderer Gegend herangezogen werden. Daher sprechen auch alle Pflanzer wenigstens so viel Kekchí, daß sie sich mit den Leuten verständigen können. Dr. Sapper jedoch, der seine langen Reisen, die ganz Mittelamerika und einen großen Teil von Mexiko umfaßten, stets zu Fuß und in Begleitung dreier Indianer zurückgelegt hat, beherrscht die Sprache wie kein anderer und genießt das Vertrauen der Leute in hohem Grade. Daher verdanken wir ihm auch Veröffentlichungen und Übersetzungen, die helle Streiflichter auf die indianische Weltanschauung werfen. Im Sapperschen Hause, auf der dicht bei der Stadt gelegenen Finca *Chimax*, wurde uns viel Freundlichkeit zuteil und wir haben dort manche angenehme Stunde in warmer Gemütlichkeit verlebt.

In der Alta Verapaz ist eine große Zahl Deutscher begütert, die zum Teil in Cobán selbst oder in unmittelbarer Nähe wohnen. Sogar deutsche Handwerker sind dort. So ein Schlosser, der uns für einen verlorenen geologischen Hammer einen recht guten Ersatz anfertigte; und ein deutscher Schuster mit seiner Frau. Im Hause dieses braven Ehepaares wohnten wir und schliefen in so guten Betten, wie wir seit langem nicht mehr gewöhnt waren. Die Frau hielt einen Mittagstisch, an dem etwa zehn bis zwölf Personen, Deutsche und Einheimische, teilnahmen. Aber trotzdem in Cobán täglich gut beschickter Markt war und vielerlei Früchte und Gemüse zum Verkauf kamen, hatte sie doch ihre liebe Not mit der Wirtschaft. Was ihr jedoch am meisten Plage bereitete, waren die Dienstboten, da sie sich nicht in die Eigenart der Leute zu finden wußte. Und freilich ist das nicht ganz einfach für deutsche Hausfrauen. Im selben Hause wohnte ein junges deutsches Ehepaar, das auf seine Einrichtung wartete. Ich weiß nicht, wie lange sie gewartet haben, wahrscheinlich bis zum Eintritt trockenerer Zeit, denn die Verbindungswege von Cobán zur Küste herunter müssen unbeschreiblich schlecht sein. Auch wir hatten gehofft, einen Vorstoß in jener Richtung machen zu können, um uns der gepriesenen Schönheiten des unteren Polochic-Tales zu erfreuen. Doch leider ließ sich dies nicht ermöglichen. Die Beschreibungen, die uns von den Wegen gemacht wurden, waren sagenhaft. Es soll nicht selten vorkommen, daß die Pferde im Schmutz stecken bleiben oder stürzen. Die deutsche Köchin, die mit einem Ehepaar aus Deutschland herübergekommen war, hatte schlimme Erfahrungen gemacht; ihr Pferd war gestolpert, sie war über seinen Hals hinweggeschleudert worden, köpflings im Schmutz steckengeblieben, und nur den vereinten Anstrengungen der mitreisenden Männer war es gelungen, sie herauszuziehen. Unter diesen schlechten Verkehrswegen hat Cobán natürlich zu leiden, und es sind schon verschiedene Eisenbahnpläne aufgetaucht, die aber bisher alle an den Geländeschwierigkeiten und dem Kostenpunkt gescheitert sind.

Was auf dem Markt von Cobán zuerst ins Auge fällt, ist die Haartracht der Weiber, unter denen es viele recht hübsche gibt. Das sehr lange, schwere Haar wird – dicht am Hinterkopf beginnend – eng mit roten Wollschnüren, den *Tupuys*, umwickelt und hängt als lange Wulst über den Rücken herab. Sonst ist keine Abweichung von der einfachsten Form der üblichen Tracht bemerkbar, nur die Hemden, die in einigen Dorfschaften getragen werden, bestehen aus einem dünnen, weißen Stoff, in den mit weißem Baumwollfaden verschiedene Verzierungen eingestickt sind, unter denen Enten sich großer Beliebtheit erfreuen.

Die Blüte und der Wohlstand von Cobán beruhen durchaus auf dem Kaffee, der hier in der Stadt überall wie ein Garten die Häuser umgibt. Er ist von hervorragender Beschaffenheit, obgleich er in freier Lage manchmal von Frost zu leiden hat. Das sahen wir auf der Finca *Petet*, die nur wenige Leguas von der Stadt entfernt ist, und wohin wir einen Ausflug unternahmen. Ihr Besitzer, Herr Ernst Pfetzer, führte uns an eine Stelle inmitten der Pflanzung, wo der Boden mit Scherben wie besät war, es waren aber meist grobe und bedeutungslose Bruchstücke.

Schließlich statteten wir noch der ebenfalls nahe gelegenen Finca *Zamac* einen Besuch ab, wo wir von der Familie Helmerich freundlich willkommen geheißen wurden. Dort sind alte Fundamente, eine ansehnliche Pyramide, aber auch hier würden Grabungen notwendig sein. Die Finca besitzt außer den Pflanzungen noch eine Holzschneidemühle, und das Wässerlein, das sie treibt, versinkt bald, nachdem es diese Arbeit getan, spurlos in der Erde; eine Erscheinung, die, trotzdem sie im Kalkboden nichts Seltenes ist, immer wieder verblüfft, ebenso wie das plötzliche Emporquellen ansehnlicher Flüsse.

Inzwischen war wieder einmal die Weihnachtszeit nahegerückt, zu deren Feier allerwärts Vorbereitungen getroffen wurden. Die Indianer hielten Tänze mit altertümlichen Zeremonien,

Abbildung 8: Indianerfrauen aus Cobán (Photo Schilling).

bei denen Umzüge mit Masken, von der Musik uralter Instrumente begleitet, veranstaltet wurden. Die Deutschen hielten Proben zu Theateraufführungen im Klub ab; die Hausfrauen backten Weihnachtskuchen aller Art, zu dem sie die notwendigen Bestandteile schon vor Monaten in Europa bestellt hatten. Natürlich suchte man uns zum Bleiben zu überreden, aber trotzdem Cobán ein hübscher Ort ist und wir von allen Seiten nur Freundlichkeit erfahren hatten, trieb es uns fort. Wir sehnten uns nach Tätigkeit, nach Trockenheit. Krankheit und eine Trauernachricht aus der Heimat waren auch keine rechte Vorbereitung zur Weihnachtsstimmung.

Nachdem durch Herrn Dieseldorffs freundschaftliche Hilfe die schwierige Trägerfrage glücklich gelöst war, machte uns Pancho einen Strich durch die Rechnung. Wie ich schon an anderer Stelle erwähnt habe, war er ganz brav und brauchbar, aber er mußte Arbeit haben, und die fehlte ihm hier noch mehr als uns. Wenn er morgens die Tiere auf die Weide geführt hatte, so war sein Tagewerk getan, höchstens, daß er noch beim Trocknen des Pflanzenpapiers ein wenig half. Und aus Langeweile begann er zu trinken. Am Tage, ehe wir fort wollten, hatte ihn die hohe Obrigkeit wegen Trunkenheit aufgegriffen und ins Loch gesteckt. Mein Mann erwirkte seine Freilassung, aber kaum war er dem düsteren Gefängnis entstiegen, als er das Bedürfnis fühlte, seinen Brand zu löschen und sich von neuem sinnlos betrank. Da half sich mein Mann, indem er ihn polizeilich festnehmen und zu uns ins Haus bringen ließ. Darob war er ungebärdig, wurde aber bald weinerlich und schlief schließlich seinen Rausch aus. Als er am nächsten Morgen erwachte, war er der willige und treue Diener wie bisher. So konnten wir endlich am 23. Dezember aufbrechen, ziemlich bekümmert, daß die zwei Wochen so wenig nutzbringend für uns verlaufen waren.

Wie es für den klassischen Archäologen keinen innigeren Wunsch gibt, als eine Ferienreise nach Italien und Griechenland zu machen, um die Stätten mit leiblichen Augen zu sehen, von denen er immer nur Bilder zu Gesicht bekommen, Schilderungen gelesen hat; die Stätten, die allein heute noch Zeugnis ablegen von dem, was einst war; wie es ihn dorthin zieht, wenn er auch keine näheren Untersuchungen zu machen gedenkt – so zog es uns nach *Quiriguá* und *Copán.*

Dort zu arbeiten war für uns von vornherein ausgeschlossen. Es gehört eine groß angelegte Expedition dazu und eine andere Jahreszeit. Auch ist vieles dort getan durch die umfassenden Arbeiten des Engländers Maudsley und durch das Peabody Museum in Boston, dessen Vertreter jahrelang während der trockenen Monate in Copán gearbeitet haben. Aber mit eigenen Augen sehen wollten wir, was uns bisher nur durch die Vermittlung fremder Augen bekannt geworden; wollten einen frischen Trunk aus dem Bronnen tun, wollten den Zauber des versunkenen Glanzes unmittelbar auf uns wirken lassen.

Wir kennen ja alle, ohne je unsere heimischen Mauern verlassen zu haben, die Schöpfungen des klassischen Altertums; in Bildern und Abgüssen sehen wir sie von Kindheit an in den Museen, in Schaufenstern, in unseren vier Wänden. Und doch, wenn uns ein freundliches Geschick vor die Originale führt, staunen wir sie an wie eine Offenbarung. Und das gilt noch weit mehr von Bauwerken und Denkmälern, die ganz anders zu uns reden in ihrer Umgebung, als ihre Abbilder in den Galerien, wo sie keinen Zusammenhang haben mit all den fremden Dingen um sie herum; wo sie stehen wie ein herausgerissener Satz aus zusammenhängender Rede. Was wir von ihnen lernen können, das sagen uns auch die Abgüsse in den Museen, die Bilder in den Büchereien. Aber an der Stelle, wo sie vor Jahrhunderten hingestellt worden sind, da reden sie noch eine andere, neue Sprache zu uns.

Bis nach Salamá mußten wir zurück. In Tactic hatte sich nichts verändert; es wurde getanzt, gesungen, Marimba gespielt, und Raketen wurden losgelassen, genau wie vor vierzehn Tagen. Ob noch immer oder schon wieder? Im Gasthof trafen wir einen deutschen Schlosser, der nach den Hacienden ging, um durch Ausbesserungen an den Maschinen Geld zu verdienen. Ich teilte ihm von den schönen, selbstgebackenen Weihnachtskuchen mit, die uns Frau Sapper zum Abschied geschenkt hatte. Er wurde sehr gerührt bei dem Gedanken an Weihnachten, und meinte, das vergäße man hier draußen ganz und gar.

Die Wege waren noch schlechter geworden, es gab Aufenthalte, und der Weihnachtsabend war schon herabgesunken, als wir müde in Salamá einritten. Aber an Schlaf war nicht zu denken. Unserem Zimmer gegenüber lag die Kirche, und als es zwölf schlug, begannen die Glocken zu läuten, oder vielmehr zu klappern. Raketen und Böllerschüsse knallten, Musik und Lärm auf der Gasse verkündeten der Menschheit das Heil. – Der Lärm dauerte die halbe Nacht hindurch, aber damit schien die Weihnachtsfeier erschöpft; der nächste Tag zeigte gar kein besonderes Gesicht, nichts, was ihn von irgendeinem gewöhnlichen Sonntag unterschieden hätte. Wir freuten uns der Trockenheit und heißen Sonne.

Wir schlugen nun eine östliche Wegrichtung ein, die uns zuerst das Tal in seiner ganzen Längenausdehnung durchmessen ließ. Mitten darin liegen einige Hügel, die vielleicht in alter Zeit Befestigungen getragen haben. Kurz hinter *San Gerónimo* beginnt ein nicht eben langer, aber ziemlich steiler Anstieg, von dessen Höhe sich ein hübscher Blick nach rückwärts bietet über das weite Tal mit seinen schön geformten Bergrändern und den beiden hell schimmernden Ortschaften. Der Hang bestand aus rotem Sandsteinschiefer und war mit Kiefern bewachsen. Die feuchtere Luft der Höhe aber brachte uns auch hier – ebenso wie im Süden und Norden des Talbeckens –, nahe der Schneide, eine plötzliche Vegetationsänderung. Mit einem Schlage waren wir in schönem Laubwald von Eichen, Liquidambarbäumen und allerhand immergrünem Gesträuch mit lederartigen Blättern.

Diesen Charakter behielt die Pflanzenwelt fast auf dem ganzen langen Abstieg, der sich in einer Schlucht herunterzog, in der das Wasser über Felsen rauschte und riesige Schachtelhalme im Schatten der Bäume wuchsen. Erst weiter unten, in der Nähe des Rancho *Guacamaya* waren die Kiefern wieder da. Hier überraschte uns an etwas feuchteren Stellen, wo Laubhölzer unter den Nadelwald gemischt waren, das Auftreten des rankenden Farnkrautes, Lygodium, das wir bisher nur in den Wäldern der Küstenebene von Tehuantepec getroffen hatten. Aber allmählich änderte sich auch der Wald und bekam das Ansehen des trockenen, buschartigen, winterlich blattlosen Waldes von Tehuantepec. Bis hier herauf reicht die dürre Zone des Motagua-Tales, das, noch tiefer eingesenkt als das Tal von Salamá, den feuchten Winden noch unzugänglicher ist. Nirgends bisher war uns der plötzliche Wechsel zwischen Trockenheit und Feuchte so deutlich entgegengetreten. Aber in solcher Schärfe ist er nur während der Winterzeit wahrnehmbar, denn im Sommer lockt der Regen auch in den dürrsten Landstrichen Grün und Blüten heraus und täuscht eine gewisse Gleichartigkeit vor, die in Wahrheit nicht vorhanden ist.

Bald erreichten wir das freundlich im Talgrund gebettete, aber rings von dürren Hügeln umgebene *Tocoy*, mit seinem neuen Namen *Morazán* genannt. Da man eine über einen längeren Zeitraum ausgedehnte Weihnachtszeit – dem Nachklang der zwölf heiligen Nächte – wie bei uns, dort nicht kennt, so waren wir doppelt erstaunt, hier wieder in den Tumult einer Fiesta hineinzugeraten. Ich weiß nicht mehr, wie der Ortsheilige hieß, dem zu Ehren wir wieder einmal um unsere wohlverdiente Ruhe geprellt wurden. Ein Betrunkener machte sich das Vergnügen, unseren Tieren ein paar Raketen um die Ohren sausen zu lassen, was sie übelnahmen, scheuten und Miene machten, geradeswegs in die neugierig umherstehende Menge hineinzurennen. Mit Mühe brachten wir sie zur Ruhe. Zu allem Unglück trug auch unser Empfehlungsbrief von Salamá eine ungenügende Aufschrift.

Endlich fanden wir ein Unterkommen in der luftigen, nach dem Patio zu gelegenen Halle eines Hauses. Ja sogar Mais für die Pferde, ein paar Eier und Tortillas für uns konnten wir noch erbeuten, und das ist nicht so einfach am Abend eines Festtages. Eine festliche, glänzende Prozession, von zahlreichen Lichtern und Fakkeln erleuchtet, durchzog nach Sonnenuntergang den Ort. Vor etlichen Häusern waren Bühnen gebaut; dort hielt der Zug, geputzte Mädchen kamen heraus und sagten lange Lobgedichte vor dem Heiligenbilde her. Dann knatterten die Raketen, und der Zug bewegte sich weiter. Bis tief in die Nacht hinein dauerte der Lärm.

Bis nach *San Agostin Acazaguastan* ist es nicht mehr weit. Wir trafen schon um die Mittagszeit dort ein und machten diesen und den ganzen nächsten Tag dort halt, um die in der Nähe gelegenen Ruinen zu besichtigen. Es sind ziemlich kunstlos aufgerichtete Hügel, von deren Anordnung kein rechtes Bild zu gewinnen war, die sich aber in einiger Ausdehnung hinzogen. Bei Nachgrabungen, die man vor einiger Zeit vorgenommen hatte, war nicht viel zutage gekommen, und jedenfalls war nichts mehr vorhanden. Aber die dreieckige Eingangsöffnung, die man dabei freigelegt hatte, zeigte sich gut erhalten. Überall da, wo natürliche oder künstliche Wasseradern das durstige Land tränken, wird der dürre Boden zur fruchtbaren Oase. Mit Freude tauchte der Blick in das üppige Grün dunkellaubiger Fruchtbäume, aus denen die weißen Häuser von San Agostin freundlich hervorleuchteten.

Als es auch noch gelungen war, einige Aufnahmen von dem hier gesprochenen Pipil zu machen, verließen wir befriedigt San Agostin. Wir kamen noch durch zwei kleinere Dörfer, die ebenfalls den Namen Acazaguastan führen, *Santa Magdalena* und *San Cristóbal*, so daß die Gemeinde, der in alter Zeit dieser Name zukam, sich über ein weites Gebiet ausgedehnt haben mag. Ähnliche Verhältnisse finden sich auch anderwärts, zum Beispiel im Tal von Oaxaca, wo drei benachbarte Dörfer den Namen Huitzo führen. In der trostlosen Ranchería *El Manzanal* machten wir einige Stunden halt, denn auf dieses schattenlose Tiefland brennt die Sonne glühend herab, und man tut gut, nur die Morgen- und Abendstunden zum Reisen zu benutzen. Ein Versuch, auch hier Aufnahmen des Pipil zu machen, scheiterte vollkommen. Alle Bemühungen, einen Menschen aufzutreiben, der es kannte, waren vergeblich. Der älteste Mann des Dorfes erinnerte sich zwar, in seiner Jugend eine andere Sprache gesprochen zu haben, hatte sie aber so vollständig vergessen, daß er nicht einmal angeben konnte, ob es die gleiche wie von Acazaguastan gewesen sei. Nachdem wir uns in den klaren Fluten des Motagua erquickt hatten, mußte an den Aufbruch gedacht werden. Unser freundlicher Gastfreund geleitete uns durch die Furt, denn hier muß man den Fluß übersetzen, um auf seinem anderen Ufer die Straße zu gewinnen, die von Guatemala kommt. Das Wasser ging den Gäulen nur bis an den Bauch und war nicht allzu reißend. Aber in der Regenzeit müssen Boote benutzt werden.

Die Eisenbahn, die von Puerto Barrios bis zur Hauptstadt gebaut werden soll, endete zur Zeit in Zacapa, die Arbeiten aber reichten schon bis hierher. Heute werden sie wohl noch ein Stück weiter gediehen sein; ob die Bahn aber in absehbarer Zeit vollendet werden wird, ist zweifelhaft, da ihr letztes Stück auf ziemlich kurzer Strecke eine starke Steigung zu erklimmen hat.* Noch vor Einbruch der Nacht waren wir in *Chimalapa*, wo es in einem sogenannten Hotel ein unbehagliches Quartier gab.

Von hier aus führte der Weg durch verschiedene größere und kleinere Rancherías, die sich ihrer alten indianischen Namen schämen und dafür ganz unmotivierte moderne angenommen haben. Allmählich biegt man vom Motagua ab, hinüber in das weite Tal eines stattlichen Nebenflusses, der von Honduras her kommt, dort *Río Copán*, hier *Río Zacapa* heißt. Kurz vor *Zacapa* mußten wir hindurch. Wäscherinnen wiesen auf die Stelle, wo es ins Wasser hineinging und wo wir das andere Ufer erreichen sollten. Die Mulas waren nicht zu bewegen, hineinzugehen, so mußte mein braver Schimmel die Führung übernehmen, dem sie dann willig folgten. Es ist immer ein wenig unbehaglich, ohne Führer einen breiten, ziemlich tiefen Fluß zu durchreiten.

Wo Eisenbahnen gebaut werden, ist es unordentlich und wüst, flüchtig errichtete Arbeiterhütten, Zelte für die Ingenieure, umherliegende Schwellen und Schienen, fliegende Eßbuden, kurz, all die Unbehaglichkeit eines vorübergehenden Zustandes. So sieht es bei Zacapa nach der Westseite zu aus. Aber bald gelangt man an den großen, von einer Mauer umfriedigten Kirchhof und dann in die Stadt. Sie ist freundlich und ansehnlich, aber durch nichts von anderen Städtchen ausgezeichnet: Um die viereckige, mit hübschen Gartenanlagen geschmückte, von Lauben umgebene Plaza gruppieren sich Kirche und andere öffentliche Gebäude. Von hier gehen die wenigen Straßen im rechten Winkel aus, um an den äußeren

* Sie ist inzwischen vollendet.

Rändern sich unregelmäßig zu verlaufen. Ein reichlich Wasser führender Bach fließt an einer Seite der Stadt durch anmutige Busch- und Baumpartien und eingehegte Weideplätze.

An der Plaza, unter den Lauben, lag auch das Hotel, das zwar zwei Deutschen gehörte, aber völlig nach amerikanischem Muster eingerichtet war, denn die Eisenbahn wird von Amerikanern gebaut, und so hörte man viel Englisch sprechen. In der ganzen Gegend traf man amerikanische Ingenieure, denn es wurde auch die Bahn vermessen, die von Zacapa aus nach San Salvador abzweigen soll. Freilich hieß es schon damals, das Geld wäre zu Ende. Inzwischen sind, soviel mir bekannt, aus diesem zwingenden Grunde alle weiteren Arbeiten eingestellt worden.

Hier trafen wir auch die einzigen Vergnügungsreisenden, denen wir jemals in Guatemala begegnet sind, und zwar war es ein in Samoa ansässiges und wie es schien erheblich begütertes, amerikanisches Ehepaar, das einige Monate des Jahres zum Reisen benutzte. Sie waren von Neuorleans mit dem Dampfer nach Puerto Barrios, von dort mit der Eisenbahn hierher gekommen und wollten nun nach der Hauptstadt.

Im Hause des Herrn Brígido Castañeda fanden wir eine sehr hübsche kleine Sammlung von Altertümern aus der Umgegend, die wir erwerben konnten; nur von einem kleinen Relief wollte sich der Besitzer nicht trennen.

Es war der letzte Tag des Jahres und zugleich der letzte Tag der Amtsführung des Alcalden von Zacapa. Der neue wird in der ersten Stunde des neuen Jahres mit vieler Feierlichkeit eingesetzt. So erlebten wir denn auch eine Silvesterfeier mit Illumination, Musik, Raketen und allem Lärm hier üblicher Festesfreude.

Am 1. Januar 1897 saßen wir auf der Eisenbahn, die uns ein Stück abwärts bringen sollte bis zum Rancho *Los Amates,* von wo aus der Besuch der Ruinen von Quiriguá unschwer zu unternehmen ist. Bis *Gualan* bietet sich dem Auge nichts als immer die gleiche, trockene Wüstenlandschaft, aber dann ändert sich ziemlich schnell das Bild, ohne daß ich den Grund dieses plötzlichen Umschwunges begreife, da hier keinerlei Gebirgswälle vorgelagert sind, sondern die Bahn ohne Hindernisse, ruhig im breiten Motagua-Tale dahinrollt. Bambus, Pacaya und andere Tropenbäume drängen sich dicht an den Fluß, neben dem die Bahn sich hinschlängelt, und plötzlich sieht man sich inmitten der herrlichsten Wildnis.

Los Amates ist eine ärmliche Ranchería; es herrscht trotzdem einiges Leben bei der Ankunft und Abfahrt der beiden Züge, die täglich hier vorbeikommen: der eine aufwärts, der andere nach abwärts, da es in der Nähe größere Pflanzungen gibt oder solche im Entstehen sind. Jedenfalls hat man bei dem Bahnbau mit einem bedeutenden Warenverkehr gerechnet, denn den meisten Platz im Stationsgebäude beanspruchte ein Stapelraum mit Wellblech gedeckt, aber hoch und luftig. Der Bahnbeamte stellte uns diesen Raum bereitwillig zur Verfügung, wofür wir ihm dankbar waren, denn der Ort und seine Umgebung liegt im Sumpf, und da war der auf Pfählen ruhende Bau doppelt willkommen. Es ist eine der Gegenden, wo der üppigen Schönheit der Natur das tückische Fieber zugesellt ist.

Ein Boot und zwei Ruderer waren leicht zu beschaffen, und so fuhren wir am 2. Januar frühmorgens im leichten Einbaum den Fluß hinunter. Er ist auf beiden Seiten von prächtigen Wäldern umsäumt, aus deren Laubmassen die langen, graziösen Wedel der Corozpalmen hervornicken. Nach etwa zweistündiger Fahrt legten wir bei einer einsamen Rohrhütte an. Einige hundert Schritte weiter fanden wir einen Rancho, von wo aus ein Mann als Führer mit uns ging. Er hatte unter Maudsley mitgearbeitet und wußte gut Bescheid. Etwa dreiviertel Stunden folgten wir einem schmalen Waldwege, der zunächst zu einem großen, völlig überwachsenen Hügel führte, und wenige Schritte weiter standen wir vor dem ersten, mächtigsten jener herrlichen Monolithe, die zu staunender Bewunderung zwingen: es ist die schräg stehende Stele, die Maudsley mit E bezeichnet. Erst vor wenigen Wochen war das letzte Stück der Eisenbahn bis Zacapa fertig geworden. Der Präsident, Reina Barrios, hatte es feierlich eingeweiht und bei dieser Gelegenheit auch diesen Zeugen vergangener Zeiten einen Besuch abgestattet. Das war günstig für uns, denn so schnell waren die Lichtungen, die man für den hohen Besuch in der Nähe der Steine hergestellt hatte, nicht wieder zugewachsen. Selbst der aus Brettern zusammengeschlagene Tisch und die Bänke, an denen man das Frühstück eingenommen hatte, konnten von uns noch zum gleichen Zwecke benutzt werden.

Wie ich oben schon sagte, dachten wir nicht daran, hier zu arbeiten, konnten gar nicht daran denken. Aber auch mit Schauen wurden wir bei einem Besuche nicht fertig, sondern wiederholten ihn am nächsten Tage. Was in Quiriguá von eigentlichen Ruinen, das heißt alten Bauwerken vorhanden ist, kommt für den flüchtigen Besucher gar nicht in Betracht, da sie von dichter Waldvegetation überwachsen sind. Es sind die herrlichen, mit Skulpturen reich bedeckten Steine, die den Ruhm von Quiriguá ausmachen

Abbildung 9: Quirigua, Stela D (Ostseite).

und den Reisenden locken und fesseln. Einige stehen gut und gereinigt da, andere haben sich, seit Maudsley Abdrücke davon genommen, wieder mit einer dichten, sammetnen Moosdecke überzogen, die es schwer macht, ihre Formen genau zu erkennen. Durch die unendliche Fülle von Figuren, Zieraten, seltsamen Ausladungen und Verschnörkelungen auf mächtigen Steinen machen diese Maya-Bildwerke den Eindruck von Barock, während mexikanische Bildhauerarbeiten oft an die Renaissance erinnern, so zum Beispiel die Reliefs von Santa Lucía durch das reichlich verwendete Rankenornament. Immer wieder aber stehen wir staunend vor den Leistungen einer Kultur, die solche Dinge schaffen konnte, obgleich ihr das Eisen fremd war.

Der Anblick dieser schönen, steinernen Rätsel in diesem Zauberwalde mit seiner berückenden und bedrückenden Formenfülle hat etwas Märchenhaftes. Nirgends habe ich so lebhaft den bestrickenden Reiz des Geheimnisvollen gefühlt, als vor diesen stummen Zeugen versunkener Welten, inmitten dieser üppigen Pflanzenwelt. Natur und Menschenwerk fügen sich hier einheitlich zusammen: Man könnte für diese Denkmäler keine passendere Umgebung, für diese Tropenwildnis keinen besseren Schmuck sich erdenken. Eines hebt das andere und läßt es erst in seiner ganzen Schönheit und Pracht erscheinen. Ich wähnte mich von einem Traum umfangen, und jedesmal wurde mir das Scheiden schwer. Leider lauert auch hier das Fieber, das haben alle erfahren müssen, die ihrer Arbeiten wegen zu längerem Aufenthalte gezwungen waren.

Heftiger Regen vereitelte einen dritten Besuch, ebenso wie eine Fahrt nach Puerto Barrios am Golfo Dulce. So kehrten wir nach Zacapa zurück.

Unser nächstes Ziel war *Copán*, das schon in Honduras, aber nur zweiundeinehalbe Tagereise von Zacapa entfernt ist. Aber ungeahnte Hindernisse schienen unseren Wunsch vereiteln zu wollen. Es ist hier, wo die drei Republiken Guatemala, Honduras und San Salvador zusammenstoßen, ein politischer Wetterwinkel, aus dem fortwährend dunkles, drohendes Gewölk aufsteigt. Der Übertritt von einem Land ins andere ist für politische und andere Übeltäter verlockend leicht. Nun hatte es kürzlich in Guatemala, gelegentlich der Wahlen, gewetterleuchtet; dem wiedergewählten Reina Barrios war in Gonzales ein Gegner erwachsen. Der kleine Aufstand aber war unterdrückt worden, und der Präsidentschafts-Prätendent hatte sich nach San Salvador zurückgezogen. So herrschte wieder einmal Unruhe im Wetterwinkel, ob mit oder ohne ernsthaften Hintergrund, weiß ich nicht. Jedenfalls ging in Zacapa das Gerücht um, in Honduras oder Salvador sei Revolution, und kein Arriero wollte mit uns gehen.

Endlich erklärte sich einer bereit, mitzukommen, und natürlich erwiesen sich alle Gerüchte als „mentiras", wie der sonst so höfliche Spanier mit anerkennenswerter Offenheit zu sagen pflegt. Es war infolge der Verhandlungen spät geworden, ehe wir aufbrachen. Aber die Strecke nach *Chiquimula* ist nur kurz, der Weg breit und gut. Zum Glück war der Himmel bedeckt, sonst ist in diesen trockenen, staubigen Regionen die Hitze arg und die Blendung des grauen und gelben Bodens im flimmernden Sonnenlicht sehr unangenehm. Mit uns ritt ein junger Deutscher, Herr Robert Lienau, der sich in diesem entlegenen Winkel aufhielt, um die Interessen eines deutschen Geschäftshauses wahrzunehmen, dem der obenerwähnte Gonzales stark verschuldet war. Gonzales *Pronunciamento* mißlang, er floh über die Grenze, und seine Gläubiger legten Hand auf seine Häuser und Besitzungen. Um diese zu verwalten und zu verwerten, befand sich Don Roberto hier und wohnte in einem Hause des Gonzales in Esquipulas, wovon ich noch zu erzählen haben werde.

Hinter Chiquimula muß wieder einmal ein Fluß durchritten werden, dann steigt man zum Kamm einer kleinen Bergkette hinan und reitet eine ganze Weile auf der Höhe weiter. Wo der Weg wieder ins Tal hinabsteigt, liegt, inmitten von Bäumen und Büschen, der Ort *San Juan Hermita*, und im Tale weiterreitend, erreicht man *Jocotán* und *Camotán*. Alle diese Ortschaften, von denen nur Jocotán etwas ansehnlicher, aber ziemlich verwahrlost ist, haben stattliche, halb verfallene Kirchen, die in einem auffallenden Mißverhältnis zur Einwohnerzahl stehen; ein Beweis, daß diese Landstriche zur Zeit der spanischen Eroberung viel bevölkerter gewesen sein müssen als heutzutage. Es ist schönes, fruchtbares Land; die Trockenheit des mittleren Motagua-Tales war jenseits der kleinen Bergkette geblieben. Auch von der Hitze hatten wir nicht mehr zu leiden. Der Nordwind, der den Himmel fortwährend mit dicken Wolken bedeckte, ließ es uns fast kalt erscheinen, als wir in Camotán unter dem Vordach des einzigen größeren Hauses unser Nachtlager aufschlagen mußten. Niemals haben wir in einer dörflichen Tienda eine so reiche Auswahl aller europäischen Getränke gefunden, als in der einzigen von Camotán. Da war alles, was zwischen Wein und Schnaps liegt, gemischt und ungemischt.

Von hier blieb uns noch ein langer Tagesmarsch von zwölf Leguas bis Copán. Der leidlich gute Weg bietet landschaftlich nicht viel Abwechslung; er führt durch eine schöne, aber völlig einsame Gegend. Nach einigen Stunden wird der *Río Copán* überschritten, und der Weg führt am rechten Ufer weiter. Wieder nach einigen Stunden merkt man an dem plötzlich sehr schlechten Weg, daß man die Grenze überschritten hat, denn Honduras genießt den Ruf, die schlechtesten Wege in Mittelamerika zu besitzen. Am Nachmittag erreichten wir *Copán*, und damit ging uns wieder einmal ein langgehegter Wunsch in Erfüllung.

Die Erfüllung eines Wunsches sieht bekanntlich oft ganz anders aus, als man erwartet. Und so wurden auch unserer Freude ein paar kleine Dämpfer aufgesetzt. Copán ist ein großes, aber ziemlich verwahrlostes, meist von Ladinos bewohntes Dorf. Das Gemeindehaus bot die einzige Möglichkeit zum Übernachten. Aber in dem großen Raum, dessen Fußboden die nackte Erde bildete, schliefen noch fünf andere Leute, auch zwei Indianer, die die nächtliche Wache hatten. Und auf der erhöhten Bühne, wo vermutlich die hohe Obrigkeit ihren Platz hat, spielte der Schreiber mit einem anderen Manne die halbe Nacht hindurch Karten. Dabei war es kalt, denn der Nordwind fegte Nebelschauer über das Tal. Aber als Stufe zu der erwähnten Erhöhung diente ein zierlicher, wohlerhaltener Hieroglyphenstein.

Nachdem wir einen Mann gefunden, der uns zwischen den unendlich weit ausgedehnten Ruinen umherführen sollte, machten wir uns dorthin auf den Weg. Aber nun kam eine wirkliche Enttäuschung. Wir wußten, daß hier die Amerikaner jahrelang emsig gearbeitet hatten, wozu ihnen von der Regierung des Staates Honduras die alleinige Erlaubnis gegeben worden war. Wir kannten Abgüsse und Abbildungen und hatten uns deshalb der angenehmen Hoffnung hingegeben, wenigstens die Hauptstücke leicht zugänglich zu finden, aber weit gefehlt! Die wenigen Jahre, seit die Arbeiten aus verschiedenen Gründen ins Stocken geraten waren, hatten genügt, um auf den von Hochwald gereinigten weiten Flächen dichten Buschwald aufsprießen zu lassen, der das Aufsuchen unendlich erschwerte. Stundenlang krochen wir in dieser unordentlichen Wildnis umher, mühsam mit dem Waldmesser einen Weg bahnend. Zum Glück hatten wir den Plan aus dem Maudsleyschen Werke dabei, an dessen Hand es uns gelang, die bedeutendsten Stücke aufzufinden. Es ist fast unglaublich, welch eine Fülle von Stelen, flachen Steinen, skulptierten Blöcken sich hier zusammenfindet, aber leider ist die ganze Anlage infolge der üppigen Vegetation nicht zu übersehen. Am herrlichsten war es auf dem hohen Ufer des Flusses, auf dem die Ruinen eines mächtigen Bauwerks stehen. Das mit machtvollen Skulpturen geschmückte Eingangstor ist wahrhaft imposant, und die Lage stolz, hoch über dem hier noch jungen und stark strömenden Flusse. Auch stand hier noch ein Teil des schönen hochstämmigen Waldes, und der Blick schweifte über grünes Land. Auch in diesem Gebiet ist nicht ungestraft gearbeitet worden: Von den Männern, die hier im Dienste der Wissenschaft tätig waren, haben alle an ihrer Gesundheit Schaden gelitten. Ich habe oft an das denken müssen, was mir ein alter Mann auf unserer ersten Reise sagte, als wir tagelang im dichten Walde verirrt waren: Die Alten lieben nicht, daß man ihnen nachspürt.

Auch im Dorfe selbst lagen überall die stummen Steine umher, die doch so gerne reden möchten, denn sie sind nicht nur mit Figuren, sondern auch mit Hieroglyphen verziert. Zwei herrliche, mächtige Steinwürfel lagen mitten auf dem Dorfplatz unter einer Ceiba; an verschiedenen Stellen fanden wir Bruchstücke eingemauert, und auf der Wiese hinter dem Cabildo lagen sie verstreut umher.

Nach einer zweiten Nacht brachen wir auf, und zwar hatten wir uns entschlossen, den kleinen Umweg über *Esquipulas* zu machen.

Esquipulas ist das berühmteste Heiligtum von Mittelamerika, und die große Messe, die Mitte Januar dort abgehalten wird, zieht Pilger nicht nur aus allen Gegenden Zentralamerikas an, sondern auch aus Chiapas und Yucatán, ja von Tehuantepec und dem Tal von Oaxaca strömen die Leute herbei. Schon in Zacapa hatte Pancho uns in den Ohren gelegen mit seinen Fragen und Bitten, ob wir denn nicht den Gnadenort besuchen wollten, da doch dort gerade Festzeit wäre. Nun hatten wir eine gerechtfertigte Abneigung, solche Orte zu besuchen, wo für unsere Zwecke wenig zu erreichen war, wo dagegen bei dem ungeheuren Zusammenfluß von Menschen die Reisenden und ihre Tiere nicht besonders gut aufgehoben zu sein pflegen. Wir hatten ja wiederholt solche Erfahrungen mit geringer Freude gemacht. Da uns aber Herr Robert Lienau Unterkunft für Menschen und Pferde in dem von ihm verwalteten Hause des Gonzales versprach, hatten wir keinen triftigen Grund mehr, Panchos Bitten unerhört zu lassen. Und auch der Arriero schien durch die Aussicht, nach Esquipulas zu kommen, sich leichter zum Mitgehen bestimmen zu lassen. Auch für uns war es nicht ohne Reiz, diese berühmte Betätigung religiöser Suggestion in der Nähe zu betrachten.

Bald unterhalb Copán wurde der ziemlich schnell strömende Fluß durchritten, und es ging durch anmutige Gegend, über leicht gewehtes Gelände weiter, ähnlich der Landschaft, die wir vor einigen Tagen auf dem anderen Flußufer durchmessen hatten. Das Land müßte eine dichte Bevölkerung ernähren können, aber alles ist Weideland, von Rinder- und Pferdeherden belebt.

Der Weg wurde steil und schlecht; es war kalt, und der Nebel verdichtete sich zu leichtem Regen. So waren wir froh, als wir endlich eine weite Wiesenebene erreichten, auf der hier und da die Häuser großer und kleiner Ranchos sichtbar waren. Denn unter diesen befand sich auch die kleine Vieh- und Zucker-Hacienda El Rodeo, die ebenfalls zur Masse des Gonzales gehörte und für heute unser Ziel sein sollte. Es war zwar alles ziemlich vernachlässigt, aber wir fanden, was wir brauchten, vor allem ein festes Dach, was bei dem kühlen, feuchten Wetter wahrlich nicht zu verachten war.

Schon am vorigen Tage waren wir auf dem sonst einsamen Wege Pilgern begegnet, die aus Esquipulas kamen, ganze Familien zu Pferde, mit Kind und Kegel, Knecht und Magd, die lebhaft an die Darstellungen und Pilgerfahrten auf alten Schildereien erinnerten. Je näher wir Esquipulas kamen, um so mehr trafen wir auf ankommende und abziehende Scharen; teils hoch zu Roß, teils demütig im Staube wandelnd. Mit Kerzen in den Händen und fromme Gesänge psalmodierend, zog ein Trupp Indianer ein. Auf stattlichen Pferden kam uns eine behäbige Ladinofamilie entgegen; der Mozo trug das jüngste Kind im Arm, für die älteren waren Sitze mit Schutzdächern auf den Rücken sicherer Tiere hergestellt; an den Sätteln der Frauen hingen die Bündel mit den auf dem Markt erworbenen Herrlichkeiten. Auf einem Esel ritt eine Frau, ihr Kind vor sich auf dem Hals des Tieres sitzend, das der nebenherlaufende Mann am Zügel führte.

Die stattliche, weiß getünchte Kirche hob sich, weithin sichtbar, von dem dunklen Hintergrunde schön bewaldeter Berge ab. Von dem Platze des kleinen, zu anderen Zeiten vermutlich recht stillen Ortes aus zieht sich eine lange Budenstraße bis an die Stufen der Kirche hin, wo sie von einer zweiten im rechten Winkel geschnitten wird, und eine dichte Menge von Menschen drängt sich in beiden. Je mehr man sich der Kirche nähert, um so enger wird das Gewühl; auf ihren Stufen drängen sich die Frommen und rutschen auf den Knien zum Heiligtum. Tief ergreifende Szenen, aber auch heitere und widerwärtige, ziehen in buntem Wechsel vorüber.

Ein fesselndes Bild entrollt sich abends am Rande der Budenstadt, am Fuße der Kirche, wo die Leute mit Kind und Kegel, mit Sack und Pack, mit ihren Pferden und Maultieren umherliegen und ihre Feuerchen anzünden, dazu die Lichter auf den Schenktischen und die Feuer in den unzähligen Garküchen. Natürlich spielen auch Karten und Branntwein keine geringe Rolle beim

Fest. Zu kaufen gab es einheimische und eingeführte Waren zweiter und dritter Güte. Aber die Mexikaner hatten auch allerhand von den hübschen kleinen Erzeugnissen ihrer Hausindustrie gebracht, Lederwaren und Geflechte. Hübsche Korbwaren aus Honduras waren da. Salvador war durch Zierkämme von Schildpatt, mit Gold und Silber eingelegt, aus San Miguel vertreten, durch ausgezeichnete Fruchtpasten aus Santa Ana und durch hübsches Sattelzeug. Lebhaft blühte der Handel mit Rosenkränzen, Heiligenbildchen und ähnlichen Dingen, die ja auch in Europa bei Kirchenfesten nicht zu fehlen pflegen. In den letzten Jahren soll die Anziehungskraft des Festes nicht mehr die alte sein; der Richter von Chiquimula erzählte mir, daß im Jahre 1854 noch 71.000 Menschen während der vierzehn Tage der Fiesta nach Esquipulas geströmt seien. Diese Zahl wird jetzt lange nicht mehr erreicht, aber doch kommen noch Scharen von Gläubigen und Kaufleuten, um der Gnade des Wunderbildes teilhaftig zu werden und ihre Waren an den Mann zu bringen. Und es scheint, daß sowohl die einen wie die anderen ihre Rechnung finden.

Das Bild ist ein lebensgroßes Kruzifix. Es heißt, das Kreuz sei aus reinem Golde, was jedoch undenkbar ist. Die Christusfigur, aus einem dunklen Holze vorzüglich geschnitzt, ist mit einem Stirnreif und Strahlenkranz aus Gold geschmückt, der reich mit Diamanten besetzt ist. Das weiße Lendentuch ist mit Gold gestickt. Die Schnitzerei wurde im Jahre 1594 am 9. August vom Provisor D. Cristóbal Morales bei Quirío Castaño in Guatemala bestellt und am 9. März 1595 vom Künstler abgeliefert. Unzählig sind die Wunder, die von diesem Bilde berichtet werden.* Das Holz soll erst im Laufe der Zeit seine dunkle Farbe und den schönen Glanz erlangt haben, die jetzt einen so wirkungsvollen Gegensatz zu dem Golde bilden. Es gelang uns, mit dem ununterbrochen flutenden Menschenstrom in die Kirche zu dringen und mit ihm am Bilde vorüberzuziehen. Man war tolerant genug, uns nicht fortzuweisen, obgleich wir uns nur ehrfurchtsvoll verneigten und uns weder bekreuzten, noch niederknieten; dagegen wurde eine Amerikanerin zurückgewiesen, weil sie einen Hut auf hatte; sie durfte erst herantreten, als sie ihn abgenommen und sich mit einem Schal bedeckt hatte. Auch in Spanien gibt es Kirchen, in denen die Frauen nur mit der Mantilla Zutritt erhalten. Beim Küster erwarben wir dann einige der kleinen silbernen Vo-

* Compendio de la Historia de la Ciudad de Guatemala von Domingo Juarros. Guatemala 1809.

tivfigürchen, die den Kreislauf vom Küster in die Hände der Gläubigen, von dort an die Wände der Kirche und von da wieder zum Küster zurück sicher schon etliche Male durchgemacht hatten. Ein kleines silbernes Maultier, das ich gern haben wollte, gab er nicht her: Danach wäre zuviel Nachfrage von den Hacendados.

Wie alt die Verehrung an dieser Stelle ist, ob hier in heidnischer Zeit ein Heiligtum stand, das konnte ich nicht in Erfahrung bringen. – Von Altertümern fanden wir nichts, es ist uns auch nichts aus dieser Gegend bekannt. Auf einem Pfeiler der Brücke, die im Zuge der Feststraße das Flüßchen überspannt, steht eine alte Steinfigur, einen aufrechten Jaguar darstellend, den „Hombre Tigre", wie wir ihn in alten mexikanischen Bilderschriften finden; er soll angeblich aus Copán hierhergebracht worden sein.

In dem verwahrlosten Hause des Gonzales standen zwischen dem geringen Hausrat zwei sehr gute Bettgestelle, die Don Roberto und einem Franzosen, mit dem er gemeinsam dort hauste, als Lagerstätte dienten. Der Franzose war verreist, unser liebenswürdiger Landsmann hing seine Hangmatte in der Küche auf und überließ uns das Zimmer, in dessen ungestörtem Besitze wir eine ganze Nacht schwelgten. Die unerwartete Ankunft eines amerikanischen Eisenbahningenieurs mit seiner Frau, lange nachdem wir uns zur Ruhe niedergelegt, scheuchte uns in der zweiten Nacht aus unserem Behagen auf. Mr. und Mrs. Shaw waren sehr nette Leute, wir hätten sie noch viel netter gefunden, wenn wir sie unter anderen Umständen angetroffen hätten. Mein Mann, der sich nicht wohl fühlte, mußte neben Herrn Shaw nun auch in die Küche übersiedeln und der Dame sein Lager überlassen. Wir hatten gedacht, nach anderthalbtägigem Aufenthalt weiterzuziehen, aber plötzlich erklärte unser Arriero, er wolle sein Geld haben und nach Zacapa zurück, er hätte keine Lust, weiter mitzugehen. Vergeblich suchten wir ihm die Gründe für dies Verlangen zu entlocken, um sie entkräften zu können: es war nichts mit ihm anzufangen. Wir gingen natürlich nicht auf seine Wünsche ein, da er sich verpflichtet hatte, bis Guatemala mitzukommen. Da ließ er einfach sein Geld im Stich und zog ab, um nie wieder etwas von sich hören zu lassen. Wir aber waren in eine sehr unangenehme Lage versetzt. Leute zum Tragen waren hier durchaus nicht zu haben und Packtiere ebensowenig. Endlich gelang es dem alten Faktotum Don Robertos, dem braven Pablo Vasquez, einen Indianer aus Mixco aufzustöbern, der mit Weib und Kind und zwei Eseln das Fest besucht hatte. Dieser übernahm einen Teil unseres Gepäcks, für den übrigen mußten wir zu ziemlich hohem Preis ein Maultier kaufen.

Wir gedachten in wenigen Tagen wieder in der Hauptstadt zu sein, aber der Mensch denkt, und Gott lenkt. Den ersten kurzen Marsch bis *Quezaltepeque* legten wir vorschriftsmäßig zurück. Es ist ein großes, freundliches Dorf in fruchtbarer Gegend mit manchem stattlichen Haus, in deren einem uns ein Brief Don Robertos behagliches Unterkommen verschaffte. Die Familie Don José Marias nahm uns als willkommene Gastfreunde auf, bewirtete uns aufs beste und wies uns ein luftiges, abgeschlossenes Zimmer zur Nachtruhe an. Der Hausherr hatte sogar schon einmal eine Reise nach den Vereinigten Staaten gemacht, wie ja die wohlhabenden Guatemalteken oft reiselustig und bildungslüstern sind.

Der Weg nach *Ipala* führt zuerst durch eine hübsche, von einem Bach durchflossene Schlucht, dann trocken, heiß und steinig weiter nach dem ausgedehnten, aber ärmlichen Dorf am Fuße des schön geformten, gleichnamigen Vulkans. Auf dem weiten, wüsten Dorfplatz stand eine prachtvolle Ceiba. In dem einzigen aus Mauerwerk bestehenden Hause des Dorfes fanden wir bei einer Witib freundliche Aufnahme. Und das war ein Glück, denn hier ereilte uns das böse Geschick, das wahrscheinlich seit Quiriguá unseren Spuren gefolgt war. Schon unterwegs hatte ich mich über meines Mannes Teilnahmlosigkeit gewundert, er hatte weder Pflanzen gesammelt, noch sich an dem Gespräch mit der munteren Familie beteiligt, die – Mann und Frau, Magd und Kind – aus Esquipulas kam und ein Stück Wegs mit uns zusammenritt. Jetzt klagte er über Kopfschmerz. Magenverstimmung, Erkältung, der Ritt im glühenden Sonnenbrand, all das wäre ja Veranlassung genug zu körperlichem Unbehagen gewesen, aber am Abend konnte ich es mir doch nicht mehr verhehlen, daß wir es mit einem ungewöhnlich heftigen Fieberanfall zu tun hatten. Da das Fieber auch am nächsten Tage durchaus nicht nachließ, so war meine nächste Sorge, von Ipala fortzukommen, wo es kaum für einen Gesunden zu essen gab, wieviel weniger für einen Kranken. Und unsere Wirtin war wohl freundlich, aber ob sie es auch geblieben wäre, wenn wir ihr tagelang zur Last gefallen wären, muß ich doch billig bezweifeln. Unser Wunsch war, die freundliche Kreisstadt Chiquimula zu erreichen. So richtete ich meine Schritte nach dem gegenüberliegenden Gemeindehaus, holte unseren Regierungsbrief hervor, der den Behörden anempfahl, uns in jeder Beziehung behilflich zu sein, und trug dem Alcalden unseren Fall vor. Was ich von ihm verlangte, waren zwei Leute, die meinen

Mann nach Chiquimula tragen sollten. Am nächsten Morgen kamen dann auch zwei Indianer, der Kranke wurde auf einen Stuhl gesetzt, und die Männer trugen ihn abwechselnd auf dem Rücken über Berg und Tal; fürwahr eine Leistung! Als wir halbwegs waren, wurde das Fieber wieder heftiger, wir mußten uns entschließen, in dem Dorfe *San José* Unterkunft zu suchen, die wir auch nach vieler Mühe in einem Hause fanden, das von Menschen jeglichen Alters wimmelte – ein angenehmer Aufenthalt für einen Kranken! Wir waren herzlich froh, als wir am nächsten Tage das heiße, aber freundliche und saubere Chiquimula erreichten.

Ein französisches Ehepaar hält dort einen Mittagstisch, an dem einheimische Junggesellen und zufällig anwesende reisende Kaufleute und Ingenieure sich zusammenfanden. Außerdem vermieten sie ein freundliches Zimmerchen. So waren wir gut aufgehoben während der Zeit, die wir notgedrungen hier zubringen mußten. Herr Lienau und die deutsche Frau eines amerikanischen Ingenieurs nahmen sich unser freundlich in diesen Tagen an.

Zwar führten wir unsere eigene Apotheke mit und wußten, daß es im Augenblick nur galt, abzuwarten und Rückfälle dann durch Chinin möglichst zu verhindern; trotzdem wandten wir uns an den Arzt, der auch wirklich gegen die heftigen Kopfschmerzen ein Linderungsmittel verschrieb. Der Herr verschrieb überhaupt sehr gern Rezepte, je länger, um so lieber, von denen wir jedoch nur sparsamen Gebrauch machten, da wir gegen die Zuverlässigkeit der Apotheke einiges Mißtrauen hegten. Er war mit einer reichen Grundbesitzertochter verheiratet und augenscheinlich mit dem Herzen mehr bei der Landwirtschaft als bei der Heilkunde. Übrigens ein ganz unterhaltender Mann, der uns viel erzählte und sich gern erzählen ließ. Natürlich war eine seiner ersten Fragen: „Haben Sie Kinder?" Als wir verneinten, sagte er zu meinem Manne: „Nun, Ihre Frau hat keine Kinder, aber Sie doch!" Und auf meines Mannes Antwort, daß dergleichen bei uns nicht üblich sei, meinte er naiv: „Kommen Sie nur zu uns, da werden Sie schon unsere Sitten annehmen." Nun, die Aufrichtigkeit, mit der solche Verhältnisse behandelt werden, ist mir immer noch lieber als die zivilisierte Heuchelei, und sie kommt auch den unehelichen Kindern zugute, die oft im Hause des Vaters erzogen werden.

Endlich, nachdem mehr denn eine Woche verflossen war, konnte mein Mann wieder sein Maultier besteigen, und wir traten unsere Reise nach Guatemala an. Die fünf Reisetage wurden auch glücklich zurückgelegt, waren aber doch für einen kaum Genesenen ziemlich anstrengend, und gleich nach unserer Ankunft stellte sich wieder Fieber ein. Doch hier war unser Freund, der deutsche Arzt, und seine Schwester und ihre brave Magd, die Trinidad, die mir treulich in der Pflege beistanden.

Nach zweimonatiger Abwesenheit kehrten wir zurück, um viele Eindrücke und Erfahrungen reicher, aber leider war allen weiteren Unternehmungen ein Ziel gesetzt, alle ferneren Pläne vereitelt. Unsere Irrfahrten näherten sich ihrem Ende.

Der neuentdeckte Stein von der Plaza in Mexiko

XII.

Zurück nach Mexiko

Unsere Zeit war abgelaufen und wir mußten ernsthaft erwägen, welcher Rückweg zu nehmen sei. Alle Pläne, die wir nach dieser Richtung bisher gemacht hatten, waren hinfällig geworden, da die Krankheit meines Mannes erst unterwegs und dann in der Stadt Guatemala uns wochenlang aufgehalten hatte. Ehe er wieder reisefähig war, kam der März heran, und ehe die Sammlung Alvarado in Antigua gekauft und verpackt war, vergingen abermals acht Tage. Eine längere Landreise war wegen der sich immer noch wiederholenden Fieberanfälle nicht ratsam und wegen der vorgerückten Zeit auch kaum mehr möglich. Wir mußten Mitte Mai in Berlin zurück sein, weil der Urlaub ablief, und wollten noch einmal nach Mexiko und Oaxaca, weil wir an beiden Orten unverpackte Sammlungen stehen hatten und auch noch einige persönliche Angelegenheiten zu erledigen waren. – Eine Seereise wurde auch als bestes Heilmittel gegen das Fieber gepriesen. So beschlossen wir, das erste Schiff zu benutzen, das von *San José* aus nach Norden fahren würde. Wir hatten eigentlich gedacht, über Tehuantepec und Coatzacoalcos zurückzureisen, aber da die Dampfer, die Tehuantepec anlaufen, nur einmal im Monat kommen, hätten wir zu lange warten müssen. So entschieden wir uns für den Dampfer der Pacific Mail, der verschiedene kleinere Häfen anläuft und uns nach *Manzanillo* bringen konnte.

Am 15. sollte er fahrplanmäßig von *San José* auslaufen, kam aber natürlich erst am 19. an. San José liegt zwischen Strandsümpfen und ist ein aus amerikanischen Holzhäusern, Kneipen, Tiendas und Reisighütten bestehender, unordentlicher und schmutziger Ort. Auf der Düne aber steht neben dem Bahnhof, der Kommandantur, der Zollabfertigung, ein großes amerikanisches Hotel: ein luftiger Holzbau mit rund umlaufenden Galerien und freundlich und sauber eingerichteten Zimmern. Es gibt auch noch kleinere Posadas und Gasthäuser, und alle zusammen werden viel benutzt, nicht nur von den ankommenden und abfahrenden überseeischen Reisenden, sondern auch von Einheimischen, die zur Temporada herunterfahren, um in San José Seebäder zu nehmen. Vergeblich aber schaut man sich nach Badeeinrichtungen um: Man zieht sich auf dem schönen, weißen, sandigen Strand aus und geht ins Wasser. Keiner kümmert sich um den anderen, und Meer und Himmel sind so weit und groß, daß man die paar kleinen Menschen dazwischen gar nicht sieht.

Die Einschiffung, die am 20. stattfand, verdient ein Wort der Erwähnung. San José besitzt keinen Hafen, nur eine Reede. Wie weit die ungebrochene Küstenlinie des Stillen Ozeans nach Süden reicht, ist mir nicht bekannt; nach Norden zu ist Acapulco der erste wirkliche Hafen, allerdings ein herrlicher Hafen. Puerto Escondido kommt für große Dampfer nicht in Betracht, sondern nur für Fischerbarken. – Auf der Reede von San José nun ist zwar ein Steg hinausgebaut, aber nur so weit, daß die Leichter – große, bauchige, flache Boote – herankommen können. Diese befördern Reisende und Gepäck zum Dampfer. Der Leichter liegt tief unten und schaukelt in der Brandung; der Kran befördert ein Gepäckstück nach dem anderen hinunter; der Reisende aber, der als Neuling dabeisteht, überlegt, wie er wohl den Weg hinabfinden wird, denn eine Leiter oder Treppe ist nicht vorhanden. Nun, wozu wäre denn der Kran da? Sobald das letzte Gepäckstück hinuntergelassen ist, wird eine Art riesigen Hühnerkorbes am Kran befestigt; vier Personen, die sich so eng als möglich aneinander drängen, steigen hinein und treten die luftige Reise nach unten an. Aus dem Käfig heraus, stolpert man über Koffer, Kisten, Kasten, Körbe, Ballen, und kann froh sein, wenn man bei dem heftigen Auf-

und Niederschwanken der *Lancha* auf einen leidlich weichen Platz geworfen wird und nicht gerade auf eine eisenbeschlagene Kofferkante; denn wo man hinfällt, bleibt man meist auch liegen. Ist der letzte Passagier eingeladen, so wird das Boot von einem kleinen Remorqueur zum Dampfer hinausgeschleppt – eine wacklige Fahrt, bei der das schwerbeladene, ungeschickte Fahrzeug unbarmherzig hin- und hergeworfen wird und seine Insassen natürlich auch. Am Dampfer angelangt, beginnt die Ausschiffung auf ganz gleiche Art, nur glücklicherweise in umgekehrter Reihenfolge: zuerst die Menschen und dann das Gepäck.

Die „New-Port" war ein ganz hübsches und gutgehaltenes Schiff; da sie nicht viele Gäste an Bord hatte, bekamen wir eine luftige Deckkabine, und trotzdem haben wir die Hitze niemals und nirgends so unangenehm empfunden, als während der Nächte auf dem Wasser. Unter den Reisenden, die meist aus jungen Amerikanern bestanden, trafen wir auch einen Landsmann, den Vertreter der weltbekannten Klavierfabrik, den Sohn des Herrn Ibach aus Barmen, der, aus Südamerika kommend, auf der Heimreise begriffen war. Dann waren da noch einige an der Küste begüterte Pflanzer, unter anderem ein Spanier, der sich wohlwollend meiner Sprachkünste annahm. Außer mir waren noch drei weibliche Wesen an Bord, eine kranke, bildschöne Dame aus Costarica, eine fesche, lustige, junge Witwe aus Frisco und die Stewardeß, die, wenn sie ihre Obliegenheiten erfüllt hatte, ebenfalls Dame war, sich sehr gut zu unterhalten wußte und außerdem ihren jungen Landsleuten die Strümpfe stopfte.

Da wir ruhige Fahrt hatten, das Schiff auch ziemlich langsam fuhr, war ich zum ersten Male in meinem Leben nicht seekrank. Und so verlief die Reise, mit Ausnahme eines kleinen Fieberanfalles, der meinen Mann noch einmal heimsuchte, angenehm. Auf der Reede von *Champerico* freilich, wo wir einen ganzen Sonntag untätig vor Anker liegen mußten und erst am Montag Kaffee einladen konnten, wackelte es heftig. Noch wurde in *San Benito,* dem Ankerplatz für *Tapachula,* angelegt. Dann glitt die bewaldete Küste ruhig an uns vorüber, in den Duft und Dunst der heißesten Jahreszeit gehüllt, so daß die Umrisse der hohen Berge, die hinter ihr ansteigen, nur undeutlich sichtbar wurden. Mit freudiger Erinnerung grüßten wir hinüber nach der Stelle, wo wir vor länger als Jahresfrist einen herrlichen Tag auf dem Cerro de Tonalá verlebt hatten, und suchten eifrig, aber vergeblich, die Gegend von Tehuantepec festzustellen.

Der nächste Hafen, der angelaufen wurde, war *Acapulco*. Eine schmale Einfahrt öffnet sich in eine Bucht, die wie ein geschlossenes Seebecken vor uns liegt, und in ihr ankerte ein mexikanisches Kriegsschiff. Man ließ uns nicht an Land, nur wer hier am Ziel war oder geschäftlich zu tun hatte, erhielt – nach ärztlicher Untersuchung und gründlicher Durchräucherung auf einer besonders dazu eingerichteten Insel – Erlaubnis, sich auszuschiffen. Seit man vor Jahren einen am Gelben Fieber Gestorbenen landete, um ihn zu begraben, und danach eine Epidemie ausbrach, ist man vorsichtig geworden und sperrt sich ängstlich gegen die Provenienzen aus dem Süden ab. Und freilich gibt es dort genug Orte, in denen das unheimliche Gespenst des *Vómito* fast immer umgeht. Zur Zeit sollte es sich in San Salvador sogar recht bemerkbar machen.

Nach neuntägiger Fahrt landeten wir in *Manzanillo* und setzten mit unverhohlenem Vergnügen den Fuß wieder auf mexikanischen Boden. Die Bucht von Manzanillo ist äußerst malerisch und erinnert mit ihren Vorgebirgen, den kleinen, der Küste vorgelagerten Klippen, dem blauen Wasser und dem Saum der weiß schäumenden Brandung an die reizenden Buchten der Riviera. Der Ort selbst ist von einer so peinlichen Sauberkeit, wie ich sie sonst in warmen Ländern nie gesehen. Trotzdem hat er einen schlechten Ruf in gesundheitlicher Beziehung. Nicht die Hitze veranlaßt das, sondern vielmehr die hinter dem Orte sich hinziehende Lagune, der zu Ende der Regenzeit unzählige Schwärme von Moskitos entsteigen. Man zündet dann auf der Straße mächtige Feuer an, um sie zu vertreiben, aber ihre Menge soll so groß sein, daß sie oft die Feuer löschen. Und da es bewiesen ist, daß die Mücken die Träger und Verbreiter des Fiebergiftes sind, so ist es begreiflich, daß hier ein rechter Malariaherd ist. Zur jetzigen Jahreszeit war natürlich von diesem Schrecken nichts zu merken. In dem Geschäftshause des deutschen Konsuls in Colima, des Herrn Arnold Vogel, waren wir gut aufgehoben, schliefen im luftigen Zimmer unter Moskiteros und speisten mit dem mexikanischen Vertreter des Hauses an wohlbesetzter Tafel. Nach Colima hinauf geht eine schmalspurige Bahn, aber nur dreimal die Woche, und so mußten wir zwei Tage untätig in Manzanillo verweilen. Wir stiegen auf die Signalstation und freuten uns der Aussicht; wir gingen am Strande weithin spazieren, wurden fast von der Flut abgeschnitten und wunderten uns wieder einmal über die Muschelarmut der Küste.

Von Manzanillo aus führt die Bahn erst durch die Lagune, dann auf der sandigen, mit Dorn und Busch bewachsenen Nehrung zwischen dem Meer und dem Hinterwasser entlang bis zum Dorfe Cuyutlán. Ein Stückchen weiter wird der Fluß übersetzt, der *Río Tuscacuesco* oder *Río de la Armeria* heißt. Wir folgen seinem Lauf aufwärts in die Berge hinein und gelangen endlich in die weite Ebene von *Colima,* über der die beiden bis zu fast viertausend Meter aufsteigenden Gipfel des *Volcán* und des *Nevado de Colima* emporragen. Während der etwas höhere Nevado ein vermutlich erloschener Krater ist, ist der andere ununterbrochen tätig. In kurzen Pausen von höchstens zwei Stunden steigt über seinen Gipfel eine weiße Rauchfahne empor. Aus einem weiten, ebenen, wahrscheinlich aus alten Lavaströmen gebildeten Gelände fast unvermittelt aufragend, gibt er, mit der kleinen schirmartigen Wolke, ganz das typische Bild des feuerspeienden Berges, wie es in geographischen Handbüchern und illustrierten Werken zu sehen ist. Da wir dem Ende der trockenen Zeit entgegengingen, hob sich das bewässerte und von den vom Berge herabrinnenden Wasseradern durchzogene Land frisch und grün aus der trockenen Umgebung heraus: Hier wuchsen Mais und Zuckerrohr, Bäume und Büsche und Haine von Kokospalmen. An den Hängen des Vulkans gedeiht Kaffee, und höher hinauf soll ihn ein Gürtel herrlichsten Pflanzenwuchses umziehen.

Colima ist ein hübsches und freundliches Städtchen, heiß, aber nicht ungesund. Mehrere mit Bäumen und bunten Blumenbeeten bepflanzte geräumige Plätze tragen wesentlich zu seiner Verschönerung bei. Ein von Bäumen beschattetes Flüßchen fließt nahe vorbei, und ein wenig außerhalb der Stadt hat man ein herrliches, erquickendes Bad angelegt. Das einfache Gasthaus bot alles Nötige, außerdem aber wurde uns der Aufenthalt durch die liebenswürdige Aufnahme verschönt, die wir in der heiteren und hochgebildeten Familie des deutschen Konsuls, Herrn Arnold Vogel, fanden, der seit dreißig Jahren hier ansässig ist. In seinem Hause sahen wir auch seltsame Altertümer von schönem, festem roten Ton: große Schalen, die so sehr Renaissancestil zeigen, daß ich annehmen möchte, sie seien erst zur Zeit gefertigt, als die Spanier schon im Lande waren, und die Hunde, von denen das beigefügte Bild einige zeigt. Auch diese, die, wie jeder zugeben muß, lebhaft an unsere klugen und drolligen Dachshunde erinnern, ist man eigentlich geneigt, spanischen Einflüssen zuzuschreiben. Aber da findet sich eine merkwürdige Stelle in dem lateinisch geschriebenen Buche des gelehrten Arztes Hernandez, der „esta Nueva España" aufsuchte, um die Heilkunde der Eingeborenen kennenzulernen; es heißt da in dem Abschnitt, der sich mit den Vierfüßlern des neuen Landes beschäftigt:* „Außer den von den Spaniern eingeführten Hunden trifft man drei andere Arten, von denen ich einen früher zu Hause gesehen habe, die anderen aber weder gesehen habe, noch glaube, daß sie jemals dorthin gebracht worden sind. In ihrer Natur und ihren Lebensgewohnheiten sind sie unseren Hunden ähnlich, unterscheiden sich auch nicht sehr von diesen in der Gestalt.

Der erste, *xoloitzcuintli*, ist größer als die übrigen. Seine Besonderheit ist, daß er vollkommen haarlos ist, eine weiche Haut hat, von rötlichgelber Farbe mit blauen Flecken.

Der zweite ist den Melitensischen Hunden ähnlich, in weißer, schwarzer und rotgelber Farbe wechselnd, aber buckelig, und gefällt durch eine lustige Mißgestalt, durch einen unmittelbar auf den Schultern sitzenden Kopf. Man pflegt ihn heute *Michoacanhund* zu nennen, weil er von dort stammt."

Nun weiß ich freilich nicht, was ich mir unter einem Melitensischen Hunde vorzustellen habe, aber seine Beschreibung sieht doch einem Teckel merkwürdig ähnlich. Und somit scheint wohl auch das vorspanische Alter der tönernen Hunde von Colima erwiesen zu sein; es waren eben Darstellungen des *Perro Michoacano*.

Überhaupt scheinen die alten Töpfer von Colima große Realisten gewesen zu sein, dafür zeugt auch die prachtvoll gearbeitete Figur des Mannes in der Haltung eines Akrobaten, der eine runde Schale auf der Mitte seines Leibes trägt. Dieses Bildwerk befand sich im Besitze des Jesuitenpaters Aruela, eines Sammlers und Forschers. Er hatte die besondere Liebenswürdigkeit, das kostbare Stück in das Vogelsche Haus zu schicken, damit ich es photographieren könne. Ich betrachtete es als ein Glück, daß diese Aufnahme gelungen ist, denn die Figur zerbrach, bald nachdem sie ihrem Eigentümer zurückgebracht worden war.

Ganz unverhofft und unerwartet gelang es uns, eine ganze Reihe von Altertümern in wenigen Tagen zusammenzubringen, denen Herr Vogel aus seiner eigenen Sammlung noch ein paar schöne Stücke als Geschenk für das Berliner Museum hinzufügte.

Wir waren wieder einmal an einem Endpunkt der modernen Dampfkultur angelangt und mußten noch einmal für zwei kurze

* Francisci *Hernandez*, Historia Quadrupedum Novae Hispaniae. Rom 1651.

Abbildung 10: Hunde von Ton, Colima.

Tagesmärsche zu Pferde steigen. Konsul Vogel hatte uns einen braven Arriero empfohlen, der uns auch gute Reittiere stellte. Da war wieder der mexikanische Spitzhut mit breiter Borte, der uns ganz heimatlich ansprach, und den mein Mann auch in guatemaltekischen Landen zum größten Erstaunen aller Leute nicht abgelegt hatte!

Der Weg führt am Ostfuß der Vulkane von Colima entlang; über weite, mit Lavabrocken überstreute Flächen, durch Schluchten mit fast senkrechten Wänden, die von den zu Tal stürzenden Wassern tief in die Fläche gerissen sind, und über die mit Kiefern bestandenen Rippen, die von dem großen Berg ausstrahlen. Wo bewässert werden kann, grünen Mais- und Zuckerrohrfelder. Wenige Ortschaften liegen am Wege: das Dorf *San Gerónimo*, die Hacienda *Queseria*, und schon zu früher Stunde waren wir in dem ansehnlichen und malerischen Ort *Tonila*, wo Abendmarkt auf dem hübschen Platz abgehalten wurde.

Ziemlich einförmig geht der Weg weiter über die Ranchos *Platanar* und *Atenquique*; aber ein Stückchen weiterhin erwartete uns ein Wagen, den wir uns telegraphisch hierher bestellt hatten, und der uns in rascher Fahrt über eine ebene Fläche nach *Zapotlán* brachte, nachdem wir noch unter entsetzlichen Stößen einen breiten, buschbewachsenen Lavastrom gequert hatten.

Es ist ein ansehnliches, weitläufig gebautes Städtchen, in breitem Tal gelegen, an dessen tiefstem Punkt ein nicht kleiner See sich breitet, und umgeben von Gärten mit Fruchtbäumen. Von hier aus ist Postverbindung nach Guadalajara. Obgleich nun die *Diligencia* nur zwei Tage für diesen Weg gebraucht und ein Privatfuhrwerk drei, da es ohne Relais fährt, so entschieden wir uns doch für ein solches. Unter den mancherlei Gründen dafür war nicht der kleinste, daß ich krank geworden war. Wir mußten sogar einen ganzen Tag im Orte bleiben, da mich heftige Gliederschmerzen auf dem Lager festbannten. Die Fahrt bis Guadalajara war daher kein Vergnügen für mich, denn die Stöße des Wagens auf dem stellenweise in recht schlechtem Zustande befindlichen Wege waren gerade kein Balsam für meine Rückenschmerzen. So habe ich von den drei im Wagen verbrachten Tagen nur unsichere und verschwommene Bilder im Gedächtnis behalten, unter denen die heißen Flächen der ausgetrockneten Salzseen und die furchtbaren Unebenheiten der alten Lavaströme, die der Weg kreuzt, leider die eindrucksvollsten waren. Deshalb lasse ich eine Beschreibung folgen, die ich einem aus Guadalajara datierten Briefe meines Mannes entnehme:

"Die drei Tage Wagenfahrt hierher waren in mancher Beziehung interessant. Man passiert abflußlose, daher im Grunde mit Salzseen erfüllte Becken. Der Weg führt geradeaus über den ausgetrockneten Seegrund, und der Gegensatz zwischen der Dürre unmittelbar am Wege, den mit Mezquitebüschen, Feigenbäumen und Säulenkaktussen bewachsenen, sandigen Strecken, die die Seenbecken umsäumen, den kahlen Bergen, die das Tal umwallen, und den wenigen, aber mit üppiger Vegetation erfüllten Strichen, wo einige von den Bergen herabkommende Wasseradern eine Bewässerung ermöglichen, ist überraschend. Es gibt ganze Dorfschaften, wie *San Marquito,* die ausschließlich davon leben, die mit Alkali und Salz geschwängerte Erde des ausgetrockneten Seegrundes zusammenzukratzen und durch Auslaugung und Abdampfung eine Art unreiner Soda, die sogenannte *Tequizquite,* herzustellen, die als geschätztes Handelsprodukt weit ins Land geht.

Andere Dörfer, wie *Amacueco,* ziehen in bewässerten Gärtchen Obst, Orangen, saure Limas, süße Limonen und kindskopfgroße, sogenannte Limas chinchones, die die Weiber am Wege feilhalten und in den benachbarten Ortschaften auf den Markt bringen. Wieder andere Dörfer, die reich an Wasser sind, kultivieren Zuckerrohr in bedeutenden Mengen, Mais, Futtergras usw. Die Lavafelder aber, die als schwarze, trümmerübersäte Massen zwischen den aus geschichtetem, kristallinischem Gestein bestehenden Höhenzügen und unter den aus vulkanischen Sanden und Aschen aufgeschütteten Flächen hervorbrechen, sind vielfach mit der schmalblättrigen, blaugrünen Agave bestanden, die die weiße, feste Bastfaser liefert, aus der Seile, Stricke, Netze und anderes mehr gefertigt werden. Hinter dem Dorfe *San Sebastian* steigt man auf sehr zerfahrenem, löcherigem, mit feinem, weißem Staube fußhoch bedecktem Wege hinab nach *Amatitlán,* das schon in dem von drei Salzseen erfüllten, abflußlosen Becken von *Zayula* liegt. Zayula ist ein ansehnlicher, aber sehr heißer Ort in trostloser Umgebung. Von hier geht es zuerst über sandiges, mit Mezquite bestandenes Gelände und dann über die ‚Playa', das heißt über den ausgetrockneten Seegrund, der eine intensiv gelbrote Farbe hat. Es gibt eine merkwürdige Farbenstimmung: der breite, gelbrote, vollkommen kahle Vordergrund mit dem schmalen Streifen blauen Wassers dahinter, der wieder durch einen schmalen Streifen von Baumgrün von den kahlen Bergen des Hintergrundes sich abgrenzt.

Unser erstes Nachtquartier war *Techaluta*, ein kümmerlicher Ort in dürrer, sandiger Umgebung. Es ist eine regenarme Gegend, und die wenigen Regen sind wolkenbruchartig, so daß verheerende Überschwemmungen entstehen. In dem größten Teil des Jahres ist es unerträglich heiß, im Winter – infolge der heftigen Winde – empfindlich kalt.

Wieder begann der Tag mit sandigem Land, dann kam eine zweite Playa und wieder Sand und Mezquitebüsche. Es weidet hier viel Vieh, aber es ist jetzt so trocken, daß das Vieh in Trögen, die mit Rinnen aus Brunnen gespeist werden, getränkt werden muß. In langen Zügen sieht man am Morgen die Herden auf ausgetretenen Pfaden langsam diesen Tränkeplätzen zuziehen. – Aus dem Becken von Zayula steigt der Weg auf einen Sattel und geht dann auf einer Hochfläche nach *Zacualco*. Hier erreicht er ein zweites abflußloses Becken mit einigen Salzseen. Über den Boden des einen, zur Zeit vollständig ausgetrockneten Beckens führt der Weg bis zu einem Rancho, wo das Flüßchen, das den See in der Regenzeit füllt, im Sande versickert. Hier bildet ein von der nahen Bergkette herüberziehender Lavastrom die Grenze des Beckens und zugleich eine Sperre, die selbst unser leicht gebautes Wägelchen nur unter fürchterlichen Stößen und Schwankungen überwindet.

Es folgt eine weite, grüne Ebene, von kahlen Bergen umwallt, an deren rechter Seite der Weg sich hinzieht. Zwischen der Kaktus- und Gestrüppvegetation dieses Abhanges sieht man ab und zu die Stoppeln abgeernteter Maisfelder. Hier und da sickert süßes, klares Wasser am Fuß der Höhe hervor, nimmt seinen Weg zur Ebene, wo es der Bewässerung dient oder wiesenartige, grüne Flächen und Rohrdickichte hervorruft. Aus den von der Höhe herabgerollten Blöcken und den Steinen, aus denen die Mauer links am Weg aufgeführt ist, wird die kristallinische Schichtung des Gesteins ersichtlich. An dieser Mauer, den Weg überschattend, stehen mächtige Feigenbäume, daher wird die Stelle ‚Las Higueras' genannt.

In der noch nicht so gar weit zurückliegenden Zeit, als die Straßenräuber überall im Land ihr Handwerk trieben, wurde hier bei einem Überfall auf die Diligencia ein Deutscher erschossen, der so unklug war, sich mit dem Revolver zu verteidigen. Seine Frau aber, die zwei Räuber niederstreckte und selber unverletzt blieb, schonte man aus Hochachtung vor ihrem Mute. Heute sieht man vor den vereinzelten Rohrhütten das übliche Idyll: Kinder, Hunde, Schweine; jenseits der Mauer grasen friedlich Pferde und

Rinder, und die Zeit ‚en que robavan' ist fast vergessen. – Während zur Rechten wieder ein schwarzer, starrer, trümmerübersäter Lavastrom auftritt, fahren wir in die Ebene hinein, in schnellem Trabe zwischen Zuckerrohrfeldern und Wasserkanälen hin, auf das freundliche und betriebsame Städtchen *Santa Ana* zu, unser zweites Nachtquartier.

Das erste, was der nächste Morgen brachte, war wieder ein entsetzlicher Weg über den Lavahöhenzug, der die Ebene begrenzt. Es war eine mühevolle Arbeit für Tiere und Menschen. Zwar hat man sich längst bemüht, die Straße durch eine Art Pflasterung zu bessern, aber die jährlichen Regengüsse, die mit den Blöcken des Pflasters ihr Spiel treiben, und die Räder der Karren, die die Steine zur Seite drücken und tief in das weiche Erdreich dazwischen einschneiden, machen den Zustand zu einem jammervollen. Beinahe eine Stunde lang holpert der Wagen langsam über Steinblöcke und durch Erdlöcher, am Fuße des interessant geformten Berges *La Coronilla* hin, der zu unserer Rechten inselartig zu ansehnlicher Höhe emporragt. Er ist mit Eichen bewachsen, von denen ein Teil jetzt blattlose dürre Äste zeigt, während andere im bunten Schmuck der Herbstfarben prangen und wieder einige schon das junge, frische, maiengrüne Laub voll entwickelt haben. Am jenseitigen Fuße des Berges wird das Gelände besser. Sandige, flache Hügelrücken bieten nicht mehr so viel Hindernisse, und von der Ortschaft *Santa Cruz* an ist der Weg bis Guadalajara ziemlich gleichmäßig: eine Hochebene aus weichem, weißem Erdreich, in seiner Hauptmasse wahrscheinlich vulkanischen Ursprungs, in das Karrenräder und rinnende Wasser vielfach enge Schluchten gerissen haben.

Fußhoher Staub bedeckt die Straße, und da reger Verkehr von Karren und Packtieren herrscht, ist das Gefährt fast beständig in dichte Staubwolken gehüllt. Es ist wahrhaft beängstigend, wenn man auf dem schmalem Weg einem Karrenzug oder einer Packtierkarawane begegnet. Acht Ochsen, neun oder mehr Maultiere, manchmal zu fünf nebeneinander gespannt, ziehen einen Karren durch den tiefen Sand. Beladene Lasttiere befördern alle möglichen Kaufmannsgüter weit ins Land von dem großen Zentrum Guadalajara aus; die Karren bringen Pferdefutter, jetzt meist Zacate oder Rastrojo, in die Stadt hinein. Ganz besonders ängstlich wird die Sache, wenn die Tiere mit Tonwaren beladen sind, die in Mengen diese berühmte Töpferstadt verlassen, da man bei einem Zusammenstoß eine Zertrümmerung des ganzen Gutes befürchten muß. Es war ganz aufregend: Bald wurden die engen Strecken durchjagt, und der Junge den Gefährten entgegengeschickt, um sie zu warnen, bald mußten wir uns hart an den Schluchtrand drücken, um sie vorüberzulassen; ja einmal mußten wir unsere Pferde ausspannen und zur Seite führen, um einem Karrenzuge Platz zu machen."

Entsetzliche Stöße auf einem Teil des Weges; Wolken und Staub auf anderen; Hitze und Dürre überall – das waren die wenig angenehmen Seiten dieser dreitägigen Wagenfahrt, die uns wieder mitten in die europäische Kultur brachte. Mit welcher Wonne ich meine schmerzenden Glieder in dem guten Bette des Hotel Frances, das übrigens einem Deutschen gehört, niederlegte, wird jeder nachfühlen können, der einmal die Grippe gehabt und dieser Wegschilderung einige Aufmerksamkeit geschenkt hat.

Ich weiß über *Guadalajara* nicht viel zu sagen, denn sowie ich mich ein wenig erholt hatte, reisten wir ab. Aber ich habe den Eindruck einer freundlichen, lebhaften, betriebsamen Stadt gehabt, mit vielen, großen, schönen Läden und sehr stattlichen Gebäuden. Abends unter den Arkaden flutete ein italienisch heiteres Leben, bei dem Gefrorenes eine bedeutende Rolle spielte. Übrigens ist Guadalajara so oft geschildert, über seine Töpferei, seinen Handel und seine sonstigen Verhältnisse so viel geschrieben worden, daß mein Gewissen ruhig bleibt, wenn ich nicht mehr darüber sage.

Nun hatten wir dem Reiseleben zu Pferde endgültig Valet gesagt, dem Leben mit seinen Mühen und Anstrengungen, aber seinen unvergleichlichen Schönheiten und Freuden, mit seiner herrlichen Ungebundenheit – wie man ein solches nur führen kann in Ländern, wo die Maschen des Eisenbahnnetzes noch nicht so eng geknüpft sind, daß sie alles, was wirklich Reiseleben bedeutet, langsam erwürgen.

Halb fühlten wir uns schon auf der Heimreise, zumal uns von jetzt ab lauter bekannte und vertraute Bilder umgaben. Neu war nur noch die Eisenbahnstrecke bis *Irapuato,* wo man den Anschluß an die Zentralmexikanische Linie erreicht. Und erwähnenswert scheint mir noch, daß um Irapuato Erdbeeren in Massen gezogen und mit der Eisenbahn nach der Hauptstadt verschickt werden; große, saftige Gartenfrüchte, denen freilich das köstliche Aroma der europäischen fehlt.

Eine Nachtfahrt brachte uns von hier aus nach Mexiko, und als wir im Hotel Jardín unser altes Zimmer erhielten und als bekannte Gäste begrüßt wurden, überkam uns ein heimatliches Gefühl. Vertraut grüßte die schöne Kuppel der alten Klosterkirche San Francisco über die Gartenmauer herein, lieb und vertraut war uns die ganze Stadt und mancher gute Freund in ihr.

Auch in Oaxaca fühlten wir uns zu Hause und verbrachten dort noch einige Tage, ehe alles geordnet war und wir von deutschen und mexikanischen Freunden Abschied nehmen mußten.

Mit einem hübschen kleinen archäologischen Nachspiel aber sollte unsere Reise schließen, und das kam so: Im Mittelpunkt der Stadt Mexiko entstehen viele Neubauten, fast möchte man sagen leider, da sie dadurch immer moderner wird. Ein altes Haus an der Ecke des Hauptplatzes war während unserer Abwesenheit niedergelegt worden, um einem Neubau Platz zu machen. Bei Ausschachtung der Fundamente war man auf einen alten Stein gestoßen, der reich mit Skulpturen geziert war. Hat man doch seinerzeit auch den berühmten sogenannten Kalenderstein und den Stein des Tizoc unter dem Pflaster der *Plaza Mayor* gefunden. Der Besitzer, ein ganz besonderer Verehrer des Präsidenten, wollte diesem den Stein schenken und ließ ihn sorgsam bedeckt und bewacht halten, damit ihn niemand eher erblicke, als Don Porfirio. Der aber war gerade verreist, niemand wußte, wann er wiederkommen würde, und die Stunden bis zu unserer Abreise waren gezählt. Und wir brannten doch natürlich darauf, das neue alte Kunstwerk zu sehen. Der Besitzer war nicht aufzufinden. Nachdem wir ihn stundenlang an allen möglichen Orten gesucht hatten, wo er eben gewesen war oder noch hinkommen sollte, gaben wir's auf und verließen uns auf unser Glück. Wir paßten einen Augenblick ab, da der Wächter sich entfernt hatte, zogen die Hülle herab und erblickten ein reizvolles Werk, das sich mit den schönsten bekannten Stücken des mexikanischen Altertums messen konnte. Es war ein fast würfelförmiger Stein, auf dessen vier Seiten lebensvolle Figuren in Hochrelief herausgearbeitet waren. Aber kaum hatten wir auf alle vier Seiten einen kurzen Blick geworfen, als der entrüstete Wächter herzulief und uns fortwies. Und so blieb uns nur noch übrig, unseren lieben Freund, den Dr. Peñafiel, zu bitten, sobald als möglich einen Abguß des schönen Denkmals an das Berliner Museum zu schicken, was auch nach kurzer Zeit geschah.

Die Abschiedsstunde schlug, aber mein Abschied hieß: Auf Wiedersehen!

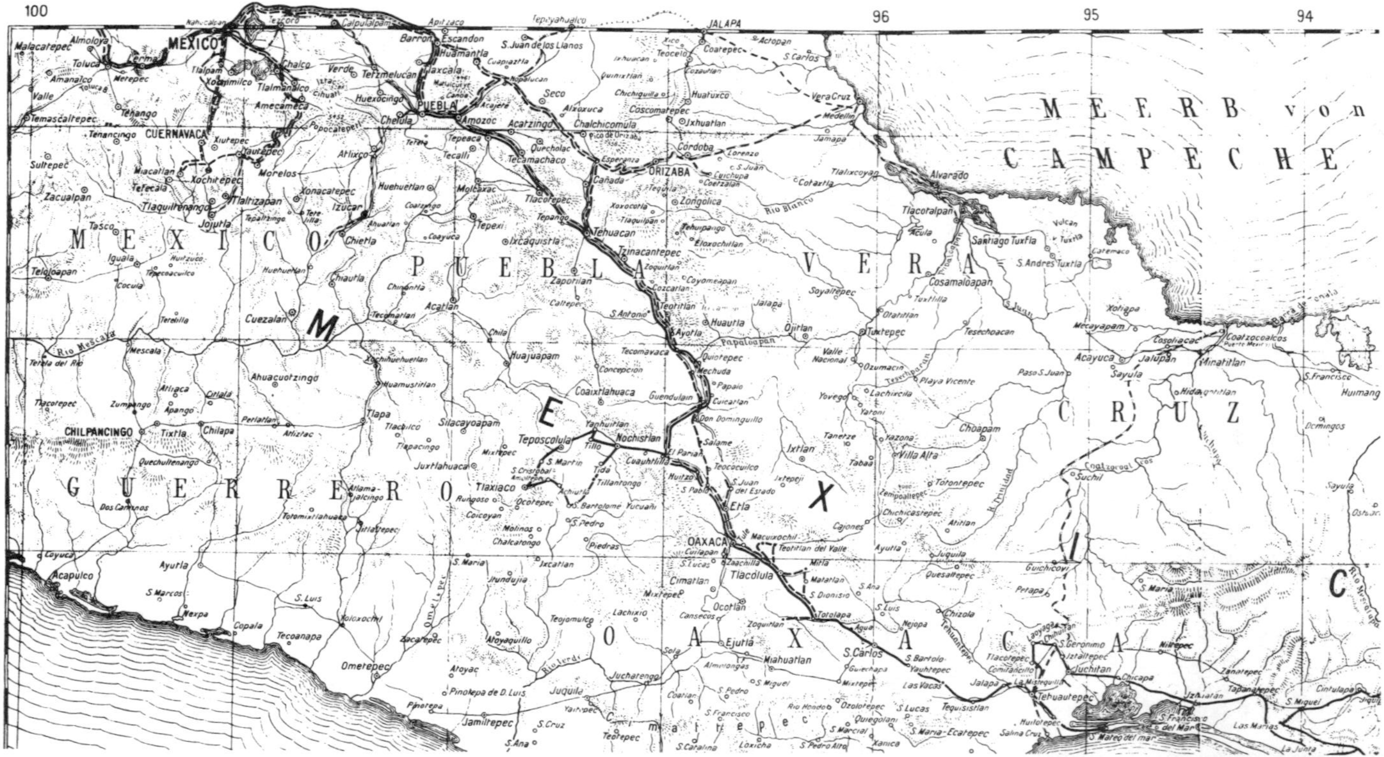

100
96
95
94
19
18
17
MEERB von CAMPECHE
MEXICO
PUEBLA
VERA CRUZ
GUERRERO
OAXACA
MEXICO
CUERNAVACA
PUEBLA
ORIZABA
JALAPA
Vera Cruz
Alvarado
Tlacotalpan
Cordoba
Tehuacan
Toluca
Chalco
Tlaxcala
Cholula
Amozoc
Acatzingo
Tepeaca
Tecamachaco
Izucar
Atlixco
Iguala
Tasco
Chilapa
Tixtla
CHILPANCINGO
Acapulco
Ayutla
Tlapa
Huajuapam
Teposcolula
Nochistlan
Tlaxiaco
OAXACA
Etla
Tlacolula
Ejutla
Miahuatlan
Juchitan
Tehuantepec
Coatzocoalcos
Minatitlan
Acayuca
Sayula
Santiago Tuxtla
S. Andres Tuxtla
Cosamaloapan
Tuxtepec
Ojitlan
Huautla
Teotitlan
Papaloapan
Ixtlan
Villa Alta
Choapam
Juquila
Jamiltepec
Ometepec
Rio Mescala
Rio Blanco

MEXICO
CHIAPAS
PETÉN
GUATEMALA
HONDURAS
EL SALVADOR
STILLER OZEAN
GUATEMALA
TUXTLA GUTIERREZ
S. Cristobal de las Casas
Quezaltenango
Coban
Zacapa
Livingston
Meerb. v. Amatique
San José
Maßstab:
Deutsche Meilen
Kilometer
Erste Reise
Zweite Reise
Eisenbahn im Bau
Betrieb
Straßen
Landesgrenzen
Städte
Dörfer
Hacienden
94
93
92
91
90
89
88
16
15
14

Glossar

A

Adobe – Mit der Hand oder in Formen hergestellte Lehmziegel, die an der Luft oder in der Sonne getrocknet, nicht aber gebrannt werden.
Aguacate – Avocado: birnenförmige, dunkelgrüne Steinfrucht des südamerikanischen Avocadobaumes; das fetthaltige Fruchtfleisch kann als Frischobst, Salat oder Mus genossen werden.
Alameda – Platz oder Allee, die mit Pappeln, manchmal auch mit anderen Bäumen bepflanzt ist.
Alcalde – Bürgermeister, manchmal auch Ortsrichter.
Antigua Capital – alte, ehemalige Hauptstadt.
Arriero – Maultiertreiber, Fuhrmann.

B

Barranca – Steilhang, Schlucht.
Barrio – Ortsteil, Stadtviertel, Vorstadt.
Blendling – Nachkomme von Tieren unterschiedlicher Rassen.

C

Cabildo – Rathaus, Amtshaus.
Cafetal – Kaffeepflanzung.
Cambio – Wechselkurs.
Canícula – Hundstage, hochsommerliche Hitze.
Cañada – Engpaß, Hohlweg.
Carga – Last, Ladung, Fracht.
Chile-Sauce – Sauce aus den Schoten des Chili- oder Cayennepfeffers, einer Paprikaart mit brennend scharf schmeckenden Früchten.
Ceiba, auch *Kapokbaum, Baumwollbaum* – Gattung der Wollbaumgewächse mit etwa zwanzig Arten in den Tropen. Am bekanntesten ist der *Echte Kapokbaum*, ein bis zu 70 m hoch werdender Baum; seine Früchte sind bis zu 15 cm lange Kapseln, deren innere Fruchtwand mit glatten, weißen bis gelblichen Haaren besetzt sind.
Ciudad – Stadt.
Corral – Pferch, Gehege.
Curioso – wißbegierig, neugierig; sorgfältig.

D

Diligencia – Postkutsche.
Dorfschulze – veraltet für: Gemeindevorsteher.

E

Encomienda – Koloniale Institution in Lateinamerika als Ersatz für die verbotene Versklavung der Eingeborenen. Einzelnen Eroberern wurden unteschiedlich große Gruppen von Indianern zugeteilt mit dem Auftrag, deren Missionierung und Akkulturation zu gewähr-

leisten. Dafür erhielten die *Encomenderos* das Privileg, von den Indianern Tribute oder Arbeitsleistungen zu verlangen.
Ermita – Einsiedelei.
Exposición – Ausstellung.

F

Finca – Gutshof, Plantage, Bauernhof.
Fouragieren – veralteter Begriff, aus dem Militärbereich entlehnt: Verpflegung für die Truppe bzw. Futter für die Pferde besorgen.
Fraise, auch *Fräse* – Halskrause.

G

Gebauer – veraltet für: Vogelbauer, Vogelkäfig.
Gebresten – veraltet für: Krankheit, Leiden.
Gemarkung – abgegrenztes Gebiet, gesamte Fläche einer Gemeinde, auch Bezeichnung für die Grenze zwischen zwei Dörfern.
Gepränge – Pracht, Pomp, großer Aufwand.

H

Hacendado – Besitzer einer *Hacienda*, Gutsbesitzer.
Hangmatte – Die *Hängematte* ist eine Erfindung des tropischen Amerika; ihr Name geht eigentlich auf das karibische Wort *hamaca* zurück und kam über das niederländische Wort *hangmat* zu uns. Erst sekundär wurde das nicht verstandene fremde Wort als zu ‚hängen' und ‚Matte' gehörig umgedeutet und diesen Wörtern lautlich angeglichen.
Herbarium – wissenschaftliche Sammlung getrockneter Pflanzen, meist auf Papierbogen befestigt und mit Angaben über Fundort, Sammeldatum, Name des Sammler, Pflanzengattung, etc. versehen.
Huipil – langes tunikaartiges Frauenhemd.

I

Iguana – Leguan.

J

Jadeit – grünes bis weißliches, undurchsichtiges, sehr dichtes Mineral, das in den mesoamerikanischen Kulturen als besonders kostbares Material galt und in ihrer Kunst, Religion und Gesellschaft eine wichtige Rolle spielte.
Jefatura – (obere) Behörde.

K

Kalebasse, span. *Calabaza* – Frucht der Flaschenkürbispflanze im tropischen Amerika sowie bestimmter kürbisähnlicher Pflanzen, die man in zahlreichen Gegenden der Welt findet. Die ausgehöhlten und getrockneten Schalen der Früchte werden zur Herstellung von Behältern, Eß- und Trinkgefäßen, Rasseln, etc. verwendet (z.B. die von Seler-Sachs erwähnten *Jicaras* – Trinkschalen, *Guajes* – Kürbisflaschen und *Pichanchas* – Siebe).

Kaupengras – veraltete Bezeichnung für Grasbüschel, die hügelartig hervortreten.

L

Ladino, Ladina – in Lateinamerika Bezeichnung für eine nichtindianische einheimische Person; in Zentralamerika wird auch ein Mischling zwischen Weißem und Indianer (also ein Mestize) Ladino genannt.

Lancha – Boot, Schaluppe, Leichter.

Legua – Bezeichnung für die alte spanische Meile, die rund 5,5 km entsprach; in den Kolonien galten zum Teil etwas abweichende Festsetzungen.

Llano – Ebene, Flachland.

M

Mañana – morgen.

Mayordomo – (Guts-)Verwalter, Haushofmeister.

Mentiras – Lügen.

Mesón – Herberge, Gaststätte.

Mozo – Bursche, Diener.

Mula – Maultier, Mauleselin.

N

Niña – Mädchen, junge Frau.

O

Obsidian – Glasartiges, meist schwarzes Gestein, das durch rasches Abkühlen von Lava entstanden ist. In Mittelamerika wurde Obsidian mit geschliffenen Kanten als Speer- und Pfeilspitzen, Messer und ähnliche Geräte verwendet.

Ocote – mexikanische Kiefer.

P

Pan dulce, pan de huevos – süßes Brot, Eierbrot.

Parroquia – Pfarre, Pfarrei, Gemeinde.

Pascher – Schmuggler.

Paternosterbohne – Paternostererbse oder Korallenstrauch: In allen Tropengebieten weit verbreiteter Kletterstrauch der Gattung der Schmetterlingsblütler. Die grellroten Samen werden zu Schmuck, aber auch zu Rosenkränzen (daher die deutsche Bezeichnung) verarbeitet.

Pitafaser, auch *Pitahanf* – Sammelname für die aus verschiedenen Agavenarten gewonnenen Blattfasern, die zu Stricken, Säcken und ähnlichem verarbeitet werden.

Plaza Mayor – Hauptplatz.

Posada – Gasthaus, Herberge.

Pozo – tiefe Stelle in einem Fluß.

Pronunciamento – (Militär-)Putsch.
Pueblo – Ortschaft, Dorf.

R

Rábano – Rettich, Radieschen.
Ranchería – Hüttensiedlung, zu einem *Rancho* gehörende Siedlung.
Rancho – Farm, Ranch, Bauernhof.
Razón – Verstand, Vernunft.
Rebozo – Mantille, Schleiertuch.
Regidor – Ratsherr, Gemeinderat.
Remorqueur – kleiner Schleppdampfer.
Roter Hund, auch *Friesel* – relativ harmlose Hautkrankheit mit hirsekornartigen Bläschen auf der Haut, die durch Verstopfung der Schweißdrüsen nach starken Schweißausbrüchen entstehen.

S

Sachsengänger – früher Bezeichnung für landwirtschaftliche Wanderarbeiter, nach den polnischen Arbeitern, die nach Sachsen zur Zuckerernte kamen.
Sala – Empfangszimmer, großer Raum.
Schirting – locker gewebter, stark appretierter und dadurch sehr steifer Baumwollstoff, abgeleitet von engl. *shirting*, zu *shirt* ‚Hemd'.
Sierra – Gebirge, Bergkette.
Stele – obelisk-ähnliches, mit Reliefs oder Inschriften geschmücktes Steindenkmal; in Mittelamerika wurden besonders von den Maya Stelen errichtet, die als datierte Monumente überliefert sind.

T

Tienda – Laden, Geschäft.
Tierra caliente, Tierra templada, Tierra fría – Klimatische Höhenstufen in den tropischen Gebirgsländern Lateinamerikas: unterste Stufe mit feuchtheißem oder trockenheißem Klima, gemäßigte mittlere Stufe, kühle Höhenstufe.
Tompiate – geflochtener Behälter oder Korb unterschiedlicher Größe.
Tortilla – Fladenbrot aus Maismehl und Wasser.
Tumulus, Mz. *Tumuli* – vorgeschichtliches Hügelgrab.

V

Valle – Tal, Flußtal, Tallandschaft.
Vaquero – Rinderhirt.
Viejo, vieja – alt.
Vómito – Erbrechen; vermutlich volkstümlicher Name für Gelbfieber, einer in Amerika vorkommenden Tropenkrankheit, deren Symptome unter anderem Erbrechen und Übelkeit sind.

Z

Zarape – Sarape: Überwurf aus einem Stück Stoff mit einer Öffnung für den Kopf, eine Art Poncho.

„EDITION FRAUENFAHRTEN"

Ausgedehnte Reisen im 19. und zu Beginn des 20. Jahrhunderts waren mutige, oftmals sogar waghalsige Unternehmen. Umso mehr, wenn die Reisenden Frauen waren, die zäh und unerschrocken im Alleingang in Gebiete vordrangen, die bis dahin nur selten von Europäern und noch seltener von weißen Frauen erkundet wurden. In der **„Edition Frauenfahrten"** finden sich ausschließlich Originalberichte, die als Schilderungen, als Briefe an Verwandte und Freunde oder in Form von Artikeln für europäische Zeitungen, die Erlebnisse und Erfahrungen von reisenden Frauen widerspiegeln.

Reisende Frauen wurden nicht nur in fernen Gebieten mit Erstaunen, Unsicherheit und auch Mißtrauen betrachtet, sondern stießen vor allem in ihren europäischen Heimatländern an die Grenzen der Konventionen und des patriarchalen Verhaltenskodexes. Diese Reiseberichte geben daher auch Einblick in das Streben nach Unabhängigkeit und Freiheit dieser Frauen.

In der Reihe **„Edition Frauenfahrten"** sind bisher folgende Titel erschienen:

Ida Pfeiffer: „Eine Frau fährt um die Welt"
Die Reise 1846 nach Südamerika, China, Ostindien, Persien und Kleinasien.

Ida Pfeiffer: „Nordlandfahrt"
Eine Reise nach Skandinavien und Island im Jahre 1845.

Isabella Bird: „Unbetretene Pfade in Japan"
Reise in das alte Japan 1878 über die Malayische Halbinsel, Cairo und Sinai.

Ida von Hahn-Hahn: „Orientalische Briefe"
Eine Frauenfahrt 1843 in den Orient.

Getrude Bell: „Am Ende des Lavastromes"
Durch die Wüsten und Kulturstätten Syriens.